U0866890

中华现代学术名著丛书

绿营兵志

罗尔纲 著

商務印書館
创于1897 The Commercial Press

2017年·北京

图书在版编目(CIP)数据

绿营兵志/罗尔纲著.—北京:商务印书馆,2011(2017.11重印)
(中华现代学术名著丛书)
ISBN 978-7-100-08616-5

Ⅰ.①绿… Ⅱ.①罗… Ⅲ.①绿营兵—研究—中国—清代 Ⅳ.①E294.9

中国版本图书馆CIP数据核字(2011)第192881号

权利保留,侵权必究。

本书依据中华书局1984年版排录

中华现代学术名著丛书
绿 营 兵 志
罗尔纲 著

商 务 印 书 馆 出 版
(北京王府井大街36号 邮政编码100710)
商 务 印 书 馆 发 行
北 京 冠 中 印 刷 厂 印 刷
ISBN 978-7-100-08616-5

2011年12月第1版 开本880×1240 1/32
2017年11月北京第2次印刷 印张15⅝ 插页1
定价:48.00元

罗 尔 纲

(1901—1997)

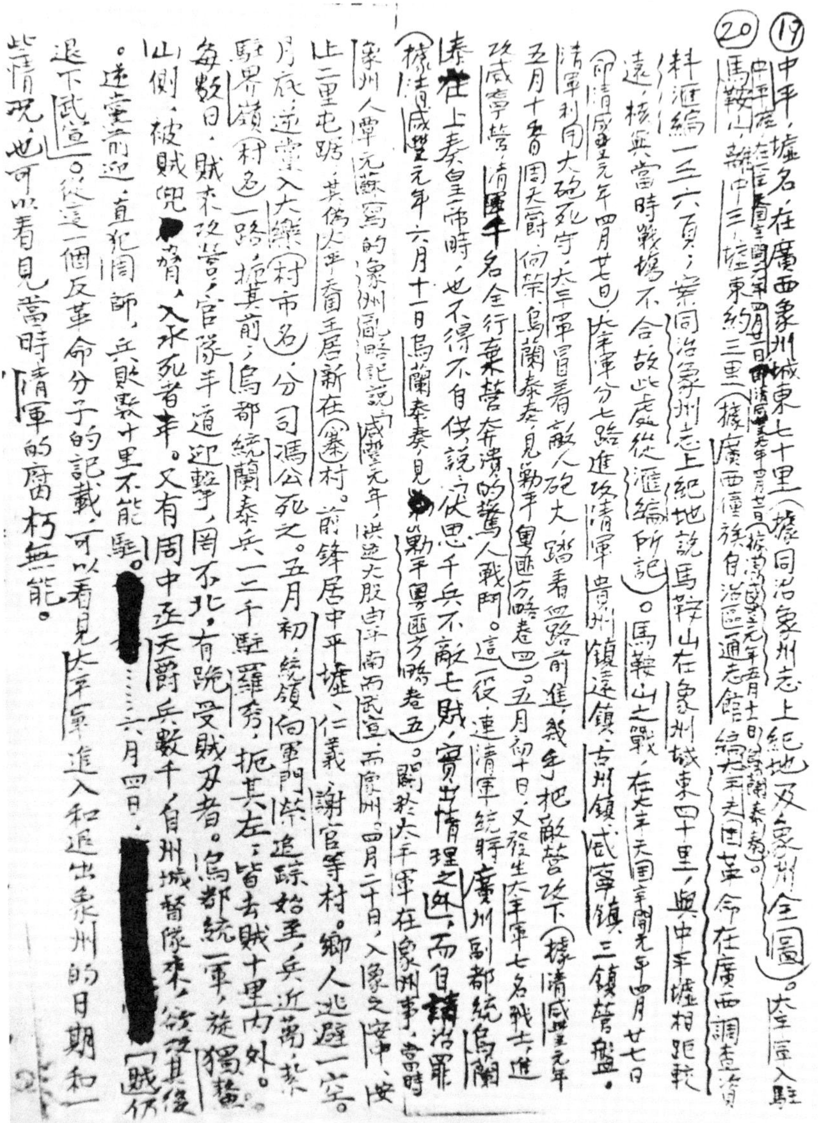
(19)(20)
中平，墟名，在廣西象州城東七十里（據同治象州志上紀地及象州全圖）。太平軍入駐
馬鞍山，離中平墟東約三里（據廣西僮族自治區通志館編太平天国革命在廣西調查資
料滙編一三六頁）；案同治象州志上紀地說馬鞍山在象州城東四十里，與中平墟相距較
遠，核與當時戰場不合，故此處從滙編所記。馬鞍山之戰，在太平天国辛開元年四月廿七日
（即清咸豐元年四月廿七日）。太平軍分七路進攻清軍貴州鎮遠鎮、古州鎮、威寧鎮，三鎮營盤，
清軍利用大砲死守，太平軍冒着敵人砲火，踏着血路前進，親手把敵營攻下（據清咸豐元年
五月十二日周天爵、向榮、烏蘭泰奏，見勦平粵匪方略卷四）。五月初十日，又發生太平軍七名戰士，進
攻威寧營清軍千名全行棄營奔潰的驚人戰鬥。這一役，連清軍統將廣州副都統烏蘭
泰在上奏皇帝時，也不得不自供說："伏思千兵不敵七賊，實出情理之外"，而自請治罪
（據清咸豐元年六月十一日烏蘭泰奏，見勦平粵匪方略卷五）。關於太平軍在象州事，當時
象州人鄭元蘇寫的象州亂略記說："咸豐元年，洪逆大股由平南而武宣，而象州。四月二十日，入象之寺村、安
上二里屯踞，其偽太平天国王居新在（寨）村。前鋒居中平墟、仁義、謝官等村。鄉人逃避一空。
月底，逆黨入大樂（村市名），分司馮公死之。五月初，統領向軍門榮追踪始至，兵近萬，紮
駐界嶺（村名）一路扼其前，烏都統蘭泰兵一二千駐羅秀，扼其左，皆去賊十里內外。
每數日，賊來攻營，官隊手遁迎擊，罔不北，有跪受賊刃者。烏都統一軍，旋獨當
山側，被賊兜背，入水死者半。又有周中丞天爵兵數千自州城督隊來，欲攻其後，［賊仍］
。逆黨前迎，直犯周師，兵敗數十里不能止。[redacted]……六月四日，[redacted]
退下武宣。"從這一個反革命分子的記載，可以看見太平軍進入和退出象州的日期和一
些情況，也可以看見當時清軍的腐朽無能。

作者手迹

出版说明

百年前，张之洞尝劝学曰："世运之明晦，人才之盛衰，其表在政，其里在学。"是时，国势颓危，列强环伺，传统频遭质疑，西学新知亟亟而入。一时间，中西学并立，文史哲分家，经济、政治、社会等新学科勃兴，令国人乱花迷眼。然而，淆乱之中，自有元气淋漓之象。中华现代学术之转型正是完成于这一混沌时期，于切磋琢磨、交锋碰撞中不断前行，涌现了一大批学术名家与经典之作。而学术与思想之新变，亦带动了社会各领域的全面转型，为中华复兴奠定了坚实基础。

时至今日，中华现代学术已走过百余年，其间百家林立、论辩蜂起，沉浮消长瞬息万变，情势之复杂自不待言。温故而知新，述往事而思来者。"中华现代学术名著丛书"之编纂，其意正在于此，冀辨章学术，考镜源流，收纳各学科学派名家名作，以展现中华传统文化之新变，探求中华现代学术之根基。

"中华现代学术名著丛书"收录上自晚清下至20世纪80年代末中国大陆及港澳台地区、海外华人学者的原创学术名著（包括外文著作），以人文社会科学为主体兼及其他，涵盖文学、历史、哲学、政治、经济、法律和社会学等众多学科。

出版“中华现代学术名著丛书”，为本馆一大夙愿。自 1897 年始创起，本馆以“昌明教育，开启民智”为己任，有幸首刊了中华现代学术史上诸多开山之著、扛鼎之作；于中华现代学术之建立与变迁而言，既为参与者，也是见证者。作为对前人出版成绩与文化理念的承续，本馆倾力谋划，经学界通人擘画，并得国家出版基金支持，终以此丛书呈现于读者面前。唯望无论多少年，皆能傲立于书架，并希冀其能与“汉译世界学术名著丛书”共相辉映。如此宏愿，难免汲深绠短之忧，诚盼专家学者和广大读者共襄助之。

商务印书馆编辑部

2010 年 12 月

凡　例

一、“中华现代学术名著丛书”收录晚清以迄20世纪80年代末，为中华学人所著，成就斐然、泽被学林之学术著作。入选著作以名著为主，酌量选录名篇合集。

二、入选著作内容、编次一仍其旧，唯各书卷首冠以作者照片、手迹等。卷末附作者学术年表和题解文章，诚邀专家学者撰写而成，意在介绍作者学术成就，著作成书背景、学术价值及版本流变等情况。

三、入选著作率以原刊或作者修订、校阅本为底本，参校他本，正其讹误。前人引书，时有省略更改，倘不失原意，则不以原书文字改动引文；如确需校改，则出脚注说明版本依据，以“编者注”或“校者注”形式说明。

四、作者自有其文字风格，各时代均有其语言习惯，故不按现行用法、写法及表现手法改动原文；原书专名（人名、地名、术语）及译名与今不统一者，亦不作改动。如确系作者笔误、排印舛误、数据计算与外文拼写错误等，则予径改。

五、原书为直（横）排繁体者，除个别特殊情况，均改作横排简体。其中原书无标点或仅有简单断句者，一律改为新式标点，专名号从略。

六、除特殊情况外，原书篇后注移作脚注，双行夹注改为单行夹注。文献著录则从其原貌，稍加统一。

七、原书因年代久远而字迹模糊或纸页残缺者，据所缺字数用“□”表示；字数难以确定者，则用“（下缺）”表示。

原题记*

我写这套《清代兵志》，第一部是《绿营兵志》，第二部是《湘军兵志》，第三部是《晚清兵志》。《晚清兵志》分为六卷，第一卷《淮军志》，第二卷《甲癸练兵志》，第三卷《陆军志》，第四卷《海军志》，第五卷《军事教育志》，第六卷《兵工厂志》。

说起来是一九三六年的事了。那年夏，前社会科学研究所约我兼任该所研究工作。我初提出研究太平天国史。该所认为不属于它的研究范围，不同意。我当时业余研究太平天国史，涉及清代兵制，因另提研究清代兵制。该所同意了，但将八旗除外，因八旗兵制已由前历史语言研究所专约孟森研究。

军队是国家统治机器最重要的工具。我读清史，知道清代是中国历史上最高度中央集权的封建皇朝。咸丰以后，这副统治机器给太平天国打破了，造成总督、巡抚专政的局面。而其转变的关键，则在于兵权落在将帅手中。我根据历史事实，写了一篇《清季兵为将有的起源》①，提出清代兵权在咸丰前是掌握于中央的，其从中央落于私人之手，则始自湘军这一个假设。于是我就先对湘军进行探索。

---

* 本文是作者一九八〇年为其清代兵志系列撰写的题记。

① 此文刊于一九三七年六月出版的《中国社会经济史集刊》第五卷第二期。

当时我还在北京大学文科研究所考古室工作，清代兵制的研究只是兼任。一九三七年七月，抗日战争起，北京沦陷，我离开北大，前社会科学研究所从南京迁长沙，十月，我到长沙入该所工作。我从湘军制度里，探索出清季兵为将有的根源，是由于兵为将所自招，饷为将帅所自筹，兵随将转，兵权握于将帅手中。其后湘军将帅做到行省总督、巡抚，就造成督、抚专政的局面，以迄于民国北洋军阀，其根源都始于此。一九三八年一月，前社会科学研究所迁广西阳朔。这年六月，我在阳朔写成《湘军新志》。

我写完《湘军新志》后，反过来对清代中央集权盛时的绿营兵制进行探索。我稽考出绿营是行一种兵皆土著、将皆升转的制度，兵皆土著，故兵不得随将为去留，将皆升转，故将不得久管一地的兵政。绿营有兵籍，兵籍掌于兵部，全国兵数，可按籍而稽。饷发于户部，不许就地自筹。兵权、饷权都牢牢地紧握于中央。绿营这种制度，恰恰与湘军制度相反。所以，行湘军制度，则兵为将有，行绿营制度，则兵归国有。我于一九三六年提出的假设，到此在正反两面都得到证实。一九三八年冬，前社会科学研究所又迁昆明。一九四〇年夏，我在昆明写成《绿营兵志》。

我写完《绿营兵志》后，又写《晚清兵志》。一九四一年春，前社会科学研究所再迁四川南溪县李庄镇。我研究晚清兵制与研究湘军、绿营颇有不同。研究湘军和绿营，在主旨来说，是要探索两种不同的兵制如何造成两种不同的政局；在研究方法来说，是对一个假设进行正反两面的求证。《湘军新志》与《绿营兵志》虽然写成了两部记事，而论其实质，却无异于两篇考证。至于写《晚清兵志》却不是这样，我只企图把从淮军起至清末建置陆军三十六镇止这四十九年间兵制的变迁发展，根据所见史料，先探索出一条线索，然后把它编排出来。这不是考证问题，而是编排史事。考证问题，其目的是要做出结论，编排史事，目的则在于使读者把历史过程看得清楚。所以我撰写《晚清兵志》与撰写《湘军新志》、《绿营兵志》两种是有不同的。一九四二年春，我在李庄镇写成《晚清兵志》。

这三部稿子，就资料来说，《湘军新志》主要根据是曾国藩、胡林翼等人的文件，《绿营兵志》主要根据是清代历朝编的《会典》、《会典则例》和《文献通考》、《中枢政考》等书，主要资料都用到了。《晚清兵志》一稿，时间虽不到五十年，其对象则为淮军、甲癸练兵、陆军、海军、军事教育以至兵工厂，所包实广。而撰写时只能利用当时迁在李庄的前社会科学研究所、前历史语言研究所两所的藏书和我以前在北京庙会时在地摊上收集到的资料，还有待于补充。

这三部稿子写成后，由于抗战时印刷困难，除《湘军新志》一种，还在抗战初期，即由商务印书馆迅速送去香港印刷，得于一九三九年五月出版外，《绿营兵志》到一九四五年九月，才由商务印书馆在重庆用熟料纸印刷出版，很少有人知道有此书。其《晚清兵志》一种，却一直未能付印。

解放后，同志们希望我把未刊的《晚清兵志》付印，已刊的《湘军新志》和《绿营兵志》重印。我曾经三番四复地考虑过，这三部稿都是解放前写的，其立场、观点的错误是不待说的了，而要修改，马克思主义如何去研究封建社会统治工具的兵制我还是茫然，不知从何着手，因此一直搁置下来。今年清理旧稿，想到这些稿子曾花费了我壮年时期六年的光阴，虽然敝帚自珍的观念早已不存，但其中搜集史料，排比史料，钻研问题，都穷尽了自己的绵力，而所用的史料有些是难得的，有些可能已经散失了。今天中国还不曾有一部清代兵制史，如果把这些稿子作为资料看，是会给将来研究的人们减省搜集、排比史料的工夫的。对那些难得的和可能散失的史料说，又有保存史料的作用。所以才决心把一切工作撇开，集中时间对这几部稿子进行一些修订。现在，《绿营兵志》和《湘军新志》（现改为《湘军兵志》）都修订过了，先行付印。其《晚清兵志》一种，即接着修订，继续分卷出版。

我要郑重向读者声明：我所谓"修订"，只在于枝节的地方，由于水平所限，并未能对全书改写。所以，我这些稿子，只是作为资料，以供研究我国兵制史者的利用。至于《晚清兵志》一稿，资料原应补充，只因老病，已不可能再去搜集。这是我要向读者道歉的。

一九八〇年十一月一日罗尔纲谨记于北京

本书说明

一、本书以研究绿营兵为国有制度为主题，已详《题记》说明。

二、表在中国史书的体裁中是一个独立的部分，史书凡遇事实繁细，记叙难清的地方，则用表分门别类以济文字的困难。本书各表即本此义来编制，所以都是本书中重要的正文，而不是作为次要的附录。

三、本书史料以清代各朝《会典》、《会典则例》和《文献通考》、《中枢政考》诸书为主要的根据，而各朝谕旨及臣工奏章亦都参考及之。此外，并利用前社会科学研究所整理故宫博物院档案多种，以补《会典》诸书所未备，书中附注所称藏中国社会科学院经济研究所，即指此项史料说的。

四、绿营专门名词，如“将备”、“兵丁”、“军政”等，都有它们的特殊意义，本书都用原名词。

五、绿营制度，清代人士向称细密。本书悉心钩稽，排比研究，以求考出其制度。不逮之处尚多，敬请读者指教！

目　　录

上卷　绿营历史

上卷　绿营历史

第一章 清朝为什么要建立绿营制度？

第一节 清朝建立绿营制度的三个原因

绿营是清朝在咸丰以前，最主要的正规军。因为用的是绿旗，所以叫做绿营。①

绿营是清朝入关后就建立的。清朝统治者每逢占据一个地方，就首先接收明朝国家统治机器最主要的工具——当地的汉人军队，以建立一种经制的军队制度。这种军制，与清朝未入关前本有的八旗不同，而别自成一系统，担负起比八旗更为重大的任务。

清朝既有八旗军，为什么还要建立绿营制度呢？考其原因有三：第一，八旗军队数量过少，所以不得不用汉人军队。因为清朝原是东北小部落，后来强盛，虽有归附，分为八旗，但人数究竟还是有限的。它的人数既少，兵数当然不能多。案八旗初入关时，满洲八旗共三二〇佐领，九六，〇〇〇人，蒙古八旗共一三一佐领，三九，三〇〇人，汉军②八旗共一七一佐领，五一，三〇〇人，合共

---

① 绿营用的旗是绿色，以别于八旗，所以叫做绿营，又叫绿旗。《嘉庆大清会典》卷三十五“绿旗兵”条下说：“国初定八旗之色，以蓝代黑，黄、白、红、蓝各位于所胜之方，惟不备东方甲乙之色。及定鼎后，汉兵令皆用绿旗，是为绿营。”

② “汉军”是当清朝未入关前，在关外投降清朝的明朝军队。清朝把他们收编入旗，作为旗人看待。初，清朝编立四旗，后因归附日众，乃增建为八旗，但还是合满洲、蒙古、汉军为一。其后户口日繁，又编蒙古八旗，设官与满洲等，继又编汉军八旗，设官与满洲、蒙古等，共为二十四旗。

一八六,六〇〇人。[①] 这个区区的兵力,只因靠了吴三桂的带引,得以占据北京,要想西出追击李自成农民起义军,南下进攻明室的势力,与镇压全中国到处纷起的义军,是远不够的。顺治十二年(一六五五年),顺治帝的叔父和硕郑亲王济尔哈朗病危,顺治帝去看他,济尔哈朗临死只以明永历帝还在云南、贵州,"满洲兵甚少"为念。[②] 这说明了清朝统治者对这一个大问题是如何地在急谋解决,所以当时要应付那个广大的战场与镇戍占领的地方,就必须建立绿营来负担。

第二,清朝建立绿营是用以汉人制汉人的政策来统治中国。因为清朝八旗不但兵数过少,而且所长只在骑射,在东北平原野战是可以打胜明朝的,但到了关内,西南有崎岖巉岩的山岭,东南有风涛险恶的海洋,就不是骑射用武之地。所以清朝要进攻云、贵山地,只好先建立川、陕、湖广、粤、桂的绿营,要控制闽、浙海洋,也只好利用当地的军队。后来三藩之役,康熙帝谕将军张勇、王进宝,提督赵良栋、孙思克等说:"若用绿旗步兵之力,于灭贼殊为有济。"又谕张勇等说:"自古汉人逆乱,亦惟以汉兵剿平,彼时岂有满兵助战哉!"[③] 从康熙帝这几句诡辩的话看来,愈可见清初建立绿营以汉人制汉人的用意。

第三,清朝建立绿营制度,是要用有定的镇守的兵力,以镇压

---

① 清朝入关时,八旗人数史无明文。考八旗编制从佐领(满语叫做牛录章京)起数,每佐领辖三百人(据《皇朝文献通考》卷一百七十八《兵考一》),得其佐领人数,即可知兵数。案《乾隆大清会典则例》卷一百七十一记有历朝增编佐领数,此处所述满、蒙、汉八旗佐领入关时总数,即据此书记载计算。

② 见《清史列传》卷二《和硕郑亲王济尔哈朗传》。

③ 王先谦:《康熙东华录》卷二十四,康熙十八年十月辛未谕。

随时爆发的无定的事变。清朝入关之初,汉人到处反抗,当时各地起义军在清朝占领区内用游击战来疲敝清军,清军来则退,撤则出,或俟清军到西南则攻东北,到东北又攻西南。① 所以清军往往远涉数千里,长征一二年,不但疲于奔命,而且对它所占地方无法施行统治。于是明代这一个对镇戍最具功能的在关山要隘设镇戍守的制度,便为清朝所接受,并且发展为普遍设立于内地十八省的绿营制度。顺治六年(一六四九年),南赣巡抚刘武元向清廷上《安攘十计疏》论此事说:"我朝定鼎之初……一征而江、浙定,再征而闽、广服,黔、滇诸邦旦夕可以入版图,天下之大未有如今日者。夫何,而将帅蓄谋激成异变,江西一叛,而广东随之,良由图之不早,以致酿成大患也。孰谓满洲旧人中无特出之材略者乎?且命将出师,道途遥涉,动经岁月,运粮载草,劳民动众,及杀贼恢城,旋即班师,又无重备以弹压之,苟且塞责,终成何济?臣以为国家之大事在兵,得一省必镇定一省,连络声势,既不烦于远调,呼应即灵,又不难于速灭,而久安长治之策,端在于此。"② 刘武元这一段话,对当时清朝所以必须要建立绿营的情况与绿营制度镇压人民的功能,是说得很透彻的。

综上三端所述,可见清朝所以建立绿营制度的原因所在。这

① 关于当时中国各地起义军以游击战疲敝清军的事,如顺治四年(一六四七年)巡按山东监察御史吴达《再陈灭贼要著》记山东情况说:"大兵之出,贼即飘遁,师行西南,贼扰东北,甚而匿迹山崖,堵绝鸟道,使我兵不能驰骋,进则矢石交加,退则纵横复出。"(《皇清奏议》卷二)顺治十三年(一六五六年)兵科给事中严沆《严责成以纾军兴之费疏》记闽、浙情况说:"频年以来,一处告急,则一番发兵,军需既困于转输,士马亦疲于奔命。即如闽、浙之间,兵至则贼逃矣,撤则贼又至。是贼且以逸待劳,而往来征调,络绎不停,我反受其困矣。"(同上书卷十)

② 见《皇清奏议》卷三。

个制度建立后，清朝才掌握到了国家统治权力最主要的工具，从而发展它的统治，巩固它的统治。

第二节 绿营的任务

清朝建立绿营制度，最初是为的要镇压汉族人民的反抗，作为它统治汉人的工具。到了统一中国，与汉族地主阶级共同建立起封建皇朝的统治之后，就把绿营作为镇压人民的工具。此外，绿营还担负西北用兵、东南海防和边防、屯戍、差役以至河工、漕运、守陵等任务。兹分述于下：

一、镇守

就是对农民阶级的镇压。我国内地十八省，名城要害的地方，都建立绿营镇守，以镇压农民的起义。清朝对内所谓"建威消萌"的统治，几乎完全是用绿营来担任的。这是绿营最主要的一种任务。

二、差役

清代差役，专以绿营负担。计约有七项：第一项是"察奸"，第二项是缉捕，第三项是缉私，第四项是解送，第五项是守护，第六项是承催，第七项是特别差役。这一类任务中的第一项所谓"察奸"，就是侦察造反的农民，第二项所谓缉捕，就是迫害造反的农民。

三、西北用兵

清代在康熙、雍正、乾隆三朝,对西北用兵,运兵转饷都以陕西、甘肃两省为枢纽,而为调兵迅速起见,绿营重兵设在陕、甘。

四、东南海防和边防

清代乾隆末以后,英国势力东来,乾隆、嘉庆、道光三朝为着要防备英国而布置的海防,都是以绿营来镇戍的。就是到光绪中、法战后,粤、桂、滇三省重整边防,绿营也还担负一部分的责任。

五、屯戍

凡边疆未建立绿营制度不设额兵的地方,则换防戍守,兼事屯田以靖边防。如新疆南北路各城以陕、甘兵去屯戍,蒙古乌里雅苏台、科布多以直隶宣化镇、山西大同镇兵去屯戍,西藏以四川兵去屯戍都是。

六、河工(塘工附)

清代防河,专设东河、南河河道总督主其事。原来河道工程防汛,本用河夫,后裁河夫,改为河兵,用绿营规制部署,使临时召募的夫役,成为经制的支饷守汛的河兵。计东河、南河两河道总督各建河标,并统辖河营。其北河河道总督系直隶总督兼管,也统河营。凡架船、装料、铺埽、签桩、收放揪头绳缆、栽柳修柳、巡查堤岸、看守料物、修补水沟、填塞狼窝獾穴等任务,都是以绿营河兵担任的。[①] 除河兵外，还有浙江的塘工，浙江巡抚所统的海防营，便是专司治塘工的。[②]

七、漕运

清代漕运，也设总督主其事。漕运总督设有漕标并统辖淮安城守等营，专掌催护粮船事宜。其淮北沿河各镇，并有儹重催护的责任。至于各省漕船当渡长江的时候，则由京口镇总兵官亲督标兵催护[③]，康熙三十六年（一六九七年）裁京口镇，改由副将管理。道光后，江苏、浙江两省改行海运，其防护的责任，也由浙江的定海镇、江苏的苏松镇、山东的登州镇三镇水师分段护送。[④]

八、守陵

清帝陵寝专设绿营守护，直隶马兰、泰宁两镇便是为守陵而设置的。

上述绿营八项任务，除镇守、西北用兵、屯戍三项还兼用八旗外，其他五项都由绿营担任。[⑤] 至于就绿营这八项任务综合起来看，可分为三种：第一种是属于镇压人民的任务，如名城要害的镇

① 关于河兵的职责，可看《靳文襄公奏疏》卷一《经理河工第八疏》、卷二《经理七疏未尽事宜疏》、卷五《减粮增兵疏》，《嘉庆大清会典》卷三十六《兵部》及王庆云《石渠余纪》卷一《纪河夫河兵》。

② 据《嘉庆大清会典》卷三十六《兵部》。

③ 据《户部漕运全书》卷十四"沿途儹运"。

④ 据《浙江海运漕粮全案重编》卷五。

⑤ 案八旗虽亦有缉捕、提解等差，但其事只限于各旗内事及京师步军营有此专责而已，与绿营担负全国各项差役是不同的。关于八旗缉捕、提解等差，见《中枢政考》八旗门卷二十三及《兵部处分则例》八旗门卷三十及卷三十四。

守,如防守一城一邑的分营,如分守道路村庄的分汛。第二种是属于防守边疆的任务,如西北的屯戍,东南的海防。第三种是属于杂务性质的任务,如催护粮船的漕标各营,如河工防汛的河兵和治塘工的塘兵,如缉私的盐捕营,如做解犯、护饷等差的差务兵,如京师的巡捕营、守陵各营等。由于任务的广泛,绿营实际包括了军队、警察、差役、河夫等等庞杂的性质。

第三节　绿营与八旗的比较

绿营军队叫做经制兵,所谓经制兵,就是正规军。在清代兵制中,与绿营同属于经制兵的还有八旗。

绿营与八旗是两支组织不同、系统各别的军队:八旗是清朝未入关前的部落军队,绿营却是入关后接收明朝各省降军建立起来的。清朝统治者虽然利用绿营作为它统治最主要的工具,但由于民族畛域的关系,对于绿营与八旗相较,显然有差别:以驻屯来说,八旗则集中驻屯,务求其合,绿营则分散驻屯,务求其分。以兵器来说,最优良的兵器则归八旗应用,绿营所用只是普通的兵器。以京师禁卫说,则由八旗独当其任,绿营不得参预。以劳役来说,八旗不负差役,绿营则兼充百役。以待遇说,八旗遇有罪犯,则勒令出旗为民,重视八旗,绿营兵丁则被视如隶卒,八旗则饷项优厚,绿营则饷项微薄。凡此种种,都所以提高八旗的地位以压抑绿营的。故乾隆二十三年(一七五八年)乾隆帝谕八旗说:"旗员与绿营迥别,是以一切条例亦皆大相悬殊。现今旗员有愿就绿营者,不过因所得较旗员为优,遂不顾颜面,一切置之漠然,惟以得外任为快。

则伊等既至外任，或退任，或终于其任，即当照绿营官员办理，乃回旗之后，又以身系旗人，儆照旗员例办理，朕为伊等愧之！”[①] 便将清朝统治者抬高八旗压低绿营的用意明白地说出来。

但是，清朝统治者虽然把绿营的地位压低于八旗，而绿营却在清朝的统治工具里面发挥了最主要的作用。

先说兵数，以全国兵数来说，清代历朝绿营兵额常在六〇〇，〇〇〇左右，八旗初入关时仅一八六，六〇〇人，顺治以后，虽有增加，就其佐领员数以推兵数，最高兵额的时候，不过三五〇，〇〇〇人，而论者或称八旗兵额实数仅二〇〇，〇〇〇人[②]，绿营兵额比八旗兵额多过两倍至三倍。以驻屯重兵的陕、甘兵数来说，就雍正时兵额计，陕、甘绿营共九三，一三四名[③]，而陕、甘八旗驻防仅一二，四六〇名[④]，绿营兵数几乎八倍于八旗。以战时征调来说，如

① 见《嘉庆大清会典事例》卷五百十九。案乾隆帝此谕所说绿营所得较旗员为优，乃指外任而说，因外任除俸薪外，另有入款，此乃半公开的收入。至于八旗兵饷却较绿营为优厚，故雍正四年（一七二六年）雍正帝谕川陕总督岳钟琪论绿营、八旗兵饷事有“满洲驻防兵丁其所得钱粮马干等项较绿旗兵丁为多”的话（见《雍正东华录》卷八）。

② 八旗兵数就佐领数推算，《乾隆大清会典则例》卷一百七十一载有历年增编佐领数，并有乾隆二十二年（一七五七年）现数，计这年满洲蒙古汉军佐领共一，一六五有半，则兵额应有三四九，六五〇人。以后佐领增减常在此数左右，故八旗兵额就佐领员数推算，最高额时不过三五〇，〇〇〇人。咸丰元年（一八五一年）曾国藩《议汰兵疏》说八旗额数常不过三五〇，〇〇〇，与此计算相合。（案《曾集》刻本“三”字误作“二”，然其文理可按而知为误刻。故姚文栋《八旗兵制考》及《清史稿》引曾言均作三五〇，〇〇〇。）但姚文栋《八旗兵制考》（见《经世文续编》卷六十二）则说八旗佐领虽有此数，而中外禁旅驻防额兵常不过二〇〇，〇〇〇人，魏源《圣武记》也说八旗兵二〇〇，〇〇〇人，难道八旗就佐领计则应有此数，而其兵额实数则仅有二〇〇，〇〇〇人的吗？姑暂存疑以待考。

③ 据《雍正大清会典》卷一百三十“绿旗兵丁”。

④ 据同书卷一百十四“驻防甲兵”。

乾隆三十二年(一七六七年)缅甸之役,用兵二五,〇〇〇名,内绿营兵占二二,〇〇〇名,八旗兵仅三,〇〇〇名[①],绿营兵数多于八旗八倍有余。如乾隆五十二年(一七八七年)镇压林爽文起义之役,用绿营兵一〇,〇〇〇名,八旗赴前敌的仅一〇〇名。[②] 又如对抗太平天国战役,在咸丰三年(一八五三年)夏秋,各省征调兵数,据档案可考的统计,绿营出征兵数为五三,四三六名,八旗出征兵数为四,九九九名,八旗出征兵数占绿营出征兵数百分比为9%,即这时绿营出征兵数多于八旗出征兵数十倍有奇。[③] 从上述看起来,绿营与八旗兵数的比较,无论就全国兵额总数说,或就驻屯重兵的陕、甘兵额说,或就战时征调说,都远多于八旗。军队的数量对战争是具有决定性的。所以清代历朝所修会典对绿营兵马数目都详细胪列,对八旗

① 据王先谦:《乾隆东华录》卷六十六,乾隆三十二年九月甲辰明瑞、额尔景额奏。

② 据同书卷一百七,乾隆帝作《平定台湾功臣像赞序》。

③ 此处所述咸丰三年夏秋绿营与八旗征调人数的比较,系据前社会研究所整理档案中下列八件档案计算。此八件档案为咸丰三年六月二十六日署杭州将军副都统巴彦岱奏,同年六月二十九日广西巡抚劳崇光奏,同年七月初二日署理陕、甘总督易棠奏,同年七月初四日贵州巡抚蒋霨远奏,同年七月十五日云、贵总督吴文镕等奏,同年八月初十日浙江巡抚黄宗汉奏,同年八月二十九日署理山东巡抚觉罗崇恩奏,同年九月初五日署理陕、甘总督易棠奏。计绿营出征兵数,陕西一六,五四四名,甘肃一〇,二〇〇名,山东五,二〇一名,浙江一〇,二九九名,广西九九八名,云南四,二〇〇名,贵州六,〇〇〇名,总计五三,四三六名。八旗出征兵数,盛京一,〇〇〇名,陕西二,四九九名,甘肃一,五〇〇名,总计四,九九九名。计此次八旗出征兵数占绿营出征兵数百分比为9%,但对此项计算应该声明的,就是所据档案并未完全。在《咸丰东华录》里面,还记有征调安徽、四川、湖南、广东各省绿营,其数目不少,就中湖南、广西两省绿营征调尤多。如向荣部下主要军队便是湖南绿营,徐广缙所部则为广东绿营。八旗方面,在僧格林沁和琦善部下却还有一些八旗马队,可惜这几省档案都看不见,其数目未能考出。不过,这点不完全,并不妨碍上面这个统计得来的结论。因为从《咸丰东华录》所记的大概数目看起来,其八旗出征兵数所占绿营出征兵数百分比,只有比上面计算所占的百分比小,不会比上面计算的大。

兵力用极为虚夸的字句表述说什么“八旗士马云屯，难以数计”①，而对兵数则讳莫如深，正因为深知其弱点的缘故。那么，绿营兵数多于八旗，绿营的实力当然是大于八旗的。

再次，战斗能力。八旗武力入关后还没有占领全中国，就开始腐化，顺治十四年（一六五七年）正月甲子谕：“我国家之兴，治兵有法。今八旗人民怠于武事，遂至军旅隳敝，不及曩时。”② 此事居然见于谕旨，当然是昭彰的事实。故顺治十六年（一六五九年）郑成功攻南京之役，镇守江宁总管喀喀穆统八旗不敢战，乃以绿营出击郑成功军于仪凤门、钟阜门外，总兵梁化凤出仪凤门，提督管效忠出钟阜门，卒击退郑成功。这一役关系于明朝的复兴运动颇大，郑成功自此役失败，再无力进攻，退守台湾，永历帝不久也败亡，明朝始绝复兴望，而为清朝统治者建立这一场大功劳乃出于绿营。至康熙初，三藩起事时，八旗弱点越加暴露出来，大将军多罗顺承郡王勒尔锦奉命讨伐，驻兵荆州，划江为界，日索督、抚、司、道馈送，老师数载，不敢进取。其贝勒尚善、察尼、鄂鼐等进攻岳州，奉命以舟师断敌饷道，动以舟楫未具、风涛不测来推诿。又简亲王喇布逗留于江西，贝子洞鄂失机于陕西。凡各路八旗都无功。据时人亲见八旗进攻岳州的情况，是老师糜饷，按兵不敢一战，闻退，则

① 见《康熙大清会典》凡例，案八旗兵数并不是难以数计，但把最主要的京营兵数保密起来，则八旗兵额总数便不可知。考京师八旗兵数只一二〇，〇〇〇有奇（据光绪十年十二月初八日《户部奏准会议筹饷开源节流各事宜》，见中国社会科学院经济研究所藏稿本《光绪政要·度支部一》），这个兵数太少了，所以清朝统治者不敢公开。王庆云《京营表序》论此事说：“良以京师为四方根本，古所谓藏于九地之下，动于九天之上，其深严邃密，不当轻以示人，非真京旗之兵难以数计”（见《石渠余纪》卷二），便是说明保密的原因。故王庆云虽作有此表，他的家人刊刻《石渠余纪》时，终将此表删去，不敢发表（书中只载序文），则当时对八旗兵数保密之严可知的了。

② 见《清史稿·清世祖本纪》。

“三军欢声如雷”。[①] 八旗既不可用,于是乃不得不倚靠绿营。故当时作战,都以绿营当先陷阵,八旗安然后进,前敌将帅以此奏请,谕旨以此为方略,成为一个遮掩不住的事实。[②] 从康熙帝谕绿营诸将“自古汉人逆乱,亦惟以汉兵剿平”的话,可见当时清朝统治者不得不倚靠绿营的苦衷。所以一时汉人如张勇、赵良栋、王进宝、孙思克在陕西,蔡毓荣、徐治都、万正式在湖北,杨捷、施琅、姚启圣、吴兴祚在福建,李之芳在浙江,傅宏烈在广西,都用绿营替清朝统治者做了戡定大功。八旗以骑射为长技,在西北作战,本是他们用武之地,但当时对准噶尔与回部用兵,如年羹尧、岳锺琪等都以陕、甘(或川、陕)总督为督师大臣,他们都用绿营为主力以建功勋,可知绿营在西北用兵中的地位。至于乾隆时金川用兵之役,尤以绿营独当其任,那时候前敌将帅因八旗无用,乃以“番地跬步皆山,非平地对仗可比”[③]做借口,奏停调八旗,而请续调绿营,卒用绿营以收功。从上述各战役看来,

① 据王沄:《瓠园集楚游下》。按王沄当时随湖广总督蔡毓荣出征岳州。

② 如康熙十四年(一六七五年)八月,多罗顺承郡王勒尔锦奏说:“贼立垒掘堑,骑兵不能冲突,须简绿旗步兵造轻箭、帘车、炮车驾以连进,填其壕,用炮轰击,继以满兵,则逆贼可灭。”康熙帝同意他的奏请(见《清史列传》卷三《多罗顺承郡王勒克德浑传》附传)。康熙十八年(一六七九年)十一月,广西巡抚傅宏烈奏说:“进兵云、贵,多属山险之路,非可专恃马骑,必用绿旗前驱。”(《清史列传》卷六《傅宏烈传》)这便是前敌将帅以绿营为前驱的奏请。又如康熙十八年十月命给事中摩罗、郎中伊尔格图传谕湖广总督蔡毓荣道:“逆贼败遁负险,未可专俟马兵,宜用绿旗步兵前进。闻蔡毓荣所属官兵甚为强壮,以此兵力,无难剿除将灭之寇。”(《清史列传》卷七《蔡毓荣传》)这便是谕旨以绿营为前驱的方略。

③ 这是四川总督桂林的话,见王先谦:《乾隆东华录》卷七十五。乾隆三十七年(一七七二年)二月乾隆帝谕军机大臣等说:“桂林奏所称满洲劲旅实远胜绿营,但番地跬步皆山,非平地对仗可比云云,此必桂林见成都满洲兵无用,又未深知健锐营之兵所向无敌实为得力,故有此言。今京兵且不起程,俟温福奏到再行定止。……至所请再调贵州兵三,〇〇〇名,已飞谕署抚图恩德、提督拜凌阿即行选派,听候川省调取,速即起程。”案乾隆帝是清帝中第一个夸张八旗武力的人,桂林又是旗人,故不得不颂扬

绿营作战的功能都在八旗兵之上。所以道光时魏源在《圣武记》里叙述清代以少击众立功的，几乎都出自绿营①，他的记载是不错的。

由上所述，绿营的数量既多于八旗，绿营战斗的功能也胜于八旗，可知八旗与绿营虽同为清代国家的正规军，而保卫国家的武力，除京师的禁卫外，实际上主要是由绿营来担负的。乾隆末年以后，绿营这一个工具逐渐腐朽了，嘉庆白莲教之役，已经要依靠一部分乡勇的力量，但绿营经制未变，其武力虽已衰退，而清朝靠绿营的支持，其统治权依然巩固如故。及到太平天国革命，绿营经制扫地以尽，曾国藩用勇营制度组织湘军，对太平天国进行反革命的斗争。太平天国失败后，清朝虽企图重建绿营旧制，但终归失败，于是勇营既代替了绿营的地位，清朝中央政府遂日在动摇之中，绿营制度崩溃，清朝不久也跟着覆亡。

稽考绿营制度，肇自明代镇戍之制，为中国近世五百年来主要兵制，而在这个制度里面所采取的集权中央的种种措施，又标志出清代的封建统治在承接明代的基础上达到了高度的发展。为了了

(接上页)八旗兵，而以人地不宜为辞来请再调贵州绿营。乾隆帝心里明白桂林的用意，而为了遮掩八旗兵的无用，嘴里却不得不虚夸京营旗兵的无敌，但终归仍停调京营旗兵而续调贵州绿营。可知乾隆帝是知道八旗兵的无用的。

① 魏源：《圣武记》说："国朝以少击众立功者，康熙中游击潘之筹以兵二百败厄鲁特数千于哈密。雍正中，副将韩勋以兵四百破滇苗数千，旋以兵二千破苗数万于乌蒙，副将樊廷以兵二千拒厄鲁特二万于巴里坤。乾隆中，兆惠以兵千六百自伊犁转战至巴里坤，又以兵四百敌霍占集兵三万于黑水营，皆蒙列圣优褒，宣示中外。而康熙五十四年(一七一五年)哈密之役，圣祖谕言：'当此承平休息兵革之时，乃能仓卒间以少击众，奋勇直前，此皆绿营将士感戴朕恩，皆有捐生敢死之心。游击潘之筹临阵左手弓，右手刀，欢呼而出，视贼蔑如，回子厄鲁特无不赞服，尤汉人所难得。'"(卷十二)案魏源所述这几件事，除兆惠所统带的为八旗外，其余都是绿营。魏源的记载是可以供论绿营与八旗功能的考据的。

解中国封建国家这一个机器在清代所达到的高度发展,对绿营的研究是有必要的。本书便是为了这一个目的,对这一个制度进行探索而作的。

第二章　制度的源流

第一节　绿营脱胎于明代镇戍

绿营制度，是脱胎于明代镇戍制度而来的。

明代镇戍制度，凡边塞、沿海及西南少数民族地区的要害地方，平时都设重兵镇戍。而永乐以后，建都北京，三面近塞，故边防尤重。当时边防，东起鸭绿江，西抵嘉峪关，绵亘万里，分地守御。初设辽东、宣府、大同、延绥四镇，继设宁夏、甘肃、蓟州三镇，又以山西镇巡统驭偏头三关，陕西镇巡统驭固原，亦称二镇，是为九边。① 其沿海一带，则自广东乐会接越南界五千里抵闽，又二千里抵浙，又二千里抵南直隶（今江苏省），又千八百里抵山东，又千二百里逾庐龙抵辽东，又千三百余里抵鸭绿江，故海防亦重。自嘉靖中，倭寇肆掠，前后共设七镇，而守备、把总分守巡徼会哨的不下数百员。② 至于西南四川、云南、贵州、湖广、广西等省少数民族地区，也都扼险设镇戍守，以行对少数民族的镇压政策。计明万历、天启间，全国共设蓟州、昌平、辽东、保定、宣府、大同、山西、延绥、宁夏、

---

① 据《明史》卷九十一及参《明会要》卷六十三。

② 据《明史》卷九十一。

甘肃、陕西、四川、云南、贵州、广西、湖广、广东、浙江、福建、山东等二十镇。其中属东北、西北边防的共十一镇，属东南海防的共四镇，属西南少数民族地区的共五镇。[①] 因为明代建立镇戍的用意，原是为的要厚集兵力保卫国防与镇压少数民族而设的，至于对镇压内地人民，备有一般兵防便可以应付，所以腹里省分如安徽、江西、河南等省，都不建重镇。这个镇戍制度，有一个优良的功能，便是平时镇戍重兵于要害，到有事的时候，既免临时远调，得以逸待劳，而诸镇声势连络，易收应援夹击之功，复可节省兵力。明代边防、海防，远的万里，近的也数千里，而置兵不多，防戍暇整，即深得此制的功用。清代兵事地理学者顾祖禹论明代九边兵威的全盛说：

> 明初边备，自辽东而大宁，而开平，而宣府，而丰胜，而大同，而宁夏，而甘肃，东西延亘，指臂相依，称全盛焉。故合边卒之数不过四十万，较之宋人备西夏一路犹七十万，盖倍蓰也。[②]

顾祖禹的话，正确地说明了明代镇戍制度用兵少、收效大的功用。所以清朝入关，看清楚了这个制度的功能，知道如果把这个制度建立起来将会得到一个统治全国的好工具，于是便整个的接受了此制的精髓，把明朝对付它的工具移转来统治汉族，在内地十八省建立了绿营制度，并在尚未建省的边疆地区，除了它的发源地满洲以外，在新疆、蒙古、西藏设置屯戍，以绿营换防戍守。

---

① 据《万历大明会典》卷一百二十六至一百二十七及《明史·职官五》“总兵官”。

② 见《读史方舆纪要·边总图》。

明末镇戍蓟州镇营制表

（据《万历大明会典》卷一百二十六）

- 镇守蓟州镇总兵官
  - 通州参将 —— 张家湾守备
  - 大水峪游击将军
  - 统领南兵游击将军三员
  - 领班游击将军七员
  - 蓟州城地方守备
  - 旧霸州地方守备
  - 遵化城地方守备
  - 密云城地方守备
  - 永平城地方守备
  - 崔黄口地方守备
  - 三屯营地方守备
  - 密云管河把总
  - 黑谷关提调
  - 吉家庄口关提调
  - 总兵中军官
  - 总兵下游击将军
  - 协守东路副总兵
    - 山海关参将
    - 石门寨参将
      - 黄土岭关提调
      - 大毛山岭关提调
      - 义院口关提调
    - 燕河营参将
      - 冷口关提调
      - 桃林口关提调
    - 台头营参将
      - 界岭口关提调
      - 菁山口关提调
  - 协守中路副总兵
    - 太平寨参将
      - 擦崖子关提调
      - 榆木岭关提调
    - 马兰谷参将
      - 大安口关提调
      - 将军关提调
      - 黄崖口关提调
      - 宽佃谷口关提调
    - 喜峰口参将
      - 董家口关提调
      - 李家谷提调
    - 松棚谷游击
      - 罗文谷关提调
      - 洪山口关提调
      - 龙井儿关提调
  - 协守西路副总兵
    - 墙子岭参将
      - 墙子岭关提调
      - 镇虏关提调
    - 古北口参将
      - 司马台提调
      - 潮河川关提调
    - 石塘岭参将
      - 白马关提调
      - 大水峪关提调
    - 曹家寨游击

清初绿营天津镇营制表
（据《康熙大清会典》卷八十六）

- 镇守天津镇总兵官
  - 大沽营游击
    - 守备一员
    - 千总一员
    - 把总一员
  - 霸州营游击
    - 千总一员
    - 把总一员
  - 文安营游击
    - 千总一员
    - 把总二员
  - 天津城守营都司
    - 千总一员
    - 把总二员
  - 王庆坨营都司
    - 千总一员
    - 把总二员
  - 永清营守备——把总一员
  - 左营游击
    - 守备一员
    - 千总一员
    - 把总一员
  - 右营游击
    - 守备一员
    - 千总二员
    - 把总四员
  - 河间协副将
    - 左营守备
      - 千总二员
      - 把总四员
    - 右营守备
      - 千总二员
      - 把总四员
    - 河间城操营守备——把总一员
    - 任丘县等处千总一员
    - 高川镇等处把总五员
  - 通州协副将
    - 左营守备
      - 千总一员
      - 把总二员
    - 右营守备——把总二员
    - 务关营游击
      - 千总一员
      - 把总一员
    - 武清营游击
      - 千总一员
      - 把总二员
    - 张湾营守备——把总二员
    - 漷县营守备——把总二员
    - 杨村营守备——把总二员
    - 采育营守备
      - 千总一员
      - 把总一员
    - 三河营守备——把总二员
    - 宝坻营守备
      - 千总一员
      - 把总一员
    - 香河营守备——把总一员
    - 梁城所千总一员

- 蓟州协副将
  - 左营守备
    - 千总一员
    - 把总一员
  - 右营守备
    - 千总一员
    - 把总一员
  - 遵化城守营游击
    - 千总一员
    - 把总二员
  - 喜峰路游击——千总一员
  - 蓟州城守营都司
    - 千总一员
    - 把总二员
  - 松棚路都司——千总一员
  - 潘家口守备——把总一员
  - 丰玉营守备——把总一员
  - 太平路千总一员
  - 黄崖口把总一员
  - 将军关把总一员
  - 龙井口把总一员
  - 罗文峪把总一员
  - 大安口把总一员
  - 鲇鱼关把总一员
  - 青山口把总一员
  - 李家峪把总一员
  - 擦崖子把总一员
  - 白羊峪把总一员
  - 榆木岭把总一员
  - 玉田汛把总一员
  - 开平汛把总一员
  - 涧河营把总一员
  - 墨羊河把总一员
  - 丰台营把总一员
- 山永协副将
  - 左营守备
    - 千总一员
    - 把总二员
  - 右营守备
    - 千总一员
    - 把总二员
  - 山海路都司
    - 千总一员
    - 把总一员
  - 石门路都司
    - 千总一员
    - 把总一员
  - 建昌路都司
    - 千总一员
    - 把总一员
  - 义路口等处把总一员

- 涿州路参将
  - 本营守备
    - 千总二员
    - 把总二员
  - 拱极营游击
    - 千总一员
    - 把总二员
  - 旧州营都司
    - 千总一员
    - 把总三员
  - 大城营守备——把总一员
  - 崔黄口守备——把总一员

上面两表，第一表是明代镇戍蓟州镇营制表，第二表是清代绿营天津镇营制表。明代各镇营制以蓟州镇为最细密，明代边防重在东北，故镇蓟州，清军入关，转移防海，故改镇天津，从前蓟州镇所戍的地方，即包括在天津镇内，故两两对照，很可以看出其承袭的渊源。我们先看第一表，镇守蓟州镇的是总兵官，其直隶于总兵官下的有二：一为总兵中军官，管传宣号令事务；一为总兵下游击将军，管本镇标兵。这是总兵官的本标。在上方的计有通州参将一员（管辖张家湾守备），大水峪游击将军一员，统领南兵游击将军三员，领班游击将军七员，蓟州城地方守备一员，旧霸州地方守备一员，遵化城地方守备一员，密云城地方守备一员，永平城地方守备一员，三屯营地方守备一员，崔黄口地方守备一员，密云管河把总一员，黑谷关提调一员，吉家庄口关提调一员，他们都直属于总兵官。其在下方的有三：为协守东路副总兵，协守中路副总兵，协守西路副总兵。在每员副总兵下各管带四路，每路又管数处。这三员副总兵，他们都受总兵官的管辖，而都各有所属，层层管辖，然后上隶于总兵官。计蓟州镇营制，可分为三大部分，即本标、直属与管辖。故其组织虽细密，但系统却还是简单而分明的。我们再看第二表，在直隶于镇守天津镇总兵官下的是左营游击与右营游击，这左右两营是总兵官亲带的兵，绿营叫做“标”。在上方的有大沽营游击一员，霸州营游击一员，文安营游击一员，天津城守营都司一员，王庆坨营都司一员，永清营守备一员共六营，这六营是直属于总兵官的，绿营叫做“镇标外属”。其在下方的有河间协副将、通州协副将、蓟州协副将、山永协副将、涿州路参将（绿营副将，即明镇戍营制中副总兵）。这四协一路，都受辖于总兵官，也都各有所属，层层管辖，以上隶于总兵官。故绿营营制，凡总兵官对所部从属关系，对亲带各营叫做“本标”，对直隶各营叫做“直属”，而对各协（或路）叫做“管辖”。这个营制的系统，也完全是和明代镇戍的营制一样的。又绿营营制有标、协、营、汛的名目，总督、巡抚、提督、总兵官所属叫做标，副将所属叫做协，参将、游击、都司、守备所属叫做营，千总、把总、外委所属叫做汛。① 这种名目，明代镇戍营制里虽不曾有明文颁定，但从其营制的系统看来，是早已经如此的。回头看第一表，其直属于蓟州镇总兵官的本营，这就是“标”。由总兵官分出的三路协守副总兵，这就是“协”。由每路协守副总兵分出四路分守，这就是“营”。再由每路分守各分出二、三处提调不等，这就是“汛”。其通州参将等员无可分隶于协、营的，则直隶于总兵官，这就是“镇标外属”。可见后来绿营的名目虽有增加，而其管辖系统实际上源自明代镇戍制度的。

在将领名称方面，绿营也是采取明代镇戍制度。先是明初兵事俱寄于都指挥使司（简称都司），各省都司分掌一方的兵政，各率其卫所以隶于五军都督府而听于兵部。在对外或对内的战事中，政府照例派都督府官或公、侯、伯出为总兵官，事竣还任。明初外患最频的是北边，派出边地镇戍的总兵官渐渐地变成固定，接着在内地要害也派总兵官镇守，以任一方的军务。在总兵官之下，通常又设有副总兵

① 《嘉庆大清会典》卷三十五。

（亦称副将）[1]、参将、游击将军、守备、千总、把总等名目。[2] 自总兵官以至游击将军，例于公、侯、伯、都督、指挥等官内推举充任[3]，他们是从中央派出的，官爵较高，职权较重，所以都司不但成为总兵官的下属，且降居于游击将军之下，其在镇戍将官中的地位，仅居于守一城一堡之任的守备之上而已。[4] 兹将明代镇戍与绿营的将领名目列出对照如下：

---

① 案明代副总兵亦称副将，建文二年（一四〇〇年）命李景隆为平燕将军充总兵官，陈晖、平安为左右副总兵，马溥、徐真为左右参将（《明会要》卷四十二“总兵官”）。永乐七年（一四〇九年）命邱福佩征虏大将军印充总兵官，王聪、火真为左右副将，王忠、李远为左右参将（《明史》卷一百四十五《邱福传》），此副将与副总兵同义之证。又崇祯十五年（一六四二年）礼部侍郎蒋德璟说：“祖制三协止一督、一抚、一总兵，今增二督、三抚、六总兵，又设副将数十人，权不统一，何由制胜？”（《明会要》卷四十二“总兵官”）观此，是明末副总兵已通称为副将的了。

② 《万历大明会典》卷一百二十六“镇戍”说：“其总镇或挂将军印，或不挂印皆曰总兵，次曰副总兵，又次曰参将，又次曰游击将军。”游击将军以下，《会典》所载各镇不一律，考《明史》卷七十六《职官五》“总兵官”说：“总兵官、副总兵、参将、游击将军、守备、把总”，其守备、把总两名目，《万历大明会典》所载各镇亦有此名目。再考隆庆时戚继光守蓟州镇所立营制，于把总上尚有千总名目（见《练兵实纪》），及至崇祯末，千总一职，已普遍设立于各镇。故明代镇戍官于游击将军之下，其守备、千总、把总三种，殆为各镇通常设立的官名。

③ 据《万历大明会典》卷一百二十六。

④ 案都司一官，在明代镇戍中的地位，史无明文。考《万历大明会典》镇戍排列都司次于守备之后（守备次于游击将军之后）。但细考其故，非因都司地位低于守备而然，盖以守备乃镇戍通设之官，都司乃卫所官，其改用于镇戍者不过仅见于数镇而非各镇通有者，是以例先载守备，而后都司而已。考都司地位实高于守备而次于游击将军，故由都司升一级时都改为游击将军，如大宁卫所都司七员于万历三年（一五七五年）改为领班游击将军（见《万历大明会典》卷一百二十六）。又如浙江镇军门标下坐营中军都司于万历二年（一五七四年）改为游击将军（见同书卷一百二十七），都以都司改升游击将军而不改为守备，这是都司高于守备而次于游击将军的明证。故《万历大明会典·镇戍一》述总兵、副总兵、参将、游击将军等官，例由公、侯、伯、都督、指挥等官内推举充任，由公、侯、伯、都督所推任的是总兵、副总兵、参将，而由指挥所推任的则为游击将军，指挥就是都指挥使司。据上考证，可知绿营制度下都司的地位，在明代镇戍中已经是这样的了。

明代镇戍		绿营	
全国各镇皆同	总兵官	总兵官	全国各镇皆一律
	副总兵（亦称副将）	副将	
	参将	参将	
	游击将军	游击	
全国各镇或设或否或同或异不一律	都司	都司	
	守备	守备	
	千总	千总	
	把总	把总	

观上所列，绿营将领名目除了专取副将之称及游击删去将军两字微异外，其余完全相同。虽然明代镇戍将领名目，自都司以下各项，全国各镇戍或设或否或同或异不一律，而绿营此项名目的采源，却是承袭明代镇戍而来的。

至于在统驭方面，绿营制度里面有一个极关重要的所谓大小相制的体制。这一个体制，明白说来，就是用大的来节制小的，却又用小的来分大的之权，其目的是使兵权不致为将帅所专擅，而收中央集权的功效。这个制度也是承自明代的。要明白这个体制的来源，应该略考明代总督、巡抚、总兵官权位的演变。明初总兵官事权最重，凡总兵官、副总兵都以公、侯、伯、都督充任。其总兵官以公、侯、伯专征的都列尚书上。① 及总兵官变成地方镇戍官后，在有事时，政府又派官巡抚，事毕复命，后来巡抚也成为固定的职官，驻在地方。因为巡抚一官的职务是在安抚军民，弹压地方，并负有监督武官的责任，故以都御史或副佥都御史派充。因为涉及军务，故又加提督军务或

① 据沈德符：《野获编》卷二十二"提督军务"。

赞理军务、参赞军务衔。巡抚兼治一方的民事和军务，不但原来的都指挥使司、布政使司、按察使司三司成为下属，即总兵官也须听其监督。① 景泰以后，因军事关系，在涉及数镇或数省的用兵地区，添设总督，派重臣出任，以节制巡抚和总兵官。有的兵事终了，即废不设，有的却成常设的官。总督因为辖地较广，职权也就在巡抚之上。而在总兵官方面，则渐以流官充任，秩位卑微，每当总督、巡抚到任，兜鍪执仗，叩首而出，继易冠带肃谒，方加礼貌。嘉靖中，即周尚文位至三公，万历间，李成梁爵跻五等，也循此规不敢逾。② 其地位每况愈下，权力日轻，已不是明初时可比了。③ 故隆庆以后，将领但知畏督、抚，不知畏总兵官。④ 而为总兵官的，受督、抚节制，则遵命唯谨，不敢或违。万历时人沈德符论巡抚一官说："此官在国初可以无设，今非督、抚何以制总兵之横？断不可一日罢矣。"⑤ 沈德符的话，对当时用督、抚以节制总兵官的功能，可谓有深切的认识。从上所述，可以看出明

① 考明代巡抚之设，始于永乐十九年（一四二一年），各省专设，始于宣德五年（一四三〇年），加都御史衔，始于景泰四年（一四五三年）（据《明会要》卷三十四引《弇山集》）。巡抚的职权，以节制三司，本与总兵官各不相统，定制巡抚兼军务的必兼提督衔，有总兵官地方仅加"赞理"或"参赞"衔。但巡抚以都御史出巡一方，有参劾地方文武的职权，且设立巡抚的本意，原有以文臣节制武臣的作用，《通鉴纲目三编》记天顺元年（一四五七年）正月罢巡抚提督军务，石亨恶文臣不宜节制武臣，言于帝罢之。《昭代典则》记天顺二年（一四五八年）四月辛未复设巡抚官。先是上语李贤曰："朕初复位，奉迎诸人皆以巡抚官不便，一旦革去，军官纵肆，士卒疲弛，文武官不相制之故也。"由此看来，明代巡抚定制虽无节制总兵官之例，而却有监督总兵官之权。

② 据沈德符：《野获编》卷二十二"提督军务"。

③ 关于明代总督、巡抚的设立，与总兵官地位的演变，吴晗《明代的军兵》（载《中国社会经济史集刊》第五卷第二期）有详确的叙述。

④ 戚继光《练兵实纪》杂集卷四登坛口说："诸将平日尚怕督、抚，若总镇操守清严，也略怕他，到了报贼时，便不怕总兵了。盖知兵马由不得总兵调度，政出多门故也。"

⑤ 见《野获编》卷二十二"巡抚之始"。

代镇戍制度的演变：最初以总兵官为总镇一方的最高长官，后来另设巡抚以监督总兵官，跟着再建总督以节制诸镇，于是从前总镇一方的将帅，今日遂致降居于总督、巡抚之下。这一个演变，其中有一个极重要的关键，须特别指出来说明的，就是总兵官的权位虽降低，而他们所统军队的兵力却始终如故，他们还是一方重镇，并不是随其地位的降低而减削其兵力以改隶于总督、巡抚，其所大异于从前的，则他们今日但有管辖兵马的职任，而没有调遣兵马之权，其权已改归于总督、巡抚，总督、巡抚有调遣之权，除各有标兵外，重兵都分辖于诸镇，诸镇总兵官本镇各驻有重兵，却无调遣之权，须受节制于总督、巡抚。而且督、抚、总兵官的中间，还有互相牵掣的作用。总督为最高长官，节制巡抚、总兵官，巡抚则一方监督总兵官，一方又来牵掣总督。隆庆二年（一五六八年）谭纶总督蓟、辽、保定军务，请与总兵戚继光专任其事，勿令巡抚参预其间。不久巡抚刘应节果异议，明穆宗用张居正建议，悉以兵事委纶，而谕巡抚刘应节不得阻挠。[①] 这因为是出自特旨，所以谭纶才得专任其事，可知总督权位虽最重，而巡抚却可以分其权。即总兵官方面，虽上为总督所节制，为巡抚所监督，但是各镇重兵仍归总兵官管辖，使不致全集于督、抚手，这也就是分了督、抚的事权。于是便形成以总督节制巡抚、总兵官，而以巡抚牵掣总督，监督总兵官，却以总兵官分督、抚，这一串的互相牵掣的关系。从上述明代总兵官地位的演变，与其时督、抚、总兵官间的互相牵掣的作用，便可以看出当时节制军队以文制武，以大制小，复以小分大的机构。明代所以得收兵权于中央，在中央政府权威盛时，所以没有藩镇专兵的祸乱，其原因即在这里。清代绿营的统驭制度，便完全是照这

① 据《明史》卷二百二十二《谭纶传》。

个样子。

此外，提督总兵官（简称提督）一官，在明代虽不是常设的官职，但已始于万历时李如松为提督陕西军务总兵官。这时李如松任提督，上承总督的节制，下则节制诸镇总兵官。[①] 清代绿营制度，其提督一官，便是照这个样子在总督与总兵官之间，多加了这一重的节制阶级。又如绿营于京师设立巡捕营[②]，在标、协、营里面设有中军官[③]，兵种有马、步、守之分[④]，粮饷有坐粮、行粮之别[⑤]，以及训练阵操诸法[⑥]，也都是源自明代的制度。

---

① 《明史》卷二百三十八《李如松传》记万历二十年（一五九二年）李如松为提督陕西军务总兵官，已命尽统辽东、宣府、大同诸道援军。李如松自以权任既重，不欲受总督节制，事辄专行。兵科许宏纲等以为不是定制。尚书石星也说李如松敕书受督臣节制，不得自专。乃下诏申饬。这是明代武臣任提督总兵官的起始，但不是常设的官，而清代提督一官即源于此。

② 《万历大明会典》卷一百三十六记京师巡捕设提督官一员，中军官一员，左右参将二员，地方把总一二员，额定官军一〇，〇一八员名，这是明代京师巡捕营的制度。清代京师巡捕营即源自这个制度。

③ 明代镇戍制度，总督、巡抚、总兵官都设有中军官，如蓟、辽、保定总督有中军副总兵（《万历大明会典》卷一百二十六），宣府巡抚有巡抚下中军官一员（见同上），蓟州镇总兵官有总兵中军官一员（见同上），其京师巡捕营提督也设有中军官。绿营中军官的制度，也源于此。

④ 详见营制章。

⑤ 《万历大明会典》卷四十一月粮说："洪武初，令在京在外各卫所马军曾经出塞三次，马匹不曾倒死者月支米二石，步军总旗一石五斗，小旗一石二斗，军一石。"同书卷三十九行粮马草说："凡行粮马草专为从征军马而设，其例有操备、守墩、瞭高、烧荒、修边、秋防及各色公干人役，验日验程支给，或出境一百里至三百里，或计程五日，或本折，或暂支，或轮季，各有例。"盖在本境时按月支粮，出境则支行粮，所以戚继光有"主兵月粮，客兵行粮，此国朝兵食定制"的话（《练兵实纪》杂集卷四登坛口授）。

⑥ 详见第七章。

第二节　绿营对明代镇戍制度的发展与改变

从各方面稽考，知道绿营制度是源自明代镇戍制度的。但是明代镇戍制度发展到了绿营制度，其性质范围已不是再同从前那样，明代镇戍制度正好比是一个童年时代，绿营制度便是到了发育完成的成人时代了。

第一，明代镇戍制度是非经制的，其镇戍的建立，初本是因用兵而设，兵事完了即撤，虽然其中十九因边患未停，始终不曾罢撤，事实上成为固定的，但是在国家的定制里面，却不曾承认它是一个经制的制度。故以将领官制说，是没有品级，没有定员。① 以兵数说，是没有定额，在边事紧急的时候，便扩充到很大的数目，到边防平静后，却缩减成很小的数目②，这完全是一个非经制的性质。绿营则把明代非经制的镇戍制度首先变成了经制的制度，将领官制有品级、有定员，兵数有定额，在国家的制度里面，它的地位是一个经制的制度。这是绿营制度对明代镇戍制度的第一个发展。

第二，明代镇戍制度只建立在若干作为屯重兵镇守的地方，到

---

① 《明史》卷七十六《职官五》“总兵官”条说：“总兵官、副总兵、参将、游击将军、守备、把总，无品级，无定员。”

② 如广西于成化、嘉靖、隆庆间屡兴大兵役，其时广西镇官军数至一二一，二八九员名，到万历时，兵事平定，故减至一三，〇九七员名。又如浙江、福建于嘉靖间倭寇骚扰，故其时浙江镇官兵为一三〇，一八八员名，福建为一二五，三八一员名，到万历时倭患早平，浙江遂减为七八，〇六二员名，福建减为三八，四七五员名（均见《万历大明会典》卷一百三十一）。可见那时候各镇兵数还没有一定的名额，因事增减，而不是经制的制度的。

了绿营制度才普遍地在内地十八省建立了起来。要明白这个情况,可看下表:

清初绿营与明末镇戍镇数及驻地比较表

(据《康熙大清会典》卷八十六至卷九十二、

《万历大明会典》卷一百二十六至一百二十七及《明史》卷七十六)

地域	绿营		明代镇戍	
	镇数	镇守地区	镇数	镇守地区
直隶	3	天津　真定府　宣府	4	三屯营　保定　昌平城　宣府
山西	2	平阳府　大同镇城	2	宁武关　大同镇城
陕西	2	延绥镇　兴安州	2	延绥镇　固原
甘肃	3	凉州　宁夏镇　西宁镇	2	甘肃镇城　宁夏镇城
四川	4	重庆府　建昌卫　松潘卫　川北镇	1	建武所
云南	6	临安府　曲靖府　开化府　楚雄府　永昌府　鹤丽府	1	云南府
贵州	3	安笼所　大定府　威宁府	1	铜仁
广西	1	南宁府	1	桂林
湖广	4	毂城县　彝陵州　沅州　永州府	1	湖广省城
广东	8	广州府　韶州府　顺德县　潮州府　碣石卫　高州府　琼州府　南澳	1	潮州府
江南	3	崇明县　江阴县　通州		
浙江	4	黄岩县　舟山　温州府　平阳县	1	浙江省城
江西	2	南昌府　赣州府		
福建	6	漳浦县　福宁州　兴化府　海坛汛　金门　台湾府	1	福宁州
山东	1	登州府	1	登莱
河南	2	怀庆府　南阳府		
奉天			1	广宁
总计	54		20	

看上表，先从镇数比较，清初康熙时绿营镇数共五十四镇，明末天启时镇数则仅二十镇，绿营镇数几乎多过明末镇数二倍。再就镇守地区来比较，从前明代在腹里地方如江西、河南两处都未设镇，到绿营则在江西、河南各设两镇。从前明代在东南沿海和西南少数民族地区，虽曾建立镇戍，但大都是建立一镇，到绿营则广建多镇。在东南沿海方面说，江南当明嘉靖前虽曾设立一镇，嘉靖后因海防平靖便裁撤了①，到绿营则设立三镇，镇守地区分布于崇明县、江阴县、通州三处。浙江当明天启时仅设一镇，镇守浙江省城，到绿营则设立四镇，镇守地区分布于黄岩县、舟山、温州府、平阳县四处。福建当明天启时仅设立一镇，镇守福宁州、到绿营则设立六镇，镇守地区分布于漳浦县、福宁州、兴化府、海坛汛、金门、台湾府六处。广东当明天启时仅设一镇，镇守潮州，到绿营则设立八镇，镇守地区分布于广州府、韶州府、顺德县、潮州府、碣石卫、高州府、琼州府、南澳八处。在西南少数民族地区方面说，云南当明天启时仅设一镇，镇守云南府，到绿营则设立六镇，镇守地区分布于临安府、曲靖府、开化府、楚雄府、永昌府、鹤丽府六处。贵州当明天启时设一镇，镇守铜仁，到绿营则设立三镇，镇守地区分布于安笼所、大定府、威宁府三处。四川当明天启时仅设一镇，镇守建武所，到绿营时则设立四镇，镇守地区分布于重庆府、建昌卫、松潘卫、川北镇四处。此外，甘肃、湖广两处绿营建镇都多于明末天启时，故镇守地区也较多，惟山西、陕西、广西、山东四省绿营所设镇数与明天启时相同。其有在明天启时建立重镇，到绿营时罢而不设，或明天启时所设镇数较多，到绿营时却减少的，只有奉天与直隶两省。这

① 据《万历大明会典》卷一百二十七《镇戍二》“南直隶”条。

是因为奉天是清朝的龙兴地，不用绿营驻防，所以没有设镇，而明代直隶省，东北防满族，西北防蒙古，清军入关，东北的边防即撤，故镇数也不如明代天启时的多。从上表看来，明末镇戍仅二十镇，绿营则共五十四镇，明末镇戍仅镇守设防的山海要害二十处，绿营则在内地十八省共五十四处要害的地方，普遍地建立了五十四个重镇。于是一个本是戍守设防地区的镇戍制度，便推广成为镇守内地十八省的镇守制度，也就是说把明代这一个防御和镇压少数民族的工具，扩展成为镇压汉族和镇压少数民族的工具。这是绿营制度对明代镇戍制度的第二个发展。

第三，明代镇戍制度是不划一的，这种情况，在将领名目上最可以看得出来。明代镇戍将领只有总兵官、副总兵、参将、守备、把总等项为各镇通有，职掌同而名目也同。其他各项，有仅设于一两地的，如提调官仅设了蓟州、昌平两镇[①]，备御仅设于辽东镇[②]。又有同一官名而冠以种种不同的称谓的，如游击将军有仅称为游击将军的[③]，有加“统领南兵”字样的[④]，有加“领班”字样的[⑤]，有加“入卫”字样的[⑥]，又有加“练兵”字样的[⑦]。如都司有加“管理镇城”字样的[⑧]，有加“管理水利屯田”字样的[⑨]，有加“领班备御”字

① 见《万历大明会典》卷一百二十六。

② 见同上。

③ 如蓟州镇设有游击将军六员，昌平镇设有游击将军二员，辽东镇设有游击将军八员等都是，均见同上。

④ 蓟州镇设有统领南兵游击将军三员，见同上。

⑤ 蓟州镇设有领班游击将军七员，见同上。

⑥ 大同镇、延绥镇各设有入卫游击四员，见同上。

⑦ 广东镇设有练兵游击将军一员，见同上书卷一百二十七。

⑧ 宁夏镇有管理镇城都司一员，见同上书卷一百二十六。

⑨ 宁夏镇有管理水利屯田都司一员，见同上。

样的[①]，有加“总捕”字样的[②]，有加“领蓟镇班”字样的[③]，又有加“总督备倭”字样的[④]。虽然因事异职，即因职异名是为的要区分职掌起见，但名目纷歧，究竟是不划一的。而且，守备与备御的责任都是独守一城一堡的，其取名的意义也差不多全同，而辽东镇既设守备，复立备御，这就更加参差不齐近于混乱的了。绿营制度对此则一律加以整齐化、划一化，其所立将领名目都普遍设立于各镇，并没有因地因事而设立特殊的或冠以不同的名目。他如明代镇戍里面中军官之制，其体制极悬殊，制度至不划一[⑤]，到了绿营制度，也把它一律的加以整齐化、划一化。于是本来是一个参差不齐的制度，便演进成为一个划一的制度。这是绿营制度对明代镇戍制度的第三个发展。

绿营制度对明代镇戍制度从非经制的变成为经制的，从建立

① 甘肃镇有领班备御都司四员，见《万历大明会典》卷一百二十六。

② 浙江镇有总捕都司一员，见同上书卷一百二十七。

③ 河南、山东各设有领蓟镇班都司四员，见同上。

④ 山东设有总督备倭都司一员，见同上。

⑤ 据《万历大明会典》卷一百二十六至一百二十七镇戍所载，全国各镇戍地，其总督、巡抚、总兵所属标下普通都设中军官一员。但此种制度并不划一，故亦有不设中军官的，如湖广、江西、河南、山东便是。亦有同有总督、巡抚、总兵省分，仅总督、总兵有中军官，而巡抚无中军官的，如蓟州镇便是。或同有巡抚、总兵省分，仅总兵有中军官而巡抚无中军官的，如四川便是。亦有仅巡抚有中军官而总兵无中军官的，如云南、贵州便是。可见其制并不划一。至于所设中军官，其体制亦极悬殊。案《万历大明会典》中所记中军官的官位标明出来的有五处：一、蓟州总督标下中军官为副总兵，二、山西坐营中军官为以都指挥体统行事，三、宁夏巡抚标下中军官为千总，四、甘肃坐营中军官与山西同，五、浙江军门标下中军官为都司。案军门为总督或提督的尊称，浙江军门即浙江提督标下（浙江无总督，浙江提督兼巡抚事务，其职权略大于巡抚，而稍小于总督，同有节制武臣之权，这时提督以文臣充任，与清代以武臣充任的提督其体制迥不相同）。总督、提督、巡抚权位相近，而蓟州总督标下中军官为副总兵，浙江军门标下中军官为都司，宁夏巡抚标下中军官为千总，可知明代镇戍所设中军官的体制实太悬殊的了。

于一部分的变成为普遍的，从参差不齐的变成为划一的，这都是朝着发展的路上走的。可见清代的绿营制度实在是从明代的镇戍制度成长起来的。它是在中国封建统治的中央集权的国家机器向高度发展的时期产生的，它是随着中国封建统治的中央集权的国家机器高度发展而发展的。

在绿营制度里面，也有改变明代镇戍制度的地方。绿营制度改变旧制最显著的地方是"化整为散"四字。什么叫做化整为散呢？它一面把明代镇戍的兵力分一镇为数镇，如四川省在明万历时仅设一镇，兵数一〇，八九七名①，康熙时共设四镇，川北镇二，二五〇名，重庆镇三，〇〇〇名，建昌镇四，九一四名，松潘镇五，三九〇名②，合四镇兵数为一五，五五四名，仅多于明末一镇兵数四，六五七名。如云南省在明万历时也是仅设一镇的，兵数六二，五九三名③，康熙时共设六镇，临元镇三，九〇〇名，开化镇二，四〇〇名，楚姚镇三，四〇〇名，永顺镇三，九〇〇名，鹤丽镇五，〇〇〇名，曲浔镇四，四〇〇名④，合六镇兵数为二三，〇〇〇名，还不及明末一镇兵数二分之一。他如湖广、贵州、广东等省情形，也大概与此相类。另一方面，它在一镇里面，又多增协、路以分总兵官的兵力，要明白这个情况，可对照上节所列明代镇戍蓟州镇营制表及清初绿营天津镇营制表，在明蓟州镇营制表中，蓟州镇仅分三协副总兵，而在绿营天津镇营制表中则分四协副将并辖一路

① 据《万历大明会典》卷一百三十一《各镇分例三》。
② 据《康熙大清会典》卷九十四"绿旗兵丁"。
③ 据《万历大明会典》卷一百三十一《各镇分例三》。
④ 据《康熙大清会典》卷九十四"绿旗兵丁"。

参将，较明蓟州镇多分一协一路。案明蓟州镇兵数三一，六五八名[①]，清天津镇兵数一一，〇〇〇名[②]，天津镇兵数仅当蓟州镇兵数三分之一，而反多分一协一路，可知绿营制度多增协、路以分总兵官的兵力的情况。这个分一镇为数镇，而在一镇里面又多增协、路，就是所谓化整为散的作用，乃是清初廷臣的建议。[③] 清朝建立绿营制度为什么采取化整为散的措施呢？这是因为：第一，清朝建立绿营主要目的在于镇压人民，与明代建立镇戍在于防御满蒙不同。民族间的战争必须厚集兵力以备战守，故明代镇戍重在"整"字。镇压人民，只求分营分汛的周密，撒下了所谓星罗棋布的网，便可尽镇压的功能，故绿营重在"分"字。第二，清朝以少数民族统治全国，在当时，与汉族是存在着民族矛盾的。它既不得不用汉人组成的绿营作为统治中国的工具，却又不能不存着戒心，如果每镇都同明代那样厚集重兵，无论其法网是怎样的严密，终是不放心的。所以在这种情况下，绿营制度尤其是重在化整为散，造成了乾隆时将军阿桂所谓"绿营兵散布居处，与满营不同"[④]的制度。因为这样，绿营兵是分散的，八旗是团聚一处的，故就绿营全国兵数来说，虽多于八旗两倍有奇，而就八旗京师禁卫与各地驻防来说，以整制散，八旗常把握着控制绿营的兵力。这是绿营制度对明代镇戍制度第一个改变。

---

① 据《万历大明会典》卷一百二十九《各镇分例一》。

② 据《康熙大清会典》卷九十四《绿旗兵丁》。

③ 顺治十二年（一六五五年）曹溶疏，康熙二十一年（一六八二年）左副都御史吴琠疏都有此议。详见第七章第一节。

④ 乾隆四十一年（一七七六年）将军阿桂奏中语，见王先谦：《乾隆东华录》卷八十三。

其次，是改无定籍的兵为土著的兵。考明代镇戍军队的来源有“主兵”，有“客兵”，有召募，有改拨，有修守民兵、土兵，边镇又有“边班”①，其兵籍至无一定。绿营制度其兵籍则一律改为土著，将则调补，于是将不得私兵，兵不致为将有，而全国兵马国家可得按册而稽，尽纳于尺籍之中。这样看来，绿营这一种改革，实先奠下了收集兵权于中央的基础，不但只改明代纷纭无定的兵籍制度使归于有定而已。这是绿营制度对明代镇戍制度第二个改变。

此外，如官阶加“外委”以为兵士升拔的初阶，又是对旧制增加的地方。

以上绿营制度无论是对明代镇戍制度的发展或改变，都是使这一个工具为封建统治的中央集权更好地服务。

① 《明史》卷十一《兵三》说：“初，太祖沿边设卫，惟土著兵及有罪谪戍者。遇有警，调他卫军往戍，谓之客兵。永乐间，始命内地军番戍，谓之边班。其后占役逃亡之数多，乃有招募，有改拨，有修守民兵、土兵。”案土著兵又叫主兵，《明史》卷八十二《食货六》“俸饷”一节所谓“主兵有常数，客兵无常数”便是。

第三章 建制的沿革

第一节 京师建制的沿革

绿营建制分京师、行省、边区三方面。清代京师禁卫，专用八旗，不用绿营，但沿明代京城巡捕营的制度，于京师设立绿营巡捕营以巡缉京师地方。

顺治元年（一六四四年）初入关，即建南北二营，属于禁卫兵步军营，而以兵部职方司汉主事一人督之。十四年（一六五七年）又建中营。这时候，每营设参将一人、游击一人、把总五人。康熙三十年（一六九一年），改命步军统领兼管巡捕三营。及雍正、乾隆间屡经增设守备、千总、把总等员，计三营共设参将三人、游击三人、守备一九人、千总一五人、把总三〇人，马兵一，五〇〇名，步兵三，六〇〇名，共兵五，一〇〇名，这是乾隆中年以前的建置。

到乾隆四十六年（一七八一年）奉上谕："京师辇毂重地，向来步军统领所管营务，止分中、南、北三营，地方本属广阔，又西北昆明湖一带，离城较远，稽查巡缉更觉耳目难周。所有从前额设官兵不敷派拨，且营制亦有参差未协之处，其应如何添设兵丁，酌安营汛，并管兵员弁及一切事宜，著步军统领衙门会同各该部详细妥议具奏。"寻议准增设左、右二营，增副将一人、参将一人、游击二人、都司五人、千总三一人、把总六二人，兵四，九〇〇名，共为五营，二十三汛，额兵一〇，〇〇〇名，凡马兵四，〇〇〇名，战兵三，〇〇〇名，守兵三，〇〇〇名。自是步军统领所辖京师巡捕营绿营兵共万人。嘉庆四年（一七九九年）上谕："步军统领为九门管钥，统辖京营，总司缉捕，一人独理，不特事权过重，兼恐稽察难周，自应另设佐理之员，以资分任。著添设左、右翼总兵各一员，遇有一切公务，步军统领与总兵同堂坐办，即可杜一人专擅之渐，而于巡察诸事更为周密。"于是以中营作提标，副将作为提标中军，仍令管理圆明园一带五汛。其余参将四员分管的南、北、左、右四营共十八汛，南、左二营参将等官并所辖十汛归左翼总兵官管，北、右二营参将等官并所辖八汛归右翼总兵官管。这一次嘉庆帝亲政后的改革，当是因鉴于乾隆时和珅以首辅兼步军统领的流弊而起。① 嘉庆二十二年（一八一七年）又添设中营参将一人。自此不复有所增改，乾、嘉以来的建制，便成为中叶以后巡捕营的定制。

第二节　行省建制的沿革

行省绿营建制，以直隶、山东为最早，云南、贵州最迟，各省建制年代如下表：

① 和珅于乾隆四十二年（一七七七年）起兼步军统领，步军统领专辖巡捕营及八旗步军，其事权颇重。近人孟森撰《清初三大疑案考实》论雍正帝拥戴之功，在外由年羹尧任陕川总督，在内由科隆阿任步军统领，盖即以步军统领为九门管钥统辖京营手握京师重兵也。和珅虽不曾专兵以作非常，而据本传所载嘉庆上谕云："近闻京师步军统领衙门及巡捕五营所管步马甲兵在和坤宅内供私役者，竟有千余名之多，实出情理之外，国家设立兵额，原资捕盗缉匪之用，岂可将归伍之兵供私宅之役，无怪乎兵数日少，盗贼肆行也。"（《清史列传》卷三十五）即此一端，已可见其专擅之迹矣。

行省绿营建制年代表

（据《皇朝文献通考》卷一百八十三至一百九十）

省分	占领年代	建制年代
直隶	顺治元年（一六四四年）	顺治元年
山东	同上	同上
山西	同上	顺治二年
江南	顺治二年（一六四五年）	同上
陕甘	同上	同上
河南	同上	顺治三年
江西	同上	同上
湖广	同上	同上*
四川	顺治三年（一六四六年）	顺治四年（一六四七年）
浙江	同上	顺治五年（一六四八年）
福建	同上**	顺治七年（一六五〇年）
广东	顺治八年（一六五一年）	顺治八年
广西	同上	同上
贵州	顺治十五年（一六五八年）	顺治十五年
云南	顺治十六年（一六五九年）	顺治十六年

* 湖广绿营建制年代，《顺治东华录》作顺治二年秋七月，与此异。

** 清朝攻入福建虽为顺治三年，但全省实至顺治六年始底定。

上表各省绿营建制的年代，大半都在其初定之年，至迟也不过在占领后两三年。因为清初建立绿营的目的，在于以汉人制汉人，用汉人的军队镇压汉人的反抗，所以占领一省，便建立一省的绿营。当时人所谓得一省必镇定一省，便是此种建制的理论。但是清初的建立绿营，不但是求效于一时，并把它作为国家权力最主要的工具，垂为久远的经制。关于当时建制的大计，今日清代档案里面还保存有一篇顺治三年（一六四六年）二月兵部会议淮扬总督王文奎

建立江北绿营经制的揭贴①,其全文说:

为案度舆地之冲缓,酌设官兵之多寡,请定经制以资战守事:据淮扬总督王文奎提前事,奉圣旨:“这江北官兵经制着会同户部确议具奏,兵部知道,钦此。”钦遵抄出到部,会看得江北重地,控江海而连楚、豫,建威设防,绸缪宜周,故经制不可不详为裁定。督臣按道里之远近,计水陆之冲缓,因地设官,因官设兵,既联犄角之声援,复资守御之策应,官兵月饷,多寡有额,船只马匹,措处咸宜,以及各项经费,靡不区画详尽,盖不知费几许苦心而后能斟酌损益若此其明也。相应一一如议,除所请中军等官,职部另疏复外,其余副、参而下,应设多员,容行遴补。若一切自署私委之弁,借端妄措之饷,均当尽数裁革,庶法制有画一之规,遵守成不刊之典,所裨军国,良非浅矣。

从这篇揭帖中,可以看出清初建立绿营的大计。它一方面在每一个区域内,按道里的远近,计水陆的冲缓,因地设官,因官设兵,兵有定数,饷有定额,其将领的遴补,则归于兵部,建立了一个经常的制度。同时,便着手将各地方上一切在经制外的自署私委的军官和借端妄措的饷项,悉行裁革,使尽归纳于经制之中。后来绿营制度所以果然做得到“法制有画一之规,遵守成不刊之典”的一个经制的制度,便是由于清代统治者在开国之初,早定下了这个大计的收效。

此外,在清初建立绿营的过程中,还有一件大事,应该特别提出来

① 中国社会科学院经济研究所整理的档案。

说的，就是清初裁兵一事。清初的绿营兵，即接收明朝军队改建。考明代京军定额二〇六，二八〇名，万历时各镇兵数为一，一二〇，〇五八名，共一，三〇〇，〇〇〇名有奇，此为承平时兵额。至崇祯末，一方面镇压农民起义，同时防御满族，战事频繁，召募愈众，其时兵数今不可考，但以左良玉一镇来说，有众至二〇〇，〇〇〇，到福王立于南京，左良玉扩充兵力至八〇〇，〇〇〇，兵数为各镇冠，而各镇如高杰、黄得功、刘泽清、刘良佐等也都拥兵江北，据此看来，在崇祯末与南明之际，兵数的扩充，当过于承平时远甚。这些军队，后来除了战死外，都给清朝接收了。这一个大量的军队，清朝要如何的容纳它，在当初是不成问题的。因为那时候，清军初入关，战事方殷，需要大量兵力来应付战事，所以对于降兵，悉令归伍，其时各省绿营经制虽次第的建制，而用兵省分，其兵数究竟还多出于经制额数外。到了顺治十七年（一六六〇年），战事已平定，只剩李定国奉明永历帝奔缅甸，云南边境战局还未完全结束。这年六月辛丑，清廷议政王贝勒大臣等即会议裁兵事，议定云南绿营以三〇，〇〇〇名为额。其江南京口既调驻汉军官兵及各省精兵，则旧驻绿营兵内有庸弱的应行裁去，仍如经制额数。浙江既经增兵，则旧驻绿营兵也应酌裁，合满兵一依经制额数。四川投诚兵愿为民的酌量安插，愿为兵的应散各营，将经制内老弱兵丁裁汰补入。杭州既增闲甲，则经制内绿营庸弱兵丁应裁。西安、保定等腹地，俱有驻防满兵，则绿营兵应酌议多行裁减。得旨：滇省应否以三〇，〇〇〇名为额，著平西王吴三桂酌量地方情形速议具奏另议外，余俱依议。[①] 清初自经此次裁兵后，不到三十年，据康熙二十八年（一六八九年）《会典》所载全国绿营兵数共五九四，四一四名，较明代承平时兵额已减二分之一

① 见王先谦：《顺治东华录》卷三十四。

有奇,而明末所陆续扩充的大量兵数,到了这个时候,老弱早已裁汰归田,精壮则尽归于行伍,清朝掌握了这一个工具,给它在咸丰前两百年的统治做了忠驯的服务。

至于绿营的建制,却不是一成不变的。自清初迄于光绪中,前后二百多年,其间随时度务,因革不一。现在把镇以上的建制列成一表于下,使知清代绿营建制的大概情况。表见下:

行省绿营建制年代沿革表

(此表据《皇朝文献通考》卷一百八十三至一百九十及《光绪大清会典事例》卷五百四十六至五百五十五各卷编成)

军区	建制年代	沿　革
直隶区		
总督	顺治十八年(一六六一年)	清初既入北京,因明制设顺天巡抚,驻密云县,辖顺天、永平二府。设正保巡抚,驻正定府,辖正定、保定、顺德、广平、大名、河间六府。设宣府巡抚,驻宣府镇,辖宣府及直隶延庆、保安二州,并设宣大总督驻山西大同镇,以宣府属之。顺治五年(一六四八年)裁正保巡抚,改设总督直隶、山东、河南都御史一人,驻大名府,兼辖山东、河南。八年(一六五一年)裁宣府巡抚并于宣大总督。十三年(一六五六年)裁宣大总督,以宣府归并顺天巡抚。十六年(一六五九年)改直隶、山东、河南三省总督为直隶巡抚,仍驻大名府。十七年(一六六〇年)移直隶巡抚驻正定府。十八年(一六六一年)增设直隶总督驻大名府,裁顺天巡抚。康熙四年(一六六五年)复改直隶总督为三省总督,仍驻大名府。八年(一六六九年)裁三省总督,以直隶巡抚自正定府移驻保定府。五十四年(一七一五年)直隶巡抚加总督衔,仍管巡抚事。六十年(一七二一年)巡抚罢加总督衔。雍正二年(一七二四年)改直隶巡抚为直隶总督。七年(一七二九年)增设天津河道总督。乾隆十四年(一七四九年)裁河道总督,以河标各营并归直隶总督统辖。
提督	雍正元年(一七二三年)	
宣府镇	顺治元年(一六四四年)	

续表

军区	建制年代	沿　　革
正定镇	顺治元年（一六四四年）	顺治七年（一六五〇年）裁，改设正定协。雍正四年（一七二六年）裁正定协复设。
蓟州镇	同上	顺治四年（一六四七年）裁，改设蓟州协。
通州镇	同上	顺治七年（一六五〇年）裁，改设通州协。
天津镇	同上	
山海关镇	同上	顺治七年（一六五〇年）裁，改设山海关协。
古北口镇	康熙二十九年（一六九〇年）	雍正元年（一七二三年）裁，改设提督。
马兰镇	雍正元年（一七二三年）	裁马兰协改设。
泰宁镇	乾隆元年（一七三六年）	裁泰宁协改设。
天津水师镇	嘉庆二十二年（一八一七年）	
大名镇	道光元年（一八二一年）	裁大名协改设。
通永镇	道光二十三年（一八四三年）	裁陕西西安镇改设。
山东区		
巡抚兼提督	顺治元年（一六四四年）设巡抚，至康熙二十一年（一六八二年）兼任提督。	顺治元年（一六四四年）设山东巡抚，驻济南府。五年（一六四八年）山东与直隶、河南共一总督，驻直隶之大名府，兼辖山东。十六年（一六五九年）裁三省总督。康熙元年（一六六二年）设山东提督驻青州府。四年（一六六五年）复统于驻扎直隶的三省总督。五年（一六六六年）移山东提督驻济南府。八年（一六六九年）仍裁三省总督。二十一年（一六八二年）裁山东提督以巡抚兼任。雍正六年（一七二八年）设河东总督驻河南的开封府，兼辖山东。十三年（一七三五年）裁河东总督，专归山东巡抚统辖。
临清镇	顺治元年（一六四四年）	顺治十八年（一六六一年）移总兵官驻登州，改为登州镇，本镇裁。
沂州镇	同上	顺治十五年（一六五八年）称总兵官驻胶州，改为胶州镇，本镇裁。
胶州镇	顺治十五年（一六五八年）	康熙二十二年（一六八三年）裁。
登州镇	顺治十八年（一六六一年）	道光三十年（一八五〇年）改为水师镇兼辖陆路，同治十二年（一八七三年）复改专管陆路。

续表

军区	建制年代	沿革
兖州镇	雍正元年（一七二三年）	
曹州镇	嘉庆二十二年（一八一七年）	
河道总督	顺治元年（一六四四年）	顺治元年（一六四四年）置总河，驻济宁，营制与漕督相同。雍正二年（一七二四年）置副总河，驻武涉，专理北河。七年（一七二九年）改总河为总督江南河道，驻清江浦，副总河为总督河南、山东河道，驻济宁，分管南、北两河。八年（一七三〇年）增置直隶正副总河为河道水利总督，驻天津，自是北河、南河、东河为三督。
山西区		
巡抚兼提督	顺治二年（一六四五年）设巡抚，至雍正九年（一七三一年）以巡抚兼提督。	顺治二年（一六四五年）设山西巡抚，驻太原府，又设宣大总督，驻大同府的阳和城。十三年（一六五六年）裁宣大总督，改设山西总督，驻大同府。康熙元年（一六六二年）设山西提督，驻平阳府。四年（一六六五年）裁山西总督，并为山陕总督，驻陕西的西安府，兼辖山西，移山西提督驻太原府。六年（一六六七年）陕西总督停辖山西。七年（一六六八年）裁山西提督。十三年（一六七四年）复设山西提督。十四年（一六七五年）仍专设山西总督，又称山西提督驻平阳府。十九年（一六八〇年）裁总督，专归山西巡抚统辖。二十年（一六八一年）裁提督。雍正六年（一七二八年）复设山西提督。九年（一七三一年）仍裁提督，以巡抚兼任。
大同镇	顺治十一年（一六五四年）	裁大同操守改设。
太原镇	康熙十一年（一六七二年）	裁太原协改设。雍正六年（一七二八年）改太原镇总兵官为山西提督。九年（一七三一年）裁山西提督，复设太原镇总兵官如旧制。
河南区		
巡抚兼提督	顺治元年（一六四四年）设河南巡抚，至康熙十八年（一六七九年）以巡抚兼提督。	顺治元年（一六四四年）设河南巡抚，驻开封府，又设河南提督。五年（一六四八年）河南与直隶、山东共一总督，驻直隶的大名府兼辖河南。十六年（一六五九年）裁三省总督。十八年（一六六一年）专设河南总督。康熙四年（一六六五年）裁河南总督，复统于驻扎直隶的三省总督。七年（一六六八年）裁河南提督。八年（一六六九年）仍裁三省总督。十三年（一六七四年）复设河南提督。十八年（一六七九年）又裁提督，以巡抚兼任。雍正五年（一七二七年）改河南巡抚为河南总督。六年（一七二八年）改为河东总督兼辖山东。十三年（一七三五年）仍为河南巡抚。

续表

军区	建制年代	沿　　革
怀庆镇（即河北镇）	顺治三年（一六四六年）	
南汝镇（即南阳镇）	同上	
开归镇	同上	顺治十三年（一六五六年）裁。
归德镇	咸丰八年（一八五八年）	
两江区		
总督	顺治五年（一六四八年）	顺治二年（一六四五年）设江南、江西、河南总督，驻江宁府。五年（一六四八年）改为江南、江西总督，停辖河南。九年（一六五二年）改为江南总督，又分设江西总督，驻南昌府。康熙四年（一六六五年）仍并为江南、江西总督。十三年（一六七四年）江南与江西又各分设总督。二十一年（一六八二年）复裁江西总督，并归江南，为两江总督。
江苏巡抚	顺治二年（一六四五年）	顺治二年（一六四五年）设江南巡抚，驻苏州府，辖江宁、苏州、松江、常州、镇江五府。又设凤庐巡抚驻淮安府，分辖淮安、扬州及凤阳、庐州四府，徐州一州。其安徽五府三州别领于操江巡抚。六年（一六四九年）以漕运总督兼巡抚事，分辖淮、扬等四府一州。十六年（一六五九年）仍设凤庐巡抚。康熙五年（一六六六年）裁凤庐巡抚，以原辖淮安、扬州、徐州，归江苏巡抚统辖。
安徽巡抚	康熙元年（一六六二年）	顺治二年（一六四五年）设操江兼巡抚，驻安庆府辖安庆、徽州、宁国、池州、太平五府，滁、和、广德三州。康熙元年（一六六二年）巡抚停兼操江军务，以操江标所属十一营官兵改隶总督，专设安徽巡抚。五年（一六六六年）裁凤庐巡抚，以凤阳、庐州并归安徽巡抚统辖。
江南水陆提督	康熙元年（一六六二年）	顺治二年（一六四五年）设江南汉兵提督，驻江宁府。四年（一六四七年）始设苏松提督，驻松江府，惟辖苏州、松江、常州、镇江四府营务。康熙元年（一六六二年）裁江宁提督，改苏松提督为江南全省提督。十四年（一六七五年）即改为江宁提督，仍驻松江，惟辖下江七府一州营务，增设安徽提督分辖上江七府三州营务，十七年（一六七八年）裁安徽提督，仍改为江南水陆提督，统辖全省。
江北提督	光绪三十一年（一九〇五年）	裁淮扬镇改设。
苏州镇	顺治二年（一六四五年）	顺治十四年（一六五七年）裁。

续表

军区	建制年代	沿　革
镇江镇	顺治二年（一六四五年）	顺治四年（一六四七年）裁。
浦口镇	同上	顺治三年（一六四六年）裁。
安庆镇	同上	顺治四年（一六四七年）裁。
池太镇	同上	顺治十一年（一六五四年）裁。
东山镇	同上	同上。
广德镇	同上	顺治七年（一六五〇年）裁。
崇明水师镇（即苏松镇）	顺治十四年（一六五七年）	康熙十四年（一六七五年）改为崇明水师提督。二十三年（一六八四年）裁崇明水师提督，复设崇明水师镇。
狼山镇	顺治十七年（一六六〇年）	同治八年（一八六九年）改属长江提督统辖。
江宁镇	康熙元年（一六六二年）	康熙七年（一六六八年）裁。
京口水师镇	康熙二十一年（一六八二年）	改京口将军属左路水师总兵官设。康熙三十六年（一六九七年）裁。
寿春镇	乾隆元年（一七三六年）	
徐州镇	嘉庆十四年（一八〇九年）	
福山水师镇	道光二十三年（一八四三年）	
皖南镇	咸丰五年（一八五五年）	
淮扬镇	咸丰十年（一八六〇年）	光绪三十一年（一九〇五年）裁。
漕运总督	顺治二年（一六四五年）	
京口将军	顺治十六年（一六五九年）	顺治十六年（一六五九年）设京口将军，兼辖标下左、右、前、后四营绿营官兵，又设京口左、右两路绿旗水师总兵官，并归京口将军兼辖。康熙二十一年（一六八二年）改京口左、右两路绿营水师官兵属提督管辖。二十三年（一六八四年）裁标下绿营前锋二营官兵，惟设左、右二营。二十四年（一六八五年）裁京口右路绿营水师总兵官，改左路总兵官为京口水师总兵官。三十六年（一六九七年）裁京口水师总兵官，改设京口协。乾隆二十二年（一七五七年）裁京口将军，以原属京口将军的绿营左右营官兵，改隶江宁将军。三十二年（一七六七年）改京口协归入总督标管辖。三十三年（一七六八年）裁京口将军标左、右二营绿营兵。其原统于京口副都统的高资营也在这一年改入总督标管辖，于是江南驻防将军遂无绿营。

续表

军区	建制年代	沿　　革
江南河道总督	雍正七年(一七二九年)	
江西巡抚兼提督	顺治二年(一六四五年)设巡抚,康熙二十二年(一六八三年)以巡抚兼提督。	顺治二年(一六四五年)设江西巡抚,驻南昌府,辖南昌、饶州、广信、九江、南康、袁州、临江、瑞州、抚州、建昌、吉安十一府。设南赣巡抚驻赣州府,分辖南安、赣州二府。设江西提督也驻南昌府。十八年(一六六一年)移提督驻建昌府。康熙四年(一六六五年)裁南赣巡抚,并归江西巡抚统辖,移江西提督仍还驻南昌。七年(一六六八年)裁提督。十三年(一六七四年)复设江西提督。十四年(一六七五年)增设抚建提督,分辖抚州、建昌等六府营务。十九年(一六八〇年)裁抚建提督。二十二年(一六八三年)并裁江西提督,以巡抚兼任。
南赣镇	顺治三年(一六四六年)	
九江镇	同上	康熙七年(一六六八年)裁。十五年(一六七六年)复设。十七年(一六七八年)又裁。嘉庆五年(一八〇〇年)移南昌镇总兵官回驻九江复设。
南昌镇(即南瑞镇)	康熙七年(一六六八年)	康熙十三年(一六七四年)以南昌镇为水师总兵官。十九年(一六八〇年)裁南昌水师总兵官。二十二年(一六八三年)复设。嘉庆五年(一八〇〇年)裁。
饶州镇	康熙十四年(一六七五年)	康熙二十一年(一六八二年)裁。
闽浙区		
总督	顺治五年(一六四八年)	顺治二年(一六四五年)设浙江总督,驻杭州府。五年(一六四八年)改为闽浙总督,驻衢州府,兼辖福建。十五年(一六五八年)分设两省总督,以福建总督驻福州府,浙江总督驻杭州府。康熙八年(一六六九年)并归福建为闽浙总督。九年(一六七〇年)又分设两省总督,移福建总督驻漳州府。十一年(一六七二年)仍驻福州府。二十三年(一六八四年)裁浙江总督,仍并为闽浙总督,驻福州府,兼辖浙江。雍正五年(一七二七年)又分设两省总督。十二年(一七三四年)复并为闽浙总督。
福建巡抚	顺治七年(一六五〇年)	
福建水师提督	康熙十七年(一六七八年)	顺治七年(一六五〇年)设福建水陆提督。康熙七年(一六六八年)裁福建水陆提督。八年(一六六九年)改设福建水师总兵官。十七年(一六七八年)裁水师总兵官,改设福建水师提督,又设福建陆路提督。光绪三十年(一九〇四年)裁福建水师提督,并归陆路提督。
福建陆路提督	同上	

续表

军区	建制年代	沿　革
汀州镇	顺治七年（一六五〇年）	康熙七年（一六六八年）裁。三十六年（一六九七年）移兴化镇总兵官驻汀州复设。
泉州镇	同上	康熙二十三年（一六八四年）裁。
铜山镇	同上	同上。
援剿总兵官	同上	康熙十九年（一六八〇年）裁。
中路总兵官	同上	康熙六年（一六六七年）裁。
福宁镇	顺治十四年（一六五七年）	
兴化镇	康熙六年（一六六七年）	康熙三十六年（一六九七年）裁。
漳浦镇	康熙七年（一六六八年）	移汀州镇总兵官驻漳浦改设。康熙二十七年（一六八八年）裁。
福建水师总兵官	康熙八年（一六六九年）	康熙十七年（一六七八年）裁。
金门镇	康熙十九年（一六八〇年）	裁援剿总兵官改设。同治五年（一八六六年）裁。
海坛镇	同上	光绪十三年（一八八七年）裁。
台湾镇	康熙二十三年（一六八四年）	
南澳镇	康熙二十四年（一六八五年）	
漳州镇	康熙二十七年（一六八八年）	移漳浦镇总兵官驻漳州改设。
建宁镇	雍正十一年（一七三三年）	
澎湖镇	光绪十三年（一八八七年）	
福州将军	康熙十九年（一六八〇年）	
浙江巡抚	顺治五年（一六四八年）	
浙江提督	同上	

续表

军区	建制年代	沿　革
定海镇	顺治五年（一六四八年）	顺治十七年（一六六〇年）裁。康熙八年（一六六九年）移水师左路总兵官驻定海复设。二十三年（一六八四年）又裁。二十七年（一六八八年）再设。
衢州镇	同上	顺治五年（一六四八年）初设即裁。雍正十二年（一七三四年）复设。
水师左路总兵官	同上	康熙八年（一六六九年）裁。
水师右路总兵官	同上	同上。
金华镇	同上	移衢州镇总兵官驻金华改设。顺治十三年（一六五六年）裁。
温州镇	顺治十三年（一六五六年）	
台州镇	顺治十七年（一六六〇年）	移定海镇总兵官驻台州改设。康熙九年（一六七〇年）裁。
平阳镇	康熙八年（一六六九年）	移水师右路总兵官驻平阳改设。康熙四十九年（一七一〇年）裁。
黄岩镇	康熙九年（一六七〇年）	移台州镇总兵官驻黄岩改设。康熙十五年（一六七六年）裁。十八年（一六七九年）复设。同治十二年（一八七三年）裁。
舟山镇	康熙二十三年（一六八四年）	移定海镇总兵官驻舟山改设。康熙二十七年（一六八八年）裁。
处州镇	康熙四十九年（一七一〇年）	移平阳镇总兵官驻处州改设。
海门镇	同治十二年（一八七三年）	移黄岩镇总兵官驻海门改设。
湖广区		
总督	顺治三年（一六四六年）	顺治三年（一六四六年）设湖广总督，驻武昌府。康熙七年（一六六八年）并为川湖总督驻荆州府。九年（一六七〇年）移驻四川重庆府。十九年（一六八〇年）四川总督停辖湖广。二十七年（一六八八年）复专设湖广总督，仍驻武昌。
湖北巡抚	同上	顺治三年（一六四六年）设湖北巡抚，驻武昌府。又设郧阳巡抚驻郧阳。康熙六年（一六六七年）裁郧阳巡抚，并归湖北巡抚统辖。
湖南巡抚	雍正二年（一七二四年）	顺治三年（一六四六年）设偏沅巡抚，驻沅州偏桥镇。康熙三年（一六六四年）移驻长沙府。雍正二年（一七二四年）改为湖南巡抚。

续表

军区	建制年代	沿　革
湖广水陆提督	顺治三年（一六四六年）	嘉庆六年（一八〇一年）改为湖南提督，专管湖南通省营伍事宜。
湖北提督	嘉庆六年（一八〇一年）	
荆州镇	顺治三年（一六四六年）	康熙五年（一六六六年）裁。
郧襄镇	同上	顺治十六年（一六五九年）裁。
长沙镇	同上	顺治十八年（一六六一年）裁。
辰常镇	顺治六年（一六四九年）	康熙八年（一六六九年）裁。
沅州镇	顺治八年（一六五一年）	顺治十六年（一六五九年）调沅州镇总兵官驻云南，十八年（一六六一年）复设，仍驻沅州。康熙三十八年（一六九九年）裁。
祁阳镇	顺治十二年（一六五五年）	顺治十六年（一六五九年）裁。
益阳镇	同上	同上。
彝陵镇	顺治十三年（一六五六年）	雍正十三年（一七三五年）裁。
襄阳镇	顺治十六年（一六五九年）	嘉庆六年（一八〇一年）裁。
郧阳镇	同上	改郧襄镇总兵官设。康熙八年（一六六九年）裁。嘉庆六年（一八〇一年）移襄阳镇总兵官驻郧阳复设。
武昌镇	康熙八年（一六六九年）	移郧阳镇总兵官驻武昌改设。康熙九年（一六七〇年）裁。
永州镇	康熙九年（一六七〇年）	
岳州水师镇	康熙十六年（一六七七年）	康熙十八年（一六七九年）裁。
均房镇	康熙十七年（一六七八年）	康熙十九年（一六八〇年）裁。
武冈镇	康熙十八年（一六七九年）	同上。
镇筸镇	康熙三十八年（一六九九年）	移沅州镇总兵官驻镇筸改设。
宜昌镇	雍正十三年（一七三五年）	改彝陵镇设。

续表

军区	建制年代	沿　　革
绥靖镇	嘉庆二年（一七九七年）	
衡州镇	不详	顺治十八年（一六六一年）裁。
陕甘区		
总督	顺治十四年（一六五七年）	顺治二年（一六四五年）设川陕总督，驻陕西固原州，兼辖四川。十四年（一六五七年）停辖四川，改为陕甘总督。康熙四年（一六六五年）令总督兼辖山西，为山陕甘总督，驻西安府。六年（一六六七年）停辖山西，改为陕甘总督。二十二年（一六八三年）复令总督兼辖四川，为川陕甘总督。雍正九年（一七三一年）复为陕甘总督。十三年（一七三五年）又为川陕甘总督。乾隆十四年（一七四九年）仍停辖四川，为陕甘总督。二十四年（一七五九年）分设甘肃总督，以四川总督兼辖陕西，为川陕总督，后裁甘肃总督，仍为陕甘总督。二十九年（一七六四年）以总督移驻甘肃兰州府，兼辖陕西。
陕西巡抚	顺治二年（一六四五年）	顺治二年（一六四五年）设陕西巡抚，驻西安府，又设延绥巡抚，驻榆林卫。康熙元年（一六六二年）裁延绥巡抚，并归陕西巡抚统辖。
甘肃巡抚	同上	顺治二年（一六四五年）设甘肃巡抚，驻甘州卫，并设宁夏巡抚，驻宁夏卫。康熙四年（一六六五年）裁宁夏巡抚并归甘肃巡抚统辖。五年（一六六六年）移巡抚驻兰州，后移驻临洮府。乾隆三年（一七三八年）移驻兰州府。二十九年（一七六四年）裁甘肃巡抚，即以陕甘总督驻兰州，兼管巡抚事。光绪十年（一八八四年）新疆建行省，复置甘肃新疆巡抚，驻乌鲁木齐。
固原提督	康熙四年（一六六五年）	顺治二年（一六四五年）设陕西提督，驻西安府。康熙四年（一六六五年）移驻固原州，改为固原提督。乾隆二十九年（一七六四年）移驻西安，改为西安提督。四十六年（一七八一年）又移驻固原州，仍为固原提督。
甘肃提督	康熙三十年（一六九一年）	顺治二年（一六四五年）设甘肃镇总兵官，驻甘州。康熙三十年（一六九一年）改设甘肃提督。乾隆二十四年（一七五九年）移驻凉州。二十九年（一七六四年）又移驻张掖县。
延绥镇	顺治二年（一六四五年）	
固原镇	同上	顺治十一年（一六五四年）裁。乾隆二十九年（一七六四年）移河州镇总兵官驻固原州复设。四十六年（一七八一年）再裁。
临巩镇	同上	顺治十五年（一六五八年）裁。

续表

军区	建制年代	沿　革
凤翔镇	顺治二年（一六四五年）	康熙九年（一六七〇年）裁。
汉羌镇	同上	顺治八年（一六五一年）裁，康熙十四年（一六七五年）复设。二十一年（一六八二年）再裁。
甘肃镇	同上	康熙三十年（一六九一年）裁。
兴安镇	顺治四年（一六四七年）	康熙二十二年（一六八三年）裁。
西宁镇	顺治十五年（一六五八年）	移临巩镇总兵官驻西宁改设。
宁夏镇	康熙二十年（一六八一年）	
兴汉镇	康熙二十二年（一六八三年）	改兴安镇总兵官设。嘉庆五年（一八〇〇年）裁。
凉州镇	康熙三十年（一六九一年）	移甘肃镇总兵官驻凉州改设。乾隆二十四年（一七五九年）裁。二十九年（一七六四年）复设。
肃州镇	同上	裁肃州协改设。
安西镇	雍正三年（一七二五年）	乾隆十二年（一七四七年）裁。
西大通镇	雍正五年（一七二七年）	雍正十三年（一七三五年）裁。
河州镇	雍正十三年（一七三五年）	乾隆二十九年（一七六四年）裁。四十六年（一七八一年）移固原镇总兵官驻河州复设。
宁陕镇	嘉庆五年（一八〇〇年）	嘉庆十三年（一八〇八年）裁。
陕安镇	同上	改兴汉镇设。
汉中镇	嘉庆十三年（一八〇八年）	
西安镇	嘉庆十五年（一八一〇年）	裁西安将军标改设。道光二十三年（一八四三年）裁。
安西提督	乾隆十二年（一七四七年）	改安西镇设。乾隆二十四年（一七五九年）移驻巴里坤，改为巴里坤提督。
西安将军	乾隆四十六年（一七八一年）	这年设西安将军标中、左、右三营，嘉庆十五年（一八一〇年）裁。

续表

军区	建制年代	沿　　革
四川区		
总督	顺治十四年（一六五七年）	顺治三年（一六四六年）设四川巡抚，驻成都府，设川陕总督，驻陕西，兼辖四川。十四年（一六五七年）专设四川总督，驻重庆府。康熙七年（一六六八年）改四川总督为川湖总督，驻湖广荆州府。九年（一六七〇年）以川湖总督移驻重庆府。十九年（一六八〇年）停辖湖广，改设川陕甘总督，驻陕西兼辖四川。雍正九年（一七三一年）复专设四川总督，驻成都府。十三年（一七三五年）仍并归陕西，为川陕甘总督。乾隆十四年（一七四九年）复专设四川总督，裁四川巡抚，以总督兼管巡抚事。二十四年（一七五九年）令四川总督兼辖陕西，为川陕总督，寻复专为四川总督。
提督	康熙二十年（一六八一年）	
建昌镇	顺治四年（一六四七年）	
保宁镇	同上	顺治十年（一六五三年）裁。
永宁镇	同上	康熙八年（一六六九年）裁。
夔州镇	同上	康熙十年（一六七一年）裁。
川北镇	顺治十年（一六五三年）	改保宁镇总兵官设。
左翼镇	顺治十七年（一六六〇年）	寻裁。
右翼镇	同上	同上。
重庆镇	康熙八年（一六六九年）	移永宁镇总兵官驻重庆改设。
松潘镇	康熙十年（一六七一年）	
成都将军	乾隆四十一年（一七七六年）	乾隆四十一年（一七七六年）设成都驻防将军，兼辖本标左、右营绿营，并松潘、建昌两镇。
两广区		
总督	顺治十年（一六五三年）	顺治十年（一六五三年）设两广总督，驻广州府。康熙二年（一六六三年）令总督专辖广东。四年（一六六五年）仍兼辖两广。雍正元年（一七二三年）复令专辖广东。十三年（一七三五年）复兼辖两广，并移驻肇庆。光绪三十一年（一九〇五年）兼广东巡抚事。
广东巡抚	顺治八年（一六五一年）	光绪二十四年（一八九八年）裁。寻复设。三十一年（一九〇五年）又裁。

续表

军区	建制年代	沿　革
广东提督	顺治八年（一六五一年）	
广东水师提督	康熙三年（一六六四年）	康熙七年（一六六八年）裁。嘉庆十五年（一八一〇年）以原设提督为陆路提督，复添设水师提督一人驻虎门。
广州府水师镇	顺治八年（一六五一年）	康熙三年（一六六四年）裁。
肇庆镇	同上	康熙元年（一六六二年）裁。
潮州镇	同上	
琼州镇	同上	乾隆二十七年（一七六二年）裁。嘉庆十六年（一八一一年）改琼雷镇复设。
高雷廉镇	顺治十二年（一六五五年）	康熙元年（一六六二年）改为高雷镇。康熙二十三年（一六八四年）复设。乾隆二十七年（一七六二年）裁。
左翼镇	顺治十七年（一六六〇年）	嘉庆十五年（一八一〇年）裁。
右翼镇	同上	同上。
廉州镇	康熙元年（一六六二年）	康熙二十三年（一六八四年）裁。
左路水师总兵官	康熙三年（一六六四年）	康熙八年（一六六九年）裁。
右路水师总兵官	同上	改广州府水师镇设。康熙八年（一六六九年）裁。
琼雷镇	乾隆二十七年（一七六二年）	改琼州镇设。嘉庆十六年（一八一一年）裁。
高廉镇（即高州镇）	同上	改高雷廉镇设。光绪十二年（一八八六年）改为水陆镇。
阳江水师镇	嘉庆十五年（一八一〇年）	移左翼总兵官驻阳江改设。光绪十二年（一八八六年）裁。
南韶连镇	同上	改右翼镇设。
北海水陆镇	光绪十二年（一八八六年）	裁阳江镇改设。
碣石镇	不详	康熙三年（一六六四年）裁。八年（一六六九年）复设。
海丰镇	不详	康熙五年（一六六六年）裁。

续表

军区	建制年代	沿　革
饶平镇	不详	康熙八年(一六六九年)裁。
韶州镇	不详	康熙十八年(一六七九年)裁。
顺德镇	不详	康熙四十二年(一七〇三年)裁。
广州将军	康熙二十三年(一六八四年)	这年设广州驻防将军,兼管标下绿营左、右、前、后四营。乾隆三十二年(一七六七年)裁左、右两营。
广西巡抚	顺治八年(一六五一年)	
广西提督	同上	
左江镇	康熙元年(一六六二年)	
右江镇	雍正五年(一七二七年)	裁泗城协改设。
柳庆镇	光绪十二年(一八八六年)	
云贵区		
总督	顺治十六年(一六五九年)	顺治十六年(一六五九年)设云贵总督,两省互驻。康熙元年(一六六二年)分设两省总督,以云南总督驻云南府。贵州总督驻安顺府。四年(一六六五年)仍为云贵总督,驻贵阳府,兼辖云南。二十二年(一六八三年)移驻云南府,仍辖两省。雍正七年(一七二九年)又定云贵总督兼辖广西。十三年(一七三五年)停辖广西。乾隆元年(一七三六年)又分设两省总督。十二年(一七四七年)复为云贵总督。
云南巡抚	同上	
云南提督	康熙元年(一六六二年)	
临元澂江镇	顺治十七年(一六六〇年)	
曲寻武沾镇	同上	乾隆三十五年(一七七〇年)裁。
永顺镇	同上	乾隆四十年(一七七五年)裁。
开化镇	康熙六年(一六六七年)	
鹤丽镇	康熙七年(一六六八年)	

续表

军区	建制年代	沿　革
永北镇	康熙七年（一六六八年）	康熙二十一年（一六八二年）裁。三十一年（一六九二年）复设。乾隆三十五年（一七七〇年）再裁。
楚姚景义镇	康熙二十一年（一六八二年）	移永北镇总兵官驻楚雄府改设。乾隆三十五年（一七七〇年）裁。
东蒙雄威镇	雍正六年（一七二八年）	雍正九年（一七三一年）裁。
元普沅威镇	雍正七年（一七二九年）	同上。
普洱沅威镇	雍正九年（一七三一年）	改元普沅威镇设。
照通雄威镇	同上	改东蒙雄威镇设。
腾越镇	乾隆四十年（一七七五年）	改腾越协设。
贵州巡抚	顺治十五年（一六五八年）	
贵州提督	顺治十六年（一六五九年）	
大定镇	同上	雍正三年（一七二五年）裁。
黔西镇	同上	康熙二十三年（一六八四年）裁。
镇远镇	同上	康熙七年（一六六八年）裁。乾隆四年（一七三九年）复设。
威宁镇	同上	雍正五年（一七二七年）裁。乾隆二年（一七三七年）复设。
湄潭镇	顺治十八年（一六六一年）	康熙四年（一六六五年）裁。
安笼镇（即安义镇）	康熙四年（一六六五年）	嘉庆二年（一七九七年）改名为安义镇。
平远镇	康熙五年（一六六六年）	康熙八年（一六六九年）裁。
古州镇	雍正七年（一七二九年）	
安顺镇	不详	康熙四年（一六六五年）裁。
比喇镇	不详	康熙五年（一六六六年）裁。
大方镇	不详	同上。
水师镇	不详	同上。

续表

军区	建制年代	沿　　革
定广镇	不详	康熙六年(一六六七年)裁。
清江镇	不详	雍正十二年(一七三四年)裁。
附长江水师		
长江水师提督	同治元年(一八六二年)	先是长江水师分隶沿江各军区统辖,未专设提督。咸丰间曾国藩练湘军水师对抗太平天国。太平天国失败后,曾国藩以为江防重要,利器不可轻抛,乃议建长江水师提督一人,隶两江、湖广总督节制。计辖湖南、湖北、江西、安徽、江苏五省江面,分设岳州、汉阳、湖口、瓜州四镇,并兼辖江南提督所辖的狼山镇。
岳州镇	同治五年(一八六六年)	
汉阳镇	同上	
湖口镇	同上	
瓜州镇	同上	

上表以乾隆以后各军区所行的总督、巡抚、提督的制度,及自顺治以来所建各镇为纲,列其建制年代,考其裁复沿革,尤其是督、抚制度的沿革关系于整个军区的建制,更详考于沿革一栏内。看了上表,便可知道二百多年来行省绿营每一个督、抚、提、镇的建制年代与其沿革。不但如此,它还指出绿营建制的几个重要的情况:第一,属于腹里军区的山东、山西、河南、江西这几个区所设的总督和提督,都是有事则设,无事则裁的。上表山东、河南两区当清初开国的,军事未已,都辖于驻在直隶大名府的直隶、山东、河南三省总督,到康熙时,军事大定,遂裁三省总督,惟直隶区仍设总督,其山东、河南两区即不复设。山西则于清初设宣大总督,顺治十三年(一六五六年)裁宣大总督改设山西总督。到康熙初,军事既定,遂裁总督,并入陕西为山陕总督,六年(一六六七年)陕西总督停辖山西,这时山西不设总督,到十四年(一六七五年)三藩起事,山西屏

蔽京师，于是复设山西总督，十九年（一六八〇年）三藩将平，仍复裁。江西则于清初为两江总督所辖，顺治九年（一六五二年）以江西界于广东、湖南、福建三省之间，东南正在用兵，因添设江西总督以为专辖，到康熙四年（一六六五年）中国已底定，遂仍并为江南、江西总督，到十三年（一六七四年）三藩起事，当时耿精忠据福建，尚之信据广东，江西地位重要，于是复专设江西总督，二十一年（一六八二年）三藩既平，遂复裁江西总督并归江南为两江总督。在提督方面，山东、山西、河南、江西四区清初都设提督，到康熙七年（一六六八年）山西、河南、江西三区都裁（惟山东未裁），到十三年（一六七四年）三藩事起仍复设，而江西一区并于十四年（一六七五年）添设抚建提督一人，以分担一方的军务，后来三藩事定，四区提督都裁。山西一区，到雍正六年（一七二八年）对准噶尔用兵时复设，九年（一七三一年）事定仍裁。因为总督、提督与那镇守总兵官专为镇戍而设的不同，总督是一个军区绿营的统帅，节制全省的提、镇，提督是一区的大将，节制各镇，其建制目的本是因为要便利指挥军事、节制兵马而设。达四区既属于腹里地带，军事不是常有的，所以都不专设总督、提督，惟遇有事则设，无事则裁。第二，绿营建制，以地形为准则，但情况改变了，它的重要性也跟着不同，故有昔为重镇今非冲要的，也有昔非冲要今为重镇的，如山东区在顺治元年（一六四四年）初入关时设临清、沂州两镇以控制山东全省，到十五年（一六五八年）后，中原底定，山东内部无事，海防转重于内地，于是乃移沂州镇总兵官驻胶州，改为胶州镇，移临清镇总兵官驻登州，改为登州镇以防海疆。江南的情形也同样，在顺治二年（一六四五年）初下时，即建苏州、镇江、浦口、安庆、池太、东山、广德七镇据要设镇以制江南全区，不久，全区底定，就都次第裁革，而另建崇明、狼山两镇，移内部兵力以镇海疆。又如湖广区在顺治初年，先后设立荆州、郧襄、长沙、彝陵、辰常、祁阳、益阳、衡州八镇，以应当时军事的需要，及军事既定，也都次第裁革，而因时制宜另建永州、沅州、襄阳、郧阳、武昌、镇筸等镇。其他各区或昔建今裁，或今建昔无的情况，大都与此相类，不再一一举出说明。第三，绿营的建制，每经一次事变，就有一次新的建制，以适应新的情况。如嘉庆时，川、陕、楚三省白莲教起义失败后，陕甘区则从新建置宁陕、陕安、汉中、西安四镇，湖广区则增设湖北提督。如道光时鸦片战争后，直隶区则增建通永镇，两江区则增建福山水师镇，山东区则改登州镇为水师镇。又如光绪时中法战争后，两广区在广东则增设北海水陆镇，并改高州镇为水陆镇，在广西则将原驻柳州的广西提督移镇龙州，而于柳州另设柳庆镇，云贵区则在云南方面定每年秋冬二季开化镇出驻马白关，临元镇出驻蒙自县以防边。上述三种情形，第一种可说是绿营建制的一种制度，后两种是绿营建制沿革的原因，在表中，都已一一指出来。此外，凡土司地方改土归流的也随时增建营制，如雍正时贵州设古州镇便是一例。至于协、营以下的建制，则大都与其所隶的提、镇有关联，明白了提、镇以上的建制，即可知每一军区建制的沿革，所以在本书中，不复具载。

第三节　边区建制的沿革

绿营在边区新疆、蒙古、西藏都建立屯戍制度，新疆在建省后，又将屯戍制度改而建立经制的营制。兹分述于下：

一、新疆　雍正十三年(一七三五年)设哈密提督驻哈密,这是新疆建立绿营的开始。乾隆二十四年(一七五九年)移安西提督驻巴里坤,改为巴里坤提督,裁哈密提督。二十八年(一七六三年)设乌鲁木齐镇总兵官,次年移巴里坤提督驻乌鲁木齐,改为乌鲁木齐提督,而移乌鲁木齐镇总兵官于巴里坤,改为巴里坤镇总兵官。至四十四年(一七七九年)设伊犁镇总兵官。当时新疆未建行省,凡所设提、镇都受节制于陕甘总督。而天山南北路各城,则各设屯戍兵,其北路塔尔巴哈台,南路阿克苏、乌什、喀喇沙尔、吐鲁番有换防,有屯田;其南路喀什噶尔、英吉沙尔、叶尔羌、和阗、库车、哈密专设换防,都归伊犁将军管辖,以五年为期,由陕甘区各标营轮班派往①,到光绪十年(一八八四年)新疆设行省,遂并改屯戍制度为经制的营制。兹表列其建制于下:

新疆绿营建制表

(据《光绪大清会典事例》卷五百五十三《兵部》"官制"及卷五百九十四《兵部》"绿营营制"编成)

军　区	建制年代	营制及其沿革
甘肃新疆巡抚	光绪十年(一八八四年)	这年新疆建行省,置甘肃、新疆巡抚。节制三镇,驻扎乌鲁木齐,统辖本标中、左、右、城守四营,玛纳斯一协,济木萨、库尔喀喇乌苏、精河、吐鲁番四营。
喀什噶尔提督	同　上	先是雍正十三年(一七三五年)设哈密提督驻哈密。乾隆二十四年(一七五九年)移安西提督驻巴里坤,改为巴里坤提督,裁哈密提督。二十九年(一七六四年)移巴里坤提督驻乌鲁木齐,改为乌鲁木齐提督。至光绪十年(一八八四年)移乌鲁木齐提督驻喀什噶尔,改为喀什噶尔提督。节制三镇,统辖本标中、左、右、前、城守五营,兼辖回城、莎车两协,并英吉沙尔、和阗、玛喇巴什三营。

① 据《皇朝文献通考》卷一百九十一"西域兵"及《嘉庆大清会典》卷三十六。

续表

军　区	建制年代	营制及其沿革
巴里坤镇	乾隆二十九年（一七六四年）	乾隆二十八年（一七六三年）设乌鲁木齐镇，这年移乌鲁木齐总兵官驻巴里坤改设。统辖本标中、左、右、城守四营，兼辖哈密一协，古城、塔尔纳沁、木垒三营。
阿克苏镇	光绪十年（一八八四年）	初道光八年（一八二八年）设喀什噶尔换防总兵官驻新城，统辖南八城绿营。至是移喀什噶尔换防总兵官驻阿克苏，改为阿克苏镇。统辖本标中、左、右、城守四营，兼辖乌什一协，喀喇沙尔、库车二营。
伊犁将军	乾隆二十四年（一七五九年）	乾隆二十年（一七五五年）平伊犁，二十四年（一七五九年）定回部，设伊犁将军统辖新疆全境。其时新疆八旗、绿营均以伊犁将军统辖。到光绪十年（一八八四年）新疆建行省，始定全省营制，伊犁将军节制伊犁一镇，统辖本标中、左二营。
伊犁镇	乾隆四十四年（一七七九年）	统辖本标中、左、右、绥定城守四营，兼辖塔尔巴哈台一协，霍尔果斯、宁远城二营。

上表新疆省共设甘肃、新疆巡抚一人，喀什噶尔提督一人，巴里坤镇、阿克苏镇、伊犁镇总兵三人。巡抚、提督、三镇总兵官都各建标分协分营，其各标所辖的分防协、营，都是从前天山南、北路屯戍的地方。而巡抚节制三镇为统帅，提督也节制三镇为大将，其从前节制全疆屯戍的伊犁将军，现在除建军标外，只就近节制伊犁一镇，于是全区营制遂与内地相同，不再是从前那种边区的制度了。

二、蒙古　蒙古科布多、乌里雅苏台两地设有屯戍兵。科布多驻扎游击一人、千总二人、外委一人，并经理屯田事务。乌里雅苏台驻扎守备一人、千总一人、把总三人、外委一人，专事戍守。两处共驻扎绿营兵二四〇名[①]，以五年为一班，由直隶宣化镇、山西大同

① 据《光绪大清会典》卷五十二。

镇派往屯戍。[1]

三、西藏　西藏自雍正间设驻藏大臣后，在前藏驻扎游击一员、守备一员、千总二员、把总三员、外委五员，兵四五五名，后藏驻扎都司一员、外委一员，兵一五〇名[2]，三年为一班，由四川各标营派往换防。[3]

第四节　历朝兵数

绿营建制，历朝时有变革，所以兵数也跟着有增减。顺治一朝兵数今不可考。当时清军入关，虽九边撤防，而在内地各省随处扼险设镇，兵数还是不少。据道光时人王庆云的推算，大概较康熙时多十分之三四[4]，即约在八〇〇，〇〇〇左右。至康熙后，除咸丰、同治两朝在大战中兵额不能稽核外，其他各朝都修有会典或通考、政考诸典章，故其时全国绿营兵数都可考见。现在，将清代各朝兵数列一比较表，并考其增减的原因于后，以明历朝绿营建制与清代国势兵事的关系。表见下：

---

① 据《嘉庆大清会典》卷三十六。

② 据《皇朝续文献通考》卷二百十“西藏兵”引乾隆五十七年（一七九二年）议准案。《光绪大清会典》卷五十二后藏作二〇〇名。

③ 据同上，及道光二十四年（一八四四年）七月丙寅驻藏办事大臣琦善奏（见王先谦：《道光东华录》卷五十）。《光绪大清会典》则作五年换班。

④ 见《石渠余纪》卷二《纪列朝各省兵数》。

历朝全国绿营兵额表

军区	康熙二十五年（一六八六年）	雍正五年（一七二七年）	乾隆二十三年（一七五八年）	乾隆五十年（一七八五年）	嘉庆十七年（一八一二年）	道光元年（一八二一年）	道光二十九年（一八四九年）	光绪十三年（一八八七年）
直　隶	30,700	33,938	44,348	39,402	42,532	41,689	41,335	44,992
附京师巡捕营	3,300	4,120	5,000	10,000	10,069	10,000	10,000	10,069
山　东	20,000	18,401	20,052	17,504	20,174	24,930	20,057	17,087
山　西	25,000	25,994	28,707	25,752	25,534	23,875	22,805	21,252
河　南	10,000	11,130	10,436	11,874	13,834	13,596	15,381	14,857
两　江	64,850	71,403	73,661	62,676	72,704	68,656	60,022	48,657
闽　浙	113,176	104,051	108,095	103,156	102,335	101,496	99,240	47,266
湖　广	40,000	37,794	43,447	41,398	58,320	47,934	47,620	46,337
陕　甘	85,878	93,134	97,267	84,496	98,579	101,528	93,582	31,635
四　川	30,000	28,420	33,970	32,112	34,188	33,973	33,811	28,414
两　广	93,200	90,091	96,731	91,682	92,415	92,398	90,794	63,063
云　贵	62,000	66,423	86,631	79,122	91,189	78,140	76,239	55,920
新　疆								26,520
附长江水师								11,064
全国总计	578,204	584,899	648,345	599,174	661,873	638,215	610,886	467,133

上表说明一：此表各朝兵数根据《康熙大清会典》卷九十四、《雍正大清会典》卷一百三十、《乾隆大清会典》卷六十三（参著者所编的《绿营全国营制表》校正此书错误）、《嘉庆大清会典》卷四十、《光绪大清会典》卷五十二及《皇朝文献通考》卷一百七十九、《钦定中枢政考》卷三十七至三十八，其道光二十九年兵数则根据王庆云《石渠余纪》卷二所录是年兵部册档数。案《康熙大清会典》所载止于康熙二十五年，《雍正大清会典》所载止于雍正五年，《乾隆大清会典》所载止于乾隆二十三年，《嘉庆大清会典》所载止于嘉庆十七年，《光绪大清会典》所载止于光绪十三年，《皇朝文献通考》所载止于乾隆五十年，《钦定中枢政考》所载止于道光元年，故上表据此因各标为该年兵数。又嘉庆、光绪两会典都在兵数内另列额外外委一项，案额外外委是马兵内酌予顶戴的，本在兵数内，故该两年计算都将该项额外外委计在内。至于前人记清代列朝直省兵额的，有王庆云《列朝直省兵额表》（见《石渠余纪》卷二），案王庆云道光时人，故所纪到道光时止，并缺雍正五年兵数，又其表颇多错误，故著者与他虽根据同一材料，而计算结果颇有不同，读者可参看。

说明二：此表计算将东河兵数并入山东区内，南河漕运并入两江区内。惟东河一项，有分隶于河南区者，会典诸书已并入河南区兵数计算则仍旧。又道光元年直隶区兵数内有天津、永定、通永等道所属的河兵二，五四一名。

说明三：此表嘉庆十七年湖南巡抚辖有练勇一，〇〇〇名，屯军七，〇〇〇名，光绪十三年湖南巡抚辖有练勇五〇〇名，屯军七，〇〇〇名，贵州巡抚辖有屯军八，三〇〇名，都计在各该区兵数内。

上表所列全国绿营兵数，康熙二十五年（一六八六年）为五七八，二〇四名。这时中国早已底定，三藩之役又刚好敉平，绿营几经裁汰，就记载可考的看来，一裁于顺治末年，续裁于康熙初年，再裁于平定三藩后，讨较顺治时兵数已经裁去十分之三四，故这时候兵数在道光朝以前为最少。到雍正五年（一七二七年）为五八四，八九九名，就全国来看，共增六，六九五名，就各军区来看，直隶、山西、河南、两江、陕甘、云贵各区以及京师巡捕营都增加，从几百名到几千名不等而以陕甘区增兵七，一五六名，两江区增兵六，五五三名为最多。山东、闽浙、湖广、四川、两广各区则都裁减，从千多到几千名不等，而以闽浙区减兵九，一二五名，两广区减兵三，一〇九名为最多。因为自康熙中年以后，在西北方面则准噶尔事起，在治河政策方面，则改河夫为河兵，特建南河河营以防修河险，在西南方面，则因新辟"苗疆"，增建营伍，添设兵额，此时已开其端，所以陕甘、两江、云贵各区兵数都增加。直隶区与京师巡捕营，前者为京畿屏蔽，巡缉镇戍，责任綦重，后者则因职司弹压京师地面，所以也各有增兵。至闽浙、两广等沿海军区，在康熙初广设兵额，原为防备台湾郑成功而设，自台湾平定后，海防无事（康熙末台湾虽有朱一贵起义，但旋即失败），所以都次第裁减旧额。山东、湖广等区都属腹里，正当清朝统治全盛的时候，所以兵额也都有裁减。总上述看来，在这四十一年（一六八六——一七二七年）里面，全国的兵额总数虽所增不多，而各区建制上的变动却是不算小的。

再看乾隆二十三年（一七五八年）绿营总数为六四八，三四五名，较雍正五年（一七二七年）全国总数增六三，四四六名。全国各军区，除河南区外，各区一律都有增加，从几百名到几千名不等，而以云贵区增兵二〇，二〇八名，直隶区增兵一〇，四一〇名为最多。

到乾隆四十六年(一七八一年)又有裁撤空缺名粮挑补实额一事，一举共增实兵六五,一四二名(事详下文)。虚粮既减,实额便应该增加,而五十年(一七八五年)《皇朝文献通考》编成,所记兵数反减于旧。依上表这年全国绿营兵数为五九九,一七四名,较二十三年(一七五八年)旧额减四九,一七一名,全国各军区只有河南区增兵一,四三八名,和京师巡捕营增兵五,〇〇〇名,其他各区一律裁减(其中陕甘区减少一二,七七一名,则因乾隆四十六年新增兵一二,七三〇名《通考》尚未加入数内计算,两两相抵,实较旧额减四一名)。合《乾隆大清会典》、《皇朝文献通考》两书来稽考,在此前后二十多年(一七五八——一七八五年)里面,所裁兵数不为不多了。但是,不到十年,白莲教在河南起义,革命势力扩张到川、陕、楚三省,这一役,清朝统治者把户部库贮银七千多万两都用尽,饷不足,于是开捐输;兵不足,于是广召募,到了事定而兵存,兵存便需粮饷,清代的中衰,实以此役为转移。所以嘉庆十七年(一八一二年)全国绿营兵数为六六一,八七三名,较乾隆中年多一三,五二八名,较乾隆末年增加到六二,六九九名,除顺治朝不计外,为清代绿营兵额最多的一朝。按籍而稽,所增兵数,大抵有直、豫、川、陕、黔、楚之交,原是清朝统治者经过了白莲教起义,惩前毖后,为的要在这一个地区加增镇压人民的武力起见。但是,因为财政困难,终归支持不了这个增加的兵饷的支出,于是到嘉庆十九年(一八一四年)遂有下谕裁兵的事,所以《中枢政考》所载道光元年(一八二一年)全国绿营兵数为六三八,二一五名,较嘉庆十七年(一八一二年)已减二三,六五八名。到道光帝即位后,又续下裁兵诏,所以到道光二十九年(一八四九年)兵部册档所载这年全国绿营兵数为六一〇,八八六名,又较元年(一八二一年)旧额减二七,三二九名,几复乾隆末年旧额。当时不仅财政困难，不得不屡次裁兵，而兵力也越加衰弱。到了太平天国革命起，各区绿营到处被革命扫荡，同治时绿营所存数目已不可考。清朝在太平天国失败后，重建绿营，企图恢复旧制，但是，当时除绿营之外，还有非经制的"勇营"，而事实上支饷则有"兵"，作战则专恃"勇"，绿营已成赘疣。而且，既须支"兵饷"，又须筹"勇饷"，当时清朝财政也当不起这双重负担。故《光绪大清会典》所载光绪十三年（一八八七年）全国绿营兵数只四六七，一三三名，较道光末年旧额已减一四三，七五三名，为清代绿营兵数最少的一朝。而从这一年以后，复不断的加以裁汰，到了清末，遂十不存一，当时对内对外已不靠绿营，而清朝跟着也覆亡了。

上述各朝绿营兵数，要指出是有虚额的，因此，在这里还要补叙清代历朝对绿营将领虚冒名粮一事的对策。虚冒名粮是绿营的一大弊，自清初以来便如此。①当时将领借亲丁食粮为名，用虚名冒领粮饷，于是便造成"册上有兵，伍内无兵，纸上有饷，军内无饷"②的情况。所以康熙四十二年（一七〇三年）经九卿议准，湖广提督条奏，提督以下，千、把以上，各定亲丁名粮数目，以为养育家口仆从的需用，其他各省当时还没有定议。③到雍正八年（一七三〇年）遂定提督亲丁名粮八十分，总兵六十分，副将三十分，参将二

---

① 顺治十二年（一六五五年）兵部职方清吏司员外郎叶舟《敬抒管见五条疏》言："逃亡缺额老弱冒占之兵，毕竟积弊相仍。"（见《皇清奏议》卷九）是虚冒名粮之弊，清初即如此。

② 这是康熙五十一年（一七一二年）左都御史赵申乔《核兵额以杜冒饷疏》中的话，见《皇清奏议》卷二十四。

③ 据《嘉庆大清会典事例》卷二百三。

十分，都是马、步各半，游击十五分，马七步八，都司十分，守备八分，都是马、步各半，千总五分，马一步四，把总四分，马一步三。其新设的外委千、把总，并定每人与步粮一分令其子弟家人顶食。敕各省一律遵行，倘定额外，再行虚冒兵饷一名，定行重罚。① 此外公费及恤赏银两，也在名粮内定额扣除，不得任意虚支。案康熙、雍正两朝用意，因受财政收支的限制，将弁俸薪不能增加，因就职位的高低，各定亲丁名粮额数，以"随饷"代养廉，使不致虚冒名粮。计当时所扣名粮在六五，〇〇〇名左右②，营伍虚额即有此数。故以乾隆二十三年（一七五八年）兵数来说，全国兵额虽有六四八，三四五名，而实数不过五八三，〇〇〇多名。清朝统治者既根据需要设此兵数，便须有此兵数始足以维持它的统治，今虚额到六〇，〇〇〇多名，对统治便会发生问题。这本因财政问题未解决，不得已而出此办法的。到乾隆四十六年（一七八一年），乾隆帝见户部银库存银丰裕，以国家简核军实，期于兵额充足，乃下谕改革此种办法，令以次年为始，凡武职应得坐粮马乾，俱照文员例给与养廉，其所扣兵饷着一律挑补实额，官员既无拮据，而各省又增兵力，于行伍大有裨益。至恤赏兵丁红白银两，也着于正项开销，不准裁扣名粮。当时大学士阿桂奏，国家经费骤加不觉其多，岁支则难为继，此项经费，岁增三百万，统计二十余年即须用七千余万两，请将武职议给养廉所扣兵饷，除边疆查明增添兵额外，其腹地均毋庸挑补实缺。乾隆帝不接受阿桂的意见，他下谕论道："国家

① 据《嘉庆大清会典事例》卷二百三。

② 案《皇朝文献通考》卷一百七十九《兵考一》，记乾隆四十六年（一七八一年）添给养廉一案，共裁虚缺名粮六五，一四三名，是在是年以前，自雍正八年（一七三〇年）定名粮额数以后，其数当即在六五，〇〇〇名左右。

经费原当量入为出，而足兵卫民又不得稍存靳惜之见。阿桂所奏出入大数，大臣谋国，自应如此。但泉货本流通之物，财散民聚，圣训甚明。见在户部银库尚存七千余万两，何必于此鳃鳃过计。”乃令廷臣议奏。寻定议所裁名粮悉挑补实额。计当时各省裁将弁所扣随饷及公费恤赏等项名粮六五，一四三名，随增实兵五二，四一二名，并陕甘已增兵一二，七三〇名，裒多益寡，悉补实额。[①] 乾隆帝这一次将虚缺名粮增补实兵一事，到后来财政上便发生困难。其后嘉庆、道光两朝历次裁汰绿营都指因此事而起，而对他们的父亲和祖父都不免表示了一些意见。但是，细考事实，却不尽然。案乾隆帝办理此事在乾隆四十六年（一七八一年），至五十年（一七八五年）《皇朝文献通考》编成，综计全国绿营兵数五九九，一七四名，加陕甘区所增兵数共六一一，九〇四名，较乾隆二十三年（一七五八年）旧额尚少三六，四四一名。而此项新添经费，每年只需二百万两[②]，阿桂所称三百万两是错的。以减旧额所余的饷补给新添的经费，计自乾隆四十七年（一七八二年）到嘉庆二十五年（一八二〇年）前后三十八年里面，仅用多四〇，〇〇〇，〇〇〇余两[③]，即每年多支出一，〇〇〇，〇〇〇余两。以较嘉庆初白莲教之役军需用至二〇〇，〇〇〇，〇〇〇两，十年至十五年（一八〇五——一八一〇

① 据《皇朝文献通考》卷一百七十八《兵考一》。案所裁空缺名粮为六五，一四三名，挑补实额及陕甘区增兵共数为六五，一四二名，仅余一名未补。

② 案《嘉庆大清会典》卷十二《户部》公廉项下，绿营武职养廉岁额一，三五三，〇〇〇余两，绿营公费岁额二七四，〇〇〇余两（江苏、江西无定额者不计），绿营红白事例三二八，〇〇〇余两（此项连各省八旗驻防计），合计共一，九五五，〇〇〇余两，再加每年核实报销的江苏、江西两省公费银两也不过二，〇〇〇，〇〇〇两，阿桂的话是错的。

③ 据嘉庆二十五年（一八二〇年）十一月上谕，见《中枢政考》卷三十七。

年)南河年例岁修抢修及另案专案各工用至四〇,九九〇,〇〇〇两,[①]可知部库的空虚,十九原因是由于军需和河工。但是裁空缺补实兵以后,将弁既有养廉可得,就不应再有虚名冒饷的事,而“积弊相沿,仍属有名无实”。[②]“空粮之弊”,“各省皆然”,清朝统治者并没有“收增兵之益,而徒受增饷之害”[③],积弊腐蚀了绿营,任何办法已经挽救不了这一个工具的腐朽了。

① 据《清史稿·食货志六》。

② 据嘉庆十九年(一八一四年)二月丁亥谕,见王先谦:《嘉庆东华录》卷三十七。

③ 据咸丰二年(一八五二年)三月己亥谕,见王先谦:《咸丰东华录》卷十四。

第四章　绿营的没落

第一节　绿营衰退的原因

绿营制度承明代镇戍制度，在顺治初年建立，经过百多年的长期间到乾隆时代始臻完备，及乾、嘉以后，便渐渐地衰退起来，考它衰退的原因有二：第一本身发生了腐化，第二是作为统驭的上层机构发生了瘫痪。

绿营的腐化，是因为钻营取巧、油滑偷惰的积习腐蚀了它。咸、同时，组织勇营代替绿营以对抗太平天国的反革命大头子曾国藩、胡林翼、李鸿章等都称绿营这一种腐化的现象为"绿营习气"，指为绿营崩溃的主因。①

绿营本身腐化发生的根本原因是在于差操不分的制度。但同时与当时的兵事政治也有关系。关于差操不分的制度，在第八章

---

① 曾国藩《复乔中丞书》云："承平日久，绿营兵丁实难整顿，弟官京曹时，曾上疏请裁额兵五万。近在行间，阅历多年，益觉绿营习气过深，难于挽回，将来东南大定，勇丁全撤，弟仍主裁兵之说、不主增兵之说。"（《曾文正公书札》卷二十九）同治七年（一八六八年）七月李鸿章奏说："臣愚以为兵丁之不得力，非独直省为然，盖由绿营习气太深，兵力大半骄惰，将弁又不一心。"（王先谦：《同治东华续录》卷七十三）胡林翼《致翁学使祖庚书》说："承平日久，文恬武嬉，额制之兵无一可以御侮者，以其巧滑偷惰，积习已深。"（《胡文忠公遗集》卷五十四）都是论绿营习气为其崩溃主因的。

再详说。兵事政治的推移，则以乾隆中叶为枢纽。在乾隆中叶以前，以兵事说，康熙、雍正两朝和乾隆中以前，征战连年不绝，绿营制度有若干方面，如平时训练等于虚文，如营汛散布居处，难于管察等方面，到了战时，既化虚文为实际，而军队征调，化散为整，复易于督率，这些方面的缺陷，都可以在战争中得到补救的。在政治上说，兵政与政治是息息相关的。康熙之世，为治虽尚宽厚，但却不是疏纵的，而雍正承康熙休养之后，以综核为治体，一时行政称为整饬。就是到乾隆中叶以前，行政还是有效率的。因为行政整饬，所以兵政也同样得到整饬。

到了乾隆中叶以后，情形便不同了。在兵事方面，将士无事于征战。在政治方面，和珅当权，贿赂公行，政治贪污，兵政也同样地沦于腐化。于是那种钻营、取巧、油滑、偷惰的习气，便在绿营里面潜育滋长起来。而在同时，鸦片的输入又一年一年地增加，有的地方并且自行栽种。[①] 到了嘉庆末年，流毒已炽[②]，当时各省绿营军队吸鸦片已成为普遍的现象[③]，就是从前号称全国精锐的陕甘绿营，

① 《中枢政考》卷二十五道光三年（一八二三年）上谕述御史尹凤棻奏滇省应办事件，其中严禁鸦片烟一条说："迤西、迤东一带，将罂粟花熬为鸦片烟，最为风俗之害，该御史原奏并有文武衙门幕友官亲武弁兵丁亦食此烟等语。"又同年上谕说："本日据吏兵二部请酌定失察鸦片烟条例，鸦片烟一项，流毒甚炽，总由地方官查拿不力所致。向来地方官……止查禁海口洋船，而于民间私熬烟斤，未曾议及条例，尚未周备。嗣后如有洋船夹带鸦片烟进口，并奸民私种罂粟花煎熬烟膏，开设烟馆，文武地方官及巡查委员，如能自行拿获究办，免其议处。"可见这时候中国内地已自种鸦片。

② 嘉庆二十年（一八一五年）三月谕："鸦片烟一项，流毒甚炽，多由夷船夹带而来。"（见《中枢政考》卷二十五）道光三年（一八二三年）上谕亦称流毒甚炽（见上注），可见嘉庆末年鸦片在中国流毒已经很厉害了。

③ 据咸丰元年（一八五一年）曾国藩《议汰兵疏》，见《曾文正公奏稿》卷一。

也都成为鸦片鬼[1]，所以在鸦片战争前，林则徐即有再不严行禁止鸦片，将使得不到御敌的兵的话。[2] 于是鸦片这个毒物，又使本身已经呈现衰退的绿营加速地腐化。

至于作为统驭绿营的上层机构发生了瘫痪的症状就是总督、巡抚不理军政。上面说过，清承明制，用总督、巡抚文臣监督提督、总兵武臣，以收统驭绿营的作用。这个政制，由于机构庞大，层次过多，中央厉行集权政策，文法繁密，事权过度集中，在好的方面，全国兵权得以完全地牢固地掌握于中央，而在坏的方面，就产生了严重的官僚主义。道光时人梅曾亮有"大小督、抚开府持节之吏，畏惧凛凛，殿陛若咫尺"之论[3]，管同有"督抚奉行文书"的批评[4]。光绪时人江宁布政使袁昶在条列时政里追论咸丰前事更论得详细，他说：

> 承平日久，支墨吏用事，大小相制，中外相维系，习为谨葸，雷同相依，文法繁密，朱出墨入，百吏救过不暇，吏胥又因缘为奸。议者谓治民之官少，而治官之官太多，防弊之意多，而同心协谋以致富强之臣转少。用文吏则铨部核其资劳，拔将弁则兵部司其准驳，理财用则度支扼其吭喉，举天下文武豪

---

① 同治九年（一八七〇年）陕甘总督左宗棠奏陈陕西绿营情形道："鸦片流毒，渐染太深，陕西与山西、甘肃同一痼疾。此次军兴，求骁桀于行列中百难得一，更何有精壮勇丁堪以入募。"（王先谦：《同治东华续录》卷八十八）案乾隆前绿营强兵，都推陕甘为首，及中鸦片毒，在对抗太平天国之役，要选骁桀的战士，竟百难得一，后来重建旧制，至无精壮堪以入募，则鸦片腐蚀绿营的深重可知了。

② 《林文忠公政书》乙集《湖广奏稿》，《查拿烟犯收缴烟具情形折》。

③ 《柏枧山房文集》卷二《上方尚书》。

④ 管同：《风俗书》。

> 杰之精神才力尽消磨于文法之中。于是相率为乡愿，呴呴蹈规矩，谨守三尺法曰：吾循资望得升擢，不求有功，第求无过。而天下之人才靡矣，求将才边才日稀矣。①

在专制君主政治的中央集权的政权之下，用繁密的文法，造成大小相制，中外相维系的政制，束缚着大大小小的臣工，使做一个军区绿营统帅的大臣总督、巡抚，对皇帝"畏惧凛凛，殿陛若咫尺"，他们只好"奉行文书"，"不求有功，第求无过"，这怎能不产生严重的官僚主义，怎能不发生瘫痪的症状，当时总督、巡抚的不理军政那当然是必然的结果了。道光十五年（一八三五年）工科给事中常大淳上《请饬各省整顿营伍疏》②指出当时各省绿营没有操练，而普遍地产生虚冒名额、老弱充数、喝酒吸鸦片、聚众逞凶等等弊端，绿营"平日之威望"，对农民起义，已经不能"消弭于未然"了，"临时之调遣"，也不能"弹压于将然"了，它已经失掉作为镇压人民的工具的作用了。常大淳分析了种种原因，认为是由于总督"忘体恤将卒，督饬操防为已专责"所造成。常大淳的结论是不错的。总督、巡抚既不理军政，到了三年巡阅的时候，只"虚应故事"，绿营的废弛，那又当然是必然的结果的了。

综上所述，乾、嘉以后，绿营的情况，在本身的腐化方面说，是：钻营③、

① 见《清史列传》卷六十三《袁昶传》。

② 《皇朝经济文编》卷七十四。

③ 如乾隆三十九年（一七七四年）上谕述山东参将王普与太监交接事（见《中枢政考》卷十三），道光三十年（一八五〇年）上谕记广西提督闵正凤由巡捕出身，专讲应酬（见王先谦：《咸丰东华录》卷四）。故《兵部处分则例》特定："武职各官，无许彼此换帖，调考之外，不得托故上省，上司属员毋庸宴会"之禁（卷八"营私门"），便是对绿营将领钻营而设的。

奉迎[①]、取巧[②]、油滑[③]、偷惰[④]、克扣[⑤]、冒饷[⑥]、窝娼[⑦]、庇盗[⑧]，开赌

① 嘉庆五年(一八〇〇年)上谕："外省属员逢迎馈送，最为州县陋习，节经降旨严行饬禁，而绿营亦往往效尤。即如上司到任三日内，所属为之备办供应，家人亦多方勒索。及至生辰贺喜等事，属员皆致送礼物，或索取土仪。若遇上司巡查营伍公出，经过营汛为之预备公馆，铺设供帐，以华侈为能。此等积弊，在文员系剥削民间，肆行扰累，而武弁则惟克扣兵粮，借端摊派。似此陋习相沿，尚安望其整饬营伍，训练兵丁乎！"(《中枢政考》卷二十)

② 如查阅年份，事关考核，嘉庆八年(一八〇三年)上谕记这一年查阅陕、甘营伍，而入春以来，甘省各营将备，纷纷呈请告病乞休，以为规避(《中枢政考》卷十九)。这便是取巧的一个例子。

③ 曾国藩《复议直隶练军事宜折》论绿营习气说："兵则编籍入伍，伺应差使，讲求仪节，即有一种在官人役气象。及其出征，则行路须用官车，扎营须用民夫，油滑偷惰，积习使然。"(《曾文正公奏稿》卷二十八)

④ 嘉庆四年(一七九九年)正月上谕："近闻各省营务，如提、镇大员，一味养尊处优，全不习劳，将营务委之将备，而将备又复委之千、把，因循玩愒，所谓训练操防全属有名无实，又安用此制兵为耶！"(王先谦:《嘉庆东华录》卷七)这是说将领的偷惰。至于曾国藩《议汰兵疏》所谓"无事则游手恣睢"，光绪初四川总督丁宝桢所谓"兵丁日趋于游荡，茶坊之聚会，殆无虚日，烟馆之设，半是营兵"(《丁文诚公奏稿》卷十三,《沥陈川省败坏情形设法整顿折》)，这却是兵丁的偷惰。

⑤ 嘉庆四年(一七九九年)五月上谕："各省兵丁月饷原借以养赡家口，不得丝毫摊扣，乃闻各营于差使盘费俱扣通营兵饷。……又提、镇等查阅营伍时，亦于饷内摊扣费用，兵丁等养赡无资，或在外兼习手艺，训练生疏，营伍废弛，所关非细。"(《中枢政考》卷十三)

⑥ 道光三十年(一八五〇年)三月己未谕内阁："将帅惟耽安逸，……以空名冒钱粮，专事肥己。"(王先谦:《咸丰东华录》卷二)同年六月庚午谕内阁："各营员署内工匠仆役，均占兵粮。"(同书卷三)

⑦ 道光十三年(一八三三年)署兵部左侍郎姚元之疏请整顿台湾营务称：台湾绿营窝娼聚赌，械斗杀人，不服管束(见《清史列传》卷四十二《姚元之传》)。

⑧ 乾隆四十五年(一七八〇年)九月癸巳上谕述汛兵得赃，纵容海洋巨盗出入事(王先谦:《乾隆东华录卷》九十二)。曾国藩《议汰兵疏》称："黔、蜀冗兵，以勾结盗贼为业。"丁宝桢《沥陈川省败坏情形设法整顿折》称："弁兵每借营为护符，包庇匪类，贼之胆玩，多由于此。"

场[①]、吸鸦片[②],等等。在督、抚统驭方面的情况说,问兵政,则营伍废弛,甚至皇帝亲临检阅的军队,在万目睽睽之下,还有“射箭,箭虚发;驰马,人堕地”[③]的笑话。问战绩,则“望风奔溃”。[④] 所以到嘉庆初,白莲教起义,绿营便不可用,乃不得不广行召募川、陕、楚三省的乡勇以作战。白莲教起义失败后,直、豫、川、陕、黔、楚这几省,增兵设镇,布置营汛,兵数之多,为康熙后第一。但绿营暮气终不可挽救。嘉庆帝对此曾下谕痛论道:

> 国家设兵,所以卫民,内而八旗劲旅,外而驻防绿营,原以备一时征调之用。……从未有雇募乡勇之事。……迨至剿办邪匪,带兵大员及地方官等召募乡勇多名,展转随征,以致愈集愈多,数盈累万。在乡里小民等各卫身家,遇地方偶有不

---

① 据上页引姚元之奏及曾国藩《议汰兵疏》。

② 道光十二年(一八三二年)八月甲午上谕述八排瑶民起义之役,广东沿海各营兵丁多有吸食鸦片者,故兵数虽多,难于得力(王先谦:《道光东华录》卷二十六)。三十年(一八五〇年)二月庚辰谕内阁述浙江水师吸食鸦片怠惰情况(王先谦:《咸丰东华录》卷一)。咸丰元年(一八五一年)曾国藩《议汰兵疏》称绿营兵士吸食鸦片,为各省普遍现象。这时太平天国起义,从广西回来的人称,军前绿营中鸦片毒的很多,能披坚执锐者绝无其人(据李祖陶:《江西团练卮言》,见《皇朝经世文续编》卷八十)。三年(一八五三年)四月十五日上谕也称前敌所调兵丁多有吸食鸦片者(钞本《向忠武公会办发逆奏疏》)。到同治、光绪间,四川则烟馆的开设,半是营兵,山西则兵丁沾染嗜好者十之七八(据张之洞:《张文襄公奏稿》卷四,光绪九年正月十二日《新募马队并未增饷折》)。陕、甘则与山西同一痼病,绿营精壮已为鸦片腐蚀尽了。

③ 此为乾隆四十九年(一七八四年)南巡至杭州检阅绿营事。见王先谦:《嘉庆东华录》卷七,嘉庆四年(一七九九年)正月批浙江巡抚玉德奏捕盗事道:“朕于甲辰年随驾南巡至杭,营伍骑射皆所目睹,射箭,箭虚发;驰马,人堕地,当时以为笑谈,此数年来果能精练乎?”

④ 据曾国藩《议汰兵疏》。

> 靖，自行团集什伍，保护田庐，原属通晓大义，分所当然。若竟官为雇募，随营接仗，甚或调往隔省，从征经年累月，成何体制！……况国家制兵之设，有将军、都统、督、抚、提、镇以资统辖，设立营伍，搜简军实，岂尚不能为国宣力，乃必借闾阎未经练习之人，供疆场折冲之用，则又安用官兵为耶？揆厥所由，皆因武职大员不能实心办公，平居无事，往往令本标兵丁充仆隶厮养之役，或兼习手艺，在署佣工，而于训练操演转视为具文，属下将弁相率效尤，而督、抚大吏不能随时整饬，遂致隶名营伍，步伐茫然，一旦有事征发，其能知纪律，陷阵冲锋者，寥寥无几，不得不募民充勇以供调拨。是非兵不能卫民，而转率民以充兵，则大非立制之本意矣。①

在嘉庆以前，征战都是征调绿营额兵应战，从未有雇募乡勇的事。到了这时候，绿营衰朽，不得不募民充勇以供调拨，于是勇营的制度从此萌芽，而绿营制度便开始动摇起来了。

第二节　重建旧制的失败

白莲教起义失败后四十多年里面，绿营没有遇到大兵役，中间虽经过鸦片战争，而为时既暂，战区也小，故绿营制度虽已动摇，但还不曾崩溃。到了道光三十年十二月（一八五一年）太平天国起义，革命战争经过十九年，战区遍十八省，绿营以衰老的腐化的军

① 嘉庆九年（一八〇四年）正月甲寅谕，见王先谦：《嘉庆东华录》卷十七。

队，当然无法抗拒那革命斗志昂扬的太平军，战事一开始，那些征调到前方去的绿营就陆续地溃败。太平军以疾风扫落叶的声势，从广西出湖南，克武汉，复南京，渡长江，过黄河，后来又出潼关，入陕西、甘肃，到处击破当地的绿营经制。于是绿营制度，遇到了这个空前的革命大扫荡，就告总崩溃。在这一个大战役当中，以曾国藩为首的地主阶级组织的湘军，已经代替了绿营的地位。

太平天国革命在同治八年（一八六九年）失败。在太平天国失败后，各处绿营情况，全国绿营重兵所在的陕甘区方面，则粮饷乏绝，其中即有些未经革命军到过的地方，绿营也多饥溃，标营久成虚设，不可核按。① 其各标营新疆换防兵，在关内本营的则大率溃散，出关的也无法归来。② 直隶区方面，则营务久经废弛，欠饷复巨，将士纷纷诉苦，衣食无资，不可救药。③ 山东区方面，则自咸丰二年（一八五二年）战事起后，连年办理防剿，初则抽调绿营，后因不敷调遣，添募勇营，勇营得人易而用费省，于是募勇愈多，用绿营愈少。募勇既多，则不能不挪兵饷以济勇粮，而绿营饷遂因而不足，计自咸丰十一年（一八六一年）起截到同治七年（一八六八年）止，每年支发绿营兵饷，因饷绌勇多的缘故，或仅发两三月，及四五月不等。饷不足，则兵益疲，积久遂归于无用。④ 山西区方面，则饥

① 据光绪三年（一八七七年）五月陕甘总督左宗棠奏，见朱寿朋：《光绪东华续录》卷十六。

② 据光绪五年（一八七九年）陕甘总督左宗棠奏，据中国社会科学院经济研究所整理的档案。

③ 据同治八年（一八六九年）五月二十一日直隶总督曾国藩《复议直隶练军事宜折》，见《曾文正公奏稿》卷二十八。

④ 据同治八年（一八六九年）八月二十八日山东巡抚丁宝桢《变通绿营兵制折》，见《丁文诚公奏稿》卷七。

困尪羸，痼疾深重，即军实敝坏，也无款修理。[1] 河南区方面，无详细记载，据时人所论称与直隶、山东、山西情况大致相同。[2] 两江区方面，安徽则自战事起后，绿营大半奉调出征，散亡殆尽，其留存各属城汛的每因郡县失陷，迁避乡里，或附托军营为当差糊口计，同治三年（一八六四年）总督曾国藩遵旨筹议，请仿照浙江成案，溃卒不准收伍，间存零星孱弱的兵，即予一律裁撤，其营内将弁缺出，并请暂缓叙补。[3] 江苏则营制尽废，情况与安徽同，同治六年（一八六七年）湖北巡抚严树森应诏陈言，奏请将江苏绿营额兵与浙江、安徽两省一概停补。[4] 江西则战事起后，战守多恃勇营，绿营疲罢不可用，同治元年（一八六二年）巡抚沈葆桢奏请整顿，而无效果。[5] 闽浙区方面，福建则自战事起后，节次征调防剿，兵丁溃散逃亡不少。那时候因本省防剿，及协济邻省饷银，用款日增，来源日竭，以致饷糈异常支绌，所以各营按季应放饷银，截到同治四年（一八六五年），近的发到同治二年（一八六三年）夏饷止，远的发到咸丰十年（一八六〇年）夏饷止。同治四年总督左宗棠以饷绌兵疲，奏请毋庸募补收伍，清廷批准。[6] 至于台湾换班兵，则班戍的期已废，有

---

① 据光绪九年（一八八三年）正月二十日山西巡抚张之洞《新募马队并未增饷折》，见《张文襄公奏稿》卷四，及同年三月二十九日《展缓巡阅军政片》，见中国社会科学院经济研究所藏《张中丞抚晋奏疏钞本》。

② 据同治四年（一八六五年）二月二十七日两广总督《毛鸿宾敬陈额兵流弊疏》，见《毛尚书奏稿》卷十六。

③ 据同治三年（一八六四年）二月二十七日《遵旨筹议停补额兵折》，见《曾文正公奏稿》卷二十。

④ 见《清史列传》卷五十四《严树森传》。

⑤ 《沈文肃公政书》卷一，《请整顿额兵疏》。

⑥ 见《恪靖奏议》初编卷二十三，《清厘闽营欠饷停募兵缺折》。

册无兵，战船一只都不存了。① 浙江则绿营除阵亡外，都已溃逃四散。同治元年（一八六二年）经巡抚左宗棠奏请溃兵不许收伍，存营余兵，暂行撤裁，将弁暂缓叙补。② 湖广区方面，湖北则自咸丰二年（一八五二年）战事起后，不及三年，绿营全军覆败，大溃五次，其间小溃小败不可胜数。到咸丰五年（一八五五年）经侍郎曾国藩奏请凡标兵求归伍的一概不收，并请将溃败余兵尽行裁撤。③ 湖南则则到同治二年（一八六三年）经巡抚恽世临奏请停抚、提标等营兵额各数成。④ 四川区方面则绿营饷糈，藩库支发，从无拖欠，为当时各区所未有，而上下不思整饬，坐任颓坏。⑤ 两广区方面，广东则自战事起后，募勇以代绿营，兵疲饷绌，到同治四年（一八六五年）欠饷差不多三年。⑥ 广西则伤亡逃散，离伍未归，缺额未补，衰老未除，为各营通有的情况，只以频年欠饷累累，不遑搜求兵数，浸至营伍废弛，实去名存。⑦ 云贵区方面，云南则战事起后，因募勇以代绿营，饷需支绌，即不能不后绿营而先勇营，于是绿营愈困，营务益

---

① 据同治五年（一八六六年）十月闽浙总督左宗棠奏，见王先谦：《同治东华续录》卷五十九。

② 据同治元年（一八六二年）九月初九日浙江巡抚左宗棠《失事弁兵毋许收伍片》，并参考曾国藩《遵旨筹议停补额兵折》引浙江停补额兵事。

③ 据《曾文正公奏稿》卷五，《湖北兵勇不可复用折》。

④ 据同治二年（一八六三年）十一月庚午奏，见王先谦：《同治东华录》卷二十八。

⑤ 据光绪三年（一八七七年）五月三十日四川总督丁宝桢《沥陈川省败坏情形设法整顿折》，见《丁文诚公奏稿》卷十三。

⑥ 据左宗棠《沥陈广东兵事饷事情形片》，见《恪靖奏稿初编》卷二十七，及两广总督毛鸿宾同治四年（一八六五年）二月二十七日《遵旨敬陈管见折》，见《毛尚书奏稿》卷十六。

⑦ 据同治五年（一八六六年）十二月二十七日广西巡抚张凯嵩奏，见中国社会科学院经济研究所整理的档案。

弛，有改业生意的，有投勇营当勇的，通省绿营所存不及十分之一。[①] 贵州则自道光三十年起到咸丰九年止（一八五〇——一八五九年）征调绿营百十多起，或阵亡，或溃败，或撤回归伍，或挑选为练，五六年间，略无存者，此后则专用勇营，无复有所谓绿营。[②]

综上所述，当时各处绿营的情况，有完全给太平天国（或各地的起义军）扫荡了的，如陕西、甘肃、湖北、安徽、江苏、浙江等省都是；有因绿营不可用，改募勇营以应战事，而绿营遂致淘汰，几乎净尽的，如云南、贵州、山东等省都是；有战事既多，饷需复绌，绿营遂致营伍废弛的，如福建、广西等省都是；虽属较完善省分的绿营，也有因饷绌兵疲，终归隳废的，如直隶、山西等省都是；并有饷虽充裕，而绿营疲罢不可用，竟坐任颓废的，如四川便是。总之，绿营崩溃的过程，各地情况虽有不同，而其同归于崩溃却是一样的。

绿营制度既经崩溃了，新兴的勇营制度又代绿营起来打败了太平天国，旧制不可用，新制奏了功效，为什么到了太平天国革命失败后清朝还要重建绿营旧制呢？要知道嘉、道后绿营虽腐化不可战，但绿营制度对清朝这一副中央集权的国家机器行使收集兵权的功能却是一个很好的工具。因为绿营制度，兵为土著，兵籍掌于兵部，将由铨补，也掌于兵部。兵为土著，则与地方相维系，而不致随将领为去留，将由铨补，则有升迁罢黜，而不得久握一地的兵政。勇营的制度，恰好相反，兵由弁所自募，弁由将所自选，其将存

① 据同治七年（一八六八年）云南巡抚岑毓英《征兵筹饷通盘筹画议》，见《清史列传》卷五十九《岑毓英传》。

② 据光绪二年（一八七六年）四月十五日贵州巡抚黎培敬《查明军需收支各款请存案核销折》，见《黎文肃公奏议》卷五。案黎培敬述贵州征调原作咸丰四年起误，此处据咸丰三年贵州巡抚蒋霨远奏改正从道光三十年起。

则其军完，其将亡则其军散，与国家并无维系。故行绿营的制度，则兵归于国家，行勇营的制度，则兵为将有。这一个因果关系，在当时是一件昭彰的事实。所以清朝统治者在对抗太平天国的时候，固不得不用勇营以代绿营，而到了打败太平天国后，就企图恢复旧制以维持它的统治权。同治初，直隶议练兵，内外诸臣多主练绿营不主养勇营，而对直隶近在京畿，不宜屯留客勇一层说得尤切，这些主张，完全反映了清朝统治者的意图。到同治三年（一八六四年）攻陷太平天国的首都天京后，朝野遂多主遣撤勇营，以勇挑补绿营兵额，而手握湘军兵权的曾国藩也立刻自动地解散湘军，曾国藩解散湘军最主要的一个原因，就是叫清朝统治者对他放心，消除他与清朝统治者的矛盾。到同治九年（一八七〇年）因兵部奏请饬各省将兵丁数目按年题报一折，于是遂下整顿绿营的旨令道：

军兴以来，舍兵用勇，本系权宜之计，而勇丁遣撤易滋事端，流弊日甚，若不将绿营及早整饬，致国家费千百万帑项，养之于平日，不能用之于临时，身任封疆者问心何安？见在甘肃、滇、黔军务未靖，我君臣卧薪尝胆，正宜力图自强，以期有备无患。著各直省督、抚将所管各营设法整顿，限奉旨后六个月，将如何汰弱募强，如何分日操练及各省可得有精锐士卒若干之处，详晰奏闻。……总期实事求是，变疲弱为精强，不得空言粉饰，以致有名无实。年来各督、抚曾有裁兵增饷及酌调额兵训练之奏，然为政不在多言，而在实力奉行，若以一奏塞责，日久又渐形废弛，甚非朝廷倚任疆臣之意也。①

在此谕中，说明在对抗太平天国战争中，舍兵用勇，本系权宜之计，而勇营流弊滋多，应该及早将绿营整饬，使变疲弱为精强，以期有备无患，谕令各省，限期举行。可见当时清朝统治者对重建绿营旧制一事的急切。但是，清朝统治者这一个政策，却不是那些组织湘、淮军打胜太平天国的大头子所赞同的。李鸿章《与陈筱舫侍御书》的言论，最可以代表这一班人的意见。他说：

鸿章所深虑者，外国利器强兵百倍中国，内则狎处辇毂之下，外则布满江海之间，实能持我短长，无以扼其气焰。盱衡当时兵将，靖内患或有余，御外侮则不足，若不及早自强，变易兵制，讲求军实，仍循数百年绿营相沿旧规，厝火积薪，可危实甚。或谓以各省战士补兵额，以无主荒田为屯粮，摭拾陈言，似尚近理，按之事实，殊为迁就。兵制关立国之根基，驭夷之枢纽，厚给粮饷，废弃弓箭，专精火器，革去分汛，化散为整，选用能将，勤操苦练，然后绿营可恃。②

李鸿章是主张“变易兵制”，反对“仍循数百年绿营相沿旧规”的。但是，他十分清楚恢复绿营旧制，是清朝统治者企图维持它的统治权力的主要的政策。所以作为当时实力派的李鸿章为远嫌计，对

① 同治九年（一八七〇年）十一月丁未谕军机大臣等，见王先谦：《同治东华续录》卷八十八。

② 《李文忠公全集朋僚函稿》卷五。

此举只好缄默不说，就是在私人的通信中，也仍然以改良绿营来说，不敢明白地主张根本的推翻绿营制度。在这里，可以看见当时反动统治的在朝的和在野的主张恢复绿营旧制的舆论势力。

清朝统治者对恢复绿营旧制一事，是抱着一个很大的和坚强的决心的。咸丰十年（一八六〇年）五月庚戌谕长江南北各省在本籍挑补兵额。[①] 十一年（一八六一年）十一月壬寅诏各省以勇丁补绿营兵缺额。[②] 同治三年（一八六四年）七月己酉谕各督、抚以遣撤勇丁挑补兵额。[③] 同年十二月乙亥，以关中为西北形势地，急需恢复绿营旧制，以固疆圉，因谕陕西巡抚刘蓉实力办理，不得畏难苟安。[④] 六年（一八六七年）正月庚申又谕宁夏将军穆图善会同陕西巡抚乔松年查明各标营兵丁原额，迅速募补。[⑤] 光绪三年（一八七七年）再谕陕甘总督左宗棠恢复新疆换防兵，以符旧制。[⑥] 由此可见，重建绿营自咸丰末以来，就三令五申的。但是，却不曾定有一个全盘的计划，只交各省督、抚各自为政。所以各省办理此事先后缓急各有不同，办法也参差不一致。就其方式来说，不出下列三种：

一、全照旧制复建　行此方式而有明文可考的有安徽一省。安徽各营额设兵九，四四二名，内马兵九一八名，步兵一，七三九名，守兵六，七八五名，在经过太平天国扫荡后，兵额全缺，营制尽

① 见王先谦：《咸丰东华录》卷九十三。
② 见王先谦：《同治东华续录》卷三。
③ 见同上书卷三十六。
④ 见同上书卷四十。
⑤ 见同上书卷六十一。
⑥ 见朱寿朋：《光绪东华续录》卷十六。

废。同治四年(一八六五年)六月开始复建,在这一年先复守兵五成,以为弹压地方之用。六年(一八六七年)募足守兵,并募三成步兵。其马、步未补兵额,据光绪七年(一八八一年)巡抚裕禄奏报,到这年还未补足,仍待各营招募递复原额以符旧制。① 这个方式的特点,是全照绿营旧制复建,不改旧章的。

二、减兵加饷就饷练兵 创此议者为闽浙总督左宗棠。他以为绿营不可用在于不练,而兵之所以不练,则由于饷薄别营生理,故主张行减兵加饷,就饷练兵的办法,以复兴闽、浙绿营。左宗棠以为绿营应亟汰的兵有四种:一、老弱疲乏的,二、吸食鸦片的,三、虚名占伍的,四、塘汛零星的,都是无所用也不用练的。此外,各标、协、营听差传号书识各名色不预操练的兵,并须酌量裁减,总共估计应汰的兵至少不下四成。兵额既减少,员弁也可酌量裁并,所裁的廉俸薪干,也可留养练兵。大概挑留可练的兵五成有余,即以裁兵四成有余的饷加给,日用足敷,不要别营生计,自可聚居勤练,而免散漫荒嬉的弊端。那些塘汛零星的兵有名无实,若并归总汛聚居勤练,分段轮派巡缉,声势较完,访察易遍,比较三五错杂,没有人管束训练的自然不同了。这样看来所谓减兵,只减无用不可练的兵,对兵制实无损;所谓加饷,即扣此项裁兵的银,对饷项也没有增加。② 于是在同治五年(一八六六年)九月上奏清廷,这年十

① 据同治三年(一八六四年)六月初九日安徽巡抚乔松年《谨陈愚见片》(见《乔勤恪公奏议》卷四),同治四年(一八六五年)七月二十二日署理两江总督李鸿章《规复皖省营汛兵额片》(见《李文忠公奏稿》卷九)及光绪七年(一八八一年)十月乙亥安徽巡抚裕禄奏(见朱寿朋:《光绪东华续录》卷四十四)。

② 据同治五年(一八六六年)九月二十三日左宗棠《谨拟减兵加饷就饷练兵折》,见《恪靖奏稿初编》卷三十四。

月就在福建先著手实行，马兵每名月加饷银七钱，连额饷共二两七钱，步兵每名月加饷银一两五分，连额饷共二两五钱五分，守兵每名月加饷银一两四钱，连额饷共二两四钱，官马每匹月给草乾一两之外，加给五钱。但按照新章办理，裁减四成余兵数之饷仍不敷加给挑留的兵，因改定无论水陆标营一概挑留五成，官亦分别酌量裁减。① 浙江则于同治七年（一八六八年）实行。② 闽、浙既行这一个办法，跟着陕西、③贵州、④江苏、广东⑤等省都援案办理，就是创行“练军”的直隶省，除挑练外，其底营存余的兵，也仿此案办理，以求起色。⑥ 到光绪五年（一八七九年）左宗棠在陕甘总督任内筹办复建甘肃绿营，因仍循旧制，则难期起色，别议加饷，则无款可筹，复奏请仿照此案变通办理。⑦ 这个方式的特点，是减无用的兵以增加可练的兵饷，其饷不另筹，饷即额饷，其兵不另募，兵即制兵，而其目的则在于就饷练兵，以求整顿。这个方式对绿营旧制是有多少

① 据同治五年十月十六日左宗棠《陈明通筹闽省绿营兵额饷项折》，见《恪靖奏稿初编》卷三十七。

② 据光绪十二年（一八八六年）三月壬子浙江巡抚刘秉璋奏，见朱寿朋：《光绪东华续录》卷七十五。

③ 据黎培敬《黎文肃公遗书自述年谱》称同治九年（一八七〇年）贵州复建绿营乃仿照闽、陕裁兵节饷章程而行，案这时陕甘总督为左宗棠，可见陕西亦曾仿此案以复建绿营，而主持此事的人就是左宗棠。

④ 据同上。

⑤ 据光绪八年（一八八二年）户部遵旨议奏御史陈启泰《条陈兴利除弊事宜折》称：“叠经闽、浙、江苏、广东及甘肃等省奏请减兵加饷就饷练兵。”（见中国社会科学院经济研究所整理的档案）可见江苏、广东两省也援闽、浙成案办理的。

⑥ 据同治八年（一八六九年）五月二十一日直隶总督曾国藩《复议直隶练军事宜折》，见《曾文正公奏稿》卷二十八。

⑦ 据光绪五年（一八七九年）十月初九日陕甘总督左宗棠帮办甘肃、新疆善后事宜杨昌濬会奏，见中国社会科学院经济研究所整理的档案。

的改良的，如裁分汛，如加饷便是；但是它在绿营的制度上，却没有做根本的改革。

三、“练军”　“练军”是从绿营里面，逃选精壮出来训练的兵，所以当时叫它做“练军”。“练军”始行于直隶，最初办理此事的人，是直隶总督刘长佑。同治二年（一八六三年）刘长佑初任直督，即奉旨筹划练军，刘长佑奏请拟以南方勇营的制度教练北省绿营，最为善策，并陈抽练营兵，酌募勇丁各事宜，谕令一切俱从绿营体制。到五年（一八六六年）始经户、兵两部会议具奏练兵章程十七条，清廷命照所议施行。在遵化等处各驻一军，共设六军，每军部队二千人，马队五百人，合共一万五千人，在督、提各标内挑选，分派将领训练，都归直隶总督节制，这是直隶练军的起源。但事经数年，成效未见。七年（一八六八年）冬，特迁曾国藩做直隶总督，命整顿直隶练军事宜。曾国藩莅任后，细察情况，以为练军所以没有成效，有几点原因：第一是文法太繁，官气太重；第二是事权不专，统领不敢放胆任事；第三是情意不治，兵将上下隔阂，全不相联。要救此弊，必须参用勇营制度方能收效。且练军都有冒名顶替的弊端，因为直隶六军以此处的兵调到他处训练，其练饷二两四钱在练营支领，其底饷一两五钱，仍在本营支领，兵丁不愿离乡，往往正身仍留本处，特于练营附近雇人顶替，应点应操，把练军所加的饷分一些与受雇冒名的人。一旦有事调使远征，受雇的人又不肯行，却又转雇乞丐穷民代往。兵止一名，人已三变，练兵十人，顶替的过半，尚安望其得力？今欲求整顿，自须先杜顶替的弊，拟令嗣后一兵挑入练军，即将本营额缺裁去，练军增一兵，底营即减一兵，无论底饷练饷都归一处支放，或因事斥革，即由练营募补，底营不得干预，希望所练的都是正身，或可稍变积习。此外还有须酌改的，如马队不应杂于步队各哨里面，应另立马队营，使临敌不致溷乱，一队不应增至二十五人，应仍为什人一队，使士卒易知易行。[①] 曾国藩所议，都经部议允准。第二年，曾国藩遂定直隶练军营制以兴办直隶练军。曾国藩这个练军营制，与刘长佑所定章程不同，刘长佑因屡奉懔遵绿营体制的谕旨，所以他不得不处处顾全到绿营制度的根本精神，如曾国藩所指文法太繁，事权不专，情意不洽即由于此。至于曾国藩却不同，他认定要整顿绿营，就必须用勇营制度以改旧制，故所定营制饷章全仿勇营制度，而底饷、练饷都归练营统领并发，其练军因事故开除，练营统领、营官有就地招募的权，底营本管官不得干预一层，尤为根本的割断了绿营瓜葛的彻底办法。从此看来，所谓练军实与当时的勇营制度没有分别，所不同的只是练军挑自绿营，而勇营则来自招募而已。直隶省绿营制度，自经曾国藩这一番改革后，对旧制已经作了根本的改革了。这是这个方式与前两种不同的地方，也就是这个方式的特点。

这三个复建绿营的方式，第一个方式是全照旧制复建的，第二个方式是对旧制加以改良，而对旧制的精神却没有变动的，第三个方式则用勇营制度根本的改变了绿营的旧制。绿营制度，既已崩溃，那么，用第一个方式来重建旧制，其结果自然也只有同战前一样的废弛颓败，那是不待说的。第二个方式虽略加改良，而旧制精神不改，其内在的病态依然存在，也绝不会得到多少的成效的。只有第三个方式，针对着旧制的病态，不图局部的改良，而谋根本的

① 见《曾文正公奏稿》卷二十八，同治八年（一八六九年）五月二十一日《复议直隶练军事宜折》。

改革，用勇营的制度全盘的改变了绿营的旧制，使腐化了的绿营兵士，不致全归无用，而其中仍有一部分可以成为能施以训练的“练军”。虽然练军的制度，实与勇营无异，练军对于绿营旧制已名存实亡，而清廷既要重建绿营，就不得不于无可挽救之中来筹谋一个补救的方策。练军便是这样一个对策。所以曾国藩所定的《直隶练军营制》①，在同、光时，一方清廷通谕各省仿行②，一方各省也多自动奏请仿照办理③，以为补救绿营的对策。于是各省绿营无不有练军的名目，而当时练军在形式上也大致还做得到“化饥为饱，化繁为简，化散为整，化板为活”④的一个新姿态，与留在底营分守营、

---

① 见《曾文正公奏稿》卷二十九，《试办练军酌定营制折》。

② 光绪八年（一八八二年）十二月经兵部奏准查明各省制兵缺额数目，并将现存兵丁汰去老弱废疾，或再酌裁汛铺，其原缺与现裁兵额，悉择防勇之精壮者挑补，仿直隶章程作为练军，通谕各省督、抚悉心办理（见《张文襄公奏稿》卷四，光绪九年正月二十日《新募马队并未增饷折》引上谕）。

③ 各省声明以直隶练军营制挑练各该省绿营有明文可考者，如同治九年（一八七〇年）山东巡抚丁宝桢奏请仿照直隶章程以抽练山东绿营马队（《丁文诚公奏稿》卷七，同治九年二月二十九日《酌拟马兵章程折》）。如同治十二年（一八七三年）四月二十三日河南巡抚钱鼎铭以练军有效，奏请在河南仿照直隶章程斟酌办理（《钱敏肃公奏疏》卷三，《豫省规画练军陈报大概情形折》）。如光绪元年（一八七五年）四月云南巡抚岑毓英奏请仿照直隶设立练军以整顿云南绿营（《岑襄勤公奏稿》卷十二，光绪元年四月二十日《仿照直隶等省设立练军片》）。至光绪五年（一八七九年）岑毓英在贵州巡抚任内，办理复建贵州绿营旧制，复请以马、步、战兵仿照直隶省章程作为练军（同上书卷十五，光绪五年十一月二十日《改防军为练军条议章程折》）。同年广西巡抚张树声奏请拟参酌直隶练兵章程以整顿广西抚、提左右两镇各标（据《光绪东华续录》卷三十八，光绪六年十一月丁亥广西巡抚庆裕奏）。又如光绪十一年（一八八五年）署理山西巡抚奎斌遵议山西营制，奏请仿照直隶章程办理都是。（据同上书卷七十七，光绪十二年六月壬申山西巡抚刚毅奏）

④ 张之洞：《张文襄公奏稿》卷六，光绪十年（一八八四年）四月初七日《筹改营制折》论练军语。

汛未经挑练的有了不同的面貌。[1] 有的地方如直隶的练军，却训练得缓急可恃。[2] 绿营本来是无可挽救了的，这么一来，“练军”给它延长了二三十年的生命。这乃是清廷重建绿营的一点儿效果。

但是，上面说过，绿营的积习是无可挽救的。练军挑选自绿营，他们深染绿营习气，虽经挑练，积习终难涤除，所以当时各省练军，除了直隶一省屡经曾国藩、李鸿章训练，得着成效外，其他各省大都是徒具形式，多无实际。在光绪初，两广总督张树声对广东练军就有队伍虽尚可观，究难信其杀敌致果，及缉捕巡防，得练军百，不如得壮勇数十的评价。[3] 到光绪末，张之洞历任两广、两江、湖广七省总督，他在湖广总督任内通论各省练军情况说：

> 绿营之无用，自嘉庆初年川、楚教匪之乱而已著，自发、捻之乱而大著，故大学士曾国藩在直隶创为练军之议，意在加饷并营以冀整队勤操，诚亦苦心救弊之术。各省仿而行之。然而饷项虽加，习气未改，亲族相承，视同世业。每营人数较多，

---

① 丁宝桢：《丁文诚公奏稿》，光绪十一年（一八八五年）十月二十六日《遵旨训练绿营制兵片》说：“川省绿营经前督臣奏定章程抽练十营精兵，行之已久，各兵操演颇属认真，臣与将军岐元不时训练申警，实较旧营差胜。”光绪二十年（一八九四年）四月癸酉李鸿章检阅直隶军队也奏说：“直隶提臣叶志超所部正定练军五营，马队两营，能以绿营抽调之兵，熟精泰西操阵之法。”（朱寿朋：《光绪东华续录》卷一百十九）都是述练军较底营不同的记载。

② 据光绪十九年（一八九三年）五月丙申直隶总督李鸿章奏，他说：“伏查直隶练军马队章程，经前督臣曾国藩及臣先后斟酌奏定饷章营制，损益得宜，迄今二十余年，遵守规条，操巡认真，缓急可恃。上年剿办朝阳教匪，克期扫荡，全赖练军之力，成效昭然。”（见朱寿朋：《光绪东华续录》卷一百十四）

③ 见《张靖达公奏议》卷四，《筹办广东海防情形折》。

> 更易挟制滋事，身既懒弱，多操数刻，则有怨言，性又不驯，稍施鞭笞，则必哗噪，将弁不能约束，遑论教练。至于调派出征，则闻风推诿。其不能当大敌，御外侮，固不待言，即土匪盐枭亦且不能剿捕。惟直隶练军皆系勇营规模，其中多有外省勇丁，故尚可用。此外各省积弊大率相同。①

因为练军承绿营的积习未改，它的实质已经腐化，所以虽改用勇营制度以从事编制训练，也不过只具形式而不会有实效的。张之洞所记，自是纪实。同时，在清朝政府的大政方针里面，还有一个很大的矛盾存在，就是绿营既不可用，就应该专用勇营，不要再建绿营，既重建绿营，就应该全撤勇营，专养绿营，乃既须恃勇营以为用而不能撤，又复企图复活旧制而不欲废，于是兵勇并设，两项兼支，国家岁出骤增巨款，财政无法负担，绿营自然不得不归于淘汰。而况甲午中日战争后，勇营的淮军尚且暮气浸寻，废弛不可用，绿营练军徒具勇营的形式，无勇营的实际，而积习且百倍于勇营，又怎能不终归于淘汰呢。等到新式陆军制度成立，同治后重建的绿营的命运，便告结束了。

第三节　裁汰及其影响

在绿营制度崩溃的过程中，清廷的对策有二：第一是复建，第

---

① 见《张文襄公奏稿》卷三十二，光绪二十七年（一九〇一年）六月初四日《遵旨筹议变法谨拟整顿中法十二条折》。

二是裁汰。复建的意义,在于恢复旧制,以达到它过去统治的旧梦,已述于上。裁汰的意义,起先是裁汰一部分的兵额,或因谋减轻财政上的负担,或因施行简兵加饷的对策,而其目的都在于求整顿。到了末后,清廷一方面看清楚绿营的无望,另一方面又兴办陆军,以为对新的兵权有收揽的把握,于是对绿营方才整个的裁汰,用法令来结束了这一个制度。

绿营的裁汰,可分为三个时期。第一时期起于嘉庆末到咸丰初(一八一五——一八五四年),其目的是要裁汰乾隆四十六年(一七八一年)裁撤空缺名粮挑补实额一案所增的兵数,以减轻增补实额后财政上所加的负担(请参看上章第四节)。第二时期起于同治初到光绪甲午中日战争前(约一八六三——一八九三年),其目的是要裁汰一部分冗兵以整顿重建的绿营,实与复建工作相辅而行。第三时期起于甲午战后迄于清亡(一八九五——一九一一年),其目的是决心要改变兵制,把绿营汰尽,而另代以新式陆军制度。这九十多年间,裁汰的经过至为纷繁,材料也不完全,本书难于缕述,兹特另为文稽考作为附录于后。就稽考所见,其时绿营各期裁兵经过,计自嘉庆二十年至道光二十二年(一八一五——一八四二年)共裁兵二一,一二〇名(道光二十一年因直隶天津等处添驻官兵,裁汰他省的二,三三三名、仍由直隶募补的不算在内)。其中除道光十一年(一八三一年)、十二年(一八三二年)两年所裁四,二八九名系因筹办新疆经费的不计外,所有嘉庆二十年,道光元年(一八二一年)及道光二十二年所裁共一六,七三一名,都是为恢复乾隆四十六年(一七八一年)未增补虚缺名粮前的兵数,以减轻财政的困难而起。道光二十二年(一八四二年)后历年所裁,细数今不可考，据咸丰二年（一八五二年）上谕称乾隆间添给武职养廉一案，增兵六六，〇〇〇余名，嘉庆、道光间历次裁改尚余四八，〇〇〇余名[①]，计嘉、道间历年所裁总数为一八，〇〇〇余名，以所裁的数目与当年所增相较，不过裁减四分之一有余。但乾隆四十六年（一七八一年）部库充裕，存银七〇，〇〇〇，〇〇〇两，到嘉庆十九年（一八一四年）减为一二，四〇〇，〇〇〇两[②]，而自增补名粮缺额以来，三十多年间，多用到四〇，〇〇〇，〇〇〇余两，因财政困难，经费难继，所以不得不裁汰。及咸丰二年（一八五二年）太平天国革命起，财政愈困，部库所存仅三，〇〇〇，〇〇〇两。[③] 这年春，户部奏请复绿营兵制旧额以节縻费，侍郎曾国藩也条陈裁兵事宜。三月乙亥，户部尚书孙瑞珍奏豫筹库饷，复请照前议施行，得旨照准，通谕各省一律裁汰，以三年为期，务复旧额。到咸丰四年（一八五四年）计甘肃、新疆、贵州等省共裁兵一一，九四七名，与嘉、道间所裁数合计，前后三十七年间仅共裁二九，九〇〇余名，尚不能裁减所增之半，而究其所节饷需，还是不能减轻财政上的困难。这是这一期的裁汰。

第二期的裁汰，起于同治二年迄光绪十九年（一八六三——一八九三年），在这三十年中有明文可考的计共裁兵一七三，一二一名。这时期的裁汰与第一期不同，第一，在太平天国战役后，有几个省分的绿营都残破了，所以在那几个省分里办理裁汰事宜，实

---

① 见王先谦：《咸丰东华录》卷十四。

② 据英和《开源节流疏》，见《皇朝经世文编》正编卷二十六。

③ 据孙鼎臣《畚塘刍论》记载，称咸丰二年七月部库存银仅三百余万两。

在就是在复建旧制的时候，减少募补的名额。左宗棠议裁汰浙江绿营所谓只须少募新兵，翻为省事①，即指这种情况来说的。第二，这个时期，勇营在事实上已经代替了绿营的作用，与嘉、道时专恃绿营的情况不同，所以没有顾虑可以放手去裁汰绿营。第三，嘉、道后的绿营，已无可救药，而太平天国战役后，清廷既要重复旧制，主政的人便只好在无可挽救之中筹谋一种对策，曾国藩的仿勇营规制以挑选"练军"，左宗棠的减兵加饷就饷练兵，都是这种对策的一种，而核其办法都须裁汰一部分疲弱。因为这三种情势，所以裁汰的时间虽短于第一期，而其所裁的数目反六倍于前。不过，我们还要记着，这一时期绿营虽大量地裁汰，而其目的仍是汰弱留强，企图保留绿营一部分比较精壮的分子以维持其重建的旧制。但是目的徒然是目的，成效未见，所以终归还是要走上根本的裁撤的路上去。

第三期的裁汰，是绿营裁汰最后的一期，也是最重要的一期。它不是同第一期那样裁汰一部分增加的名额，以减轻财政上所增的负担，它也不同于第二期那样汰弱留强，以图维持旧制。它是要把二百多年来的腐朽的制度作根本的全盘的裁撤。这一时期起于光绪二十一年（一八九五年）中日战后。太平天国战役与中日甲午战役是清代兵制史上两个划时代的年头。在太平天国战役前，是绿营时代。太平天国战役后迄中日甲午战役前的一个时期，是勇营支持国家主要的防守，但清廷却不承认勇营是一个经制的制度，而还要复建已经崩溃了的绿营制度，一方既要用"勇"，一方复要养"兵"，时人称为"兵勇并存"的时代。到了中日战役后，勇营的淮

① 见《恪靖奏稿初编》卷三十四，《谨拟减兵加饷就饷练兵折》。

军没落了，这个附丽于勇营以图残喘的重建后的绿营，当然也无法再维持下去了。这时候，两江总督张之洞在江南练自强军，温处道袁世凯在直隶练新建军。庚子（一九〇〇年）后，各省都起练新式陆军。到光绪三十年（一九〇四年）清廷复画定军制，在京师设练兵处，各省设督练公所，建立陆军三十六镇。清廷既定有画一的新军制，中央复设有掌握兵权的新机构，于是对绿营旧制的残骸便不和同、光间那时一样再有所依恋了。故光绪二十一年（一八九五年）六月经户部奏请以需饷孔殷，拟令各省挑留绿营精壮三成，其余老弱一概裁撤，得旨照准，通谕各省督、抚办理。[①] 二十二年（一八九六年）十一月军机处、总理各国事务衙门、户部三机关奉旨会议候补四品京堂盛宣怀条陈练兵事宜，又请旨饬催各省将裁兵数及切实办法速行奏闻。[②] 二十三年（一八九七年）三月，以绿营久成虚设，屡经通谕裁汰，乃各省所裁都不及七成，而目前借款期迫，尤应先其所急，断不应再以有用的饷，养无用的兵，以致借无可借，抵无可抵，因再谕各省奉到此旨统限一个月内将裁兵若干，节饷若干，切实复奏。[③] 这年十二月庚辰又谕：经武整军，必须宽筹的饷，各省绿营废弛已久，难备缓急，著该督、抚再行核实裁汰，腾出饷项，以备添练新军之用。[④] 二十四年（一八九八年）正月甲寅，以各省督、抚裁汰绿营办理不力，下谕申饬。[⑤] 庚子后，户部筹议赔款，

① 据光绪二十一年六月乙亥上谕，见朱寿朋：《光绪东华续录》卷一百二十八。
② 据同上书卷一百三十八。
③ 据光绪二十三年三月癸巳谕军机大臣等，见同上书卷一百三十九。
④ 见同上书卷一百四十一。
⑤ 见同上书卷一百四十二。

再请将绿营裁汰。[1] 到宣统元年(一九〇九年)预备立宪,在陆军应办事宜项内,遂定裁撤绿营的办法,以八年为期,限于第八年(即至一九一六年)一律尽裁。[2] 从上所述,可知当时清廷在这一个时期内,对裁撤绿营一事是怎样的一个雷厉风行的情况。

至于各省办理的经过,有明文可考的,最初光绪二十一年(一八九五年)谕各省裁汰绿营七成一案,当时遵旨办理的有江苏、安徽、江西、山东四省,江苏、安徽所裁约二成,江西三成,山东最多也只五成,都不到七成。而山东虽原议五成,但裁到三成,经巡抚张汝梅以山东地方紧要,奏请免裁。跟着二十三年(一八九七年)再严谕裁汰,这一次直隶、湖北、湖南、陕、甘、河南、四川都遵旨办理,江苏、安徽、江西方面也继续裁汰。直隶所裁约二三成,湖北、湖南系照山东奏案办理裁五成,陕、甘、四川所裁成数无明文,惟河南遵照部定裁七留三议案办理,拟分三期裁竣,乃裁撤刚到第一期,就发生了困难,经巡抚裕长奏请将原奏议裁的兵裁到这年十二月第一期所裁数止,而四川方面裁至一成,也以现存兵数不敷分布,并因地方多故,恐裁兵滋事,奏请缓裁。因为这时候,创建新式陆军的只有直隶、两江两处,他省都未兴办,而绿营虽不足以言战斗,但仍可供弹压地方之用,并且有许多差务是要绿营负担的,清廷一时要把它裁汰七成,地方当然不免空虚,差务自多妨碍,当时各省所遇的困难是一样的。到庚子后,情况便不同了,那时各省都兴办新

① 据光绪二十七年八月己酉户部奏,见朱寿朋:《光绪东华续录》卷一百六十九。

② 据宣统元年闰二月丙午陆军部奏,见《宣统政纪》卷八。

式陆军，并举办巡警，有些省分的州县复有“亲兵”之设①（案清末州、县亲兵即民国后的地方警备队），陆军担任国防，镇要地，州、县亲兵担任警备地方，而巡警则可以代汛兵的职任②，于是绿营各方面的任务都有了新的代替者，各省就可以放手大裁。光绪二十九年（一九〇三年）湖北、湖南首先议定分十年裁尽，三十年（一九〇四年）四川也定腹地各营分十年裁尽计划，广东计划在这年六月初一日起将所存各营悉数裁汰。三十二年（一九〇六年）河南定于这年将所存绿营一举廓清。三十四年（一九〇八年）云南全裁。宣统元年（一九〇九年）浙江全裁。二年（一九一〇年）福建裁存绿营预定分三期到宣统六年（即一九一四年）裁尽，本年先裁一成。三年（一九一一年）直隶定议除泰宁、马兰两镇守护陵寝免裁外，所有督标、提标、通永、天津、正定、大名、宣化各镇标悉数裁撤。广西方面已经在这年裁竣，山西方面除防边弁兵须待春融后撤防时裁撤外，其余都裁竣。而湖北、湖南原议到宣统四年（即一九一二年）裁

① 考清代定制地方官不兼知兵事，故州、县只设捕快而不设警备队，维持地方治安的责任都由绿营担任。光绪九年（一八八三年）两广总督曾国荃奏高州匪乱，着候补道周炳勋募亲兵一〇〇名以资调遣（见朱寿朋：《光绪东华续录》卷五十三）。同年直隶总督李鸿章奏今年酌裁臬司亲军队百人（见同书卷五十六）。这是清代地方官自募亲兵最先见于记载的，但所募都是州、县以上的机关。若州、县地方官自募亲兵则以光绪三十年（一九〇四年）广西举办为始。这年巡抚柯逢时以广西匪势蔓延，非拨给各州、县亲兵不足以自卫，奏请举办，得旨允准。计全省除驻有重兵各属从缓另办外，余六十四州、县按地方大小缓急均酌给亲兵，以知府、厅、州为统领，以州、县为管带，通共统领、管带、哨弁、兵夫八，〇〇〇余名，担负州、县地方警备任务，并任看守仓库、启闭城门及护饷解犯各差（据光绪三十年三月戊戌柯逢时奏，见同书卷一百八十六）。案这时州、县亲兵即民国后地方警备队，担任警卫地方。自州、县有了亲兵，才可以代替绿营弹压地方的任务。

② 据光绪三十一年（一九〇五年）八月乙巳直隶总督袁世凯奏陈直隶兴办警察情况有说：“不独乡曲愚民渐明公理，渐知公益，汛兵衙役亦可以次裁撤，催科传案，则一呼即至，无扰累之虞。”（见朱寿朋：《光绪东华续录》卷一百九十五）

尽,四川腹地各营原议到宣统五年(即一九一三年)裁尽,也都提前在这年全裁竣。综计裁到宣统三年(一九一一年)秋止,全国各省已完全裁竣的有河南、云南、浙江、广西、湖北、湖南六省,比较宣统元年(一九〇九年)预备立宪所定八年裁尽的原议已提早五年。其有一小部分未裁的有山西、四川、福建、江苏、安徽、广东等省,山西所剩的是为待春融撤防时裁汰的边防兵,四川所剩的是沿边各营,福建所剩的只有官弁二五四员,兵丁三,九四二名,江苏所剩的只有官弁四七五员,兵丁三,一八八名,安徽所剩的只有北路暂缓办理。惟广东裁汰定议很早,到光绪三十二年(一九〇六年)已裁去七成,只存兵七,三一八名,宣统三年(一九一一年)除水师归海军部筹办提出另议外,所存陆路各营再减四成,还有余兵未裁尽。直隶方面虽已定在宣统三年(一九一一年)九月底实行全裁,但还没有举行,武昌已起义。而这年山东、江苏、陕、甘、贵州等省,都因地方多事,先后奏请将裁存绿营缓裁。到武昌起义后,清廷准陆军部奏时局艰危,绿营可辅兵力警察所不及,一律予以免裁①,绿营遂与清朝相始终,而核其所存已不过百分的二、三,入民国后,便完全淘汰尽了。②

在绿营裁汰的经过中,还要提出对被裁官兵的救济问题。在第一第二两期被裁官兵的救济是不成问题的,因为第一期裁兵数目不多,第二期虽有十多万人,而所裁大半为空额,小半为老弱,不成问题,所以当时就没有人顾虑到它,因之政府就用不着定下什么

① 据宣统三年八月壬戌谕,见《宣统政纪》卷三十九。

② 据《民国二年度国家预算修正总册》岁出经常门财政部及陆军部所管都没有绿营经费项目,可见绿营入民国后已完全汰尽。

救济办法，到了第三期情况便不同了，全国绿营都裁撤了，那样一个巨额的官兵，一旦裁撤，当然成为问题。当时人对此便不能同前两期那样毫无顾虑了。光绪二十五年（一八九九年）四川总督奎俊怕裁兵生事，奏请暂缓裁汰，光绪三十三年（一九〇七年）四川提督马维骐奏陈安插裁兵消弭隐患的办法，请敕下各行省督、抚凡编练新军及警察、巡防队，于拣换弁兵时以三四成的一二，挑选绿营精壮考验编伍，使不致断其俸饷之资，自不致有非分之想。[1] 奎俊与马维骐两人的主张，即可代表当时一班主持裁撤绿营事宜的人的见解。所以在第三期的裁汰中，各省对于被裁官兵的救济问题，可说是一致的认为必要的。但其办法，各省却各有不同。如湖南则所裁之兵发给一年饷银饷米，俾得借以资生，徐图改业。河南则凡裁缺员弁分别官阶或归裁缺即用班，或归本标现缺还补；裁兵亦量给饷银，妥为遣散。云南则所裁营员，从优给与三个月饷银，并择其文理粗通，年力强壮者，分别考试，拨入兵事研究所、警察学堂肄习录用；所裁兵丁也从优给与三个月饷银米粮，遣散归农。福建则以裁兵的饷拨为改编巡防队的经费，而所有巡防队官弁兵丁先尽绿营裁汰官兵挑选精壮委充，以免失所。山西则被裁弁兵，如才力可用，准其投入巡防队，俾免废弃。江苏则所裁官兵，千总、把总以上各给饷银五年，外委、额外各给饷银一年，什长各给饷银三个月，所裁员弁兵丁，其中有年富力强的挑选及格，送入巡防队、警察营随时酌量妥办。其他各省虽未明述办法，而当办理裁撤绿营后，多有安置裁缺将弁，裁撤兵丁的奏报，可知必各有办法。各省既都有

① 据光绪三十二年十二月丙戌马维骐奏，见朱寿朋：《光绪东华续录》卷二百十三。

救济被裁官兵的办法，因此绿营便可以安然裁撤。但是绿营裁撤所以得安然无事，却不尽由于各省救济办法的得当，而以绿营本身原有其特殊情况与当时的出路为主要。先说绿营本身的特殊情况，绿营兵丁，因饷薄兼以小贩手艺营生，自雍、乾以后，成为一般的现象，他们除了当兵吃粮外，还有他们的副业，或许副业收入还较正业所得为多。在太平天国革命战争期间，各省绿营兵饷动欠数年，而他们还可以维持生活，就是靠着这种副业。所以这时候裁撤，对他们的生计是没有多大的影响的。而且，他们在裁撤后又还都领得几年或几个月的饷银饷米，于是将从前视为副业的营生增加资本改为正业，不致有多大的困难。这一方面的情况，特别是对绿营老弱预先铺平了一条救济的道路。再说当时的出路，在清末民国初年之间，无论兵政内政都是在改革旧的兴办新的时候。在兵政方面，有新办的陆军，有改编的巡防队。在内政方面，有巡警，有州、县亲兵队，其中巡警一项，光绪三十二年（一九〇六年）经巡警部尚书徐世昌奏请专以绿营改充，得旨照准。① 而有几个省分，改编巡防队，并奏准尽先以绿营弁兵挑充。所以当时被裁官兵，只要自己是有本领的，在他们面前的便是许多出路。那么，绿营精壮的既有进身的路，老弱的也有副业可靠，所以这个行了二百六十多年的制度，几十万名的兵丁，几千员的官弁，在清末十多年里面，完全把他们裁撤，在当时竟不曾引起什么事变，到民国初，也没有留下什么后患。这是在历代的裁兵事件里面少见的事。

---

① 据光绪三十二年二月壬寅政务处兵部奏，见朱寿朋：《光绪东华续录》卷一百九十九。

附录　嘉庆后绿营历年裁汰考

绿营裁汰起于嘉庆十九年(一八一四年),迄于宣统三年(一九一一年),前后九十多年。其间经过至为纷繁,文献也缺而不全,记叙至为困难。兹就现存史籍考其可见的撰为此文,以略见当时裁汰的经过。

嘉庆十九年(一八一四年),绿营始裁兵。

这年闰二月以度支困难,谕令各省将乾隆四十六年(一七八一年)添设武职养廉案内所增补的虚缺名粮酌量汰减。到二十年(一八一五年)二月后,据各省督、抚咨报,除直隶、山东等省无可裁改外,计江苏、江西、福建、浙江、湖北、湖南、山西、广西、四川、云南、贵州十一省共裁兵一四,二四〇名,又改马、战兵为守兵共一,二四六名。①

嘉庆二十五年(一八二〇年),再谕裁绿营兵。

这年谕各省:自增补虚缺名粮以来,历经三十多年,帑项用多至四〇,〇〇〇,〇〇〇余两,嘉庆十九年虽经裁减一次,而所省经费比较乾隆年间所添的只四分之一。各省形势,今昔异宜,此时若悉复乾隆年间未添补名粮原额,是否可行,原难悬揣。但各省现在额兵六〇〇,〇〇〇多名,当还有可以抽

---

① 据《道光钦定中枢政考》卷三十七。

裁的地方。著各省详查地方情形,再裁冗兵以节饷。到道光元年(一八二一年)正月后,据各省督、抚咨报,除直隶、山东等省无可裁改外,计山西、江苏、江西、福建、浙江五省共裁兵二,四九一名,又改马兵为守兵四,八七三名。①

道光十一年(一八三一年),以筹办新疆经费,裁山西、江南、江西、湖北、四川五省兵二,三三九名。②

道光十二年(一八三二年),陕甘区裁兵一,九五〇名,以所节饷银拨补新疆新增防兵的经费。③

道光二十一年(一八四一年)抽裁各省简僻营分兵。

这年以直隶省天津等处大沽海口添驻官兵,除在直隶抽拨十分之一外,再由各省简僻营分抽裁拨补。计这年山西、江西、湖北、湖南、陕西、甘肃、四川、贵州及乌鲁木齐等营共裁兵二,三二三名,其所裁的兵数,即由直隶就近募补。④ 故对全国兵数总额没有增减。

道光二十二年(一八四二年),湖南遵兵部议裁冗兵一〇〇多名。⑤

咸丰二年(一八五二年),通谕各省限在三年内裁复乾隆四十六年未挑补虚缺名粮前兵额。甘肃等省遵旨裁兵。

这年三月谕:前据户部奏请复绿营兵制旧额以节糜费,并侍郎曾国藩条陈裁兵事宜,兹复据户部尚书孙瑞珍奏豫筹库饷请照前议施行等语。乾隆四十六年添给武职养廉一案,增

① 据《道光钦定中枢政考》卷三十七。
② 据《光绪大清会典事例》卷七百十四。
③ 据《清史列传》卷三十七《杨遇春传》。
④ 据《光绪大清会典事例》卷七百十四。
⑤ 据《清史列传》卷三十八《吴其濬传》。

兵六六，〇〇〇多名，嘉庆、道光间节次裁改，还有四八，〇〇〇多名未裁。此项增添兵数，原因旧设空名钱粮挑补足额。而自增兵以后，空名漏弊仍复不免，可知国家未收增兵的利益，而徒受增饷的害。不仅是现在帑项未充，亟应裁节，即以整饬营务而论，也必严汰虚伍，而后养一兵可得一兵的作用。著通谕各直省督、抚总核裁汰。如裁汰后尚浮于乾隆年间旧额，以后遇有缺出，毋庸挑补，并随时斥退老弱残废，约计三年，必可裁复旧额。这年甘肃首先遵旨裁西宁口外防河兵一，〇〇〇名，四川、云南、贵州裁马兵改为步兵一，四〇七名。①

咸丰四年（一八五四年），山西、新疆、云南、贵州等处续裁兵共一一，九四七名。②

咸丰五年（一八五五年），湖南裁马兵改为步、战兵三六九名。③

同治二年（一八六三年），以南河河道总督标改设淮阳镇，裁其余兵九六三名。④

同治三年（一八六四年），湖南裁兵三，七〇〇多名。⑤

同治五年（一八六六年），广西整顿营伍，裁兵一〇，九八二名。

这年十二月广西巡抚张凯嵩奏称：广西自军兴以后，因频年欠饷累累，不遑搜求兵数，浸至营伍废弛，实去名存，自应规

---

① 据《光绪大清会典事例》卷七百十四。

② 据《光绪大清会典事例》卷七百十四及这年二月二十五日云贵总督罗绕典奏。（见中国社会科学院经济研究所整理档案）

③ 据《光绪大清会典事例》卷七百十四。

④ 据同上。

⑤ 据光绪二十四年（一八九八年）三月二十二日湖广总督张之洞《裁减湖南制兵折》，见《张文襄公奏稿》卷二十九。

复旧章，速筹整顿。惟整军必先裕饷，现在岁入短绌，司库空虚，与其就额设的兵以点缀饷需而苦饥者众，不如就现有的饷以量减兵数而筹费也轻。因统筹全局，就全省兵额共裁此数，以期综核名实，一律精壮，而收整顿的功效。[①]

同治六年（一八六七年），闽浙区整顿绿营，行减兵加饷，就饷练兵的办法。

先是同治五年（一八六六年）闽浙总督左宗棠以绿营废弛，由于饷薄，乃定闽浙减兵加饷，就饷练兵章程，以所裁的俸饷，加给挑留的兵，俾饷足兵饱，方得收精练的功效，以整顿两省绿营。到这年办理完竣，计福建共裁兵三〇，一五二名，浙江共裁兵一三，三二九名，官也分别酌裁，其员数不详。[②]

同治七年（一八六八年），广东裁兵二〇，一〇〇多名。[③]

同治八年（一八六九年），山东、江苏裁兵。

这年山东以绿营废弛，由于挪兵饷以济勇粮，而司库入不敷出，又万难将兵饷全支。经巡抚丁宝桢奏准，裁去疲弱，专留精壮，就年中实发的饷数，养得力的兵以整顿绿营，计共裁

---

① 据这年十二月二十七日广西巡抚张凯嵩《核定广西通省各标协营实存兵数折》，见中国社会科学院经济研究所整理档案。

② 据同治五年九月二十三日闽浙总督左宗棠《谨拟减兵加饷就饷练兵折》（见《恪靖奏稿初编》卷三十四），同年十月十六日《陈明通筹闽省绿营兵额饷项折》（见同书卷三十七），至所裁兵数则据《光绪大清会典事例》卷七百十四。案《事例》记这年浙江裁兵一三，八二九名，添水师兵五〇〇名除所添之数，实裁兵一三，三二九名。

③ 据两广总督张树声《筹办广东海防情形折》（见《张靖达公奏议》卷四），张氏奏云："东省水陆兵丁额设六八，〇〇〇多名，同治七年前督臣奏裁三成，尚存陆兵三二，〇〇〇多名，水师一五，九〇〇多名。"案同治七年两广总督为瑞麟，所奏裁的三成为二〇，一〇〇多名。

兵一,九六八名。[①] 江苏共裁兵五〇六名。[②]

同治九年(一八七〇年),江苏、江西、湖北、湖南四省,因裁改水师营制,共裁水师兵一〇,一四六名。[③]

同治十一年(一八七二年),江苏因续改淮阳镇营制裁兵一,七六八名。这年广东裁兵五六〇名。[④]

光绪七年(一八八一年),甘肃裁兵一七,六三七名。[⑤]

光绪九年(一八八三年),贵州两次裁兵。

这年二月贵州裁兵六,二〇四名,每年节饷九一,九一四两,到三月底蒇事。[⑥] 八月,贵州再裁兵三,一〇二名,此次裁兵所节粮饷,留作各营公费,其数目不详。[⑦]

光绪十一年(一八八五年),河南、黄运河、湖北、陕西、四川、云南、贵州共裁兵二六,九四三名。[⑧] 贵州裁把总以下武弁一一一员。[⑨]

这年贵州因兵数既裁,武弃原以领兵,故武弁也当汰。经署理巡抚李用清按照兵数多寡,汛防广狭,先将把总以下武弁

---

① 据丁宝桢:《丁文诚公奏稿》卷七,这年八月二十八日《变通绿营兵制折》。

② 据《光绪大清会典事例》卷七百十四。

③ 据同上。

④ 据同上。

⑤ 据同上。

⑥ 据这年四月云贵总督岑毓英、贵州巡抚林肇元奏,见朱寿朋:《光绪东华续录》卷五十三。

⑦ 据光绪十一年(一八八五年)三月署理贵州巡抚李用清奏说:"九年三月前抚臣林肇元会同督臣奏明裁兵二成。八月又奏于二成之外,再减一成以作各营公费。"(见朱寿朋:《光绪东华续录》卷六十九)案这年二月贵州所裁二成兵数为六,二〇四名,则此次再减一成为三,一〇二名。

⑧ 据《光绪大清会典事例》卷七百十四。

⑨ 据光绪十一年三月署理贵州巡抚李用清奏。

酌裁。

光绪十二年(一八八六年),山东裁兵三,七六九名。[①] 山西裁都司以下五〇员,兵五,九一〇名,每年节饷八五,九九九两有奇,以此款移作"练军"加饷的经费。[②]

先是光绪十年(一八八四年),山西巡抚张之洞拟整顿山西绿营,建议分立三军、四军。旋准部议以饷巨难筹,令再行会议。复经署理巡抚奎斌遵议仿照直隶章程就饷练兵,经兵部户部议准。计自十年正月起至十一年二月止共裁省标及两镇兵四,三六〇名,三月刚毅接任,续裁一,五五〇名。

光绪十九年(一八九三年),云南裁兵一五,三八二名。[③]

光绪二十一年(一八九五年),两江区遵旨裁兵六,〇六四名,以所节饷项照案留拨洋操薪饷等项的应用。

这年六月奉旨需饷孔殷,着各省将绿营挑留精壮三成,其余老弱一概裁撤。时署两江总督张之洞遵旨奏明两江裁散不裁整,裁兵不裁官,专裁零星汛兵,约可裁减三成。嗣饬各营照议裁汰,惟江西应裁的兵数还到三成,江苏、安徽应裁零星汛兵数本不及二成,并因分防各汛未能一律议裁,故不到原议的数目。[④]

---

① 据《光绪大清会典事例》卷七百十四。

② 据这年山西巡抚刚毅奏,见朱寿朋:《光绪东华续录》卷七十七。

③ 案光绪三十年(一九〇四年)署云贵总督丁振铎奏,见《皇朝续文献通考》卷二百三。丁氏奏称云南绿营至光绪十九年尚存二成战兵。案光绪十四年总督岑毓英奏称这年云南补足十成战兵一九,三五一名(见朱寿朋:《光绪东华续录》卷八十八),则所裁八成战兵之数为一五,三八二名。

④ 据光绪二十三年(一八九七年)六月十五日两江总督刘坤一等奏,见中国社会科学院经济研究所整理档案。

光绪二十二年(一八九六年),山东遵旨裁兵额五成,嗣裁至三成,奏请免裁。[①] 陕、甘自光绪八年(一八八二年)以后,历年奏请裁汰及太平天国革命战争后出缺未补的到这年约共一八,三六三名。[②]

这年山东巡抚李秉衡遵旨裁汰绿营,奏定裁汰兵额五成,分五年裁完,共应裁兵六,八四〇名。到二十四年(一八九八年)已裁去三成,共四,一〇〇多名,经巡抚张汝梅以山东滨海控河,地方紧要,请将原案奏裁兵额截至二十四年所裁三成为止,所有二十五、二十六两年议裁的二成免裁。得旨如所请行。

光绪二十三年(一八九七年),以库款支绌,偿款期迫,通谕各省将绿营再实力裁汰。于是直隶、江苏、安徽、江西、湖北、湖南、陕、甘各处都遵旨裁汰,除直隶所裁数不可考外,计这年江苏等处共裁兵二五,四四九名。

这年直隶方面,经总督王文韶奏请除马兰、泰宁两镇守护陵寝不裁外,其督标、提标及通永、天津、正定、大名、宣化各镇标分年裁汰两三成,其名数不详。[③]

两江方面,遵旨复行裁汰,计江苏裁兵三,五七〇名,每年

---

① 据光绪二十四年(一八九八年)十月山东巡抚张汝梅奏,见朱寿朋:《光绪东华续录》卷一百五十。

② 据宣统三年(一九一一年)陕甘总督长庚奏,见《皇朝续文献通考》卷二百十四。案此数为除光绪七年(一八八一年)总督左宗棠奏裁的一七,六三七名外,其后历年奏裁及太平天国革命战争出缺未补的共为此数。

③ 据宣统二年(一九一〇年)十一月初十日直隶总督陈夔龙《酌裁绿营官弁折》,见《庸盦尚书奏议》卷十五。

节饷六〇,〇〇〇余两,安徽裁兵一,七八一名,每年节饷三四,〇〇〇多两,江西裁兵一,九四五名,每年节饷四八,〇〇〇多两。①

湖北方面,照山东奏案就现有兵额实数马、步一律裁减五成,计共裁兵七,七一五名,每年节饷一一〇,〇〇〇多两,连光绪十一年前案合计实已裁减将及七成。此次应裁之数,匀分为五年裁竣。本年应裁兵丁,应发饷干米折银两,饬令各营截到八月底为止,以昭画一。以后每年递减,截饷之期,即都以八月底为断。②

湖南方面,也酌定裁减五成,计共裁兵七,四三八名,每年节饷一三〇,〇〇〇多两,匀分五年裁竣。所裁兵丁应发饷乾米折银两,饬令各营截到这年十月底为止。以后递裁,截饷之期,都以十月底为断。所裁的兵,发给一年饷银、饷米,俾得借以资生,徐图改业。③

陕西方面,裁汰事宜,为总督陶模办理,惟办法不详。④

光绪二十四年(一八九八年),河南裁兵四,〇〇〇多名。云南裁兵一,二二一名。⑤ 山西自同治年间后,历经裁汰及挑选练军,除

---

① 据这年六月十五日两江总督刘坤一等奏,见中国社会科学院经济研究所整理档案。

② 据这年八月二十八日湖广总督张之洞《裁减湖北制兵并整顿练兵折》,见《张文襄公奏稿》卷二十九。

③ 据光绪二十四年三月二十二日湖广总督张之洞《裁减湖南制兵折》,见《张文襄公奏稿》卷二十九。

④ 据宣统三年(一九一一年)陕甘总督长庚奏,见《皇朝续文献通考》卷二百十四。

⑤ 据光绪三十年署云贵总督丁振铎奏,见《皇朝续文献通考》卷二百十三。

光绪十二年所裁的五，九一〇名外，计到达年山西绿营历年所裁约共一一，五九〇名。[①]

这年河南巡抚刘树棠遵照部定裁七留三的议案，连二十二年所奏应裁的三成在内，综计议裁八，一八二名，游击以下一二三缺，以六个月为一期，分作三期一律裁竣。得旨照准。乃裁兵甫到第一期，就发生了困难，巡抚裕长因奏请将原奏议裁的兵丁截到这年十二月二十四日第一期所裁的数目为止，计连二十二、二十三两年已裁四，〇〇〇多名，实已足敷四成。其明年第二第三期应裁的，即请免其再裁。至议裁员弁一二三缺，虽职位的大小不同，但各有汛守的职任，请仍复旧制。其已裁的缺，不复添设。清廷允准他的请求。[②]

光绪二十五年（一八九九年），四川照奏案裁兵一成，其余奏请缓裁。

这年总督奎俊奏：川省本年循照奏案将绿营裁去一成，现存的兵不敷分布，兼值地方多事，尤恐已裁的兵滋生事端，拟请暂缓裁汰。得旨，著照所请。[③]

光绪二十七年（一九〇一年），云南裁兵三，二八一名。[④]

光绪二十八年（一九〇二年），直隶、江苏、安徽、江西共裁兵七，一〇六名，直隶裁官五员，江苏裁千总以下一二二员，安徽

---

① 据这年十月山西巡抚胡聘之奏，见朱寿朋：《光绪东华续录》卷一百五十一。

② 据光绪二十五年河南巡抚裕长奏，见同上。

③ 据这年二月四川总督奎俊奏，见同上书卷一百五十二。

④ 据光绪三十年署云贵总督丁振铎奏，见《皇朝续文献通考》卷二百十三。

裁千总以下一三六员，江西裁都司以下一一二员。①

光绪二十九年（一九〇三年），直隶、河南、湖北、湖南等省始厉行裁汰绿营。

这年直隶总督袁世凯以洋兵全撤，时局大定，本省兴办新军复需饷甚巨，乃遵光绪二十七年裁汰绿营的谕旨，奏请除守护陵寝的马兰、泰宁二镇，守护醇贤亲王园寝的妙高峰汛及河防营顺天巡警军外，其督标、提标、通永、天津、正定、大名、宣化五镇并分防各营马、步、守兵共一六，〇〇〇多名，内中天津镇左、右、城守三营，葛沽一营，通永镇并通州协、山永协各左右二营，北塘一营共十一营，当庚子义和团起义时，纷纷逃避，不准再入伍糜饷。于是先将此十一营悉数裁汰。此外，督标、提标、正定、大名、宣化三镇，并分防各营及津、通两镇所辖各外汛，都就现在兵数各裁一半，即于本年六月以前一律裁竣。计约共裁兵九，三二〇名，每年节饷二〇〇，〇〇〇两，以移做补助新军的经费。至于裁存的兵，嗣后一律发半饷。②

---

① 直隶裁兵据是年五月二十三日顺天府尹陈璧《顺天原设捕盗营拟请加饷改名巡警军训练整顿以资得力折》，见《望嵓堂奏稿》卷三。江苏安徽江西裁官兵事据这年七月十五日两江总督刘坤一等奏，见中国社会科学院经济研究所整理档案。案直隶此次所裁弁兵都是四路同知所辖的捕盗五营。经顺天府尹陈璧奏请将旧额裁减十成之三，共裁兵二三八名，改为巡警军。得旨依议。

② 据这年闰五月直隶总督袁世凯奏，见朱寿朋：《光绪东华续录》卷一百八十。案此次直隶裁兵，总督袁世凯未记明所裁兵数，惟云督标，提标，通永、天津、正定、大名、宣化五镇并分防各营共兵一六，〇〇〇余名，除将天津镇左、右、城守暨通永镇等左右营共十一营全裁外，并将督标、提标、正定等镇就现存的兵数各裁一半。考宣统二年（一九一〇年）十二月初十日直隶总督陈夔龙《酌裁绿营官弁折》（《庸盦尚书奏议》卷十五）及宣统三年（一九一一年）八月初七日直隶《绿营官兵酌拟裁撤办法折》（同书卷十六）称自此次袁世凯裁汰绿营后，尚存兵六，六八〇名，是此次裁兵之数为九，三二〇名（惟此数包括有光绪三十二年裁围场四汛兵之数，其数已不可考，故一并附于此处）。

河南方面，以经费支绌，新政无款兴办，经巡抚陈夔龙奏请将现存兵按实支饷数再裁汰二成，其千总、把总等官弁也酌量裁汰。计共裁千总、把总二五员，兵一，四七〇名，每年节饷约三三，〇〇〇多两，此款全数留作咨送北洋学堂弁兵常年经费及创练巡警的应用。①

湖广方面，总督张之洞以绿营非但战守断不足恃，即巡警也万不可用，只有分年尽数裁撤的一法。因奏准湖广绿营除湖南镇筸、绥靖两镇乃"改土归流"的地方，其居民大半都系兵籍，其标兵也都健朴可用，但将绿营规制改为勇营，毋庸裁汰。其余所有湖北、湖南两省额兵，除历年裁撤外，现存营的兵，从这年起匀摊十年裁尽。将所节饷项拨充募练警察的经费。（到光绪三十四年经总督陈夔龙奏准湖南乾州协永绥协河溪营镇溪营古丈坪营镇守湖南西面的要地，将原案变通办理，挑留六成，改为勇营，暂予缓裁。）②

此外四川历年奏裁的兵数，到这年共约一三，一九一名。③

---

① 据这年十二月十七日河南巡抚陈夔龙《遵裁绿营兵饷腾济实用折》，见《庸盦尚书奏议》卷三。案陈氏原奏称："综计裁汰官弁兵丁一，五〇〇多员。"未将官兵数目分别记明。考光绪三十三年河南巡抚张人骏奏称："光绪二十九年十二月间奉文裁汰千总九员，把总十六员，马兵一，一六六名，守兵一，二三七名，又收裁马归守的守兵九三三名。"（见中国社会科学院经济研究所整理档案）是官弁实裁二五员，而兵则除收入裁马兵改归守兵者外，实裁兵一，四七〇名。

② 据光绪二十八年十月初一日湖广总督张之洞《酌拟裁汰绿营办法折》，见《张文襄公奏稿》卷三十四，又光绪三十四年湖广总督陈夔龙《乾州等处苗疆协营请免全裁折》，见《庸盦尚书奏议》卷九。

③ 据光绪三十年署四川总督锡良奏，见《皇朝续文献通考》卷二百十三。案锡良奏称四川绿营历次已裁马、战、守兵一六，五〇〇多名，是除光绪十一年所裁的三，三〇九名已述于上外，尚裁约一三，一九一名。

广东则自同治七年总督瑞麟奏裁三成一案以后,历年所裁到这年共约二〇,八九一名。[①]

光绪三十年(一九〇四年),四川、广东两省拟定裁尽绿营计划。

四川绿营历次已裁马、战、守兵一六,五〇〇多名,尚存一六,四〇〇多名。这年总督锡良拟定裁汰计划,将现存兵数分摊十成,腹地各营岁裁一成,十年裁尽。边境各营,控制边疆,防营既难兼顾,巡警不易推行,与腹地各营情况不同,若将绿营一律裁汰,空虚无备。因定边疆各营也按年裁减一成,二年后仍留所余各兵以资绥缉。所节饷需留为拓办省外各府州巡警的经费。到三十二年(一九〇六年)腹地已裁二成,而将军、总督、提督三标驻扎省城各有应办要公,兵虽拟裁而事难停废,重庆镇为通商口岸,保护宜周,一时均难全裁。因将原案变通,军标二营留左裁右,督、提标各三营,都留中营裁左右二营,重庆镇标三营留中左二营裁右营,所裁各营应办的公务统归拟留的营并办。至于将弁员缺,则用缺出不补的办法,使几年后兵裁尽而缺也旋尽。[②]

广东绿营自同治七年总督瑞麟奏裁三成,尚存陆兵三二,〇〇〇多名,水师一五,九〇〇多名。以后经历次奏裁,

---

① 据这年署两广总督岑春煊奏,见《皇朝续文献通考》卷二百十三。案广东于同治七年裁兵三成尚存兵四七,九〇〇多名(据两广总督张树声《筹办广东海防情形折》)。到这年署两广总督岑春煊奏称:"广东绿营除节次奏裁外,见尚存官兵二八,四九二员名。"考光绪朝广东绿营官缺共一,四八三缺(据《光绪大清会典事例》卷五百五十四),将此数中的官员除去,其兵数二七,〇〇九名,以同治七年裁兵后存兵数核减现存数?是历年所裁数为二〇,八九一名左右。

② 据这年四川总督锡良奏及三十二年奏,均见《皇朝续文献通考》卷二百十三。

尚存官兵二八,四九二员名,无闰之年,岁支俸饷等项银五七七,〇〇〇余两,米二一,〇〇〇余石,有闰之年,岁支俸饷等银六一〇,〇〇〇余两,米二二,〇〇〇余石。经总督岑春煊以绿营无用,不值岁糜这一笔几十万的饷,而广东兴办新军重要,筹款艰难,奏请在这年六月初一日起将广东绿营悉数裁撤。到三十二年已裁去七成,仅存兵七,三一八名,并为六十营,分布各属,以负担看守城门、协解饷鞘人犯及择要填扎水陆防汛的任务。其后因地方多事,兵力不敷,故到宣统三年(一九一一年)其裁存的余兵,除水师归海军部筹办提出另议外,陆路各营再减四成,还有六成未裁尽,故到这年八月总督张鸣岐还奏请防绿各营预算仍照原册开列概免裁减。①

光绪三十一年(一九〇五年),河南、贵州两省续裁绿营官兵。

这年河南裁都司以下官三九员,兵二,八三二名,每年节饷三六,〇〇〇余两。此项节省饷银,除留备练军加饷银八,〇〇〇余两外,下余银二七,〇〇〇余两,即拨归常备军以为添练马队一营的经费。②

贵州方面,这年署巡抚林绍年以绿营积习已深,不能振作,因遵旨续汰。时贵州共存兵一一,九六四名,先行统裁二成,约二,三九二名。兵既裁,则该管领的千总、把总、外委各弁必多虚旷,即由各提、镇转饬各营审察各营、汛的简要,量为

---

① 据光绪二十九年两广总督岑春煊奏,又光绪三十二年奏(均见《皇朝续文献通考》卷二百十二)、宣统三年陆军部议复广东裁减陆路绿营弁兵奏(见同书卷二百十四)及同年八月两广总督张鸣岐奏(见《宣统政纪》卷三十九)。

② 据这年三月二十一日河南巡抚陈夔龙《续裁绿营兵饷腾济要需折》,见《庸盦尚书奏议》卷五。

裁并，也以二成为断，其员数不详。所裁弁兵应支俸米饷干各项一律截至本年六月底止，概行停发。①

光绪三十二年（一九〇六年），河南绿营裁存余兵，悉数全裁。

这年巡抚陈夔龙以绿营积弱既久，积弊尤深，与其再分次递裁，迁延岁月，不如一举就把它裁尽。因定议将抚、镇各标营现存守兵二千九百数十名，悉数裁汰。其原挑马、步练兵一律改作巡防队，仍归抚标中军参将及三镇统带，从此湔除绿营积习。至各营官弁除南阳、河北、归德三总兵都各带有防营毋庸议裁以资镇守外，其余将弁约裁减三分之一，计共裁参将以下六二员。凡裁缺汛地，则酌量情况，或归并他营，或改设整堡；裁缺员弁，则分别官阶，或归裁缺即用班，或归本标现缺还补；裁兵则量给饷银，妥为遣散，都照成案办理。所有留存各员，则著会同地方官办理巡警，并酌给护兵，以供驱使。从本年四月起，将应裁各事一体遵行，并饬布政司筹给一月饷银，以示体恤。其应得俸饷截到春季三月底止，核明停发。这是这年裁撤的经过。至于善后事件，据宣统二年十二月巡抚宝棻奏称裁撤绿营办法：一、官缺护兵分期撤遣，二、优给恩俸恩饷并筹出路，三、俸银公款及衙署各地分别拨管，四、候补月课奖赏及世职俸银分别裁留，似此办理，两年之后，绿营名目，即可一律廓清。故河南裁撤绿营善后事件，到清末才完。②

光绪三十三年（一九〇七年），京师、福建、浙江、云南等处共裁兵

---

① 据这年署贵州巡抚林绍年奏，见《皇朝续文献通考》卷二百十三。

② 据这年二月二十二日河南巡抚陈夔龙《裁撤绿营弁兵分别办理折》（见《庸盦尚书奏议》卷六），光绪三十四年七月十二日河南巡抚林绍年奏（见中国社会科学院经济研究所整理档案），宣统二年河南巡抚宝棻奏（见《宣统政纪》卷三十）。

一七，六七九名。

这年步军统领衙门奏，京师巡捕五营因月饷单薄，另谋职业，原额竟成虚设，乃定减兵并饷的办法。除差务较简的战兵五〇〇名照常支领原饷外，将马兵裁撤二，〇〇〇名，即将所裁饷银加作马、战各兵饷，仍酌给津贴，再由马、战兵内拣选那些青年精壮的简练一，〇〇〇名，编为枪队，以收弹压缉捕的作用。①

福建方面，兵丁案营普裁四成，共三，九二五名，并裁副将以下至额外外委等官弁三三五员。②

浙江方面，水陆各标、镇、协、营，裁存制兵一八，五〇三名，内除海防一营，专司塘工，不与征调，暨裁存各外委并已挑选水陆练军，拨配轮艇师船，驻守炮台，派防要隘的不计外，实存马、战、守兵一三，九六五名。这年再照此数裁撤一半，计共裁兵六，九七四名。③

云南方面，裁余绿营兵，自光绪二十九年（一九〇三年）起，每年递减一成，到这年止共裁四，七八〇名。④

光绪三十四年（一九〇八年），云南绿营全裁竣。贵州也续裁官兵。

云南绿营除历次裁汰外，尚存官弁一二五员，步、战、守兵二，八九〇名。云南地属岩疆，提、镇职膺重阃，不可无坐镇边

① 据这年步军统领衙门奏，见《皇朝文献通考》卷二百六。

② 据这年署闽浙总督崇善奏，见同上书卷二百十三。

③ 据这年闽浙总督松寿奏，见同上书。

④ 据光绪三十四年云贵总督锡良奏，见《皇朝续文献通考》卷二百十三。案光绪二十九年云南裁存战兵二，五〇〇名，守兵五，一七〇名，共七，六七〇名（据光绪三十年署云贵总督丁振铎奏）。以后每年递减一成，到三十三年尚存战、守兵二，八九〇名，以二十九年裁存数，核减这年所存数，共裁去四，七八〇名。

要的大员，其云南提督暨腾越、开化、临元、普洱、昭通、鹤丽六镇总兵并督标中军、维西、顺云三副将及提标中军、镇雄、镇边三参将共一三员缺都仍酌留。所部制兵则提督六镇设有亲兵且兼统防营，无须再留，镇边向未设兵，则仍兼带土勇。此外，督标中军、维西、顺云三副将暨提标中军、镇雄营二参将等五缺各留兵四〇名，以资差遣。除共留官一三员，守兵二〇〇名，仍照奏案展缓递裁外，所余各标、镇、协营的副、参、游、都、守及千、把、外委等官共一一二员，步、战、守兵二，六九〇名，自这年二月起概予一律裁撤。所节俸饷等费，留滇添作编练新军办理警察应用。所裁营员，从优给与三个月粮饷，遣散归农。至于所留存的官兵及共俸饷，据总督李经羲奏报，到宣统三年还没有完全裁尽。①

这年贵州共裁副将以下三十六员，并将抚、提各标酌裁一营，人数不详。②

宣统元年（一九〇九年），京师巡捕营续裁兵三，〇〇〇名。③ 浙江绿营全裁竣。

这年十二月闽浙总督松寿等奏浙省裁撤绿营，腾饷编练陆军所有提、镇以下各员悉予开缺，别图位置。得旨照准。第二年十月浙江巡抚增韫奏浙省裁撤绿营，现从改编浙洋水师

---

① 据这年云贵总督锡良奏（见《皇朝续文献通考》卷二百十三），宣统三年闰六月总督李经羲奏（见《宣统政纪》卷三十七）。

② 据这年十一月贵州巡抚庞鸿书奏，见《宣统政纪》卷二。

③ 据宣统元年步军统领衙门奏，见《皇朝续文献通考》卷二百四。案光绪三十三年步军统领衙门奏称这年裁巡捕营马兵二，〇〇〇名，巡捕营兵原额为一〇，〇〇〇名，尚存八，〇〇〇名，而到这年仅存五，〇〇〇名，这年又裁三，〇〇〇名。

巡防队，及改编练军，添编陆师巡防队，改编沿海炮台为入手办法。其安置裁缺将弁，裁撤兵丁，军装军械的清收，马匹的清缴，营产的清查，现都办理完竣，还算安谧。得旨嘉奖。①

宣统二年（一九一〇年），直隶裁参将以下三七四员，福建裁官弁约一二六员，兵一，九七一名，贵州裁副将以下九五员。②

直隶这次所裁官弁，每年节省俸薪一一，三〇〇余两。此项节省俸新拨归直隶添练混成协军饷用。③

福建绿营裁存额设官缺自提、镇至额外还有三八〇员，步、战、守、舵炊兵夫还有五，九一三名。本年先裁一成，预定宣统四年（即一九一二年）再裁一次，到六年（即一九一四年）裁尽。所节俸饷，拨为改编巡防队应用。所有巡防队官弁兵丁，先尽绿营裁汰官兵挑选精壮委充，次及招募，以免失所。④

宣统三年（一九一一年），直隶等省继续裁汰绿营，其中山西、湖北、湖南、广西四省都在这年裁竣，四川腹地各营也提前在这年裁竣。其未竣各省，到武昌起义时，清廷下谕一律免裁，于是绿营遂与清室相始终。

直隶绿营经历次裁汰，到这年各标还存官弁一，〇六三员，马、步、守各兵一二，五七四名。经总督陈夔龙奏准除泰宁、马兰两镇专司守护陵寝，又提标昌平营有看守醇亲王园寝

---

① 据这年十二月闽浙总督松寿等奏（见《宣统政纪》卷十八）及宣统二年浙江巡抚增韫奏（见同书卷二十八）。

② 这年贵州裁官弁数，据是年九月贵州巡抚庞鸿书奏，见同上书卷二十七。

③ 据这年十一月直隶总督陈夔龙《酌裁绿营官弁折》，见《庸盦尚书奏议》卷十五。

④ 据这年七月闽浙总督松寿奏，见《宣统政纪》卷二十五。

的任务免议裁撤外，所有督标、提标、通永、天津、正定、大名、宣化各镇标计共存官弁七一〇员，马、步、守各兵六，六八〇名，除提督一缺，暂缓裁撤外，其余官兵即悉数裁撤。向来绿营专管的守台、换防、护饷、解犯、启闭城门等事改归各该处巡警及巡防队分别担任。截到本年九月底止，为实行裁撤的日期。乃议方定而武昌起义，直隶筹防，陈夔龙奏请展缓三个月再行分别酌核办理。及到十二月复奏请再展期办理。清朝跟着就覆亡，陈夔龙所定悉裁直隶绿营的计划，还没有实行。①

山西绿营照三年裁尽的议案，除暂留两镇两参将及世职等项，此外一律裁遣。被裁弁兵如才力可用，准其投入巡防队，俾免废弃。②

山东绿营历经裁汰，已成弩末，只以防营过薄，新军未成，若遽尔全裁，诸多棘手。经巡抚孙宝琦奏请暂免全裁。其官弁则先裁九十七缺，其余缺出概不请补。③

江苏绿营经叠次裁减后，除水师各营画归海军部办理及徐州镇标暂缓议裁，又提、镇为钦简大员不计外，所存员弁自副将以至额外共七九二员，兵丁共四，七四一名，先裁参将以下三一七员，兵丁一，五五三名，每年节省俸饷七四，七八三两有奇，另制钱二十五千二百四文。所裁官兵，千总、把总以上

① 据这年八月初七日直隶总督陈夔龙《直隶绿营官兵酌拟裁撤办法折》（见《庸盦尚书奏议》卷十六），同月陈夔龙奏（见《宣统政纪》卷三十九），同月己未谕电直隶总督陈夔龙（见同书同卷），又同年十二月陈夔龙奏（见同书卷四十三）。

② 据这年九月护理山西巡抚王庆平奏，见《宣统政纪》卷三十九。

③ 据这年四月丁丑山东巡抚孙宝琦奏，又同月庚寅奏，都见《宣统政纪》卷三十四。

各给饷五年，外委额外各给饷一年，什长各给饷三个月。已裁员弁兵丁即截到宣统二年十二月二十九日止，停放薪饷。至其中有年力富强的，或把他们补充未裁各营的额缺，或挑选及格送入巡防队、警察营，随时酌量妥办。其余未裁官兵，因防营不敷分布，而乡镇巡警复未普办，难于尽裁，经总督张人骏奏准俟到宣统六年（即一九一四年）一次裁尽。[①]

安徽绿营，全裁中南两路，北路从缓办理。[②]

江西这年裁汰绿营，每年共节饷一二〇，〇〇〇两有奇，此款除拨补添练第五十五标不敷的用款外，尽数留备新军军械的经费，至于江西这次裁汰绿营是否悉数裁尽，没有明文可考。[③]

湖北绿营原定在宣统四年（即一九一二年）裁尽，提前在这年八月前已裁竣。[④]

湖南绿营除前议免裁的镇筸、绥靖两镇，缓裁的乾州、永绥两协，河溪、镇溪、保靖、古丈坪四营不计外，其余各标、镇、协、营一律提前在这年裁撤，总共官弁自提、镇起到额外止共二六〇员，马、战、守兵共二，四九一名。兵丁以这年六月底为限，官弁办理移交展限一月，以这年闰六月为限，统行裁撤。（其中经奏准因地方不靖，将抚标练军挑留精壮三百名，酌照

---

① 据这年两江总督张人骏奏，又同年张人骏奏，都见《皇朝续文献通考》卷二百十四。

② 据这年闰六月两江总督张人骏奏，见《宣统政纪》卷三十七。

③ 据这年六月江西巡抚冯汝骙奏，见同上书卷三十六。

④ 据这年八月湖广总督瑞瀓奏，见同上书卷三十九。

防营体制编为一营，其官弁额缺仍全行裁撤。)①

陕、甘绿营，这年八月总督长庚奏，陕、甘绿营经历次裁汰，现只存马、步、守兵一七，五〇〇多名，较原额已裁八成有余。各该营有防守城门、堆拨、仓库、关卡、塘汛的任务，又随时护解饷银、军火、人犯各差，且多分列沿边区域。若将绿营裁撤，则应行防守的城堡、关卡，并边疆往来的隘口，必形空虚，万一边疆有事，恐裁易而复难。又绿营各兵，每名月只支饷银九钱，勇营则每名月支饷银三两三钱，以勇易兵，也不合算。现已咨行各提、镇等察看防守各汛地，权衡缓急，通盘筹划，无论裁官裁兵总须符合二成的数目。其有驻扎沿边要隘万难裁撤的，另随时奏请分别办理。②

四川腹地各营，原定十年裁尽，从光绪三十年(一九〇四年)起应到宣统五年(即一九一三年)才裁尽，提前在这年裁竣。③

广西绿营，除留提督一员，总兵二员，参将二员外，所有官弁全数裁撤。这年五月全裁竣。④

贵州绿营，这年八月巡抚沈瑜庆奏贵州山深路僻，地便藏奸，绿营兵请分年递减。⑤

---

① 据这年湖广总督瑞澂等奏，见《皇朝续文献通考》卷二百十四及《湘藩案牍钞存》第二册宣统三年四月呈《赍裁存各营弁兵员名数目清折》及《请示长沙协抚标左右两营原募士兵应否裁撤详文》(附清册)。

② 见《皇朝续文献通考》卷二百十四。

③ 据这年二月四川总督赵尔巽奏(见《宣统政纪》卷三十二)，同年三月护理四川总督王人文奏(见同书卷三十三)，同年六月王人文奏(见同书卷三十六)。

④ 据这年五月广西巡抚沈秉堃奏，见《宣统政纪》卷三十五。

⑤ 见《宣统政纪》卷三十九。

中卷　绿营兵制

第五章　营制

第一节　绿营行省营制表

绿营营制此地与彼地不同，甲军区的镇、协、营、汛不可移置于乙军区，乙军区的镇、协、营、汛也不可移置于丙军区。所以要记载绿营营制，也就不能举一以概其余。清代历朝所修会典、则例、通考、政考各书，凡载绿营营制没有不把行省各地营制逐一地胪列出来的，就是因为这个缘故。这种胪列方法是不好的，不但多费篇幅，且头绪纷纭，不如列表的眉目清楚，所以本书用表来提纲挈领地条列绿营营制。

下面这个《绿营行省营制表》，是据《乾隆大清会典则例》编成的。因为乾隆一朝，是清代中叶，虽然以后绿营仍时有新建置，但就制度本身说，几经因革，已成固定，所以选择这一朝的营制来做代表。此表共分五大栏：一军区，二将帅，三标，四协，五营。绿营建制，都划分军区来镇戍。建立军区的作用，是为便利作战起见。在战时，每一个军区的最高军事长官有征调全区兵员的权力。军区与行政区域的省不同，它建制的唯一原则以地形为准则，凡有辅车相依的地形则画为一个军区，故两江（江苏、安徽、江西三省）、闽浙（福建、浙江二省）、湖广（湖北、湖南二省）、陕甘（陕西、甘肃二省）、两广（广东、广西二省）、云贵（云南、贵州二省）各划为一个军区。直隶、山东、河南三省清初本为一军区，设三省总督统辖，四川初也与陕甘合为一区，以川陕总督统辖，惟山西地形自成一单位，故以一省为一军区。其后中原无事，直隶、山东、河南都为腹里，四川也因西北兵事稍定，始都各改为以一省为一军区。在每一军区里面，以“镇”为单位，做建立每一个军区的基础（惟京师巡捕营专司弹压地面，不任镇戍，故称营而不称镇，其营制也不建标、协为例外）。每镇设总兵官一员，为一镇的主将。职位在总兵官下的为副将、参将、游击、都司、守备、千总、把总。在总兵官上面的，设有提督，用来节制军区内各镇总兵官。又有巡抚，那些兼提督的有节制军区内各镇权，那些不兼提督的也有监视提、镇的职责。在巡抚、提督之上又建立总督，用来节制每一军区内的巡抚、提督、总兵官，为一军区最高军事长官（那些不设总督的军区，以兼提督的巡抚为最高军事长官）。故本表在军区栏里面，只罗列各镇，而在将帅栏里面，则先列总督，次巡抚，次提督，然后及各镇总兵官。又河道总督、漕运总督都设标兵，而八旗驻防将军也有兼辖绿营标兵的，但都不是绿营主要的组织，所以各附列于其所在军区的各镇之后。标、协、营三栏，先记它的名称，次分记所属将领的官阶和员数，又次记所属兵数。标、协、营为绿营营制三大系统，总督、巡抚、提督、总兵官所属叫做标，副将所属叫做协，参将、游击、都司、守备所属叫做营。标兵是专备调遣作战的，协兵是协守要地的，营兵防守的只是一城一邑，故兵数以标兵最多，协兵次之，营兵又次之。但同为标为协为营，而其兵数的多少有不同，营制的疏密也有分别，都是根据不同的地区的具体情况而定的。

综计下表胪列行省营制，共分十一个军区，六十六镇，首直隶区，次山东区、山西区、河南区、两江区、闽浙区、湖广区、陕甘区、四川区、两广区、云贵区共为营一，一六九，内标营三三六，同城协营六，同城营四四，分防协营一六九，分防营六一四（参看下节统计），分布镇守内地十八省各城要害，它的营制的周密，时人称为星罗棋布①，是不错的。

---

① 如道光十五年工科给事中常大淳《请饬各省整顿营伍疏》说：“总督、提、镇陆路水师各归专辖，星罗棋布，扼重镇而壮军威。”

至于下表的看法，应说明如下：在军区将帅两栏可以看出全军区共有几镇，镇上有何建制，将帅驻扎什么地方，总督、提督节制几镇，由此可见整个军区的营制。在标、协、营三栏可以看见它们相互间的统属关系。由从左至右各栏可以看出每个将帅所领的标、协、营的营制情况：每营有多少将领，多少兵数，驻扎地在什么地方，营制的疏密如何；由此可对各将帅所统的细目得到一个清楚的印象。例如在直隶区由军区将帅两栏可以看出共分马兰、泰宁、宣化、天津、正定五镇，在五镇上面设有提督一人，提督上面又设有总督一人。总督驻扎保定府，节制一提五镇，提督驻扎古北口，节制五镇，其五镇驻扎处所也一一列出。由标、协、营三栏，可见直隶提督所统有本标（提督亲统的标兵），有分协（副将所统，而受辖于提督的各协），有分营（有直属于提督的提标外属，有兼辖于协或营然后间接隶属于提督的）。在标一栏内，共分中、左、右、前四营。在协一栏内，共分河屯、三屯、山永三协，每协各分左、右两营（为本协亲统的兵），并兼辖分防各营。在营一栏内，共分二十一营，它的性质可分为三类：第一类为直属于提督的营，不受协（或标营）的兼辖的，如古北口城守营、昌平营两营便是；第二类为各协所兼辖的营，这一类的营可说是各协的分营，如八沟、唐三两营为河屯协所兼辖，遵化等四营为三屯协所兼辖，山海路等四营为山永协所兼辖便是，又如提标前营兼辖密云等三营也属这一类（但标营兼辖分营的例极少）；第三类为专营所兼辖的营，这一类的营可说是专营的分营，如居庸路等六营为昌平营所兼辖便是（故本表居庸路等六营低于昌平营一格排列，就是要表示从属的关系）。其统属的关系既明，最后从左至右可以看出直隶提督所统的标、协、营的营制种种情况。依上述方法读本表，对于清代绿营制度下各个军区的纲目便可了如指掌。

绿　营　行　省

（据《乾隆大清会典则例》卷一百十一

军区	将帅		标										
	官　阶	驻扎地及节制	名称	将(员)领							兵数(名)	驻扎地及兼辖	名称
				副	参	游	都	守	千	把			
直隶	**总督**	**驻扎保定府,节制一提五镇**	**左营**	**1**			**1**		**2**	**4**	**500**		
			右营			**1**		**1**	**2**	**4**	**500**		
			前营			**1**		**1**	**2**	**4**	**500**		
			后营			**1**		**1**	**2**	**4**	**500**		
	提督	驻扎古北口,节制五镇	中营		1			1	2	4	806		
			左营			1		1	2	4	806		
			右营			1		1	2	4	806		
			前营			1		1	2	3	473	石匣城兼辖密云、石塘、顺义三营	

营　制　表

《营制一》至卷一百十二《营制四》编成）

协									营								
将（员）领							兵数（名）	驻扎地及兼辖	名称	将（员）领						兵数（名）	驻扎地及兼辖
副	参	游	都	守	千	把				参	游	都	守	千	把		
									保定城守营	1			1	3	6	950	保定府兼辖新雄一营
									新雄营			1			2	258	新城县
									分防东路					1	1	100	通州
									分防南路					1	1	100	黄村
									分防西路					1	1	100	芦沟桥
									分防北路					1	1	100	沙河
									张家口					1	1	40	张家口
									独石口					1	1	40	独石口
									永定河营				1	5	6	1,249	固安县
									北运河营					3	3	604	
									南运河营						6	304	
									古北口城守营			1		1	2	247	古北口
									密云城守营			1			1	258	密云县
									石塘路			1		1	3	306	石塘路
									顺义营			1			3	199	顺义县

军区	将帅		标										
	官阶	驻扎地及节制	名称	将(员)领							兵数(名)	驻扎地及兼辖	名称
				副	参	游	都	守	千	把			
													河屯协
													左营
													右营
													三屯协
													左营
													右营
													山永协
													左营
													右营

续表

协									营								
将（员）领							兵数（名）	驻扎地及兼辖	名称	将（员）领						兵数（名）	驻扎地及兼辖
副	参	游	都	守	千	把				参	游	都	守	千	把		
1								驻扎喀喇河屯兼辖八沟、唐三两营									
									八沟营			1		5	7	435	八沟屯
			1		2	5	488		唐三营				1	2	3	274	唐三营
				1	2	4	275	土城子									
1								驻扎永平府三屯营兼辖遵化、喜峰路、潘家口、蓟州四营									
									遵化营		1			1	4	253	遵化州
									喜峰路		1			2	5	355	喜峰口
									潘家口			1		1	2	132	潘家口
			1		1	1	188		蓟州城守营			1		2	2	282	蓟州城
				1		1	183										
1								驻扎永平府兼辖山海路、石门、燕河、建昌四营									
			1		1	1	263		山海路			1		1	1	193	山海关
				1		2	250		石门路			1		1	4	205	石海驿
									燕河路			1			4	168	燕河堡
									建昌路			1		1	4	254	建昌城
									昌平营	1			1	1	3	321	昌平州兼辖居庸等六营
									居庸路			1		2	4	231	居庸关
									镇边路			1		1	3	163	镇边城
									巩华城			1		1	2	186	巩华城
									怀柔城			1			1	114	怀柔县

军区	将帅		标											
	官阶	驻扎地及节制	名称	将(员)领							兵数(名)	驻扎地及兼辖	名称
				副	参	游	都	守	千	把			
马兰镇	总兵	驻扎马兰关	左营			1		1	3	7	588		
			右营					1	2	7	614		
泰宁镇	总兵	驻扎易州梁各庄[①]	左营			1		1	3	4	450	南百全	
			右营					1	2	5	450	下龙华	
宣化镇	总兵	驻扎宣化府	中营			1		1	2	4	666		张家口协

① 案泰宁镇驻扎地《乾隆大清会典则例》卷一百十一作梁家庄，考《皇朝文献通考》卷兹从《通考》。

续表

协									营								
将(员)领							兵数(名)	驻扎地及兼辖	名称	将(员)领						兵数(名)	驻扎地及兼辖
副	参	游	都	守	千	把				参	游	都	守	千	把		
									汤泉营				1		1	144	汤泉
									黄花路				1		2	172	渤海所
									余丁营						1	197	马兰关
									曹家路			1		1	4	254	曹家寨
									墙子路			1		1	2	287	墙子路
									黄花山				1	2		133	黄花山
									紫荆关营	1			1	1	4	523	紫荆关兼辖广昌等三营
									广昌城			1				101	广昌营
									插箭岭				1		1	133	插箭岭
									磐山堡				1			100	磐山堡
									易州营		1		1	1	2	231	易州兼辖房山、涞水二营
									房山营				1		1	101	房山县
									涞水营				1		1	433	涞水县
									白石口			1			1	124	白石口
									马水口			1		1	3	414	马水口
									沿河口			1			2	156	沿河口
									水东村				1	2	2	100	水东村
1								驻扎张家口兼辖柴沟、怀安、万全、膳房堡、新河堡、洗马林、西阳河、左卫城八营	宣化城守营			1		1	4	567	宣化府

一百八十三作梁各庄，《大清一统志》作良各庄，丁文江《中国分省新图》与《通考》同，

军区	将帅		标										
	官阶	驻扎地及节制	名称	将(员)领							兵数(名)	驻扎地及兼辖	名称
				副	参	游	都	守	千	把			
			左营			1		1	2	4	665		中营
			右营			1		1	2	4	667		左营
													右营
													独石口协
													左营
													右营

① 云州营驻地《乾隆大清会典则例》卷一百十一作云门堡，考《皇朝文献通考》卷一

续表

协									营								
将(员)领							兵数(名)	驻扎地及兼辖	名称	将(员)领						兵数(名)	驻扎地及兼辖
副	参	游	都	守	千	把				参	游	都	守	千	把		
			1	1	1	2	482		柴沟营			1			1	200	柴沟堡
				1	1	2	496		怀安城营			1			1	130	怀安县
				1	1	2	497		万全营				1	1		146	万全县
									膳房堡营				1		1	175	膳房堡
									新河堡营				1			123	新河口
									洗马林营				1		1	132	洗马林堡
									西阳河营				1			150	西阳河堡
									左卫城营				1		1	120	万全左卫
1								驻扎独石城兼辖赤城、滴水崖、镇安、龙门、云州、松树堡、镇宁、君子堡八营									
			1		1	2	298		赤城营			1			1	88	赤城县
				1	1	2	296		滴水崖营			1		2		266	滴水崖
									镇安营				1			128	镇安堡
									云州营				1			88	云州堡①
									龙门所营				1			137	龙门县
									松树堡营					1		68	松树堡
									镇宁堡营						1	84	镇宁堡
									君子堡营						1	50	君子堡
									蔚州路营	1			1		3	287	蔚州兼辖西城、东城二营
									西城营			1				99	西城
									东城营				1			99	东城
									永宁路营			1	1	1	2	234	延庆州永宁城兼辖岔道等三营

百八十三,《大清一统志》卷二十五均作云州堡,兹从《通考》及《一统志》改。

军区	将帅		标										名称
	官阶	驻扎地及节制	名称	将(员)领							兵数(名)	驻扎地及兼辖	
				副	参	游	都	守	千	把			
天津镇	总兵	驻扎天津府	左营			1		1	2	5	809	天津府兼辖四党口一营	
			右营			1		1	2	4	609	砖河	
													河间协
													左营
													右营
													通州协
													左营
													右营

续表

协									营								
将（员）领							兵数（名）	驻扎地及兼辖	名称	将（员）领						兵数（名）	驻扎地及兼辖
副	参	游	都	守	千	把				参	游	都	守	千	把		
									坌道营				1		1	120	坌道城
									周四沟营				1			111	周四沟堡
									四海冶营				1			104	四海冶营
									龙门路营			1		1	2	300	龙门县兼辖葛峪一营
									葛峪营				1			137	葛峪营
									怀来路营			1	1		4	279	怀来县
									长安营			1			1	100	长安岭
									四党营				1			61	四党口
									天津城守营			1		1	2	442	天津府
1								驻扎河间府兼辖景州、大城二营									
									景州营				1	2	2	359	景州
									大城营				1		1	104	大城县
			1		3	6	174										
				1	2	4	502										
1								驻扎通州兼辖采育、三河、玉田、丰润、张家湾五营									
									采育营			1		1	1	154	采育里
			1		1	2	250		三河营			1			2	165	三河县
				1		2	250		玉田营			1			3	185	玉田县
									丰润营			1			3	170	丰润县
									张家湾营			1			2	167	张家湾
									涿州营	1			1	2	4	442	涿州
									务关营	1			1	2	6	788	河西务兼辖宝坻、崔黄口二营

军区	将帅		标										
	官阶	驻扎地及节制	名称	将(员)领							兵数(名)	驻扎地及兼辖	名称
				副	参	游	都	守	千	把			
正定镇	总兵	驻扎正定府	左营			1		1	3	4	906		大名协
			右营			1		1	3	4	895		
													左营

续表

协									营								
将(员)领							兵数(名)	驻扎地及兼辖	名称	将(员)领						兵数(名)	驻扎地及兼辖
副	参	游	都	守	千	把				参	游	都	守	千	把		
									宝坻营			1		1	2	236	宝坻县
									崔黄口营				1		1	77	武清县崔黄口
									拱极营		1			1	2	296	拱极城兼辖良乡一营
									良乡营				1		1	104	良乡县
									霸州营		1			1	3	300	霸州
									大沽营		1		1	1	2	432	大沽汛
									武清营			1		1	2	202	武清县
									静海营			1		1	2	222	静海汛
									蒲河营			1		1	3	180	蒲河口
									乐亭营			1		1	2	182	乐亭县
									旧州营			1		1	3	232	东安旧州城
1								驻扎大名府兼辖广平、顺德、磁州、杜胜、开州五营	龙固城守营			1			2	301	正定府
									广平营		1			3	2	491	广平府
									顺德营		1			2	2	567	顺德府
									磁州营			1		3	1	462	磁州
			1		1	4	410		杜胜营			1		1	2	330	东明县杜胜营
									开州营				1		1	101	开州
									固关营	1			1	1	2	353	固关兼辖王家坪一营
									王家坪营			1		1	2	464	赞皇县王家坪
									龙泉关营			1			2	333	龙泉关兼辖茨沟一营
									茨沟营				1			134	茨沟
									倒马关营			1		1	2	359	倒马关

军区	将帅		标										
	官阶	驻扎地及节制	名称	将(员)领							兵数(名)	驻扎地及兼辖	名称
				副	参	游	都	守	千	把			
附京师巡捕营①	步军统领												
山东	巡抚兼提督	驻扎济南府节制二镇	左营		1			1	2	4	458		
			右营			1		1	2	4	458		
兖州镇	总兵	驻扎兖州府	左营			1		1	2	4	797		沂州协
			右营				1	1	2	4	797		临清协
登州镇	总兵	驻扎登州府	左营			1		1	2	4	906		文登协
			右营				1	1	2	4	907		胶州协
			前营			1		1	1	3	480	南汛兼辖成山一营	

①《乾隆大清会典则例》营制内不列京师巡捕营，此据《乾隆大清会典》卷九十九步人，千总十五人，把总三十人。"其各营守备之数，据《皇朝文献通考》可考出，已记于

② 临清协驻扎地《乾隆大清会典则例》卷一百十一作新城，案此新城乃指临清州城。此处依《通考》补正。

续表

协									营								
将(员)领							兵数(名)	驻扎地及兼辖	名称	将(员)领						兵数(名)	驻扎地及兼辖
副	参	游	都	守	千	把				参	游	都	守	千	把		
									忠顺营			1			2	328	定州
									中营 南营 北营	1 1 1	1 1 1		6 8 5			5,000(三营合计)	抽分厂 南海淀 海鉢寺街
1			1		3	4	729	驻扎沂州府	曹州营	1			1	2	2	457	曹州府
1			1		2	4	710	驻扎临清州新城[2]	德州营	1			1	1	4	756	德州
									泰安营	1			1	1	3	479	泰安府
									台庄营	1			1	2	4	621	台儿庄
									寿张营		1		1	2	3	512	寿张县
									高唐营		1		1	2	3	635	高唐州
									东昌城守营			1		1	3	440	东昌府
									梁山营			1			2	230	寿张县
									沙沟营			1			1	234	峄县
									范县营				1		2	197	范县
1			1		2	4	682	驻扎文登县									
1			1		2	5	707	驻扎胶州									
									成山营				1	1	1	200	成山养鱼池

军统领补入。又三营将领数，《乾隆会典》记云："参将各一人，游击各一人，守备十九
表内。惟各营千总、把总之数不可考，故记三营总数于此，不能分列于表内。"
之新州城，非山东省之新城县也。故《皇朝文献通考》卷一百八十三作驻扎临清州新

军区	将帅		标										名称
	官阶	驻扎地及节制	名称	将(员)领							兵数(名)	驻扎地及兼辖	
				副	参	游	都	守	千	把			
	河东河道总督	驻扎济宁州	中营	1			1		2	4	473		
			左营			1		1	2	4	472		
			右营			1		1	2	4	474		
山西	巡抚兼提督	驻扎太原府节制二镇	左营		1			1	2	4	600		
			右营			1		1	2	4	600		
太原镇	总兵	驻扎平阳府	左营			1		1	2	4	775		蒲州协
			右营				1	1	2	4	775		

① 隰州营驻扎处《乾隆大清会典则例》卷一百十一失载，考《皇朝文献通考》卷一百

续表

协									营								
将（员）领							兵数（名）	驻扎地及兼辖	名称	将（员）领						兵数（名）	驻扎地及兼辖
副	参	游	都	守	千	把				参	游	都	守	千	把		
									济南城守营	1			1	2	4	579	济南府
									莱州营	1			1	1	4	596	莱州府
									即墨营	1			1	2	5	711	即墨县
									青州营	1			1	2	4	748	青州府
									武定营		1		1	2	4	645	惠民县，兼辖佘家巷一营
									佘家巷营				1			84	佘家巷
									安东营			1		1	3	406	安东卫
									宁海营			1		1	2	334	宁海州
									寿乐营			1		1	2	284	寿光县
									济宁城守营			1	1	1	2	534	济宁州
									黄运河营				1	1	1	202	旺鲁镇
									怀河营				1	2	2	550	河南陈桥镇
									豫河营				1	2	2	550	河南埽头镇
1			1		1	3	750	驻扎蒲州府兼辖吉州、运城二营	平阳城守营	1			1	2	7	1,290	平阳府兼辖隰州一营
									隰州营			1		1	1	223	隰州①
									吉州营			1		1	1	223	吉州
									运城营			1			1	122	安邑县运城
									太原城守营	1			1	2	4	1,253	太原府兼辖靖安一营

八十四作驻扎隰州，兹据《通考》补。

军区	将帅		标										
	官阶	驻扎地及节制	名称	将(员)领							兵数(名)	驻扎地及兼辖	名称
				副	参	游	都	守	千	把			
大同镇	总兵	驻扎大同府	中营			1		1	2	4	750		杀虎口
			左营			1		1	2	4	750		协
			右营			1		1	2	4	750		
			前营				1	1	2	4	750		
													左营
													右营

① 神池营驻扎地《皇朝文献通考》卷一百八十四作驻扎神池县。

续表

协									营								
将（员）领							兵数（名）	驻扎地及兼辖	名称	将（员）领						兵数（名）	驻扎地及兼辖
副	参	游	都	守	千	把				参	游	都	守	千	把		
									靖安营			1		1	1	271	交城
									汾州营	1			1	3	4	924	汾州府兼辖石楼一营
									石楼营			1			2	169	石楼县
									潞泽营	1			1	1	3	638	潞安府兼辖泽州一营
									泽州营			1		1	1	250	泽州府
									平垣营		1		1	1	2	450	茅津镇
									盂寿营		1		1	1	4	707	盂县
1								驻扎杀虎口兼辖平鲁宁武偏关老营河保水泉靖远七营	平鲁路营	1			1		2	316	平鲁县兼辖井坪、朔平二营
									井坪堡营			1		2	3	599	井坪堡
									朔平营			1		1	3	321	朔平府
			1		1	2	686		宁武营	1			1		2	523	宁武府兼辖朔州等三营
				1	1	2	600										
									朔州营			1				210	朔州
									利民营			1			2	370	利民堡
									神池营			1		1	4	478	神池堡①
									偏关营	1			1	1	2	591	偏关城兼辖桦林、镇西城二营
									桦林营			1		1		287	桦林堡

军区	将帅		标											
	官　阶	驻扎地及节制	名称	将(员)领							兵数（名）	驻扎地及兼辖	名称
				副	参	游	都	守	千	把			

① 案阳和营驻地《大清一统志》卷九十三作驻阳高县。考清代山西无阳和县，其阳

续表

协									营								
将(员)领							兵数(名)	驻扎地及兼辖	名称	将(员)领						兵数(名)	驻扎地及兼辖
副	参	游	都	守	千	把				参	游	都	守	千	把		
									镇西城营			1		1	3	476	岢岚州
									老营营	1			1	3	3	828	老营城
									河保营	1			1	2	7	1,194	河保城兼辖保德一营
									保德营			1		1	1	274	保德州
									水泉营		1			1	3	625	水泉堡
									靖远营			1		1	4	500	靖远堡
									灵丘营	1			1	1	2	325	灵丘县兼辖浑源一营
									浑源城营			1				191	浑源州
									新平路营	1			1	3	4	1,002	新平堡兼辖天城、阳和城二营
									天城营			1				145	天城卫
									阳和营			1				142	阳和县①
									得胜路营	1			1	2	5	1,031	得胜堡
									助马路营	1			1	3	1	790	助马堡兼辖高山、怀仁二营
									高山城营			1			3	361	高山营
									怀仁城营			1				182	怀仁堡
									北楼营	1			1	2	4	743	繁峙县兼辖平刑、小石口二营
									平刑关营			1				134	平刑关
									小石口营				1			149	小石口

高县治即明代阳和卫地,《乾隆大清会典则例》所记阳和县非阳和卫之误即阳高县之误也。

军区	将帅		标											
	官阶	驻扎地及节制	名称	将(员)领							兵数(名)	驻扎地及兼辖	名称
				副	参	游	都	守	千	把			
河南	巡抚兼提督	驻扎开封府节制二镇	左营		1			1	2	4	484		
			右营					1	2	4	482		
河北镇	总兵	驻扎怀庆府	左营			1		1	2	4	775		
			右营				1	1	2	4	754		
南阳镇	总兵	驻扎南阳府	左营			1		1	2	4	811		
			右营			1		1	2	4	899		
两江	两江总督	驻扎江宁府节制三抚一提、五镇	中营	1			1		1	4	583		江宁城守协

续表

协									营								
将(员)领							兵数（名）	驻扎地及兼辖	名称	将(员)领						兵数（名）	驻扎地及兼辖
副	参	游	都	守	千	把				参	游	都	守	千	把		
									东路营	1			1	1	4	739	代州兼辖忻州一营
									忻州营			1		1	1	327	忻州
									山阴路营			1		1	1	293	山阴县兼辖应州一营
									应州城营				1	1		255	应州
									河南城守营	1			1	2	3	648	河南府
									卫辉营	1			1	2	5	624	卫辉府
									开封城守营			1	1	2	3	807	开封府
									彰德营			1	1	1	4	467	彰德府
									陕州营			1		1	2	340	陕州
									嵩县营				1		2	179	嵩县
									王禄店营				1			121	荥泽县
									汝宁营	1			1	2	3	468	汝宁府兼辖商城一营
									商城营				1		1	120	商城县
									归德营	1			1	2	3	724	归德府
									襄城城守营			1		2	4	695	襄城县
									陈州营			1		1	3	396	陈州府
									邓新营				1	1	1	271	邓州
									信阳营				1	1	2	371	信阳州
1								驻扎江宁府兼辖奇兵、浦口、溧阳、瓜州四营									

军区	将帅		标											
	官阶	驻扎地及节制	名称	将(员)领							兵数(名)	驻扎地及兼辖	名称
				副	参	游	都	守	千	把			
			左营			1		1	2	4	581		左营 右营 安庆协 左营 右营
	苏松巡抚	驻扎苏州府	中军		1							苏州府兼辖左右二营	
			左营					1	2	4	273		
			右营					1	2	3	272		
	安徽巡抚	驻扎安庆府	左营		1			1	2	4	386		
			右营			1		1	2	3	387		

① 此为苏州城守营的总共兵数，其分防左右两营兵数在内，未分别记明。

续表

协									营								
将(员)领							兵数(名)	驻扎地及兼辖	名称	将(员)领						兵数(名)	驻扎地及兼辖
副	参	游	都	守	千	把				参	游	都	守	千	把		
			1	1	2	4	581		奇兵营		1		1	2	3	700	仪征县兼辖
			1	1	2	4	580										青山一营
									青山营				1		1	100	仪征县
									浦口营			1		1	2	376	浦口
									溧阳营			1		1	2	301	溧阳县
									瓜洲营				1	1	2	349	瓜洲
1								驻扎安庆府兼辖游兵、潜山二营									
									游兵营		1		1	2	3	700	和州
									潜山营		1		1	2	4	668	潜山县
			1		1	1	434		徽州营	1							东山
				1	1	3	435		左营				1	1	3	541	休宁
									右营				1	1	3	539	婺源县
									宁国营	1			1	1	3	465	宁国府
									池州营		1		1	1	3	451	池州府
									芜采营		1		1	1	2	368	采石镇
									广德营			1	1	1	2	375	广德州
									苏州城守营	1			1	2	7	1,216[1]	苏州府
									左营				1				长洲县
									右营				1				昆山县

军区	将帅		标										名称
	官阶	驻扎地及节制	名称	将(员)领							兵数(名)	驻扎地及兼辖	
				副	参	游	都	守	千	把			
	江南水陆提督	驻扎松江府节制三镇	中营		1			1	2	4	750		太湖协①
			左营			1		1	2	4	753		
			右营			1		1	3	5	910	上海县	
			前营			1		1	2	4	750		
			后营			1		1	2	4	749		左营
													右营
崇明镇	总兵	驻扎崇明县	中营			1		1	2	4	892		
			左营			1		1	2	4	892		
			右营				1	1	2	4	892		
			奇兵营			1		1	2	4	801		

① 太湖协兼辖浙江游击、守备、千总各一人，把总三人，属浙江提督统辖。

续表

协									营								
将(员)领							兵数(名)	驻扎地及兼辖	名称	将(员)领						兵数(名)	驻扎地及兼辖
副	参	游	都	守	千	把				参	游	都	守	千	把		
1								驻扎吴县东山	松江城守营		1		1	2	4	766	松江府
									镇江城守营	1			1	2	4	788	镇江府
					2	2	465										
			1	1	2	2	465	宜兴县周铁桥	金山营	1			1	2	4	805	金山县
									川沙营	1			1	2	4	928	南汇县
									吴淞营	1			1	2	4	968	宝山县吴淞所
									刘河营		1		1	2	4	774	镇洋县茜泾镇
									福山营		1		1	2	4	834	常熟县福山堡
									常州营		1						常州府
									中营				1	1	1	264	武进县
									左营				1	1	1	172	无锡县
									右营				1	1	1	176	宜兴县
									江阴营		1		1	1	2	402	江阴县兼辖靖江一营
									靖江营				1	1	2	332	靖江县
									杨舍营			1			1	248	江阴县
									孟河营			1			1	245	武进县
									南汇营			1		1	1	281	南汇县
									柘林营			1		1	2	261	华亭县
									平望营			1		1	2	297	吴江县
									青村营			1		1	1	281	奉贤县

军区	将帅		标										
	官阶	驻扎地及节制	名称	将(员)领							兵数(名)	驻扎地及兼辖	名称
				副	参	游	都	守	千	把			
狼山镇	总兵	驻扎通州	中营			1		1	2	4	859		
			左营				1	1	2	4	874		
			右营			1		1	2	4	969		
寿春镇	总兵	驻扎寿州	中营			1		1	2	4	600		
			左营				1	1	2	4	600	宿州	
			右营			1		1	2	4	600		
	江宁将军	驻扎江宁府	左营	1			1		2	4	741		京口协
			右营			1		1	2	4	745		左营
													右营
	江南河道总督	驻扎淮安府清江浦	中营	1			1		2	5	698		
			左营	1			1	1	3	5	857	徐州府兼辖萧营	
			右营			1		1	3	5	810	白洋河	

续表

协									营								
将(员)领							兵数(名)	驻扎地及兼辖	名称	将(员)领						兵数(名)	驻扎地及兼辖
副	参	游	都	守	千	把				参	游	都	守	千	把		
									扬州营		1		1	2	7	716	扬州府
									泰州营		1		1	2	4	465	泰州
									泰兴营			1			2	228	泰兴县
									掘港营			1			2	278	如皋县
									三江营				1			80	江都县
									六安营	1			1	1	4	566	六安州
									泗州营			1		1	2	324	泗州
									庐州营			1		1	1	322	庐州府
									亳州营			1	1	1	2	400	亳州
1								驻扎江阴县	高资营			1		1	1	1,234	镇江府
		1		1	2	4	931										
		1		1	2	4	931	江都县									
									萧营			1			1	251	萧县
									苇荡营	1							清江浦
									左营				1	1	2	711	
									右营				1	1	2	601	
									淮徐淮阳营	1							兼辖淮徐、淮阳二营
									淮徐河营	1							兼辖丰萧砀等九营
									丰萧砀河营				1	1	2	441	
									铜沛河营				1	1	2	822	
									睢灵南岸河营				1	1	1	688	
									邳州北岸河营				1	1	2	689	

军区	将帅		标										
	官阶	驻扎地及节制	名称	将(员)领							兵数(名)	驻扎地及兼辖	名称
				副	参	游	都	守	千	把			

续表

协									营								
将(员)领							兵数(名)	驻扎地及兼辖	名称	将(员)领						兵数(名)	驻扎地及兼辖
副	参	游	都	守	千	把				参	游	都	守	千	把		
									宿虹南岸河营				1	1	1	368	
									宿迁北岸河营				1	1	1	413	
									桃源南岸河营				1	1	1	460	
									桃源北岸河营				1	1	1	446	
									宿迁运河营				1		2	340	
									淮阳河营		1						兼辖山清里河等十一营
									山清里河营				1	1	1	304	
									山阳里河营				1		1	170	
									山清外河营				1	2	2	739	
									山皋河营				1		3	562	
									山安河营				1	1	1	554	
									安阜北岸河营				1		2	294	
									高堰河营				1	1	1	224	
									山盱河营				1		1	224	
									桃源安清中河河营				1	1	2	590	
									高宝运河河营				1	2	2	559	

军区	将帅		标										
	官阶	驻扎地及节制	名称	将(员)领							兵数(名)	驻扎地及兼辖	名称
				副	参	游	都	守	千	把			
	漕运总督	驻扎淮安府	中营	1			1		2	4	460		
			左营				1	1	1	3	420		
			右营			1		1	1	3	420		
	江西巡抚兼提督	驻扎南昌府节制二镇	左营		1			1	2	4	482		袁州协
			右营			1		1	2	4	482		九江协
南昌镇	总兵	驻扎南昌府	前营			1		1	2	4	725		
			后营			1		1	2	4	725	铜鼓石	

续表

协									营								
将(员)领							兵数(名)	驻扎地及兼辖	名称	将(员)领						兵数(名)	驻扎地及兼辖
副	参	游	都	守	千	把				参	游	都	守	千	把		
									扬州江防营				1	1	1	257	
									淮安城守营	1			1	2	4	875	淮安府
									庙湾营		1		1	2	1	644	阜宁县
									盐城营		1		1	1	2	647	盐城县
									海州营		1		1	2	3	612	海州
									佃湖营			1			2	250	安东县佃湖集
									小关营			1			1	200	阜宁县草堰口
									东海营			1		1	2	474	云台山
1			1		2	4	677	驻扎袁州府兼辖樟树一营									
									樟树营			1			1	193	临江县
1			1		2	4	773	驻扎九江府兼辖南康、南湖二营									
									南康营			1			1	213	南康县
									南湖营			1		1	2	387	湖口县
									南昌城守营			1		1	1	223	南昌府
									南昌营				1	1	1	252	南昌府
									广信营	1			1	1	2	580	广信府兼辖铅山一营
									铅山营			1			1	193	铅山县
									饶州营	1			1	1	2	580	饶州府兼辖鄱湖、浮梁二营

军区	将帅		标										名称
	官阶	驻扎地及节制	名称	将(员)领							兵数(名)	驻扎地及兼辖	
				副	参	游	都	守	千	把			
南赣镇	总兵	驻扎赣州府	中营			1		1	2	4	609		
			左营			1		1	2	4	609		
			后营				1	1	2	4	609		
闽浙	闽浙总督	驻扎福州节制二抚三提十有三镇	中营	1			1		2	4	1,107		
			左营		1			1	2	4	1,107		
			右营		1			1	2	4	1,107		
	福建巡抚	驻扎福州府	左营		1			1	2	4	645		
			右营			1		1	2	4	645		

① 广昌营驻扎地《乾隆大清会典则例》卷一百十一作南昌县。考《皇朝文献通西南,《则例》作南昌县为广昌县之误。

续表

协									营								
将(员)领							兵数(名)	驻扎地及兼辖	名称	将(员)领						兵数(名)	驻扎地及兼辖
副	参	游	都	守	千	把				参	游	都	守	千	把		
									鄱湖营			1			1	193	康山
									浮梁营			1			1	193	浮梁县
									建昌营		1		1	1	2	580	南城县
									广昌营			1			1	193	广昌县[①]
									武宁营			1			1	174	武宁县
									瑞州营			1			1	193	瑞州府
									抚州营			1		1	2	387	抚州府
									铜鼓营				1	1	2	493	万载县
									赣州城守营			1			1	193	赣州府
									宁都营	1			1	2	4	580	宁都县
									南安营	1			1	2	4	580	南安府
									吉安营	1			1	1	2	425	吉安府
									兴国营			1		1	2	290	兴国县
									文英营			1			1	213	崇义县
									永镇营			1			1	193	瑞金县
									横冈营			1			1	193	定南县
									羊角营			1			1	193	会昌县
									龙泉营			1			1	174	龙泉县
									万安营			1			1	193	万安县
									永丰营			1			1	174	永丰县
									永新营			1			1	193	永新县
									南台营	1			1	2	4	900	南台

考》卷一百八十五作广昌县,《大清一统志》卷二百三十七作头陂,案头陂镇在广昌县

军区	将帅		标										
	官　阶	驻扎地及节制	名称	将(员)领							兵数(名)	驻扎地及兼辖	名称
				副	参	游	都	守	千	把			
	福建水	驻扎厦门	中营		1			1	2	4	960		闽安协
	师提督	节制四镇											
			左营			1		1	2	4	960		左营
			右营			1		1	2	4	960		右营
			前营			1		1	2	4	960		
			后营			1		1	2	4	960		
	总兵	驻扎同安县	左营			1		1	2	4	1,152		
金门镇			右营			1		1	2	4	1,152		
	总兵	驻扎福清县	左营			1		1	2	4	1,152		
海坛镇		海坛汛	右营			1		1	2	4	1,152		
	总兵	驻扎广东南	左营			1		1	2	4	1,159	诏安县	
南澳镇①		澳兼辖闽粤											
	总兵	驻扎台湾府	中营			1		1	2	4	910	中路口	台湾协
台湾镇			左营			1		1	2	4	930	北路口	
			右营			1		1	2	4	930	南路口	中营
													左营
													右营
													澎湖协
													左营
													右营
													北路协
													中营
													左营
													右营

① 右营隶广东。

续表

协									营								
将(员)领							兵数（名）	驻扎地及兼辖	名称	将(员)领						兵数（名）	驻扎地及兼辖
副	参	游	都	守	千	把				参	游	都	守	千	把		
1								驻扎闽县兼辖烽火门一营									
			1	1	2	4	816		烽火门营	1			1	2	4	912	霞浦县
			1	1	2	4	816		铜山营	1			1	2	4	1,200	漳浦县
1								驻扎安平镇	台湾城守营	1							台湾府
		1		1	2	4	850		左营				1	1	2	500	
		1		1	2	4	800		右营				1	1	2	500	
		1		1	2	4	850		南路营	1			1	2	4	1,000	凤山县
1								驻扎妈宫汛	北路淡水营			1		1	2	500	艋舺渡头
		1		1	2	4	1,000		南路下淡水营			1		1	2	500	山猪毛口
		1		1	2	4	1,000										
1								驻扎彰化县									
			1		2	4	890										
				1	2	4	810	诸罗县									
				1	2	4	700	竹堑									

军区	将帅		标										
	官阶	驻扎地及节制	名称	将(员)领							兵数(名)	驻扎地及兼辖	名称
				副	参	游	都	守	千	把			
	福建陆路提督	驻扎泉州府节制四镇	中营		1			1	2	4	854		福州城守协
			左营			1		1	2	4	854	永春州	左营
			右营			1		1	2	4	854	永宁卫	右营
			前营			1		1	2	4	854		兴化城守协
			后营			1		1	2	4	854		
													左营
													右营
福宁镇	总兵	驻扎福州府	中营			1		1	2	4	846		
			左营			1		1	2	4	848	福安县	
			右营			1		1	2	4	848	宁德县	
汀州镇	总兵	驻扎汀州府	中营			1		1	2	4	937		
			左营			1		1	2	4	937	清流县	
			右营			1		1	2	4	937	上杭县	
建宁镇	总兵	驻扎建宁府	中营			1		1	2	4	893	建宁县	延平城守协
			左营			1		1	2	4	893	崇安县	左营
			右营			1		1	2	4	893	松溪县	右营
漳州镇	总兵	驻扎漳州府	中营			1		1	2	4	962		
			左营			1		1	2	4	962	漳浦县	
			右营			1		1	2	4	962	海澄县	

① 枫岭营属浙江枫岭营都司兼辖，本营守备以下考核事宜，由都司呈报福建统

续表

协									营								
将(员)领							兵数（名）	驻扎地及兼辖	名称	将(员)领						兵数（名）	驻扎地及兼辖
副	参	游	都	守	千	把				参	游	都	守	千	把		
1								驻扎福州府	泉州城守营	1			1	2	3	683	泉州府兼辖安海一营
			1		2	5	1,110		安海营			1			1	150	安海汛
			1		2	4	951		长福营	1							福清县
1								驻扎兴化府									
									左营				1	1	2	623	镇东卫
			1	1	2	4	966										
			1	1	2	4	967	仙游县	右营			1		1	2	532	长乐县
									桐山营		1		1	2	4	759	福鼎县
									连江营		1		1	2	4	750	连江县
									罗源营		1		1	2	4	750	罗源县
									邵武城守营	1							邵武府
									左营				1	2	4	830	
									右营			1		2	4	830	建宁县
1								驻扎延平府	枫岭营[①]				1	1	2	426	枫岭
			1	1	2	4	807	将乐县									
			1	1	2	4	808	永安县									
									漳州城守营			1	1	2	4	900	漳州府
									同安营	1			1	1	4	661	同安县兼辖灌口一营
									灌口营			1		1		200	灌口汛
									诏安营		1		1	2	4	673	诏安县兼辖红花岭一营
									红花岭营				1		1	281	红花岭汛

辖官举行。

军区	将帅		标										
	官阶	驻扎地及节制	名称	将(员)领							兵数(名)	驻扎地及兼辖	名称
				副	参	游	都	守	千	把			
	福州将军	驻扎福州府	左营	1			1		2	4	930		
			右营			1		1	2	4	930		
	浙江巡抚	驻扎杭州府	中军		1							兼辖左右二营	
			左营					1	2	4	401		
			右营					1	1	4	385		
	浙江水陆提督	驻扎宁波府节制五镇	中营		1			1	2	4	842		
			左营			1		1	2	4	842		杭州城守协
			右营			1		1	2	4	842		
			前营			1		1	2	4	856	鄞县大嵩所	湖州协
			后营			1		1	2	4	853		左营
													右营
													嘉兴协
													左营
													右营
黄岩镇	总兵	驻扎黄岩县	中营			1		1	2	4	858		绍兴协
			左营			1		1	2	4	858		左营
			右营			1		1	2	4	859	海门汛	右营
													台州协

① 太湖营游击属江南太湖协兼辖，本营游击以下考核事宜，由该协副将呈报浙

续表

协									营								
将(员)领							兵数（名）	驻扎地及兼辖	名称	将(员)领						兵数（名）	驻扎地及兼辖
副	参	游	都	守	千	把				参	游	都	守	千	把		
									平和营		1		1	2	4	800	平和县
									龙岩营		1		1	2	4	800	龙岩州
									云霄营		1		1	2	4	769	云霄城
1			1	1	3	6	1,057	驻扎杭州府兼辖钱塘一营	宁波城守营			1	1	2	4	634	宁波府
									钱塘营			1		2	3	656	杭州府
1			1					驻扎湖州府兼辖安吉一营									
				1	1	3	462		安吉营				1	1	2	290	安吉州
				1	2	3	462		乍浦营	1							乍浦
1			1					驻扎嘉兴府	左营				1	1	2	300	
				1	1	4	725	海盐县	右营				1	1	2	300	
				1	2	4	725	乍浦	太湖营①		1		1	1	2	658	江南吴县角头汛
1								驻扎绍兴府	宁海营	1							宁海县
			1	1	2	4	855		左营				1	2	4	589	
			1	1	2	5	1,017	余姚县	右营				1	2	4	584	
1								驻扎台州府	太平营	1			1	1	4	775	太平县

江统辖官举行。

军区	将帅		标										
	官阶	驻扎地及节制	名称	将(员)领							兵数(名)	驻扎地及兼辖	名称
				副	参	游	都	守	千	把			
													中营
													左营
													右营
定海镇	总兵	驻扎定海县舟山	中营			1		1	2	4	982		象山协
			左营			1		1	2	4	975		左营
			右营			1		1	2	4	884		右营
温州镇	总兵	驻扎温州府	中营			1		1	2	4	823	长沙汛	乐清协
			左营			1		1	2	4	824		
			右营			1		1	2	4	881	宁村寨	瑞安协
													左营
													右营
													平阳协
													左营
													右营
处州镇	总兵	驻扎处州府	中营			1		1	2	4	828		金华协
			左营			1		1	2	4	827	龙泉县	左营
			右营			1		1	2	4	828		右营
衢州镇	总兵	驻扎衢州府	中营			1		1	2	4	778		严州协
			左营			1		1	2	4	650		左营
			右营				1	1	2	4	660	江山县	右营
湖广	湖广总督	驻扎武昌府节制二抚一提四镇	中营	1			1		2	4	468		
			左营			1		1	2	4	468		
			右营			1		1	2	4	467		

① 枫岭营游击兼辖福建守备、千总各一人,把总二人,属福建建宁镇统辖。

续表

协									营								
将(员)领							兵数(名)	驻扎地及兼辖	名称	将(员)领						兵数(名)	驻扎地及兼辖
副	参	游	都	守	千	把				参	游	都	守	千	把		
			1		2	4	713										
				1	1	4	677	桃渚寨									
			1	1	2	3	683	前所寨									
1								驻扎象山县兼辖昌									
			1	1	2	3	631	石一营	昌石营			1		1	3	565	昌国卫
			1	1	2	3	631		镇海营	1			1	2	4	1,155	镇海县
1			1		2	4	890	驻扎乐清县兼辖磐	温州城守营			1	1	2	4	755	温州府
								石一营	磐石营			1		1	2	297	磐石寨
1								驻扎瑞安县	玉环营	1							阳嚣寨
			1		2	3	467										
				1	2	2	465		左营				1	1	2	448	
1									右营				1	1	2	448	
			1	1	2	4	589	驻扎平阳县	大荆营			1	1	2	5	660	大荆寨
			1	1	1	4	588										
								金乡寨									
1								驻扎金华府	丽水营			1		1	1	431	丽水县
			1	1	2	4	505										
			1	1	2	4	505	永康县									
1			1					驻扎严州府	衢州城守营			1		1	2	328	衢州府
				1	2	4	498		枫岭营①		1			1	2	477	江山县念八都
				1	2	4	498										

军区	将帅		标											
	官阶	驻扎地及节制	名称	将(员)领							兵数(名)	驻扎地及兼辖	名称
				副	参	游	都	守	千	把			
	湖北巡抚	驻扎武昌府	左营		1			1	2	4	478		
			右营			1		1	2	4	477		
	湖南巡抚	驻扎长沙府	左营		1			1	2	4	573		
			右营			1		1	2	4	568		
	湖广水陆提督	驻扎常德府节制四镇	中营		1			1	2	4	701		黄州协
			左营			1		1	2	4	700		
			右营			1		1	2	4	700		
			前营				1	1	2	4	700		长沙协
													左营
													右营
													辰州协
													中军
													左营
													右营
													靖州协

续表

协									营								
将(员)领							兵数(名)	驻扎地及兼辖	名称	将(员)领						兵数(名)	驻扎地及兼辖
副	参	游	都	守	千	把				参	游	都	守	千	把		
1			1		3	4	702	驻扎黄州府兼辖蕲州、道士洑二营	蕲州营			1		1	2	281	蕲州
									道士洑营			1			1	263	大冶县道士洑
1								驻扎长沙府	荆州城守营	1			1	2	4	563	荆州府兼辖水师一营
			1		2	4	504		水师营				1	1	2	281	荆州府
				1	2	4	508	湘潭县	武昌城守营	1			1	2	4	637	武昌府
1								驻扎辰州府兼辖左右二营	德安营	1			1	1	2	450	德安府
			1						兴国营	1			1	1	2	468	兴国州
				1	2	4	455		汉阳城守营		1		1	1	3	562	汉阳府
				1	2	4	458	辰溪县	荆门营		1		1	2	4	675	荆门州
1			1		2	4	725	驻扎靖州兼辖绥宁、长安二营	安陆营			1			1	281	安陆府
									绥宁营		1		1	2	4	542	黄伞坪
									长安营	1							长安城
									左营				1	2	2	500	
									右营				1	1	3	500	镇彝哨

军区	将帅		标										
	官阶	驻扎地及节制	名称	将(员)领							兵数(名)	驻扎地及兼辖	名称
				副	参	游	都	守	千	把			
													衡州协
													宝庆协
													洞庭协
													永顺协
襄阳镇	总兵	驻扎襄阳府谷城县	中营			1		1	2	4	508		郧阳协
			左营			1		1	2	4	508		
			右营			1		1	2	4	508	襄阳府	左营
			前营				1	1	2	4	508	襄阳府	右营
宜昌镇	总兵	驻扎宜昌府	中营			1		1	2	3	506		施南协
			左营			1		1	2	3	506	兴山县	中营
			前营			1			2	4	571	东湖县	
			后营			1		1	2	4	635	归州	左营
													右营
镇筸镇	总兵	驻扎辰州府镇筸五寨司城	中营			1		1	2	4	750		沅州协
			左营			1		1	2	5	750	乾州	
			右营			1		1	2	5	750	得胜营	
			前营				1	1	2	4	750	长坪	
													永绥协
													左营
													右营
永州镇	总兵	驻扎永州府	中营			1		1	2	4	581		

① 案《乾隆大清会典则例》卷一百十二作驻扎宜昌县误。

续表

协									营								
将（员）领							兵数（名）	驻扎地及兼辖	名称	将（员）领						兵数（名）	驻扎地及兼辖
副	参	游	都	守	千	把				参	游	都	守	千	把		
1			1		2	4	683	驻扎衡州府	澧州营	1			1	2	4	599	澧州
1			1		2	4	693	驻扎宝庆府	岳州营	1			1	1	2	563	岳州府，兼辖水师一营
1			1		2	4	699	驻扎龙阳县	水师营				1	1	2	281	岳州府
1			1		2	4	800	驻扎永顺府	武冈营		1		1	1	3	650	武冈州，兼辖城步一营
									城步营				1		1	48	城步县
									常德营		1		1	2	4	749	常德府
									九谿营		1		1	2	4	744	九谿卫
									永定营			1		1	2	436	永定县
1								驻扎郧阳府兼辖竹山、	襄阳城守营		1		1	2	4	675	襄阳府
			1		2	4	439	竹谿二营	竹山营		1		1	2	4	585	竹山县
				1	2	4	439	保康县	竹谿营		1		1	2	4	585	竹谿县
									均房营	1			1	2	4	850	均州
1								驻扎施南府	远安营		1		1	2	4	497	远安县
			1				396	兼辖左右二营	卫昌营		1		1	2	4	700	鹤峰州
				1	2	4	650	咸丰县	宜都营			1		1	2	387	宜都县
				1	1	5	554	利川县									
1			1		4	6	810	驻扎沅州府兼辖晃州一营	晃州营				1	1	2	190	晃州城
									保靖营		1		1	2	4	600	保靖县旧司治
1			1	1	2	4	797	驻扎吉多城排补美汛									
				1	2	4	803	花园汛									
									宜章营	1			1	2	4	649	宜章县①

军区	将帅		标											
	官阶	驻扎地及节制	名称	将(员)领							兵数(名)	驻扎地及兼辖	名称
				副	参	游	都	守	千	把			
			左营			1		1	2	4	647	江华县	
			右营			1		1	2	4	568	道州	
陕甘	陕甘总督	驻扎西安府节制二抚三提七镇	中营	1			1		2	4	900		
			左营			1		1	2	4	800		
			右营			1		1	2	4	800		
			前营			1		1	2	4	800		
			后营			1		1	2	4	800		
	陕西巡抚	驻扎西安府	左营		1			1	2	4	598		
			右营			1		1	2	4	597		
	固原提督	驻扎固原州节制三镇	中营		1			1	2	4	792		西凤协
			左营			1		1	2	4	792		
			右营			1		1	2	4	792		
			前营			1		1	2	4	792		
			后营			1		1	2	4	792		潼关协
													庆阳协

续表

协									营								
将(员)领							兵数(名)	驻扎地及兼辖	名称	将(员)领						兵数(名)	驻扎地及兼辖
副	参	游	都	守	千	把				参	游	都	守	千	把		
									临武营	1			1	2	4	649	临武县
									桂阳营	1			1	2	4	546	桂阳州
									建威营	1			1	2	4	800	西安府
1			1		2	2	921	驻扎凤翔府兼辖城守、关山、盩厔、富平四营	凤翔城守营			1			1	184	凤翔府
									关山营			1		1	2	250	关山镇
									盩厔营			1		1	1	339	盩厔县
1			1		2	4	717	驻扎华阴县兼辖神道岭、商州城守、金锁关三营	富平营			1			2	328	富平县
									神道岭营		1			1	2	255	韩城县
									商州城守营		1				3	420	商州
									金锁关营			1			1	254	金锁关
1			1		1	3	483	驻扎庆阳府兼辖红德、平凉城守、长武、邠州四营									

军区	将帅		标											
	官阶	驻扎地及节制	名称	将(员)领							兵数(名)	驻扎地及兼辖	名称
				副	参	游	都	守	千	把			
													靖远协
延绥镇	总兵	驻扎榆林府	中营			1		1	2	4	1,000		波罗协
			左营			1		1	2	4	1,000		
			右营			1		1	2	4	1,000		

续表

协									营								
将(员)领							兵数(名)	驻扎地及兼辖	名称	将(员)领						兵数(名)	驻扎地及兼辖
副	参	游	都	守	千	把				参	游	都	守	千	把		
									红德营		1			1		265	环县
									平凉城守营		1			2	1	299	平凉府
									长武营			1			1	198	长武县
									邠州营			1			1	192	邠州
1			1		1	3	590	驻扎靖远县兼辖固原城守、下马关、西安堡、芦塘、芦沟、永安、八营七营	固原城守营	1			1	2	3	526	固原州
									下马关营	1			1		2	273	下马关
									西安堡营			1		1		151	西安堡
									芦塘营		1			1		226	靖远县
									芦沟营				1			60	靖远县
									永安营				1			60	兰州府
									八营				1			85	固原州
									西安城守营	1			1	1	1	441	西安府
1			1		1	4	722	驻扎榆林府兼辖常乐、双山、绥德、响水、怀远、保宁、渔河、清平八营	延绥城守营			1			2	400	榆林府
									常乐营			1				90	常乐堡
									双山营			1				80	双山堡
									绥德城守营			1				180	绥德州
									响水营			1				80	响水堡

军区	将帅		标										
	官　阶	驻扎地及节制	名称	将(员)领							兵数(名)	驻扎地及兼辖	名称
				副	参	游	都	守	千	把			
													神木协
													定边协

① 案靖边营驻扎地《乾隆大清会典则例》卷一百十二作驻扎靖边堡，考《皇朝文献通

续表

协									营								
将(员)领							兵数(名)	驻扎地及兼辖	名称	将(员)领						兵数(名)	驻扎地及兼辖
副	参	游	都	守	千	把				参	游	都	守	千	把		
									怀远营			1				90	怀远县
									保宁营				1			60	保宁堡
									渔河营				1			100	渔河堡
									清平营				1			80	清平堡
1			1			2	557	驻扎神木县兼辖黄浦、建安、高家营、镇羌、孤山、柏林、大柏油堡、永兴、木瓜园九营	黄浦营		1			1	2	337	府谷县
									建安营			1				100	建安堡
									高家营			1				145	葭州
									镇羌营			1				90	府谷县镇羌堡
									孤山营			1				100	府谷县孤山堡
									柏林营				1			90	神木县
									大柏油营				1			80	神木县大柏油堡
									永兴营				1			90	神木县永兴堡
									木瓜园营				1			100	榆林府木瓜园堡
1			1			2	531	驻扎延安府兼辖靖边、镇靖、安边、宁寨、柳树涧、砖瓦六营									
									靖边营			1			2	241	靖边县[1]
									镇靖营			1			1	149	镇靖堡

考》卷一百八十八,《大清一统志》卷一百七十七均作驻扎靖边县,兹从《通考》改。

军区	将帅		标										名称
	官阶	驻扎地及节制	名称	将(员)领							兵数(名)	驻扎地及兼辖	
				副	参	游	都	守	千	把			
兴汉镇	总兵	驻扎兴汉县	中营			1		1	2	4	800		汉中城守协
			左营			1		1	2	4	800		
			右营			1		1	2	4	800		
河州镇	总兵	驻扎河州	左营			1		1	2	4	1,000		洮岷协
			右营			1		1	2	4	1,000		

① 案紫阳营驻扎地《乾隆大清会典则例》卷一百十二作驻扎紫阳关，考《皇朝文献通志》改。

续表

协									营								
将(员)领							兵数(名)	驻扎地及兼辖	名称	将(员)领						兵数(名)	驻扎地及兼辖
副	参	游	都	守	千	把				参	游	都	守	千	把		
									安边营			1				125	定边县
									宁寨营				1		1	109	宁寨堡
									柳树涧营				1			109	柳树涧堡
									砖瓦营				1		1	159	砖井堡
									延安营	1			1	1	2	490	延安府
									宜君营	1			1	1	2	610	宜君县
									鄜州城守营			1				205	鄜州
1			1		1	2	720	驻扎汉中府	兴安城守营			1			2	295	兴安县
									汉凤营	1			1	1	1	578	凤县
									阳平关营	1			1	1	1	370	宁羌州
									白土路营		1		1		2	540	平利县
									渔渡路营		1		1	1	1	530	西乡县
									旧县关营		1		1	1	1	340	镇安县
									宁羌营		1		1	1	1	400	宁羌州
									略阳营		1		1	1	2	420	略阳县
									紫阳营			1		1	1	435	紫阳县①
									七里关营			1			2	215	洵阳县
1			1		2	4	906	驻扎洮州卫兼辖阶州、巩昌、秦州、岷州、旧洮、文县、西固、临洮八营									

考》卷一百八十八，《大清一统志》卷一百七十七均作紫阳县，兹从《通考》、《一统

军区	将帅		标										
	官阶	驻扎地及节制	名称	将(员)领							兵数(名)	驻扎地及兼辖	名称
				副	参	游	都	守	千	把			
	甘肃巡抚	驻扎兰州府	左营		1			1	2	4	600		
			右营			1		1	2	4	600		
	甘州提督	驻扎甘州府节制四镇	中营		1			1	2	5	1,200		
			左营			1		1	2	5	1,200		
			右营			1		1	2	5	1,200		
			前营			1		1	2	5	1,200		
			后营				1	1	2	5	1,200		
西宁镇	总兵	驻扎西宁府	中营			1		1	2	4	800		大通协
			左营			1		1	2	4	800		
			右营			1		1	2	4	800		
			前营				1	1	2	4	800		
			后营				1	1	2	4	800		

续表

协									营								
将(员)领							兵数(名)	驻扎地及兼辖	名称	将(员)领						兵数(名)	驻扎地及兼辖
副	参	游	都	守	千	把				参	游	都	守	千	把		
									阶州营		1			1	2	559	阶州
									巩昌营		1			1	2	414	巩昌府
									秦州营		1			1	2	339	秦州
									岷州营			1			1	190	岷州
									旧洮营			1				210	旧洮堡
									文县营			1		1	1	385	文县
									西固营			1		1	1	300	西固所
									临洮营			1		1	1	218	临洮卫
									循化营		1			1	2	700	兰州府兼辖起台一营
									起台营				1			150	起台所
									兰州营			1		1	5	468	兰州府
									保安营				1		1	250	保安堡
1			1		2	4	800	驻扎大通卫兼辖永安、白塔二营	西宁城守营			1			2	254	西宁府
									永安营		1		1	1	3	600	大通卫
									白塔营			1		1	2	400	白塔川
									镇海营	1			1	2	2	971	镇海城兼辖和拉库托一营

军区	将帅		标										
	官阶	驻扎地及节制	名称	将(员)领							兵数(名)	驻扎地及兼辖	名称
				副	参	游	都	守	千	把			
宁夏镇	总兵	驻扎宁夏府	左营			1		1	2	4	748		中卫协
			右营			1		1	2	4	747		
			前营			1		1	2	4	747		
			后营			1		1	2	4	747		
													花马池协

续表

协									营								
将（员）领							兵数（名）	驻扎地及兼辖	名称	将（员）领						兵数（名）	驻扎地及兼辖
副	参	游	都	守	千	把				参	游	都	守	千	把		
									和拉库托营				1		1	200	和拉库托堡
									摆羊戎营		1			4	4	790	碾伯县兼辖巴暖、亦杂石二营
									巴暖营				1		1	200	古鄯城
									亦杂石营				1			100	石城
									北川营		1			1	1	356	新城
									南川营			1			1	198	黑石城
									归德营			1				180	归德堡
									威远营			1			1	278	西宁县
									碾伯营			1		1	2	329	碾伯县
1			1		2	5	959	驻扎中卫县兼辖石空寺、古水井二营	宁夏城守营			1			2	400	宁夏府
									石空寺营				1			151	石空寺堡
									古水井营				1			151	古水井堡
1			1		1	3	598	驻扎灵州兼辖安定一营	安定营				1			80	安定堡
									灵州营	1			1		4	627	灵州城兼辖同心城一营
									同心城营				1		1	150	同心城驿
									平罗营	1			1	1	3	706	平罗城
									洪广营		1		1		4	708	平罗县
									玉泉营		1		1	1	3	795	宁朔县
									广武营		1		1		3	573	中卫县
									兴武营			1	1		3	448	灵州兴武堡
									横城堡营			1			2	311	横城

军区	将帅		标											
	官阶	驻扎地及节制	名称	将(员)领							兵数（名）	驻扎地及兼辖	名称
				副	参	游	都	守	千	把			
凉州镇	总兵	驻扎凉州府	中营			1		1	2	4	700		永昌协
			左营			1		1	2	4	700		
			右营			1		1	2	4	700		
			前营				1	1	2	4	700		
			后营				1	1	2	4	700		

续表

协									营								
将（员）领							兵数（名）	驻扎地及兼辖	名称	将（员）领						兵数（名）	驻扎地及兼辖
副	参	游	都	守	千	把				参	游	都	守	千	把		
1			1		2	3	785	驻扎永昌县兼辖镇番、大靖、高古城、新城、张义、蔡旗、安远、宁远八营	凉州城守营			1			5	457	凉州城兼辖高沟、西把截堡二营
									高沟营				1			65	武威县
									西把截堡营				1			99	西把截堡
									镇番营	1			1	1	2	547	镇番县
									大靖营	1			1	1	1	873	古浪县兼辖土门堡一营
									土门营				1			93	土门堡
									高古城营		1			1	2	379	永昌县兼辖水泉一营
									水泉营				1			137	水泉堡
									新城营			1			1	158	新城堡
									张义营			1				97	张义堡
									蔡旗营			1		1		128	镇番县
									安远营			1				189	安远堡
									宁远营				1		1	179	宁远堡
									庄浪营	1			1	2	3	661	平番县兼辖阿坝、镇羌、岔口、三眼井、红水堡五营
									阿坝营		1			1	1	490	阿坝堡兼辖
									松山营			1				108	松山一营

军区	将帅		标											
	官阶	驻扎地及节制	名称	将(员)领							兵数(名)	驻扎地及兼辖	名称
				副	参	游	都	守	千	把			
肃州镇	总兵	驻扎肃州	中营			1		1	2	4	1,000		金塔寺协
			左营			1		1	2	4	1,000		
			右营			1		1	2	4	1,000		
													永固协

续表

协									营								
将(员)领							兵数（名）	驻扎地及兼辖	名称	将(员)领						兵数（名）	驻扎地及兼辖
副	参	游	都	守	千	把				参	游	都	守	千	把		
									镇羌营		1			1	1	592	镇羌营
									岔口营			1				148	岔口堡
									三眼井营			1				147	三眼井堡
									红水营				1			120	红水堡
1			1		2	6	988	驻扎金塔寺兼辖镇夷、高台、清水、威鲁四营	肃州城守营			1		1	2	500	肃州
									镇夷营		1			1	3	543	高台县
									高台营		1			1		376	高台县兼辖平川、红崖二营
									平川营				1			108	平山堡
									红崖营				1			125	红崖堡
									清水营			1				145	肃州
									威鲁堡营				1			150	肃州
1			1		2	4	962	驻扎永固城兼辖甘州城守、洪水、山丹、大马营、黑城、梨园、马营墩、硖口八营	甘州城守营	1			1	1	2	782	甘州府张掖县兼辖
									南古城营			1				116	南古城堡

军区	将帅		标										
	官阶	驻扎地及节制	名称	将(员)领							兵数（名）	驻扎地及兼辖	名称
				副	参	游	都	守	千	把			
	安西提督	驻扎安西卫	中营		1			1	2	4	700		靖逆协
			左营			1		1	2	4	700		
			右营			1		1	2	4	700		
			前营			1		1	2	4	700		
			后营			1		1	2	4	700		
													沙州协
													左营
													右营
四川	总督	驻扎成都府节制一提四镇	中营	1			1		2	4	800		
			左营			1		1	2	4	800		
			右营			1		1	1	4	800		

续表

协									营								
将(员)领							兵数(名)	驻扎地及兼辖	名称	将(员)领						兵数(名)	驻扎地及兼辖
副	参	游	都	守	千	把				参	游	都	守	千	把		
									洪水营		1			1	2	425	南古城一营
									山丹营		1			1	2	387	山丹县
									大马营		1			1	2	490	大马营
									黑城营			1		1		373	黑城堡
									梨园营			1			1	144	张掖县
									马营墩营			1			1	146	山丹县
									硖口营			1			1	218	山丹县
									嘉峪关营		1			1	6	632	嘉峪关
1			1		2	4	800	驻扎靖逆卫兼辖卜隆吉、赤金、塔尔湾三营	安西城守营			1		1	1	500	安西卫
									卜隆吉营		1			3	2	600	柳沟卫兼辖桥湾一营
									桥湾营			1			1	300	
									赤金营			1		1	1	300	赤金卫
									塔尔湾营				1		1	200	靖逆卫
1								驻扎沙州	黄墩营			1	1	1	1	300	沙州卫
			1		2	4	750	卫兼辖黄墩一营	瓜州营	1				2	5	700	安西卫兼辖踏实一营
			1		2	4	750										
									踏实营			1			1	300	柳沟堡

军区	将帅		标										名称
	官阶	驻扎地及节制	名称	将（员）领：副	参	游	都	守	千	把	兵数（名）	驻扎地及兼辖	
	提督	驻扎成都府节制四镇	中营		1			1	2	4	625		
			左营			1		1	2	4	600		
			右营			1		1	2	4	600		
			前营				1	1	2	4	600		
			后营				1	1	2	4	600		
													泰宁协
													左营
													右营
													永宁协
													左营
													右营
川北镇	总兵	驻扎保宁府	中营			1		1	2	4	633		
			左营			1		1	2	4	634		
			右营				1	1	4	4	633		

续表

协									营								
将(员)领							兵数(名)	驻扎地及兼辖	名称	将(员)领						兵数(名)	驻扎地及兼辖
副	参	游	都	守	千	把				参	游	都	守	千	把		
									成都城守营	1							成都府兼辖青云沱一营
									左营				1	2	3	727	
									右营				1	2	3	700	
									青云沱营				1	1	1	223	灌县青云沱
1								驻扎雅州府兼辖黎雅、峨边、阜和三营	黎雅营		1		1	2	4	500	雅州府
									峨边营		1		1	2	2	500	峨眉县
									阜和营		1		1	3	5	600	打箭炉
			1		1	2	700										
			1		1	2	300	清溪县									
1								驻扎叙永厅兼辖叙马、建武、大坝、赤水四营									
									叙马营		1		1	2	2	429	宜宾县
									建武营		1		1	1	2	390	兴文县
									大坝营			1			1	200	大坝
			1		2	4	500		赤水营				1		1	190	赤水城
			1		2	4	500	泸州	普安营	1			1	1	4	750	雷波卫兼辖马边、安阜二营
									马边营			1		1	2	400	屏山县
									安阜营			1		1	1	350	黄螂所
									顺庆营		1		1	2	2	400	顺庆府
									达州营		1		1	1	2	400	达州
									太平营			1		1	1	300	太平县
									潼绵营			1		1	2	300	潼川府
									通巴营				1		2	300	毛浴镇

军区	将帅		标										
	官阶	驻扎地及节制	名称	将(员)领							兵数(名)	驻扎地及兼辖	名称
				副	参	游	都	守	千	把			
重庆镇	总兵	驻扎重庆府	中营			1		1	2	4	600		夔州协
			左营			1		1	2	4	600		左营
			右营				1	1	2	4	600		右营
建昌镇	总兵	驻扎宁远府	中营			1		1	2	4	667		
			左营			1		1	2	4	667		
			右营				1	1	2	4	666	热水汛	
松潘镇	总兵	驻扎松潘城	中营			1		1	2	4	667		维州协
			左营			1		1	2	4	667		左营
			右营				1	1	2	4	666		右营

① 案平番营驻扎地在松潘厅南一百二十六里，地名黄沙坝，《乾隆大清会典则例》

续表

协									营								
将(员)领							兵数(名)	驻扎地及兼辖	名称	将(员)领						兵数(名)	驻扎地及兼辖
副	参	游	都	守	千	把				参	游	都	守	千	把		
1								驻扎夔州									
			1		2	4	585	府兼辖巫									
				1	2	4	585	山、梁万二	巫山营			1		1	1	330	巫山县
								营	梁万营			1			1	250	万县
									绥宁营	1			1	2	4	700	秀山县
									黔彭营			1		1	2	300	黔江县
									忠州营			1		1	2	250	忠州
									会昌营	1			1	2	4	700	会理州兼辖永定一营
									永定营			1		1	2	300	永定城
									越巂营	1			1	2	4	700	越巂卫兼辖宁越一营
									宁越营			1		1	2	400	宁越城
									靖远营		1		1	2	4	500	冕宁县兼辖泸宁一营
									泸宁营				1	1	2	300	泸宁城
									会盐营		1		1	2	4	500	盐源县
									嘉顺营			1		1	2	300	嘉顺城
									怀远营			1		1	2	300	怀远城
									冕山营			1		1	2	300	冕宁县
1								驻扎旧保									
			1		2	4	500	县兼辖茂									
			1		1	2	300	州一营									
									茂州营			1		1	2	400	茂州
								杂谷闹	龙安营	1			1	2	4	650	龙安府
									漳腊营	1			1	2	4	640	漳腊城
									叠溪营		1		1	1	2	546	叠溪营
									平番营			1		1	2	250	黄沙坝①

失考，兹据《大清一统志》卷三百十九补入。

军区	将帅		标										
	官阶	驻扎地及节制	名称	将(员)领							兵数(名)	驻扎地及兼辖	名称
				副	参	游	都	守	千	把			
两广	两广总督	驻扎肇庆府节制二抚二提九镇	中营	1			1		2	4	900		
			左营		1			1	2	4	901		
			右营		1			1	2	4	901		
			前营		1			1	2	4	901		
			后营		1			1	2	4	900		
	广东巡抚	驻扎广州府	左营		1			1	2	4	716		
			右营			1		1	2	4	714		
	广东提督	驻扎惠州府节制七镇	中营		1			1	2	4	866		惠州协
			左营			1		1	2	4	865		左营
			右营			1		1	2	4	865		右营
			前营			1		1	2	4	865		
			后营			1		1	2	4	865		肇庆协
													中军
													左营
													右营
													广州城守协

续表

协									营								
将(员)领							兵数(名)	驻扎地及兼辖	名称	将(员)领						兵数(名)	驻扎地及兼辖
副	参	游	都	守	千	把				参	游	都	守	千	把		
									南坪营			1		1	2	400	南坪营
									小河营				1	1	2	200	小河城
									肇庆营	1			1	2	4	881	肇庆府
									理猺营						1	100	三江口
									海防营						2	100	广州府
1								驻扎惠州府兼辖和平一营	和平营			1		1	2	345	和平县
			1	1	2	4	725										
			1	1	2	4	725	永安县									
1								驻扎肇庆府兼辖四会一营	四会营			1		1	2	249	四会县
			1					兼辖左右二营									
				1	2	4	797	开建县									
				1	2	4	795										
1			1	1	3	4	1,175	驻扎广州府兼辖三水一营	三水营			1			2	200	三水县
									增城营	1							增城县
									左营				1	3	1	580	龙门县
									右营				1	2	2	579	从化县
									平海营	1			1	2	4	931	归善县

军区	将帅		标										
	官阶	驻扎地及节制	名称	将(员)领							兵数(名)	驻扎地及兼辖	名称
				副	参	游	都	守	千	把			
左翼镇	总兵	驻扎东莞县	中营			1		1	2	4	932		顺德协
		虎门寨	左营			1		1	2	4	739		
			右营			1		1	2	4	900		左营
													右营
													香山协
													左营
													右营
													春江协
													中军
													左营
													右营
右翼镇	总兵	驻扎韶州府	中营			1		1	2	4	1,000		三江口
		英德县	左营			1		1	2	4	1,000		协
			右营				1	1	2	4	1,000	清远县	
													中军
													左营
													右营
													南雄协
碣石镇	总兵	驻扎碣石卫	中营			1		1	2	4	932		

① 案那扶营《乾隆大清会典则例》卷一百十二云驻扎惠州府那扶镇。考那扶镇在

续表

协									营								
将(员)领							兵数(名)	驻扎地及兼辖	名称	将(员)领						兵数(名)	驻扎地及兼辖
副	参	游	都	守	千	把				参	游	都	守	千	把		
									大鹏营	1			1	2	4	931	东莞县
									东莞营			1		2	2	532	东莞县
1								驻扎顺德县									
			1	1	2	4	919										
			1	1	2	3	919	芦包汛									
1								驻扎香山县									
			1	1	2	3	884										
			1	1	2	3	885	皇梁都土城									
1								驻扎阳江县兼辖那扶一营									
			1					兼辖左右二营	那扶营			1		1	1	287	惠州府那扶镇①
				1	2	4	718		新会营	1							新会县
				1	2	4	718	双鱼所	左营				1	2	4	900	
									右营				1	2	4	900	新宁县
									新塘营		1		1	2	4	900	新塘县
									广海营		1		1	2	4	837	广海寨
1								驻扎惠州府三江口兼辖连阳一营	连阳营		1		1	2	4	682	连州
			1					兼辖左右二营									
				1	2	4	1,000		英清江防城守营				1	1	1	236	清远县
				1	2	4	1,000	虎艾塘									
1			1	1	2	4	868	驻扎南雄府									
									惠来营		1		1	2	4	738	惠来县

①今台山县西一百二十里那扶水上游，清代属广州府，《会典则例》作属惠州府疑误。

军区	将帅		标											
	官阶	驻扎地及节制	名称	将(员)领							兵数(名)	驻扎地及兼辖	名称
				副	参	游	都	守	千	把			
			左营			1		1	2	4	931	甲子所	
			右营			1		1	2	4	931	捷胜所	
潮州镇	总兵	驻扎潮州府	中营			1		1	2	4	787		黄冈协
			左营			1		1	2	4	787		
			右营			1		1	2	4	787	揭阳县	中军
													左营
													右营
高州镇	总兵	驻扎高州府	左营			1		1	2	4	814		雷州协
			右营				1	1	2	4	813		
													中军
													左营
													右营
													罗定协
													左营
													右营
													龙门协
													左营
													右营
琼州镇	总兵	驻扎琼州府	左营			1		1	2	4	850		琼州协
			右营				1	1	2	4	848		
													左营
													右营
南澳镇[①]	总兵	驻扎南澳汛	右营			1		1	2	4	1,180		澄海协
													中军

① 南澳镇左营隶福建,兼属闽浙总督节制。

续表

协									营								
将(员)领							兵数	驻扎地	名称	将(员)领						兵数	驻扎地
副	参	游	都	守	千	把	(名)	及兼辖		参	游	都	守	千	把	(名)	及兼辖
1								驻扎饶平县	潮州城守营			1	1	2	4	628	潮州府
			1					兼辖左右二营	平镇营		1		1	2	4	589	平远县
				1	2	4	578		饶平营		1		1	2	4	537	饶平县
				1	2	4	578	大城所	潮阳营		1		1	2	4	819	潮阳县
									兴宁营			1		1	2	300	兴宁县
1								驻扎雷州府兼辖海安、徐闻二营									
			1					兼辖左右二营	海安营		1		1	2	4	903	海安所
				1	2	6	735	锦囊所	徐闻营				1	1	1	266	徐闻县
				1	3	4	733	寨城	电白营		1		1	2	4	676	电白县
1								驻扎罗定州	吴川营		1		1	2	4	677	吴川县
			1	1	1	2	528		钦州营		1		1	2	4	724	钦州
			1	1	2	4	927	河头汛	廉州营		1		1	2	3	828	廉州府
1								驻扎钦州	化石营			1		1	2	527	石城县
			1	1	2	4	985		硇州营			1		1	2	500	硇州
			1	1	2	4	983										
1								驻扎琼山县海口所	崖州营	1			1	2	4	906	崖州
			1		1	2	590	铺前港	儋州营		1		1	2	4	787	儋州
				1	1	2	590		万州营		1		1	2	4	787	万州
1								驻扎澄海县	海门营	1			1	2	6	1,059	海门所
			1					兼辖左右二营	达濠营				1	1	2	417	达濠汛

军区	将帅		标											
	官阶	驻扎地及节制	名称	将(员)领							兵数(名)	驻扎地及兼辖	名称
				副	参	游	都	守	千	把			
													左营
													右营
	广州将军	驻扎广州府	左营	1			1		2	4	867		
			右营			1		1	2	4	867		
			前营			1		1	2	4	867		
			后营			1		1	2	4	866		
	广西巡抚	驻扎桂林府	左营		1			1	2	4	611		
			右营			1		1	2	4	611		
	广西提督	驻扎柳州府节制二镇	中营		1			1	2	4	882		义宁协
			左营			1		1	2	4	799		
			右营			1		1	2	4	799		左营
			前营			1		1	2	4	798		右营
			后营			1		1	2	4	798		平乐协
													左营
													右营
													庆远协
													左营
													右营
左江镇	总兵	驻扎南宁府	中营			1		1	2	4	766		梧州协

续表

协									营								
将（员）领							兵数（名）	驻扎地及兼辖	名称	将（员）领						兵数（名）	驻扎地及兼辖
副	参	游	都	守	千	把				参	游	都	守	千	把		
				1	2	4	712										
				1	2	4	710	樟木寨									
1								驻扎桂林府龙胜	柳州城守营			1		1	2	260	柳州府
			1		2	4	515										
				1	2	4	485	广南汛									
1								驻扎平乐府兼辖富贺、麦岭二营									
			1		1	2	399		富贺营			1		1	2	300	贺县
				1	1	2	371		麦岭营			1		1	2	266	平乐府麦岭
1								驻扎庆远府兼辖三里、东兰二营	三里营			1		1	2	261	上林县
									东兰营				1	1	1	200	东兰州
			1		1	2	633		全州营	1			1	2	4	726	全州
				1	1	2	604	河池州	融怀营	1			1	2	4	700	怀远县
									宾州营	1			1	2	4	748	宾州
									桂林城守营		1		1	4	2	779	桂林府
1								驻扎梧州府	南宁城守营			1	1	2	4	724	南宁府

军区	将帅		标										
	官阶	驻扎地及节制	名称	将(员)领 副	参	游	都	守	千	把	兵数(名)	驻扎地及兼辖	名称
			左营				1	1	2	4	704		
			右营				1	1	2	4	704		左营
													右营
													浔州协
													左营
													右营
													新太协
													左营
													右营
右江镇	总兵	驻扎百色城	中营			1		1	2	4	690		镇安协
			左营				1	1	2	4	630		
			右营			1		1	2	4	630		
													左营
													右营
云贵	云贵总督	驻扎云南	中营	1			1		2	4	800		
		府节制二	左营			1		1	2	4	800		
		抚二提十有	右营			1		1	2	4	800		
		三镇	前营			1		1	2	4	800		
			后营			1		1	2	4	800		
	云南巡抚	驻扎云南府	左营		1			1	2	4	640		
			右营			1		1	2	4	640		

续表

协									营								
将(员)领							兵数(名)	驻扎地及兼辖	名称	将(员)领						兵数(名)	驻扎地及兼辖
副	参	游	都	守	千	把				参	游	都	守	千	把		
			1		1	2	408		鬱林营	1			1	2	4	700	鬱林州
				1	1	2	378		上思营			1		1		154	上思州
1								驻扎浔州府	怀集营			1		1	1	256	怀集县
			1		1	2	551										
				1	1	2	521	五山汛									
1								驻扎太平府兼辖馗纛、龙凭二营	馗纛营			1		1	1	200	思明土州
									龙凭营			1		1	1	300	太平府龙州
			1		1	2	614										
				1	1	2	531	明江汛									
1								驻扎归顺州兼辖思恩、隆林、上林三营	思恩营		1		1	1	2	500	武缘县
									隆林营		1		1	2	4	700	西隆州八达镇
			1		1	2	368										
				1	1	2	337	小镇安州	上林营			1		1	1	255	西林县
									云南城守营	1			1	2	4	1,170	云南府
									奇兵营	1			1	2	4	970	寻甸州

军区	将帅		标										
	官阶	驻扎地及节制	名称	将（员）领							兵数（名）	驻扎地及兼辖	名称
				副	参	游	都	守	千	把			
	云南提督	驻扎大理府节制九镇	中营		1			1	2	4	780		
			左营			1		1	2	4	780		
			右营			1		1	2	4	780		
			前营			1		1	2	4	780		
			后营			1		1	2	4	780		
临元镇	总兵	驻扎临安府	中营			1		1	2	4	717		
			左营				1	1	2	4	816		
			右营				1	1	2	4	717		
曲寻镇	总兵	驻扎曲靖府①	中营			1		1	2	4	916		
			左营				1	1	2	4	918		
			右营			1		1	2	4	916		
开化镇	总兵	驻扎开化县	中营			1		1	2	4	784		广罗协
			左营				1	1	2	4	783		
			右营				1	1	2	4	783		
楚姚镇	总兵	驻扎楚雄府	中营			1		1	2	4	786		
			左营			1		1	2	4	778		
			右营			1		1	2	4	786		
永顺镇	总兵	驻扎永昌府	中营			1		1	2	4	783		腾越协
			左营				1	1	2	4	783		
			右营				1	1	2	4	784		
鹤丽镇	总兵	驻扎鹤庆府	中营			1		1	2	4	784		维西协
			左营				1	1	2	4	783		
			右营				1	1	2	4	783		
永北镇	总兵	驻扎永北府	中营			1		1	2	4	651		
			左营				1	1	2	4	651		

① 案《乾隆大清会典则例》卷一百二十作驻扎曲寻府误。

续表

协									营								
将(员)领							兵数(名)	驻扎地及兼辖	名称	将(员)领						兵数(名)	驻扎地及兼辖
副	参	游	都	守	千	把				参	游	都	守	千	把		
									大理城守营			1	1	2	4	770	大理府
									元江营	1							元江府
									左营				1	1	3	580	
									右营				1	1	3	590	元江府他郎
									新嶍营	1			1	2	6	1,170	新平县
									武定营	1			1	2	4	960	武定府
									寻沾营	1			1	2	4	970	宣威州
1			1		2	4	1,170	驻扎广西府	广南营	1			1	2	4	1,070	广南府
									景蒙营	1			1	2	4	770	景东府
1			1		2	4	970	驻扎腾越州	顺云营			1		1	4	480	顺宁府
1			1		2	4	970	驻扎维西府	剑川营	1			1	2	4	770	剑川州

军区	将帅		标										名称
	官阶	驻扎地及节制	名称	将(员)领 副	参	游	都	守	千	把	兵数(名)	驻扎地及兼辖	
			右营				1	1	2	4	651		
昭通镇	总兵	驻扎昭通府	中营			1		1	2	4	1,064		
			左营			1		1	2	4	1,062	大关城	
			右营			1		1	2	4	1,062	永善县	
			前营			1		1	2	4	1,062	凉山	
普洱镇	总兵	驻扎普洱府	中营			1		1	2	4	890		
			左营			1		1	2	4	880		
			右营			1		1	2	4	881		
	贵州巡抚	驻扎贵阳府	左营		1			1	2	4	750		
			右营			1		1	2	4	750		
	贵州提督	驻扎安顺府节制四镇	左营		1			1	2	4	700		大定协
			右营			1		1	2	4	700		
			前营			1		1	2	4	700		左营
			后营			1		1	2	4	700		右营
													黔西协
													左营
													右营
													平远协
													左营
													右营
													遵义协
													左营
													右营

① 古州营隶古州道辖。 ② 都江营隶都匀府通判辖。 ③ 案《乾隆大清会

续表

协									营								
将(员)领							兵数(名)	驻扎地及兼辖	名称	将(员)领						兵数(名)	驻扎地及兼辖
副	参	游	都	守	千	把				参	游	都	守	千	把		
									东川营	1							东川军民府
									左营				1	1	3	785	
									右营				1	1	3	785	
									镇雄营	1							镇雄府
									左营				1	1	3	586	
									右营				1	1	3	584	
									古州营①				1	1	1	200	古州
									都江营②						1	50	都匀府
1								驻扎大定府	安顺城守营			1	1	2	4	500	安顺府
			1	1	2	4	500		长寨营	1			1	2	4	700	长寨
			1	1	2	4	500		贵阳城守营		1		1	2	4	750	贵阳府
1								驻扎黔西州	归化营		1		1	2	4	600	镇远府③
			1		2	4	550										
				1	2	4	550										
1								驻扎平远州									
			1		2	4	500										
				1	2	4	500										
1								驻扎遵义府兼辖仁怀一营	仁怀营			1		1	2	250	仁怀旧县
			1		2	4	500										
				1	2	4	500										

典则例》作驻扎威远府误。

军区	将帅		标										
	官阶	驻扎地及节制	名称	将(员)领							兵数(名)	驻扎地及兼辖	名称
				副	参	游	都	守	千	把			
													定广协
													左营
													右营
安笼镇	总兵	驻扎南笼府	中营			1		1	2	4	600		
			左营			1		1	2	4	600	黄草坝	
			右营				1	1	2	4	600		
古州镇	总兵	驻扎古州	中营			1		1	2	4	700		都匀协
			左营			1		1	2	4	700		左营
			右营				1	1	2	4	700		右营
													上江协
													左营
													右营
镇远镇	总兵	驻扎镇远府	中营			1		1	2	4	700		清江协
			左营			1		1	2	4	700		左营
			右营				1	1	2	4	700		右营
													铜仁协
													左营
													右营
威宁镇	总兵	驻扎威宁州	中营			1		1	2	4	900		
			右营				1	1	2	4	900		

续表

协									营								
将（员）领							兵数（名）	驻扎地及兼辖	名称	将（员）领						兵数（名）	驻扎地及兼辖
副	参	游	都	守	千	把				参	游	都	守	千	把		
1								驻扎定番州兼辖新增一营									
			1		2	4	470		新增营			1		2	2	360	贵定县
				1	2	4	470	大塘营									
									安南营		1		1	2	4	450	安南县
									长坝城守营		1		1	2	4	700	永丰州
									永安营			1		1	2	360	郎岱
									普安营			1		2	4	440	普安州
1								驻扎都匀府	黎平营	1							黎平府
		1		1	2	4	880	八寨汛	左营				1	1	3	500	
		1		1	2	4	880	独山汛	右营				1	1	3	500	永从县
1								驻扎来牛兼辖荔波一营	下江营		1		1	2	4	550	苏洞
									荔波营		1		1	2	4	800	荔波县
									朗洞营	1							朗洞
		1		1	2	4	675		左营				1	2	4	450	
		1		1	2	4	675	定旦汛	右营				1	2	4	450	
1								驻扎镇远府	丹江营	1						·	都匀府丹江营兼辖凯里一营
		1		1	2	4	800	清江营									
		1		1	2	4	800	柳霁汛									
1								驻扎松桃	左营				1	2	4	473	
		1		1	2	4	900	铜仁府	右营				1	2	4	474	鸡讲汛
		1		1	2	4	900	嗅脑营	凯里营			1		1	3	500	凯里
									台拱营	1							台拱
									左营				1	2	4	550	
									右营				1	2	4	550	
									平越营		1		1	2	4	600	平越府
									思南营		1		1	2	4	500	思南府
									天柱营			1		1	2	350	天柱县
									石阡营			1		1	2	270	石阡府
									黄平营			1		1	2	400	黄平州
									毕赤营		1		1	2	4	650	毕节县
									水城营		1		1	2	4	500	大定府水城

第二节　绿营建立营制的原则

由上节《绿营行省营制表》所列，可以看出绿营建立营制的原则。这个原则，就是因地理形势而定营制的缓冲疏密，酌兵数的多少。《康熙大清会典》说：

> 凡天下要害地方，皆设官兵镇戍。其统驭官军者，曰提督总兵官。其总镇一方者，曰镇守总兵官。其协守地方者，曰副将，次曰参将，又次曰游击，曰都司，曰守备。或同守一城，或分守专城，下及千总、把总亦有分汛备御之责，皆量地形之险易，酌兵数之多寡。①

这一段话，便是对这个原则的说明。顺治三年（一六四六年）兵部奉旨会议江北营制揭帖，叙述它的建制原则也说：

> 按道里之远近，计水陆之冲缓，因地设官，因官设兵。②

这一句简短的话，更把这个原则说得透彻。因为绿营营制，既因地而异，所以行省营制就一处不同一处。这个原则，与湘军以后兵制以营伍为编制的原则完全两样，在上表中已经看出，并且得到了解。现在，为了要更加详细地阐明起见，根据上表再列一个《绿营行省营、官、兵数统计表》来比较：

① 见卷八十六《镇戍一》。
② 据中国社会科学院经济研究所整理档案。

绿营行省营、官、兵数统计表

（据上节《绿营行省营制表》编成）

军区	营数*					所辖官数							兵数	各军区兵数占全国兵数百分比
	标营	同城		分防		副将	参将	游击	都司	守备	千总	把总		
		协营	营	协营	营									
直隶区														
总督	4		1		10	1	1	3	2	5	25	45	5,845	
提督	4		1	6	20	3	2	5	18	11	37	90	9,430	
马兰镇	2		1		3			1	2	3	9	21	2,073	
泰宁镇	2				11		1	2	4	9	10	26	3,316	
宣化镇	3		1	5	27	2	1	3	12	24	18	47	8,589	
天津镇	2		1	4	21	2	2	5	14	12	27	72	8,661	
正定镇	2		1	1	11	1	1	4	8	5	19	32	6,434	
附京师巡捕营					3		3	3		19	15	30	5,000	
共计	19		6	16	106	9	11	26	60	88	160	363	49,348	8%
山东区														
巡抚兼提督	2						1	1		2	4	8	916	
兖州镇	2			2	10	2	4	3	6	9	20	43	7,612	
登州镇	3			2	10	2	4	3	6	10	22	49	8,269	
河东河道总督	3		1		3	1		2	2	6	12	19	3,255	
共计	10		1	4	23	5	9	9	14	27	58	119	20,052	3%
山西区														
巡抚兼提督	2						1	1		2	4	8	1,200	
太原镇	2		1	1	11	1	4	3	8	8	19	42	8,820	
大同镇	4			2	31	1	11	4	19	18	40	84	18,687	
共计	8		1	3	42	2	16	8	27	28	63	134	28,707	4%

*　此处营数包括标营、协营及专营或分营的营说的。凡记营数都以一营为单位，凡一协或一营分为两营或三营的，则记它所分的营数，不以协营为单位。例如直隶河屯协分为左营、右营，两江徽州营分为左营、右营都记作两营。若一协不分营的则作一营论，因不分营的协，全协只有一营。

续表

军区	营数					所辖官数							兵数	各军区兵数占全国兵数百分比
	标营	同城		分防		副将	参将	游击	都司	守备	千总	把总		
		协营	营	协营	营									
河南区														
巡抚兼提督	2						1			2	4	8	966	
河北镇	2				7		2	1	4	8	12	27	4,715	
南阳镇	2				7		2	2	2	7	13	25	4,755	
共计	6				14		5	3	6	17	29	60	10,436	2%
两江区														
总督	2	2		2	14	3	2	6	7	15	24	53	9,127	
苏松巡抚	2		2				2			5	6	14	1,761	
安徽巡抚	2						1	1		2	4	7	773	
水陆提督	5		1	2	18	1	5	9	7	18	38	68	13,674	
崇明镇	4							3	1	4	8	16	3,477	
狼山镇	3				5			4	3	6	10	27	4,469	
寿春镇	3				4		1	2	4	5	10	21	3,412	
江宁将军	2			2	1	2		3	2	3	9	17	4,582	
江南河道总督	3		2		24	2	2	3	3	24	27	50	13,072	
漕运总督	3		1		6	1	1	4	5	6	12	25	5,002	
江西巡抚兼提督	2			2	3	2	1	1	5	2	9	20	3,207	
南昌镇	2		2		11		2	3	8	7	11	26	5,684	
南赣镇	3		1		12		3	2	11	6	12	33	5,421	
共计	36	2	9	8	98	11	20	41	56	103	180	377	73,661	11%
闽浙区														
总督	3		1			1	3		1	3	8	16	4,221	
福建巡抚	2						1	1		2	4	8	1,290	
水师提督	5			2	2	1	3	4	2	9	18	36	8,544	
金门镇	2							2		2	4	8	2. 304	
海坛镇	2							2		2	4	8	2,304	
南澳镇	1							1		1	2	4	1,159	
台湾镇	3		2	8	3	3	2	8	3	13	28	56	12,670	
陆路提督	5		1	4	3	2	3	4	6	9	22	45	10,252	

续表

军区	营数					所辖官数							兵数	各军区兵数占全国兵数百分比
	标营	同城		分防		副将	参将	游击	都司	守备	千总	把总		
		协营	营	协营	营									
福宁镇	3				3			6		6	12	24	4,801	
汀州镇	3				2		1	3	1	4	10	20	4,471	
建宁镇	3			2	1	1		3	2	6	11	22	4,720	
漳州镇	3		1		7		1	7	2	10	18	37	7,970	
福州将军	2					1		1	1	1	4	8	1,860	
浙江巡抚	2						1			2	3	8	786	
浙江水陆提督	5		1	5	5	3	2	5	5	15	27	55	10,504	
黄岩镇	3			5	3	2	2	3	4	10	20	44	8,468	
定海镇	3			2	2	1	1	3	3	6	13	25	5,823	
温州镇	3		1	5	4	3	1	3	7	10	22	44	8,135	
处州镇	3			2	1	1		3	3	5	11	21	3,924	
衢州镇	3		1	2	1	1		3	3	5	12	24	3,889	
共计	59		8	37	37	20	21	62	43	121	253	513	108,095	17%
湖广区														
总督	3					1		2	1	2	6	12	1,403	
湖北巡抚	2						1	1		2	4	8	955	
湖南巡抚	2						1	1		2	4	8	1,141	
水陆提督	4			10	21	8	7	9	13	24	55	112	19,101	
襄阳镇	4		1	2	3	1	1	6	2	9	20	40	5,605	
宜昌镇	4			3	3	1		6	2	7	16	33	5,402	
镇筸镇	4			3	2	2		4	3	8	19	38	6,200	
永州镇	3				3		3	3		6	12	24	3,640	
共计	26		1	18	32	13	13	32	21	60	136	275	43,447	7%
陕甘区														
总督	5		1			1	1	4	1	5	12	24	4,900	
陕西巡抚	2						1	1		2	4	8	1,195	
固原提督	5		1	4	18	4	4	9	12	11	27	53	11,477	
延绥镇	3		1	3	26	3	2	4	17	15	10	33	9,299	
兴汉镇	3		1	1	9	1	2	8	4	10	14	28	7,243	

续表

军区	营数					所辖官数							兵数	各军区兵数占全国兵数百分比
	标营	同城		分防										
		协营	营	协营	营	副将	参将	游击	都司	守备	千总	把总		
河州镇	2			1	12	1		7	7	3	14	30	7,089	
甘肃巡抚	2						1	1		2	4	8	1,200	
甘州提督	5						1	3	1	5	10	25	6,000	
西宁镇	5		1	1	12	1	1	6	9	10	22	44	9,656	
宁夏镇	4		1	2	11	2	2	7	5	14	13	49	9,646	
凉州镇	5		1	1	19	1	3	6	10	15	20	40	9,952	
肃州镇	3		1	2	16	2	1	9	8	8	19	44	10,610	
安西提督	5		1	3	7	2	2	5	8	7	24	45	9,000	
共计	49		9	18	130	18	21	70	82	107	193	431	97,267	15%
四川区														
总督	3					1		2	1	2	5	12	2,400	
提督	5		2	4	11	2	3	7	9	15	34	63	10,984	
川北镇	3				5			4	3	6	13	21	3,600	
重庆镇	3			2	5	1	1	2	6	5	15	30	4,800	
建昌镇	3				10		2	4	6	8	20	40	6,300	
松潘镇	3			2	7	1	2	3	6	7	18	36	5,886	
共计	20		2	8	38	5	8	22	31	43	105	202	33,970	5%
两广区														
总督	5		1		2	1	5		1	5	12	27	5,584	
广东巡抚	2						1	1		2	4	8	1,430	
广东水陆提督	5	2		3	8	3	4	4	8	14	34	59	12,883	
左翼镇	3			6	5	3	1	5	6	13	27	51	11,438	
右翼镇	3			3	2	2		3	3	8	15	29	6,786	
碣石镇	3				1			4		4	8	16	3,532	
潮州镇	3		1	2	4	1		6	3	9	19	38	6,390	
高州镇	2			6	8	3		6	8	14	29	56	11,619	
琼州镇	2	2			3	1	1	3	2	6	12	24	5,358	
南澳镇	1			2	2	1	1	1	1	5	9	20	4,078	
广州将军	4					1		3	1	3	8	16	3,467	

续表

军区	营数					所辖官数							兵数	各军区兵数占全国兵数百分比
	标营	同城		分防		副将	参将	游击	都司	守备	千总	把总		
		协营	营	协营	营									
广西巡抚	2						1	1		2	4	8	1,222	
广西提督	5		1	6	8	3	4	5	7	13	33	59	11,323	
左江镇	3		1	6	5	3	1	1	10	8	20	35	7,511	
右江镇	3			2	3	1		4	3	6	12	23	4,110	
共计	46	4	4	36	51	23	19	47	53	112	246	469	96,731	15%
云贵区														
总督	5		1		1	1	2	4	1	6	14	28	6,140	
云南巡抚	2						1	1		2	4	8	1,280	
云南提督	5		1				1	4	1	6	12	24	4,670	
临元镇	3				3		2	1	2	6	10	24	4,590	
曲寻镇	3				2		2	2	1	5	10	20	4,680	
开化镇	3			1	1	1	1	1	3	4	10	20	4,590	
楚姚镇	3				1		1	3		4	8	16	3,120	
永顺镇	3			1	1	1		1	4	3	9	20	3,800	
鹤丽镇	3			1	1	1	1	1	3	4	10	20	4,090	
永北镇	3							1	2	3	6	12	1,953	
昭通镇	4				4		2	4		8	12	28	6,990	
普洱镇	3							3		3	6	12	2,651	
贵州巡抚	2				2		1	1		3	5	10	1,750	
贵州提督	4		1	10	5	5	2	5	9	14	39	76	11,000	
安笼镇	3				4			4	3	5	13	26	3,750	
古州镇	3			4	6	2	2	8	1	13	24	50	8,460	
镇远镇	3			4	10	2	2	8	5	13	30	61	10,167	
威宁镇	2				2			3	1	4	8	16	2,950	
共计	57		3	21	43	13	20	55	36	106	230	471	86,631	13%
全国共计	336	6	44	169	614	119	163	375	429	812	1,653	3,414	648,345	100%

要比较绿营各地不同的营制，应该举镇来说明。因为镇是每一军区里面的单位，是绿营的基本组织，在它的上面，虽建有总督、巡抚和提督，但其建制的原则是完全相同的，在它的下面，虽有协、营和汛，又不过是从它分出来的，所以说明了镇的情形，便可以概其余。上列《绿营行省营官兵数统计表》，共六十六镇，其中只有福建省金门、海坛两镇水师的营制，其营数、官数、兵数完全相同（云南省临元、开化两镇兵数虽同，但营数、官数却不同）。而考这两镇之所以相同，还是基于地理形势的原则的。原来金门镇在同安县的金门镇，海坛镇在福清县的海坛汛，两镇同扼闽海的要害，地位相同，故营制也相同。此外，便没有一镇相同。试举两个相差最远的例来说，如山西大同镇兵数共一八，六八七名，分防一协、三十一营，为行省各镇中兵数最多、营制最密的一镇，云南永北镇则兵数仅一，九五三名，并无分防的协、营，为行省各镇中兵数最少、营制最疏的一镇。这两镇兵数多寡、营制疏密所以相差这样远，实取决于地理形势的原则而定。因为大同镇东连上谷，南达并、恒，西界黄河，北控沙漠，地处要害，为北京的藩屏。① 明天顺中，石亨在这里镇守，尝说："大同士马甲天下，若专制大同，北塞紫荆，东据临清，决高邮之堤以绝饷道，京师可不战而困。"②其地位的重要可知。清因明制，故大同镇兵数为全国最多的一镇，而营制分布也至密。至于永北设镇，不过因为与黄喇嘛交界而设，而边区安静无事，所以置兵不多，营制也疏。又从一个军区内各镇来说，例如云贵区共建

① 顾祖禹：《读史方舆纪要》卷四十四《山西六》。
② 见同上书顾祖禹引文。

十三镇，其兵数每镇自一，〇〇〇余名至八，〇〇〇余名不等，而镇远镇一镇为一〇，一六七名，兵数多于各镇。这是因为镇远镇形势，东达沅、辰，西通贵筑，当往来的冲要，为云、贵门户①，所以置兵特重于本区的他镇。再从上表行省各军区兵数比较来看，据上表统计以闽浙区为最多，共一〇八，〇九五名，占行省兵数17%，居第一位。陕甘区兵数为九七，二六七名，占行省兵数15%强，居第二位。两广区兵数为九六，七三一名，占行省兵数15%弱，居第三位。闽浙区地处东南海疆，海防重要，除陆军外，还有水师，所以兵数独厚，两广区的广东情况与闽浙区同，所以兵数也厚。其陕甘区兵数虽居第二位，较次于闽浙区，但闽浙区是陆军与水师合计，若只以陆军而论，则陕甘区兵数实居行省第一位。陕甘区陆军所以最多，是因为当时中国西北边防最重，故特设重兵以为镇守，陕甘总督左宗棠所谓缘地居要塞，北连蒙古，南杂诸族，西路新疆，更番接戍，防范宜周，兵力不得不厚便是。② 至于处腹里省分的军区，如河南区兵数为一〇，四三六名，占行省兵数2%，为最少的省分。要塞海疆则置重兵，腹里则少置，其多寡不同的情况，也是取决于地形的原则的。

从上列《绿营行省营官兵数统计表》作各方面的比较，各地不同的营制无不因地而异，对绿营这个因地形而定营制的缓冲疏密、酌兵数的多少的建制原则，便可以完全明了的了。

不过，绿营建制固然是以地形为原则，但却不是胶着于地形，

① 见顾祖禹：《读史方舆纪要》卷一百二十二《贵州三》论镇远形势语。
② 见中国社会科学院经济研究所整理档案。

固定不变，而是随着形势的变化而变化的，每经一次事变，就有一次适应新形势的新建制。例如嘉庆时，白莲教在川、楚、陕起义失败后，陕甘区则从新建制宁陕、陕安、汉中、西安四镇，湖广区则增设湖北提督。如道光时，鸦片战争之役后，直隶区则增建通永镇，两江区则增建福山水师镇，山东区则改登州镇为水师镇。所以，可以说随形势变化而因时制宜，也是绿营建置的一个原则。

第三节　“营”[1]的类别、兵种与将帅

绿营营制建制的原则，已叙于上节。现在再进而阐明绿营营制里面营的类别、兵种与将帅三种制度。要阐明这三种制度，一方面要看第一节《绿营行省营制表》，同时，还要根据别种资料再列一个简明的表以补那一个表的不足。《绿营行省营制表》有两个缺点：第一，绿营营制分标、协、营、汛四种，但此表在各地营制中，只列出标、协、营的制度而不及汛的制度；第二，绿营兵种分马、步、守三种，但此表所列每营兵数，只列它的总数，而没有分别列出它各种兵的细数。第一个缺点，是对绿营营制四种不同的机构，没有得到一个完整的印象。第二个缺点，是不明白各兵种在营制中是怎样的一个编制的制度。不过，这两点缺陷不单是《乾隆大清会典则

① 此处的“营”字是广义的，它不专指参将、游击、都司、守备所辖的营，也不仅指总督、巡抚、提督总兵官的标营与副将的协营而言，它所涵的意义，是把绿营营制中凡标、协、营、汛四种营制都包括在内的。

例》一书如此，清代历朝所修的会典、事例、通考各书，无不同此缺陷。这是由于营制中以分汛为最繁密，而载各营兵数的总数也远较将它的兵种的细数都胪列出来简单得多。现在所载，已够卷帙繁多的了，如果再加上分汛和兵种细数的记载，其繁多何止倍蓰。所以修典章的人，便把这两方面都删而不载。到今天，想要把绿营各地的分汛制度与各地营汛兵种的数目一一的考出来，文献残缺，已经是不可能的事了。① 所幸在道光朝修的《中枢政考》里面，却把直隶一区各地的分汛和各营汛的兵种细数都载明，直隶外各军区则不再列分汛（其各营兵种细数仍分列）。揣主修者的用意，大概是以直隶居各省之首，故举以为例。各地绿营的营制，是不能举一两个军区以为例的，在上面已经说明白，但是，要解剖绿营营制的机构，寻出它的原则，明了它的组织，只要举一个军区或一两镇出来说明便可以看得出来了。现在，再根据这部《中枢政考》所记直隶区营制，将其中天津、大名两镇营制列成一个简表，来做说明，以补上表的不足。表见后。

① 案各军区分汛的营制，在典章中除《道光中枢政考》记有直隶一省分汛营制外，他种典章都没有此项记载。惟各省自修的营制汇编则有此项记载，如本书第八章所引《鄂省营制驿传汇编》一书便是其中的一种。又各省方志中亦有关于此项的记载。不过若要举例以明分汛营制的机构，则本章所举《中枢政考》所载的例已够。若欲胪列全国分汛营制则各省所修的营制汇编及方志之类，其所修的年代不同，而其所载的分汛营制兴废沿革则必参差不齐，虽欲钩玄辑录仍不可用。故本书对于此项材料不再一一列举。至于分汛制度的解剖除本节外，并详述于第八章第二节《防汛》，请参看。

直隶区天津、大名两镇营制表

（据《道光朝钦定中枢政考》卷三十七兵制编成）

镇名	标				协					营					汛			
	名称	兵数			名称	兵数			兼辖①	名称	兵数			兼辖	名称	兵数		
		马兵（名）	步兵（名）	守兵（名）		马兵（名）	步兵（名）	守兵（名）			马兵（名）	步兵（名）	守兵（名）			马兵（名）	步兵（名）	守兵（名）
天津镇	左营	140	38	482						天津城守营	37	30	348					
	右营	110	42	357						静海营	17	4	158					
										蒲河营	29		67					
										乐亭营	29		92					
										水师营	47	225	225					
										葛沽营	43		314					
										海口营	8		82					
					河间协				郑家口、景州两营									
					左营	70	31	291										
															任丘汛	18		78
															高川汛	5		25
															肃宁汛	8		24
															交河汛	8		39
					右营	69	29	303										
															阜城汛	11		47

天津镇										郑家口营	29	46	84					
										景州营	19		95					
															连镇汛	8		55
															安陵汛	8		51
															故城汛	7		47
					通州协				采育、三河、张湾、玉田、丰润五营									
					左营	43	9	152		采育营	1		47					
					右营	43	9	158							马驹汛	5		37
										三河营	35		86					
										张湾营	27	9	100					
										玉田营	38		95					
										丰润营	38		74					
										务关路营	104	17	364	宝坻营				
										宝坻营	20		94					
										武清营	24		103					
										霸州营	34		169					
															文保贰汛	10		38
										大城营	11		62					
										旧州营	35		136					

① 《中枢政考》无兼辖字样，此据《乾隆大清会典则例》卷一百十一补入。

续表

镇名	标				协					营					汛			
	名称	兵数			名称	兵数			兼辖	名称	兵数			兼辖	名称	兵数		
		马兵（名）	步兵（名）	守兵（名）		马兵（名）	步兵（名）	守兵（名）			马兵（名）	步兵（名）	守兵（名）			马兵（名）	步兵（名）	守兵（名）
大名①镇	左营	88	123	289						大名城守营	35	44	120					
	右营	87	123	290														
															大名汛	7	1	23
															南乐汛	6	1	23
															清丰汛	13	8	29
															牙里集汛	10	10	25
															顺河集汛			35
															小滩汛	6	1	38
															魏县汛	7	1	22
										广平营	20	21	71					
															临洺汛	16	3	26
															邯郸汛	20	3	48
															成安汛	2		10
															广平汛	5		10
															曲周汛	2	3	19
															肥乡汛	5		11
															鸡泽汛	1		10
															清河汛	2		19
															威县汛	1		13

大名镇															油房汛	1	1	13
										顺德营	39	32	135					
															西黄汛	1		15
															沙河汛	18	1	36
															南和汛	1		9
															巨鹿汛	2	1	16
															平乡汛	1		9
															广宗汛	1		9
															内邱汛	26	3	48
															金堤店汛	1		8
															唐山汛	1		11
															任县汛	1		9
										磁州营	37	14	140					
															彭城汛	4	1	14
					开州协	93	131	296										
															两门汛	14	20	36
															井店汛	5	6	19
										杜胜营	70	80	249					
										东明营	50	60	140					
										长垣营	52	63	135					

① 大名镇建立于道光元年，故上表无此镇。

上表天津、大名两镇营制整个的机构，共分为四个不同的部分，第一部分叫做“标”，第二部分叫做“协”，第三部分叫做“营”，第四部分叫做“汛”。标的任务，是在总兵官的统率下居中镇守，并备调遣之用（总督、巡抚、提督所属的标，其任务与镇标同）。协的任务，是协守本镇的要害，如天津镇以河间、通州两地为最冲要，大名镇以开州为最冲要，故天津镇建河间、通州两协，大名镇建开州一协以为协守。营的任务，是分守本镇各地扼要的城邑关隘，计天津镇共建天津城守、静海等二十营，大名镇共建大名城守、广平等七营。汛的任务，是分汛备御，凡本镇中较偏僻的县邑，或者是繁盛的市镇，不用特建专营，但仍须防守的都建汛以为分守，计天津镇共分任丘、高川等十汛，大名镇共分大名、南乐等三十汛。关于标、协、营、汛的组织，须将上章的《绿营行省营制表》和此表并看。先看标的组织，它是分所属的标兵为营，有分为两营的，如天津、大名等镇；有分为三营的，如宣化、延绥等镇；有分为四营的，如大同、昭通等镇；有分为五营的，如西宁、凉州等镇。其各标设营多少，都以各镇地形冲要的程度为准则。其各营名称，则以中、左、右、前、后五字为名，如设两营的标、普通常称左营、右营（但也有称前营、后营的，如南昌镇），设三营的标，普通常称中营、左营、右营（但也有称左营、右营、前营的，如登州镇），惟设四营的标称中营、左营、右营、前营，设五营的标称中营、左营、右营、前营、后营则全国一律（督、抚、提所属的标，其组织也与镇标全同）。协的组织，通常是分所属协兵为营，有分两营的，如河间、太湖等协；有分三营的，如张家口、台湾等协；但也有不分营的，如沂州、九江等协。其各协或不分营，或分营而有多少的不同，也都是以地形为准则。至设分营的协，其各营名称，也有以中、左、右三字为名的。营的组织，通常只是本营一营,但也有些地方例外,如徽州、增城等营分左、右两营,常州营分为中、左、右三营。汛的组织,它的本身是最简单的,它是从协从营分出来,通常是几十个兵士,由千总、把总带领来驻防汛地,但从整个营制的机构看起来,它却是最细密的。要明白这种情况,可看上表天津、大名两镇的分汛,如河间一协,其左营分任丘、高川、肃宁、交河四汛,右营分阜城一汛,所辖景州营分连镇、安陵、故城三汛。再看大名镇,其大名城守营分大名、南乐、清丰、牙里集、顺河集、小滩、魏县七汛,广平营分临洺、邯郸、成安、广平、曲周、肥乡、鸡泽、清河、威县、油房十汛,顺德营分西黄、沙河、南和、巨鹿、平乡、广宗、内丘、金堤、唐山、任县十汛,磁州营分彭城一汛,开州协分两门、井店两汛。其河间一协所辖的汛,有的是从本协直接分出来的,有的是从本协兼辖的营分出来的。这个情况,说明汛的根源,是从协从营来的,惟标无分汛。因为分汛是零星的,汛兵专任防汛而不能事训练,故从那以协守分守地方为任务的协、营分出来,至于标兵则以居中镇守与备战时调遣为任务,必须集中训练,故无分汛。这是绿营的一个定制。其大名一镇,计一协七营共分三十汛,绿营分汛地段的细密,于此又可以看见。将天津镇河间协和大名镇分汛的情形合看起来,对各地分汛的制度,便可以推知了。综合上述看来,知道绿营营制中"营"的类别共分标、协、营、汛四种。其标、协、营三种都立营,惟汛不立营。但标营体制与协营不同,协营体制与参将、游击、都司、守备的营又不同,故标、协、营虽同为营,而营的组织大小与其任务却各有不同。至于标、协、营、汛间的关系,标是督、抚、提、镇亲带的兵,凡有专阃之寄的总兵官以上的将帅始得建标。协有的是从总督分出的,如两江总督分出安庆一协,有的是从提督分出的,如直隶提督分出河屯、三屯、山永三协，有的是从镇分出的，如天津镇分出河间、通州两协。营有从总督分出的，如闽浙总督分出南台一营，有从巡抚分出的，如贵州巡抚分出古州、都江两营，有从镇分出的，如天津镇分出天津城守、静海等十二营，有从协分出的，如河间协分出郑家口、景州两营，有从标营分出的，如直隶提督标前营分出密云、石塘、顺义三营，还有些地方，“专营”再分“分营”的，如务关路营又分出宝坻一营。汛是从协或从营分出的，已具述于上，不再举例。凡督、抚、提、镇、协、营对其所分都有管辖的职权。故督、抚、提、镇除辖本标外，其督、提、镇则并辖所分的协与营，巡抚也兼辖所分的营，而协、营又各辖它所分的营与汛。惟标则无所辖，只有那几个有分营的标营为例外（请检第一节《绿营行省营制表》）。因为协、营不是从标分出，故与标即无从属的关系，再回头看第二章所列的《清初绿营天津镇营制表》便可以明白这种制度。但是，标的意义，在绿营制度是作“统属”解[1]，乃绿营军队主力所在，它直隶于总督、巡抚、提督、总兵官的麾下，它虽无所辖，而督、抚、提、镇却以它的力量来做节制一个军区或管辖一镇的工具，所以标对于协，于营，于汛，虽然没有“从属”的关系，但却具有“统属”的权力。这也是绿营营制里面一个特殊的制度。

绿营兵种，分为马兵、步兵、守兵三种。马兵、步兵都是战兵，故马兵、步兵与守兵对称叫做战、守。步兵不骑马，守兵也不骑马，故步兵、守兵与马兵对称，又叫做马、步。这三种兵种在营制中的比例定制，典章中无明文。幸现存清代档案在顺治朝题本里面，却寻得一段残缺了的引载兵部咨会各省督、抚的文件，便是叙述这个定制的，其文如下：

① 张之洞：《张文襄公奏稿》卷三十八，《拟编湖北常备军制折》论“标”字的意义说：“标之为名，本无不可，惟绿营相沿以为统属之称。”

> 顺治□年□月□日(缺)福建巡抚张学圣题:"兵部咨开原定经制马三步七。今查各直省地方,有水、有陆、宜步、宜马之不同,如江西、湖广、福建、广东、广西、四川,或系滨江沿海,或多崇山峻岭,以上六省应马二步八。又有用马之处,即三犹为见少,又有不用马之处,即一犹为见多,听各该省督、抚酌量地方情形,通融裒益,总期适符额数"等因。①

案张学圣任福建巡抚始于顺治三年(一六四六年)八月,至十年(一六五三年)二月罢,他这一件题本,当即在顺治三年至十年间所题。从张学圣此本所引兵部的咨文中,知道清初开国时,最初所定绿营马、步比例的经制是马三步七(步是包括步兵、守兵在内)。嗣兵部以各省地形有水、有陆、宜步、宜马的不同,因有通咨各省督、抚听各就地方具体情况,因地制宜的办法。这一次兵部改定马、步比例的经制,是以省为对象而不是以军区为对象的,因为军区建立的原则是要联合辅车相依的形势以自成为一个军事区域,而各军区内各省的地形却不是都相同的。关于当时各省督、抚接到兵部咨文后,他们如何题复,后来如何改定,已不可详考。间中有可考见的,如康熙初,广西提标、江西全省、安徽抚标都为马一步九,旋广西提标及江西省都因对三藩用兵奏请改为马二步八。② 而陕甘区内陕西、甘肃两省营制,则都为马六步四。③ 马兵虽富于卓越的机动性

① 中国社会科学院经济研究所整理档案。

② 据《清史列传》卷七《哲尔肯传》、《董卫国传》,卷八《杨素蕴传》。

③ 据《清史列传》卷七《宋德宣传》及乾隆二十八年(一七六三年)凉庄将军巴禄、陕甘总督杨应琚《议散补汉军事宜疏》(《皇清奏议》卷五十四)。

和对于远距离的射击威力，但易受地形限制，凡崇山峻岭，巨川横流，都可以限其马足，与步兵不问地形如何，都可以实行战斗的性能不同。惟在广漠平原，尤其是在水草荒凉的沙漠之地，则最可以施展其功能。故处山国水乡的省分，如广西、江西、安徽等省营制，则为马二步八，处广漠平原的陕西、甘肃则为马六步四。可见绿营营制所定兵种的比例，也是以地形为原则的。① 不过，对绿营营制分兵种的意义，还须说明的，就是绿营所以分马、步、守三种兵种，并不是完全为着战斗起见，固然它最重要的意义还是为着战斗，但除此之外，它还为士兵拔补的升阶而设。因为步兵拔于守兵，马兵拔于步兵，这三个不同的兵种，做成绿营兵士三个升拔的阶级。故水师作战不用骑兵，而它的兵种仍照陆军例有马、步、守名目，如上表天津镇所辖水师营便有马兵四七七名，那些不见于上表的，如《康熙大清会典》记苏州水师镇有马兵二〇〇名，京口水师镇有马兵二七二名②，《中枢政考》记广东水师提标中营有马兵十名，左营有马兵二五名，右营有马兵一一名都是③。光绪时，陕甘总督左宗棠变通甘肃营制上奏说："所有减定之兵，仍应按马、步、守分别成数次第挑补。所以必分三项者，留此等级，升降之间，可资激劝。"④

① 惟康熙四年（一六六五年）四川总督李国英奏请全川底定，以马二步一，战、守各半定额，从之（见《清史列传》卷七十八《李国英传》）。案顺治时，兵部以四川为崇山峻岭之地，不宜用骑，应定为马二步八，今李国英奏请，则马多于步，与前兵部所定不符。但考《康熙大清会典》卷九十四康熙二十五年（一六八六年）四川全省兵数为三〇，〇〇〇名，内马兵六，〇〇〇名，步兵二四，〇〇〇名，其比例实为马一步四，仍与顺治时兵部所定相符，属于不宜用骑省分，大概李国英所定乃一时的制度，否则便是本传所记有误文。

② 卷九十四。

③ 卷三十七《兵制》。

④ 中国社会科学院经济研究所整理档案。

左宗棠的话，说明了这个制度在这方面的作用。这也是绿营营制中一个特殊的地方。此外关于兵种平时的编制，是用一种混合的制度。[①] 如上表所列天津镇标左营兵共六六〇名，内马兵一四〇名，步兵三八名，守兵四六二名；右营兵共五〇九名，内马兵一一〇名，步兵四二名，守兵三五七名。各兵种都混合编制于一营里面，而不是各自独立的分别的编制。此外各协、营、汛以及大名镇的编制都同一样，具见上表，不赘举。这种情况，不但天津、大名两镇如此，从《中枢政考》看起来，各地绿营各标、协、营、汛它们平时的编制无不如此。

绿营将帅，在每军区内以总督为最高统帅，巡抚次之（其不设总督的军区，则以兼提督衔的巡抚为各该区绿营最高统帅）。总督共八员，直隶、两江、闽浙、湖广、陕甘、四川、两广、云贵八个军区，每区一员。巡抚共十六员，山东、山西、河南、苏松、安徽、江西、福建、浙江、湖北、湖南、陕西、甘肃、广东、广西、云南、贵州各一员。其中山东、山西、河南三省为不设总督的军区，故都以巡抚兼提督衔节制各镇。又江西一省，虽属于设有总督的军区，只因总督远驻江宁，难以节制，故该省巡抚也兼提督衔以节制营伍，但他却须受本区总督的节制，与不设总督军区的不同。此外苏松等十二省巡抚都不兼提督衔，他们虽无节制镇将统辖阖省营伍权，但他们与总督同为都察院堂官，有参劾提、镇权，且专司粮饷并负赞理军务的职任，故其事权也重。到咸、同后，凡分省巡抚都有节制提、镇统辖营伍权，几与总督相等（详见本书第七章第二节）。总督、巡抚都属于文官，以文制武，是清代政制上的一个大作用。其绿营武官中最

① 绿营兵种战时的编制，典章中无明文。据清初洪承畴的记载，马、步各成营伍，是战时的编制制度与平时不同。请参看本书第九章第二节“战时的编制”。

高的将领为提督，次为总兵官，又次为副将，为游击，为都司，为守备，为千总，为把总。其官阶、品级、员数如下表：

绿营将领官阶品级员数表*

官阶	品级	员数	备考
提　督	从一品	14	初制提督、总兵官无定品，带左都督、右都督衔的正一品，带都督同知、署都督同知衔的从一品，带都督佥事、署都督佥事者正二品。乾隆十八年（一七五三年）省都督等衔，始定品秩。
总兵官	正二品	66	
副　将	从二品	119	
参　将	正三品	163	
游　击	从三品	375	游击旧正三品，顺治十年（一六五三年）改从三品。
都　司	正四品	429	都司旧从三品，康熙三十四年（一六九五年）改正四品。旧有行掌印都司管屯都司，初俱从三品。康熙三十四年俱改正四品，雍正二年（一七二四年）俱裁。
守　备	正五品	812	守备旧正四品，康熙三十四年改正五品。
千　总	从六品	1653	千总旧正六品，康熙三十四年改从六品。
把　总	正七品	3414	

*此表官阶品级据《乾隆大清会典》卷五十九《兵部》官制所列，其员数一项，该书所列数字有误，此处据上面著者所编的《绿营行省营、官、兵数表》所得的数目。

看上表并参看第一节《绿营行省营制表》，提督官阶最高，其品级为从一品，共十四员，每军区设立员数不等。有设一员的，如直隶、两江、湖广、四川四区。有设两员的，如两广、云贵两区。有设三员的，如闽浙、陕甘两区。也有不专设提督的军区的，如山东、山西、河南三区，以巡抚兼任。又两江区虽设有江南提督一员，但仅辖苏松、安徽两省，不辖江西，故江西也以巡抚兼提督。提督为绿营大将，有节制镇将权，或专设，或兼任，而专设员数复有多少的不同，要都以各军区的缓冲为定。大抵腹里的军区则以巡抚兼任，其他军区则专设，或设一员，或设二员，其冲要的军区，则设至三员，使各制一方，或分制水陆。总兵官为正二品，共六六员，分镇全国六十六镇，为一镇的主将，有专阃的重寄，雍正元年（一七二三年）正月谕总兵官说："国家幅员广大，凡岩疆重镇关塞要害之地，设总兵俾之镇守，上承督臣之节制，下树将弁之表率"①，其职任的重大，次于提督。总兵官下为副将，从二品，共一一九员，副将在明代原称副总兵，他是总兵官的副手，帮助总兵官协守本镇的要地，故副将所属称为"协"，其体制高于参、游、都、守所属的"营"，而次于督、抚、提、镇所属的"标"。参将正三品，共一六三员，游击从三品，三七五员，都司正四品，共四二九员，守备正五品，共八一二员。凡参、游、都、守，或同守一城一地，或分守专城专塞，都有分守的职责，他们所辖都叫做"营"。自副将至守备，除统辖协、营的外，还有充总督以下中军官的，其制在下节再加说明。次于守备的为千总，从六品，共一，六五三员。又次为把总，正七品，共三，四一四员。千、把职任各掌汛地巡守，他们所属称为"汛"，其在各标、协、营的则有管带兵丁的职责。以上都是属于经制的官员，为乾隆时的员额，乾隆前后各朝虽有增损，但总在此额数左右。此外，还有外委千总、外委把总两个阶级。外委千总、把总，通常省称为"外委"，所谓外委，乃是在经制千总、把总定额外，由督、抚、提、镇在营给予札付委任的人员。雍正五年（一七二七年）定制，凡各营设立外委千总、把总，须照依兵丁额数拔委，各营中额兵二〇〇名，设外委把总一名，每兵四〇〇名，加外委千总一名，多者以次递加。② 此种人员，在顺治时便有了③，但乾隆以前所修会典都不载其员数，到《嘉

① 王先谦：《雍正东华录》卷二。
② 据《雍正大清会典》卷一百三十四《兵部》二十四。
③ 据《康熙大清会典》卷九十六《兵部》十六"选升通例"。

庆大清会典》始载嘉庆时外委共四,二五六员。[1] 这种外委,就各营兵数而定拔委的名额,是有定额的,在这个定额外,再加委任的,则称为"额外外委"。但额外外委的地位与外委不同,外委是算在官数内的,额外外委则于马兵内酌给顶戴,仍算在兵数里面,而不得属于官数内。[2] 至于外委的职任,也有守汛的责任,与经制千总、把总同。外委千总给予八品顶戴,外委把总则给予九品顶戴[3],其秩位是最低级的。但是,凡绿营兵士进身,大抵都先经过这两个阶级,然后才升拔到经制千总、把总,却是兵士进身的初阶。

第四节　营务人员

军营人员,最重要的自是当节制和管辖的职任的统帅和将领,但如何传宣主管将帅的号令,如何经理营中庶务,必须有人专掌其事。在绿营营制里面,对此项办理营务人员的制度,远不如后来军营分得那样的细密,组织得那样的复杂,惟以中军来担任。

中军的职掌,是传宣号令,承办公务,支发饷项,凡绿营里面所谓兵马钱粮等营务,都是由中军来专掌的。中军普通都兼辖营伍,凡各标、协、营里面例都设有中军,而其体制则各有不同:做总督中军的为副将(将军标、河道总督标、漕运总督标同),做巡抚、提督中军的为参将[4],做总兵官中军的为游击,做副将中军的为都司,做参将、游击、都司中军的则一律为守备。充中军的品级最高自副将

① 卷三十五《兵部》。

② 据《光绪大清会典》卷五十二。

③ 据《中枢政考》卷五《考拔》。

④ 惟嘉庆后京师巡捕营制,以中营作提标,副将作为提标中军为例外。

起，最低至守备止，故参将、游击、都司的中军不复分等级，而守备以下营、汛却不设中军。这种制度是各省一律的。要明白这种制度，可举江南省各标、协、营中军为例，列表于下：

江南各标协营中军表

（本表据《乾隆大清会典则例》卷一百十一《营制》编成）

标				协		营	
标　　名	本标中军官阶	本标各营名及主管将领	本标名营中军官阶	协名及主管将领	本协中军官阶	营名及主管将领	本营中军官阶
两江总督标	中军副将（以中营副将兼）	中营副将	中军都司	江宁城守协副将		奇兵营游击	中军守备
		左营游击	中军守备	左营都司	中军守备	青山营守备	
				右营都司	中军守备	浦口营都司	
						溧阳营都司	
						瓜州营守备	
				安庆协副将	以左营都司兼	游兵营游击	中军守备
				左营都司		潜山营游击	中军守备
				右营都司		徽州营参将	以左营守备兼
						左营守备	
						右营守备	
						宁国营参将	中军守备
						池州营游击	中军守备
						芜采营游击	中军守备
						广德营都司	中军守备
苏松巡抚标	中军参将（兼辖左右二营）	左营守备				苏州城守营	中军守备

续表

标				协		营	
标　　名	本标中军官阶	本标各营名及主管将领	本标名营中军官阶	协名及主管将领	本协中军官阶	营名及主管将领	本营中军官阶
						参将	
		右营守备				左营守备	
						右营守备	
安徽巡抚标	中军参将（以左营参将兼）	左营参将	中军守备				
		右营游击	中军守备				
江南提督标	中军参将（以中营参将兼）	中营参将	中军守备	太湖协副将	以左营都司兼	松江城守营游击	中军守备
		左营游击	中军守备	左营都司		镇江城守营参将	中军守备
		右营游击	中军守备	右营守备		金山营参将	中军守备
		前营游击	中军守备			川沙营参将	中军守备
		后营游击	中军守备			吴松营参将	中军守备
						刘河营游击	中军守备
						福山营游击	中军守备
						常州营游击	以中营守备兼
						中营守备	
						左营守备	
						右营守备	
						江阴营游击	中军守备
						靖江营守备	
						杨舍营都司	
						孟河营都司	
						南汇营都司	
						柘林营都司	

续表

标				协		营	
标　名	本标中军官阶	本标各营名及主管将领	本标名营中军官阶	协名及主管将领	本协中军官阶	营名及主管将领	本营中军官阶
						平望营都司	
						青村营都司	
崇明镇标	中军游击（以中营游击兼）	中营游击	中军守备			奇兵营游击	中军守备
		左营游击	中军守备				
		右营都司	中军守备				
狼山镇标	中军游击（以中营游击兼）	中营游击	中军守备			扬州营游击	中军守备
		左营都司	中军守备			泰州营游击	中军守备
		右营游击	中军守备			泰兴营都司	
						掘港营都司	
						三江营守备	
寿春镇标	中军游击（以中营游击兼）	中营游击	中军守备			六安营参将	中军守备
		左营都司	中军守备			泗州营都司	
		右营游击	中军守备			庐州营都司	
						亳州营都司	

看上表先看标的中军。标的中军分两种，一为全标的中军，一为本标分营的中军。如两江总督标本标中军副将一员，这是全标的中军。本标分左右两营，中营副将有中军都司一员，左营游击有中军守备一员，这是本标各分营的中军。其余安徽巡抚标，江南水陆提督标，崇明、狼山、寿春各镇标都同（惟苏松巡抚标左右营统将都为守备，守备品级低例不设中军，故此两营无中军，而以本标中军参将兼辖，这不是例外，乃因体制所定）。全标的中军是主掌全标的

营务，而本标各分营的中军则分掌各该营的营务。协、营的制度则不如此，仅设一中军以掌全协或全营的营务。如安庆协副将分左营都司、右营守备两营，其本协中军即以左营都司兼，而左右营便不再分设中军。又如徽州营参将分左营守备、右营守备两营，其本营中军即左营守备兼，而左右营即不再分设中军。因为协、营体制低于标，其分营以都司、守备管辖，守备例不设中军，而都司设中军的也极少，且协、营的营务也较标为简单，所以无须如标的制度（表中江宁城守协副将左右营都司各有中军守备一员，全协有两中军，这是一个少有的例。但本协两分营既各有中军，本协主将即不复设中军，仍与标的制度不同）。再看上表，各标、协，营里面中军的品级，两江总督标中军为副将，苏松、安徽两巡抚、江南提督各标中军都为参将，崇明、狼山、寿春三镇各标中军都为游击，督标中营、安庆、太湖两协等副将各中军为都司，安徽抚标左营、江南提督标中营、徽州、宁国、苏州城守、镇江城守、金山、川沙、吴淞、六安等营参将各中军都为守备，督标左营、安徽抚标右营、江南提督标左右前后四营、崇明镇标中左营、狼山镇标中右营、寿春镇标中右营、督标、崇明镇标两奇兵营以及游兵、潜山、池州、芜采、松江城守、刘河、福山、常州、江阴、扬州、泰州等营游击，崇明镇标右营、狼山、寿春两镇标左营、江宁城守协左右两营、广德营等营都司各中军，也都同为守备。自总督至游击所辖的标、协、营体制虽各殊，而例必设中军。游击以下，有都司、守备所辖的营，都司惟辖镇标分营的于例始必设中军，至分守防营的都司则十九不设中军，如上表分守防营的都司有浦口、溧阳、广德、杨舍、孟河、南汇、柘林、平望、青村、泰兴、掘港、泗州、庐州、亳州等十四营都司，只广德一营都司设有中军。至于守备，则一律不设中军，如上表分守防营的守备有青山、瓜州、靖江、三江等四营都无中军，因为中军品级最低以到守备为止，故守备所辖的防营，于例不设中军。至于两江督标中军以中军副将兼，其左营统将为游击，苏抚标中军为参将，兼辖左右两营守备，安徽抚标中军以左营参将兼，其右营统将为游击，江南提督标中军，以中营参将兼，其左右前后四营统将都为游击，崇明、狼山、寿春三镇标中军都以中营游击兼，其他各营或为游击或为都司不等。故督标中军副将高于他营游击，抚提各标中军参将也高于他营游击(若苏抚标以中军参将兼辖左右营守备，其体制更尊)，镇标中军游击则高于他营都司，即他营同为游击的，而其事权也不如做中军游击之大。[①] 故乾隆时左都御史刘统勋有督、抚、提、镇中军为各营领袖的话。[②] 因为中军所掌，并不只属于庶务，并兼司兵马的事，其中传宣号令一项，在平时属于训练，在战时属于军令，而由中军直接的秉承主管将帅的命令传于各营，实为一军司令所从出，乃军营的要务，所以中军的体制例较他营为尊，便是因为这个缘故。这也是绿营一个特别的制度。

绿营的营务人员，除中军外，在经制里面不再设有他项人员。但到乾隆后，有一种叫做“字识”人员，就是司文书的职务，却于经

---

① 道光时江西巡抚韩文绮《请改武职繁简缺分疏》说：“赣标中营游击驻扎赣州府城，地广山多，且与闽、粤两省连界，会匪窃发之案频闻，虽有总兵同城调度，而中营为赣标各营领袖，该游击巡缉操防在在均关紧要。”(见《韩大中丞奏议》卷十)案南赣镇标共分中左后三营，中营为游击，左营亦为游击，后营为都司，其中营游击即兼本标中军，事权较左营游击、后营都司为重，所以韩文绮奏说为赣标各营领袖。

② 乾隆六年(一七四一年)刘统勋疏禁督、抚、提、镇各标中军积弊事有说：“中军例以副将、参将、游击充之，承办公务，支发钱粮，为各营领袖，原非为上司服役，乃督、抚、提、镇出辄步随，至躬为料理车马旗帜，甚为失体。”(《清史列传》卷十八本传)

制之外，在各提、镇、协、营里面普遍的设立起来。字识设立原因，是因为武职官员从行伍出身，不知文义的居多，又因养廉有限，不能延请幕客，所以文移书稟便不得不藉手于此种人员。[①] 字识不是经制的，故各地军营所设人数各有不同，就乾隆时湖广两省来计，两省提、镇、协、营六十多处，字识一百多人，大概每营一二人。[②] 字识的待遇很低，在经制上并无薪给，故各营字识只有归入额兵数内，每人各占名粮一、二、三分不等。[③] 因为字识是军营事实上所必需，故虽不是经制人员，仍可在额兵名粮内支给薪给，不作虚冒名额论。到嘉庆时，始定各营字识人数，凡冲繁营分，每兵百名，不得过三名，简僻营分，每兵百名，不得过二名[④]，遂在法令上正式承认此种制度的存在。

① 据乾隆六年(一七四一年)署理湖广总督那苏图《敬筹楚省营制疏》，见《皇清奏议》卷三十七。

② 据同上。

③ 据同上，及乾隆五十年(一七八五年)陕甘总督福康安《议陕甘兵储疏》，见《皇清奏议》卷六十五。

④ 据《嘉庆大清会典》卷四十。

第六章　土著的世业的兵制

第一节　兵皆土著的制度

绿营的兵种,在上章营制的分析里面已经详细的说明,本章要对绿营兵丁土著的作用、它的拔补制度以及兵籍的制度加以探讨。先说绿营兵丁土著的作用。

绿营兵丁以土著为原则。这是绿营兵制里面一个重要的制度。土著这两个字,在绿营制度上含有两种意义:第一作本地人解,第二作固定不移解。所以这个制度的作用,也应该分为两方面来阐说。

第一方面,它是用本地人当兵,不得以外来无籍贯的人充当。这方面的作用,是易于管束。因为土著的兵,他们的家庭就在军营的所在地,倘使在本乡犯法,家室就得受牵累。所以这种人在军营里大都易于遵守纪律。至于那些外来无籍贯的人便不同了,他们所报的籍贯既难究诘真伪,身边又没有家室的顾虑,所以这种人入伍后,便往往敢于犯法为非。明季骄兵的祸乱,据时人所记,就是多由于当时随地召募而起。[①] 清初入关，因用兵时候，急待补充，还多随地召募。到军事将平，遂定募补兵士必须本地土著的制度，以革其弊。所以当时就是有些地方所建营伍，因为战后荒残，壮丁死亡，本地没有人应募，不得不从他省召募移调充额的，而所移调的兵士，都须携带家口赴军营所在地居住，使成为本地土著的人。[②] 从此召募外来无籍人补额的事，遂成为厉禁。就是在大兵役当中，从各省征调来的兵士，遇有伤亡也仍须咨本省在原营募补土著送往前方大营，而不得随地募补的（请参看第九章第四节《补充》）。到嘉庆后，此禁稍懈，嘉庆年间以从征乡勇补新设宁陕镇等处各营新兵，道光间镇筸镇兵亦多以练勇补额，都不久即起兵变。其镇筸镇兵变一役，总兵杨芳与湖广总督讷尔经额所定善后章程四款，其中一款，就是“兵勇不准以客民充补”[③]，工科给事中常大淳奏陈善后章程五条，其第一条也说：“镇筸兵丁练勇，不得以外来游民充当”[④]，都是重申旧禁以为善后的对策的。从这些历史的事实看来，

---

① 案顺治十二年（一六五五年）《温州副将戴维藩揭帖》论逃兵的法律宜加严条有说：“或下属上投，或越省越府，窜改姓名，诡报乡贯，或用人之际，只以壮勇选择，不深问其所从来，以致下属不敢上诘，隔属难以穷追。诸如此类，则军律不行，犯法何可惩究？明季兵骄，往往不能收拾，其害多出此也。”（见《明清史料》第四本）

② 如顺治十三年（一六五六年）湖南新设东安营，因本地残荒，召募艰难，经略洪承畴命廪生陈士彦、署守备田见龙（两人都是河南人）回河南招募来湖南补额。计田见龙招完官兵四百三十员名，家口一百四十九名口，陈士彦募完官兵五百七员名，家口七十九名口，都连家口携带来湖南（据《经略洪承畴密揭帖》，见《明清史料》第六本）。又如顺治十八年（一六六一年）工部左给事中杨雍《请甦边郡疾苦疏》记抽调陕西绿营往驻四川并移家口同往事道：“夫蜀土荡平，人稀地广，势难召募，不得不就近抽调秦兵以资弹压。今复将抽调兵丁家口悉调移蜀省，使之完聚，诚所以系士卒之心，而图久安之略。”（《皇清奏议》卷十六）都是移调他省兵充额，并移其家口同往，使成为土著的事件。

③ 据《清史列传》卷三十九《杨芳传》。

④ 据同上书，卷四十三《常大淳传》。

在嘉庆以前,绿营厉行以本地土著补额的制度,故其时军士遵守纪律,变乱少闻。到嘉庆后,间以练勇游民补额,遂屡起变乱的事。而其善后大局却仍以厉禁外籍游民补额,以靖乱源。可知这个土著补额制度在绿营维持纪律的功用。同治初,沈葆桢论绿营制度的好处,有所谓尺籍伍符,按户可稽,钤束较易的话①,便是指这点说的。

第二方面,它是固定不移的,土著的兵是跟地方相维系的。这方面的作用,使国家得收养兵的功效,并使将帅无从专擅,而国家始得收集兵权。所谓兵士是固定不移的,便是绿营兵士一列兵籍,便终身不能改。他们当初应募时,虽是出于志愿,但入伍后,却不能自由退伍了。他们平时在营差操,有事征调出征,事定遣撤归伍,这一个事业,经他们自己的志愿选择后,终身便要在这个军营服务的。假如他们入伍后,想要逃避兵役,则他们的名字早已登于兵籍,军营便可以按户追索,使他们无地可逃。如此,则养一兵便得一兵之用,有征兵制度的好处,而没有募兵制度的流弊。在清初,绿营制度未定时,在用兵时期,所募兵士,大都是"或冷暖殊势,或恩威异遭,稍有违心,辄萌去志,引类呼朋,脱然长往"②。到了咸丰间绿营崩溃后,勇营代兴,勇卒轻于去就,养勇而不得其用,发生了问题。曾国藩与左宗棠书说:

> 调"兵"(指绿营兵)四百,亦不为少。兵之不甚中用,弟久薄之,非至今而变易前说也。特以近日各处募"勇"(案勇营的

① 见《沈文肃公政书》卷一,同治元年闰八月《请整顿额兵折》。
② 据顺治十二年(一六五五年)《温州副将戴维藩揭帖》。

> 战士叫做勇）者甚多，应募者渐少，卒之择将，甚于将之择卒，朝秦夕楚，轻去其主，辛苦教练，甫觉可用，转瞬已失其所在矣。或在此营当散勇，则贪易一营以充什长；甫得什长，又思易一营以充哨长。若兵则一列尺籍，终身不改。鄙意欲借“兵”呆板之风，稍变“勇”浮动之习，故发此议，亦劝润帅（案指湖北巡抚胡林翼，林翼字润芝）参用兵也。①

曾国藩是个最反对绿营制度的人，他创立勇营制度，便是因为要改革绿营旧制而起。在湘军初兴时，他把绿营兵士摒绝不用，到这时候，因为看见勇营发生流弊，竟不得不调有籍的绿营兵到湘军来，企图借绿营固定不移的风气以稍变勇营浮动的流弊。可知这个固定不移的兵皆土著的制度，对于军营钤辖兵士的功能。至于这个制度，又如何使将帅无从专擅而兵权得集中于中央呢？绿营用将皆升转的制度以收兵权于中央，使将帅不得久典一地的兵政（详见第十章《铨选》）。但是，要使这个制度生效，必须先使兵士土著不动，与地方相维系，然后将帅方不能专擅其权。否则将帅虽然可用铨选的制度升转了，而兵士若不土著也跟着转移，则将帅不过是不得久居一地，而旧部兵权却还是他们掌握的，中央仍无从收集其权。因此绿营制度，一方在将帅则用升转，一方在兵士则必须土著不移，与地方相维系。所以定例将帅升任私带营兵处分极严，《康熙大清会典》载其例道：“凡擅带营兵，提督、总兵官等升任别省，将本省营内经制兵丁带赴新任者，十名以内罚俸一年，十名以外于现

① 见《曾文正公书札》卷七，《致左季高》。

任内降一级。”[①]这不是一条虚文，即到了同、光间，督、抚专兵虽已成为公开的事实，但督、抚升转别省时，如果他毫不掩饰的把携带营兵赴任的事上闻，朝廷还是照例不准行的。[②] 因为定例如此严厉，将帅方不敢私带营兵他去，经制既固定，然后方得奠下了收集兵权的基础，而种种集权中央的措施，方得在这个基础的上面有所措施。

第二节　世业的兵制

绿营兵丁以世业为原则。绿营所以成为世业的兵制，是基于其拔补制度而来的。

定制绿营拔补，凡骑兵拔于步战兵，步战兵拔于守兵，守兵拔于余丁，无余丁，乃募于民。[③] 其中余丁一项，便是使绿营成为世业的兵制的根本制度。考余丁的制度，是将营中清出火粮收养兵丁子弟，每名月给饷银五钱，以备出缺挑补，叫做“余丁”。[④] 凡余丁

① 见卷九十八。

② 如光绪十五年（一八八九年）十月两广总督张之洞调任湖广，奏请在粤添募亲兵二百五十名带往鄂省，以资各营观感。奉旨与定例不符，不准行。并谕称经此次训谕之后，如督、抚升调赴任时，倘有再行渎请者，定即予以惩处不贷。这是一个例（见《张文襄公奏稿》卷十八，《添募亲兵带鄂差遣片》）。

③ 据《乾隆大清会典》卷六十七兵籍。案李绂《演阵余论》记绿营的拔补制度说，“余丁挑守粮，守粮挑战粮，战粮挑马粮”（《皇朝经世文编》卷七十七）。他的话可给《会典》作注脚。

④ 据乾隆十年（一七四五年）上谕，见《嘉庆大清会典事例》卷五百七十七。案《军需则例续纂》卷首说：“守兵例无余丁”，是余丁惟马、步兵才有的。

到十六岁就有资格考补守兵。[1] 此制有三利：第一，他们生长兵家，执锐披坚，见闻习惯，自较从民间募来的易于训练。第二，绿营兵士粮饷过薄，他们的子弟有余丁的月饷可领，便可以得到多少的贴补。第三，遇有征调时，余丁有随正兵服兵役的义务，他们可分担一部分运输的工作，使军兴时得少募长夫。有此三利，所以绿营特立余丁这个制度，以为挑补缺额的预备。兵家生齿日繁，子弟众多，而绿营兵有定额，出缺有限，故在余丁方面说，是缺少人多，考补艰难，而在军营方面说，则不患无挑选的人材。试举一个余丁考补的故事。例如曾国藩手下大将鲍超便是从余丁考补守兵出身的。他的嗣父鲍昌元为夔州协马兵，道光二十五年（一八四五年），鲍超年十七岁，技艺超群，他以余丁考补守兵缺，时缺额只有一个，而同应考的余丁共六十人，经将官营弁几次拣校，鲍超历试都得第一，始得入伍。[2] 这一个故事，说明了余丁补额的困难，而绿营拔补守兵，则尽多人材挑选。[3] 所以定制上虽有无余丁乃募于民的条例，其实只是一条预备的条文，通常都是以余丁补拔守兵，而少有另募于民的。从这个制度看来，父兄在伍，子弟为余丁，守兵缺出，即从余丁拔补，这样一代代地传下去，兵士都出于兵家，实在是一

---

① 据《中枢政考》卷十四。

② 据陈昌：《霆军纪略》。案霆军为鲍超的军队，超字春霆，故以霆军做他的军队的称号。著者陈昌是鲍超的幕客。

③ 案绿营余丁补缺的困难，在练军时代还可以看见这种情况。冯玉祥：《我的生活》记他父亲在保定练军当哨官时，他补练军的兵缺故事道："保定府五营练军，是有名的'父子兵'。这意思就是老子退伍，由儿子顶名补缺，普通外面不相干的人，是很难补进去的。有时即使一年半载能出一缺，就有许多人来争着补，各方面托人保荐。所以我补了几次，都没有补上。"此时练军虽已改变了绿营旧制，而余丁补缺困难的情况却还是一样，不过补缺时考拔的例已省，所以想补缺的须各方面托人保荐。

个世及的制度。这个制度跟征兵制不同，跟募兵制也有分别，可以称它为“世兵制”。①

绿营考拔营兵，以人材强壮，技艺优娴者充补。督、抚、提、镇本标及相近营汛，都亲自考拔，余令副将、参将考拔，仍于巡阅属营时复核。若考拔失实，及虚占名粮的照律处治。②

凡营兵入伍，令五人联名具保，互相觉察，如有不遵约束，生事扰民，容奸保慝，离次失伍，有犯纪律的，都照律处治，并连坐他的上级。③

第三节　兵籍

绿营兵有定额，分别马兵、战兵、守兵各注于册，叫做“兵籍”。掌管兵籍的机关为中央兵部。定制各省督、抚每年造具兵册按实在正额马、步、守兵为一册，屯防移驻各兵为一册，分晰造报，不得牵混，在年终题报。兵丁遇有事故，即开除注册，按名募补。既募，

① 案乾隆帝有论兵家子弟只藉父兄的力以入伍，几成世及的话（见《嘉庆大清会典事例》卷五百七十七载乾隆三十三年上谕），同治元年（一八六二年）湖北巡抚严树森《请停补额兵疏》论绿营的弊病，有“以钱粮为世业”之论（《清史列传》五十四本传），光绪二十七年（一九〇一年）刘坤一、张之洞所上的《变法自强疏》论绿营制度，也有“亲族相承，视如世业”的话。所谓“世及”，所谓“世业”，都是指绿营兵士拔补制度说的。所以从绿营拔补的制度看来，并参以当时帝王与疆臣之论，称这种制度为世兵制是确当的。

② 据《乾隆大清会典》卷六十七。

③ 据同上。

将所募新兵年貌籍贯按季造册，出具并无顶冒印结送兵部。[①] 兵籍掌于兵部，是中央收集兵权最主要的一项办法。因为兵部既掌兵籍，中央握尺籍就可以全面地知道全国兵数，所有平时的训练，战时的征调，与不时的稽核兵马所以防微杜渐等等举措，都在掌握中。清代在咸丰前，各省督、抚每年遵例题报兵数，其时各省兵马，兵部了如指掌，故每遇征调，谕旨一下，各省立刻征调云集。到咸丰以后，湘军兴起，各省自募勇营，督、抚始不将兵数遵旧例题报兵部，于是兵部无从知各省军队的数目，遂开督、抚专擅兵权的起源。清末康有为论其事道：

> 昔徐寿衡为兵部尚书，吾问其举国兵数。徐尚书答曰：我兵部惟知绿营兵数，其勇营练军各督、抚自为之，吾兵部安得知？夫以兵部尚书而无由知全国兵数，况于调遣训练乎？……试阅咸、同中兴诸名督、抚书牍，各自练兵，各自筹饷，其末也各自争饷。……若甲午东事之起，征师各省，经年累月，旨檄频下，各督、抚勉强应征，则募乞丐以充，而各自供其饷，饷不一律，兵不相统，枪尤不一，此岂待敌强日哉？向见广西有乱，请兵于湘，请械于粤，则湘、粤辞之，苦请固求，卑辞类乞，频请严旨严迫，乃勉强以客军旧械应之。……一兵一卒一饷一糈，朝廷皆拱手而待之督、抚。[②]

---

① 据《嘉庆大清会典》卷四十及同治九年（一八七〇年）兵部尚书载龄《请旨催各省按年题报兵数片》。

② 见《康南海文集》，《裁行省议》。

反过来看，在康熙平定三藩绿营经制大定以后，咸丰太平天国起义绿营经制未崩溃以前，那一个一百七十年的悠长的时间里面，有这种倒持太阿的局面吗？故兵部得掌兵籍，即先握收集兵权的把柄；兵部失掌兵籍，即首开将帅专擅兵权的祸源。两种不同的制度，造成了完全相反的结果，两两对照，是十分显著的。

第七章　绿营的统驭

第一节　大小相制

绿营的统驭，有两个重要的原则，一个是大小相制，另一个是集权与分寄。

大小相制的原则，是用于营制组织方面的。所谓大小相制，明白的说，就是用大的来监督小的，复用小的来分大的；小的给大的监督着了，便无法擅动，而大的事权却给小的分了，也有所牵掣而不得妄为，于是中央政府始得收统驭之功。清代统驭绿营，便是这样的，首先在它的营制组织里面，撒下了这个大小相制的网罗。

原来这个大小相制的原则，是清代国家机器中央集权的一个主要的原则，不仅用于绿营的营制组织里面，而在衙署制度里面，也同样是一个重要的原则。因为清代督、抚之制，督、抚一方是绿营的统帅，一方又是行省最高行政长官，一方监督提督、总兵，一方又监督布政、按察两司（布政使管理全省的民政和财政，按察使管理全省司法）。每个军区的兵马分隶于提、镇，每个行省的民政、财政、司法分掌于布、按两司，而在提、镇、布、按的上面同用督、抚来监督。督、抚监督提、镇、布、按，便是用大制小，而提、镇、布、按分督、抚的事权，便是用小分大。递推而下，提、镇管辖将、备[1]，布、按统属府、厅、州、县，即用将、备分提、镇，府、厅、州、县分布、按，也是同一样的道理。所以清代衙署制度与绿营制度所采用的大小相制以为统驭的原则是一致的。不过，衙署统驭官吏，固不是简单，而军营统驭兵将，使凛遵纲纪，更是困难。因此，这个大小相制的原则，应用于绿营制度里面，自然较在衙署制度里面更为繁密。

绿营所采用的大小相制的原则源自明代。明代中叶以后，督、抚、提、镇间互相牵掣的机构逐渐地形成，后人不察，讥为重床叠架的建制，却不知其中原具有一个大小相制的作用以收统驭兵权的功效。清因明制，建立绿营制度，其督、抚、提、镇间相制的机构愈益严密，而在提、镇以下，复采用一种化整为散的政策，裁减提督，分一镇为数镇，一镇里面又多增副将，把提、镇的兵马分于将、备。顺治十二年（一六五五年）曹溶上疏说当裁并提、镇，多增副将，以重统辖[2]，康熙二十一年（一六八二年）左副都御史吴琠上疏说应减提督，增总兵，分一镇为数镇，以防尾大不掉之患[3]。都是这个政策的建议者。这种化整为散以收统驭的功效的政策，其作用重在一个"分"字，就是应用以小分大的原则。可见绿营在营制组织里面应用这个大小相制的原则，较之在明代镇戍制度里面的更进一步的发展。这两点，在第二章制度的渊源里面，已经详细地说过了。

现在，所要补叙的是要在绿营的营制组织里面举出实例来说

① "将备"，是清代文书指绿营中级军官说的。因绿营中级军官起副将至守备，所以便以将备两个字为代表。

② 见《清史列传》卷七十八《曹溶传》。

③ 见同上书卷九《吴琠传》。

明这个原则的机构。可以在第五章《绿营行省营制表》中，随便举哪一个军区做例子。就以直隶区来说，为便利说明起见，先说一镇。如宣化镇全镇兵数共八，五八九名，但直属于本镇总兵官标下的只一，九九八名，其余六，五九一名，则分隶于两协及二十八营。故全镇兵数虽多，而总兵官标下则仅为全镇兵数的一小部分，其大部分兵力则分隶于各协、营，全镇的兵力不致全集于总兵官的手。这一个营制组织的原则，就是所谓以小分大的原则。反过来看，宣化镇总兵官本标兵数为一，九九八名，而所辖张家口协中、左、右三营为一，四七五名，独石口协左、右两营为五九四名，其余宣化城守营等二十八营，每营兵数从几百名到几十名不等。镇标兵通常是不分汛的，都团集在本营，而协、营却分汛防守，存营的又不过是其兵数中一部分。所以本镇总兵官标兵虽只为全镇兵力的一小部分，而用来制全镇任何一协、营却常有余。这一个营制组织的原则，就是所谓以大制小的原则。一镇如此，一个军区也是一样。再看直隶军区兵数为四四，三四八名，本区最高军事长官为总督，次为提督，下分五镇，总督节制一提五镇，提督节制五镇而受节制于总督。直隶总督兵数为五，八四五名（本标及外属合计，下述提镇同），提督兵数为九，四三〇名，马兰镇为二，〇七三名，泰宁镇为三，三一六名，宣化镇为八，五八九名，天津镇为八，六六一名，正定镇为六，四三四名，全区大部兵力分于提、镇，而不尽隶于总督。但绿营战斗主力在标营，以标营兵数计，直隶总督标兵数为二，〇〇〇名，直隶提督标兵数为二，八九一名，马兰镇标为一，二〇二名，泰宁镇标为九〇〇名，宣化镇标为一，九九八名，天津镇标为一，四一八名，正定镇标为一，八〇一名，总督标兵数除提督标外较各镇标兵数都多。提督为本军区大将，遇有战事时，他要亲率本标开往前敌指挥作战与做统帅的总督居中调遣不同，故标兵独厚，过于总督，各军区都同。惟全区军队调遣权操于总督，提督虽有节制各镇权，而须受节制于总督不得擅自调遣军队，所以总督标兵虽少于提督标，而合总督标与各镇标兵力便制提督而有余（其兼提督的巡抚所辖的营制组织与此同，不另举例）。这个以督、抚节制提、镇，以提、镇管辖协、营，复以提、镇分督、抚，以协、营分提、镇，所谓大小相制的体制，便是绿营的统驭第一个大原则。清代中央政府对绿营兵权所以得收统驭之功，实先奠基在这个原则上。

第二节　集权与分寄[①]

清代国家统治是运用集权与分寄的原则。这一个原则，是用于国家行政系统上的职权方面的。集权便是将国家的事权集中于中央政府，分寄便是将国家一部分的职权分寄于地方最高长官的

① “分寄”两字，中国典章中本无此辞。考雍正元年（一七二三年）正月谕总督说：“自古帝王疆理天下，必有岳牧之臣以分猷佐治，而后四方宁谧，共臻上理，此封疆大臣以总督为最要也。”（王先谦：《雍正东华录》卷二）乾隆《钦定历代职官表》卷五十总督巡抚表云：“我国家损益前制，大小纲维，措置得宜，封疆大吏，职任崇而抡择慎。我皇上励精图治，宵旰勤求，无时不以吏治民生为念。各督、抚仰膺宠寄，只奉德音，宣力分猷，……无不凛肃朝章，交相感励，洵为郅隆之极轨矣。”所谓“分猷”，所谓“宠寄”，乃指督、抚的职权而说。因为督、抚虽有权统治所辖，但其职权系从中央分出，且其所分为“寄”，并非分“归”于他们，而中央仍握着控驭的权力。基于此义，要包括“分猷”和“宠寄”两辞的涵义，以表现督、抚此种职权的权限，我们可以创为“分寄”一辞来表达。故宣统二年（一九一〇年）御史陈季同疏也有“有事之调遣，要不可不分寄于督、抚”之语（原疏详见第三节引文），陈季同所取“分寄”的意义，与著者的看法是相同的。

督、抚。

先说中央政府的集权。清代中央掌握绿营兵政的机关为兵部。兵部设尚书二人（满族一人，汉族一人），左侍郎二人（满族一人，汉族一人），右侍郎二人（满族一人，汉族一人），其职掌是“掌中外武职官之政令，以赞上卫万民。凡除授封荫之典，乘载邮传之制，甄核简练之方，士籍军实之数，百司以达于部，尚书、侍郎率其属以定议，大事上之，小事则行，以整邦枢”①。兵部分四司。武选清吏司，“掌考武职官之品级，而核其铨选封授仪式之事，凡营制掌焉”②。职方清吏司，“掌武职官议处、议叙、议恤，与其甄别考察简阅巡防之事”③。车驾清吏司，“掌颁天下之马政，以裕戎备，凡邮驿皆掌之”④。武库清吏司，“掌颁天下之兵籍，凡军器掌其政令”⑤。凡一切军事行政，若将领的除授，兵士的册籍，以至甄核、训练、马政、兵器、交通等政令，无不归兵部主管。

这是一个中央集权的制度。不过，这种中央集权制度所采取的集权原则，与那种纯粹中央统治的中央集权制度不同，它却分出一部分的事权分寄于督、抚，使督、抚得有权力以行使其职权（说详下文）。但是，中央政府的兵部，对于中央所分寄于督、抚的事权，仍保留有控驭的大权。故督、抚奏事虽直达皇帝，而关于兵政事件，却必须经过兵部审核始得施行。凡皇帝批交部议的奏疏，如与定例不合，就是已经得到皇帝的同意了，部臣仍得奏驳撤销。可见

① 《嘉庆大清会典》卷三十五。
② 同上书卷三十七。
③ 同上书卷三十八。
④ 同上书卷三十九。
⑤ 同上书卷四十。

控驭权柄还是操于兵部。故清代在咸丰前，兵部即主管全国兵政，复紧握着控驭督、抚的大权，国家权力遂得尽集于中央政府。

上面所述，为中央政府集权方面，再说督、抚的分寄。

第二章里说过，清沿明制，绿营的统驭，以督、抚节制提、镇武臣，文臣的督、抚乃各军区绿营的统帅。《康熙大清会典》说："国家军旅之事，专任武臣，其在直省者以文臣监督，曰总督，曰巡抚。"①《雍正大清会典》说："国家设将帅之臣，以守封疆，又遣都察院堂官为总督、巡抚以统率之，总督节制全省，巡抚专司粮饷而赞理焉。"②道光时胡林翼说："本朝督、抚寄军令，即将军之制也。"③咸丰时，给事中尹耕云说："我朝所定官制，各直省承流宣化责成布政使，若督、抚原以寄将帅之任。"④凡此都是对督、抚职权的说明。督、抚的建置，既为防维武臣而设，要用他们来监督武臣，并且还要他们担当得起疆圻的责任，那么，国家便须分寄一部分权力给他们，然后他们方才能够行使这种职权。

考清代督、抚在兵政上的职权有四项：第一项是监督武员权（监督有定期举行的，有不定期举行的，定期监督，五年一次，叫做"军政"。请参看第十一章第一节《军政》）；第二项是题调黜免武员权（武员自副将以下，得由督、抚奏请黜免，其副将以下的题调缺，也都由督、抚奏请题调。请参看第十章《铨选》）；第三项是疏定营制权（凡营制的建制，或其间随时度务，因革裁复等事宜，都由督、抚奏请颁定）；第四项是调遣军队权（督、抚凡遇本管境内有事，

① 见卷九十三。
② 见卷一百二十九。
③ 见《胡文忠公遗集》卷五十二，《上皖抚王清苑师》。
④ 见《清史列传》卷七十六《尹耕云传》。

立即移牒提、镇令出兵。请参看第九章第一节《征调》)。初制绿营兵政唯归总督主政,巡抚则专司粮饷,负赞理的责任。康熙十年(一六七一年)谕,各省巡抚不必概令管兵,其不设总督、提督省分,副将以下武官,令巡抚兼辖。[1] 十二年(一六七三年)定直隶各省巡抚仍管兵务,各设抚标左右二营。[2] 雍正十二年(一七三四年)谕山西巡抚著管理山西提督事务,通省武弁,听其管辖。乾隆五年(一七四〇年)谕豫省盗案繁多,营伍亦觉废弛,河南巡抚兼提督衔,以便节制稽察。八年(一七四三年)谕山东巡抚着照山西、河南例,兼提督衔,给与印信。十二年(一七四七年)谕贵州"苗"、"蛮"错处,军务关系綦重,巡抚文员与通省营弁不相统辖,从前抚、提各持意见,公事遂致掣肘,总督驻扎云南,相隔辽远,贵州巡抚著提督军务,节制通省兵马。嘉庆八年(一八〇三年)定安徽巡抚兼提督衔,节制通省营伍。[3] 因为山西、河南、山东、贵州、安徽五省,或为不设总督的军区,或虽有总督,而控制难周,所以巡抚始都得有节制营伍权。到咸丰初,太平天国革命,各省巡抚因办理征调防堵等军务,事实上他们已得主持一省的兵政。咸丰十年(一八六〇年)陕西巡抚谭廷襄奏,军兴以来,征调防堵多由巡抚筹办,平日无节制之权,有事恐吸应不灵,拟请量为变通。谕令陕甘总督乐斌会同谭廷襄妥商。乐斌遵议拟请嗣后遇有征剿防堵要务,陕西各镇、协官兵都由该抚酌调,仍咨总督查照,各该营训练操防也令该抚就近稽查,倘有废弛及缺额等弊,即行会同总督、提督酌量更调。得旨

---

① 据《嘉庆大清会典事例》卷二十吏部官制、各省督抚。

② 见同上。

③ 山西等省巡抚兼提督军务事,都据《嘉庆大清会典事例》卷二十吏部官制、各省督抚。

照准。[1] 同治元年(一八六二年)御史陈廷经复奏请变通旧制以肃军令而一事权,谕令兵部议奏。兵部复奏称:“连年扰乱,各省道路半多阻梗,总督驻扎地方与巡抚相隔较远,幅员太广,经画难周,如该御史所奏各情,诚所不免,应请量为变通。”因降谕令嗣后除专设总督的直隶、四川、甘肃暨督、抚同城的福建、广东、湖北、云南仍遵旧制会同提督办理,并有提督省分的提标各营,仍遵旧章毋庸更议,及军营所出的缺尽归军营量功升用外,其江苏、浙江、安徽、江西、陕西、湖南、广西、贵州等省各镇、协武职升迁调补著就近暂由巡抚办理。千总以下,径由巡抚咨拔报部。守备以上,有提督省分仍俟各镇移咨提督查核后,由巡抚会同总督分别题奏。至提督例应节制各镇,仍听总督节制,应亦照旧例外,以上八省各镇、协,都自总兵以下,著统令就近兼归巡抚节制,以资整饬。所有校阅营伍,考核将弁,并本省筹办防剿等事,即专责成巡抚办理。设遇紧要军务,准巡抚即时调遣后,再行咨会总督。倘该省将弁怠玩,营伍废弛及措置失当的地方,总督有统辖的责任,仍应据实参奏。其总督兼辖省分,军政考核,著径由巡抚就近注考,确定去留,会同总督、提督具题报部核办。至督、抚同城的仍照旧章办理。[2] 自此谕既下,于是巡抚也得主兵政,遂从既成事实而成为定例。后来裁同城巡抚,那些分省的巡抚职权几与总督相等,所谓兼辖,只不过名义罢了。

上述督、抚在兵政上的职权,分别来说,虽有四项,综括来说,实不外得有节制、调遣两种职权。督、抚平时有节制权,则兵将始

---

① 据是年八月辛亥谕内阁,见王先谦:《咸丰东华续录》卷九十六。

② 据这年十一月己巳谕内阁,见王先谦:《同治东华录》卷十六。

知畏威守法，不敢为非；有事有调遣权，则可以应付变故，而不致坐失事机。可知督、抚分寄不是跟中央集权对立的，而正是更加巩固中央集权。它既使国家得收以文制武之效，又使督、抚军事的运用应付裕如，负担得起分寄的责任，而后中央集权方不致徒有虚名。中央集权是目的，督、抚分寄乃是要达到这一个目的底手段。清末刘锦藻撰《皇朝续文献通考》对此原则曾有一段很好的说明，他说：

> 旧制将军、督、抚分任各省兵政①，其全权实操于部。故疆臣奏事，虽直达天听，必经部核乃办。其批交部议之奏，部臣仍得奏驳撤销，此实集权中央之明征也。自后部臣不察，徒喜集权名美，日削疆臣之权，于是琐事丛集中央，部臣亦不觉自失其权，而所有控驭之大权，转因此旁落。始知先朝法度不竞竞于分权限，而其权限固无不分也。②

刘锦藻的话，把清代在行政系统的职权上采用集权与分寄的原则以收统驭绿营兵权的功效，是说得最精透不过的。

第三节　绿营统驭两大原则的功能

绿营制度建立于顺治初。但当顺治、康熙间，兵事未平，强将跋扈，而三藩专擅尤甚，到三藩既平，绿营各项规制始得次第推行。

① 案将军所统为驻防八旗，惟设有军标的始兼辖绿营。

② 见卷二百二十一。

三藩平于康熙二十年(一六八一年),直到道光三十年(一八五〇年)太平天国革命后绿营制度方才崩溃,这一百七十年间,在中国兵制史上说,可以称为绿营时代。在这一个时代里面,清朝中央政府集权的力量,较宋、明还大。这一个时代中央集权的情况,在道光时人梅曾亮《上方尚书书》里有一段极深刻极扼要的描写,他说:

> 国家炽昌熙洽,无鸡鸣狗吠之警,一百七十年于今。东西南北方制十余万里,手足动静视中国头目,大小省开府持节之吏,畏惧凛凛,殿陛若咫尺。其符檄下所属吏,递相役使,书吏一纸揉制若子孙;非从中复者,虽小吏毫发事,无所奉行。事权之一,纲纪之肃,推校往古,无有比伦。

清朝中央政府好比头目,各省好比手足,手足动静要听从头目为转移。做一方最高长官的督、抚畏惧皇帝,凛凛地好似那坐在宝座上的皇帝就在面前。从中央给督、抚的命令,传到所属官员去,一级转下一级,一级管着一级,都被各级衙署里的书吏们用一纸文书来揉制着,就好似封建社会家庭里面的子孙遵守家长的命令一样地服从。凡一切政令,如果不是经过中央核覈的,就是直到最低一级的官员里面,对那些最细微的事件也不敢擅自去做。梅曾亮的话把咸丰前清朝中央集权贯彻到底的巨大统治力量整个地描写出来了。

清代中央集权能够做到这个地步,揆其由来,实以绿营统驭的成功为首要。在清初入关的时候,使贪使诈,法网宽弛,兵骄将横,专恣跋扈，谈不到什么纲纪。[1] 在这样的一个情况之下，作为一个封建君主专制的国家，要整饬它的纲纪，便须以统驭兵权为先著。顺治十二年（一六五五年）兵部职方清吏司员外郎叶舟疏陈请饬督、抚秉公办理举劾，对所属武员严加甄别，举则宁刻毋滥，劾则宁严毋宽，庶武员知所畏惮。如有敢肆虐作恶的，有司申报督、抚，题参重治，然后体统明而骄横可除（详见第十一章第一节《军政》）。十六年（一六五九年）御史施维翰上疏说，提、镇权太重，应敕各督、抚、按，如提、镇不肖的听据实参处。徇畏不敢参劾的事发一并从重治罪。[2] 康熙六年（一六六七年）兵部职方清吏司主事杨兆杰上疏说，武弁纵兵为盗，民生日蹙，其故由于抚臣无节制营将权，请复以文制武旧制，自副将以下，都听抚臣节制。[3] 他们都是主张用督、抚监督武员的制度以肃纲纪的。到了康熙二十一年（一六八二年）三藩平定后，左副都御史吴琠复上疏论这事说："巡抚及巡守道无一旅之卫，而提、镇各建高牙，前日抚臣如马雄镇，道臣如陈启泰虽怀忠秉义，空拳莫施，向使有兵马，奚至束手？宜及此时急复旧制，使巡抚、巡守道仍各管兵马，减提督，增总兵，分一镇为数镇，以听

---

① 顺治十六年（一六五九年）户科给事中朱绍凤《检敕藩疏》说："戡乱以武，致治以文，古今不易之道也。国初奸慝肆行，频烦征剿，宵旰坐谋于殿陛，熊罴决胜于疆场，维时使贪使诈，法网少宽，兵且为刀俎，民且为鱼肉，而不能不姑容以俟之者，势也。"（《皇清奏议》卷十二）。这是论当时不得不纵容兵将的时势。至叙述骄兵悍将的横行事件，顺治六年（一六四九年）南赣巡抚刘武元《谨陈安攘十计》（同书卷二），顺治十年（一六五三年）广西道试监察御史李敬《请停补将领疏》（同书卷六），顺治十二年（一六五五年）兵部职方清吏司员外郎叶舟《敬抒管见五条疏》都有述及。

② 据这年正月辛亥兵部议复，见王先谦：《顺治东华录》卷三十二。

③ 据杨兆杰《请复文武兼制之法疏》，见《皇清奏议》卷十七。

督、抚节制，则无尾大不掉之患矣。”① 案吴琠等人所说的旧制，即指明代以文辖武，用督、抚监督提、镇的制度。这时候，全国重定，清廷遂采纳他们的建议，在当时方纂修的《康熙大清会典》上，依明代旧制，明定以文制武用督、抚文臣监督提、镇武员的制度。自此制度确立后，于是绿营制度下所施行的大小相制及集权与分寄两个原则便同时开始被采用，而悍将跋扈的局面，便立刻地肃清了。

绿营这两个统驭原则的成功，是有相辅为用的关系的。因为用督、抚制提、镇，提、镇方不敢擅动，用提、镇分督、抚，督、抚也有所牵掣不得妄为，但要督、抚能够制提、镇，国家就必须分寄一部分职权给督、抚，而国家为防维督、抚，又必须先集权于中央，以握着控制督、抚的大权，如是而后国家方才得收统驭之功。这一种综错的关系，正表现出这两个原则相辅为用的功能出来。所以清代人说到当代国家纲纪的严密，就往往用“大小相制，中外相维系”一句话来表达②，大小相制，是指制度本身的组织说的，中外相维系，是指行政系统的关系说的。这一句话，实在已经把绿营这两个统驭原则的功能，说得最明白不过的。

自从绿营制度崩溃后，湘军制度代兴，改用“束伍”编制的方法为营制组织的原则。束伍的营制组织是用于作战方面的，与绿营这个大小相制的营制组织原则是为的要收统驭作用底目的完全两样。在绿营制度，遇到战时，把兵马征调到前方，它另有一种为适应战斗的战时编制（详见第九章第二节《战时的编制》）。而在平时营制的组织，便是采用这个大小相制的原则作为经常的统驭兵

① 见《清史列传》卷九《吴琠传》。

② 请参看第四章第一节引袁昶《条列时政》中语。

权的制度。不过，看惯咸、同以后湘军编制的人，就很少有懂得绿营这个经常的营制组织的原则的，所以对这个原则就没有什么人再提起了。

至于集权与分寄这一个原则，经过同、光间四十年督、抚专政的局面后，当时的人对它却多有认识。因此，到宣统初，清廷因惩督、抚专政的流弊，厉行纯粹的中央集权政策，乃矫枉过正，并从前在绿营制度下督、抚分寄的职权也尽削以收归中央，于是各省督、抚及廷臣就纷起抗疏争辩，在当时成为一个大问题。《宣统政纪》中载有诸人的抗议。宣统二年（一九一〇年）八月，直隶总督陈夔龙奏道：

> 直隶为畿辅屏翰，内政外交胥资重镇。现在外兵并未撤回，若二、三两镇收归部辖，督臣不能节制，平时既毫无事权，临事必难遵约束，虽准电商调遣，窃恐主客之势既异，断不能责以事事服从。况军情瞬息万变，迟回审顾，贻误孔多。①

同年十一月御史陈善同上奏道：

> 现在近畿陆军各镇归陆军部直接管辖，本画一教育严肃纪律之要策。惟分扎直隶、山东、东三省之各镇，遇有调遣，必须由该督、抚等电商军谘处、陆军部奏请办理，按之现在情形，实有大可虑者。各国军事行政所以专责之部臣者，以轮船铁道处处可通，缓急实有足恃也。若直隶、山东、东三省除傍铁

① 见《宣统政纪》卷二十六。

道及海口各地方交通尚称便利外，其距铁道海口较远之处，近或数百里，远或在千里以外，事变之来，瞬息万状，以散在各地方驻扎之兵，星火赴调，尚虞不及，若必俟之商请，时日周转，实不免失机偾事，此可虑者一。电线分布各处，多人守之而不足，一人毁之而有余，万一竿经中断，消息即不能通，为督、抚者将不免束手以待缚，炎炎之势，倏忽燎原，此可虑者二。督、抚于各镇既无直接调遣之权，平时本无以生其严惮之心，不能受其约束，及至临事，即无服从之义务，情谊不易相联，进退究何能如志？稍有龃龉，变端百出，此可虑者三。现在外患内忧，祸机四伏，厝火积薪，有触即发，各该省等系腹背重地，不可不虑远思深，以利策应而资拱卫。臣以为治兵之道，固忌分歧，而防变之方，尤宜周密，平时之训练，自应直隶于中央，而有事时之调遣，要不可不分寄于督、抚。①

十二月丙子河南巡抚宝棻奏道：

督、抚权限分晰宜加慎重，司法外交划归中央，惟军事一项，宜勿夺其统属之权，以资调遣。②

同月己亥江西巡抚冯汝骙奏道：

陆军虽赴国防，然巡警、绿营逐渐裁减，遇有地方匪警，亦

① 见《宣统政纪》卷二十九。
② 见同上书卷三十。

不能不资其镇慑以卫治安。是以训练之权，可隶于中央，而平时之节制，临时之调遣，似不得不假督、抚以便宜。①

三年（一九一一年）六月湖广总督瑞澂奏道：

军事统一，在今日尤有难言。我国幅员辽阔，交通未便，文报往返，淹旬累月，征调既属不易，因应尤属为难。加以伏莽甚多，事机万变，如督、抚事事受成于部臣，并节制调遣之权亦暂归于消灭，是部臣得统一之虚名，而地方受无穷之实祸，揆之练兵初意，恐亦大相径庭。以臣之愚，窃谓督、抚若无军事实权，即将无从担负疆圻责任。臣非不知军部苦心规画，事事方驾列强，但中外形势既有不同，则经始之初，自无从强为附合。况定章贵能实行，兵政何能遥制？一有不慎，督、抚臣不足惜，其如大局何！②

八月两江总督张人骏奏道：

督、抚权限，我国疆域广远，疆臣奏事不能直达，必至贻误事机。今应申明一切具奏事件，悉仍旧制通则，所拟军政仍责在督、抚。然有为中央集权之说者，欲将外省军政直隶内部，将领不归督、抚任用节制，一旦有事，缓不济急。今应申明督、

① 见《宣统政纪》卷三十。
② 见同上书卷三十六。

抚有调遣兵队节制进退将领之权。[1]

综看诸人所陈,他们指出两个理由。第一是督、抚平时没有节制将领的事权,即无从生其严惮之心,到有事时虽得电商军谘处、陆军部核准调遣,而主客异势,难以指挥如意。第二是中国幅员广大,交通不便,征调困难,如果有事时督、抚无调遣的事权,必须先电商军谘处、陆军部奏请办理,则时日周转,不免失机偾事。所以他们都主张督、抚得有节制将领调遣军队的职权,也就是要保存绿营兵事分寄于督、抚的旧制。他们不是反对中央集权的,而是要求在中央集权下做督、抚的仍得有分寄的职权,以收节制与调遣的作用。清廷不顾众议,终把这个督、抚分寄的职权,尽剥无遗。到武昌起义,那些归陆军部直辖的东南陆军到处响应,督、抚没有权力对陆军加以控制。当时督、抚权力所能指挥的只有在他们统辖下的巡防队,他们就利用了那些巡防队在长江下流对革命军顽拒。所以就后来事实证明,陈夔龙、瑞澂诸人的抗议,未尝不是从当时的具体情况出发的。

① 见《宣统政纪》卷三十九。

第八章　平时的任务

第一节　差操

第一项　差操考

绿营平时最重要的任务为“差操”。绿营制度，弁兵以差操为专职。乾隆五十年（一七八五年）陕甘总督福康安奏陈督标兵数说：

> 臣标五营额兵三千名，除额外外委及各营字识均在额兵数内，又有派往口外屯防，其实在差操兵共二千七百四十九名。①

又《中枢政考》记兵丁退伍道：

> 兵丁年届五十以上，年老不能差操者，解退名粮。②

① 见《皇清奏议》卷六十五，《议陕甘兵储疏》。
② 见卷十四。

嘉庆六年(一八〇一年)白莲教起义之役,安徽兵征调出征,事定后总督费淳奏请撤回归伍道:

川、楚教匪,指日荡平,边界宁谧,所有寿春镇标驻防固始县二道河及六安州防御英山县金家寨之官兵,请撤回归伍,以重差操。①

凡武进士、武举及功加人员分营效力的,其职务便是和外委千总、把总一体差操。《中枢政考》记卫用武进士随营差操道:

卫用武进士如有情愿随营者,赴部具呈,分发本省随营效力,给与马粮一分差操,材技优娴晓畅营伍者,三年期满,报部注册。②

《乾隆大清会典则例》记武举录用道:

雍正七年议准武举会试落第具呈情愿随营差操者,由部咨回本省分发各标协营效力,该督、抚、提、镇等给与经制马兵粮,与外委千、把一例差操。③

① 《清史列传》卷二十八《费淳传》。
② 卷五。
③ 卷一百五。

同书记功加人员录用道：

> 雍正三年议准，功加人员未得授职者，该督、抚、提、镇收入标下效力，给与粮饷，即于额兵数内扣算，如差操勤慎，给以外委把总札付，率领兵丁巡防地方，以观后效。①

由上所引，可见绿营弁兵都以差操为专职。所以论军营兵丁的任务则称为差操兵，兵丁年老不能差操则须解退名粮，战事既定，征兵则须撤回归伍，以重差操，而分发随营效力人员，却须看他差操的勤慎与否以为录用的标准。

但是，所谓差操者，究竟是些什么职务呢？曾国藩论其制道：

> 营兵差操二字，混在一处。然差则护饷、押犯、缉捕等事必须散处塘汛，各专责成。操则习技、练阵、听令等事必须聚处营盘，同受约束。其事迥不相同。②

这个解释是不错的。差就是差役，操就是训练。因为绿营的任务，从作战以至缉捕、护送等百役都是由它来担任的。所以要应付百役，便有差役，要担负得起战争的任务，平时便须有训练。以镇守与百役并肩，以差操混为一谈，这是绿营的特别制度。

---

① 见卷一百五。

② 《曾文正公奏稿》卷三十，《大阅事竣折》。

第二项　绿营的差役

绿营差使繁多，概括来说，可分为解送、守护、缉捕、察奸、缉私、承催及特别差役七类，兹分述于下：

一、解送　解送差役有三种：一、解饷，凡运解饷鞘，都拨绿营官兵护送，如数至十万两以上的咨明沿途总督、巡抚酌派附近大路的游击、都司、守备等官，督率弁兵分起护送，逐程交替。① 二、解犯，凡提解各项人犯，有解京与京发的人犯，有待决重犯，有各省秋审发回监候人犯，有他省递解人犯，有流徙人犯，都派绿营官兵解送。② 三、解送钱粮，凡州、县起解钱粮，都归绿营拨兵护送。③

二、守护　凡地方各衙门、仓库、监狱及城门都由绿营担任防守，以备警卫。④

三、缉捕　缉捕事项，本是地方官的专责，但清代州、县额设捕役过少，缉捕难于为力，所以也由绿营担负。⑤

四、"察奸"　所谓"察奸"，就是侦察人民的革命活动和其他一

---

① 据《兵部处分则例》卷十七。

② 据同上书卷三十五。

③ 据王先谦：《乾隆东华录》卷五十二，乾隆二十五年（一七六〇年）八月丙申纪事及《兵部处分则例》卷十七。

④ 案防守地方各衙门、仓库、监狱、城门等任务都由绿营城守营负责，故乾隆十九年（一七五四年）闽浙总督喀尔吉善、浙江巡抚雅尔哈喜《请裁拨官兵疏》说："省城内各衙门防守仓库监狱……防守水陆城门皆城守专责。"（见《皇清奏议》卷四十九）

⑤ 关于绿营缉捕的处分很严，其条例具见《兵部处分则例》卷三十一缉捕门。

些犯禁事件，约有三种：一、叫做“图谋不轨”，所列事项是“倡设邪教”，“拜盟结会”，这都是人民利用宗教进行革命的秘密活动。二、叫做“聚众滋事”，其中主要一项是人民抗粮，此外械斗以及流氓诈勒等都在内。三、犯禁，如赌博、娼妓、迎神、进香、夜戏等都是。这三种事件，稽察查拿的责任，也由绿营担负。①

五、缉私　缉私以盐务为主要，因盐务疏销，事关国库收入，而疏销则必先缉私。所以除在盐场附近及私盐出入的隘口特设营汛专司缉防外②，其他绿营在所辖境内也都有巡缉私盐的职责③。此外缉私事项，如私贩硫磺硝斤，私铸钱文，私开矿场，私宰耕牛、马匹以及商船、渔船夹带禁物等项，都犯例禁，其缉私的职责也是由绿营各在境内巡缉。④

六、承催　凡漕船及铜、铅船只过境，该省总督、巡抚专派游击、都司、守备等员查催押送。⑤ 新疆等处刨挖铜铁厂，督催的职责，也由绿营担任。⑥

七、特别差役　上述六类，都是经常的差役。还有特别差役，

---

① 据《兵部处分则例》卷三十二及《中枢政考》卷二十五。

② 绿营特建营汛，以专司缉防私盐的，如康熙五十七年（一七一八年）在扬州三江营添驻兵丁缉防私贩，雍正十一年（一七三三年）在仪征青山头设专营都是（均见《皇朝文献通考》卷二十八《征榷考三》）。

③ 《雍正大清会典》卷一百四十处分则例：“凡失察私盐，定例凡兴贩私盐，武职官员失于觉察一次者降一级，失察二次者降二级，俱准其带罪限一年缉获。如一年内缉获私盐一次者还职一级，缉获二次者还职二级，失察三次者革职。”因为绿营在所辖境内，都有巡缉私盐的职责的。

④ 据《兵部处分则例》卷三十六及《续纂兵部处分则例》卷三。

⑤ 据《兵部处分则例》卷十五及《中枢政考》卷十六。

⑥ 据《兵部处分则例》卷十五。

例如皇帝出巡时的站道、清道等差①,蝗灾起时的捕蝗工作②,押送进贡象只③等都是。

上述七大类差役,论其性质,实与后来的地方警备队、巡警和税警的任务相同,以古代制度来说,乃州、县民壮、捕快、衙役的任务,都是属于内政事务,为地方官的职掌,而不归兵政范围的。清初因经费困难,将州、县民壮番快等役裁减,顺治十年(一六五三年)兵科给事中王贞上疏抗议道:

> 州、县民壮则城守、库狱、逐捕盗贼、起解人犯、护送银鞘一切万不可已之差遣皆系焉。顺治九年会议又经裁工食,每名一月给银五钱,人数虽云仍旧,其实工食无多,经制既定之后,烦剧州、县公务蝟集,尚苦乏人使用,岂得复议裁革?且小盗者,大盗之渐,小盗窃发,立行擒捕,乱源既靖,啸聚自绝。方今正虑州、县势力单弱,小盗不能速捕,每致蔓延为患,若止

① 据嘉庆十年(一八〇五年)兵部奏(见《嘉庆大清会典事例》卷五百二十五),及嘉庆二十一年(一八一六年)八月甲午谕(见王先谦:《嘉庆东华录》卷四十二)。这种在皇帝出巡时的站道、清道差役,都归绿营担任,就是后来绿营挑选为"练军"了,也还是归练军担任的。冯玉祥在所著《我的生活》里记他在保定练军时担任慈禧太后、光绪帝路经保定时的站道、清道工作的故事说:"慈禧还没有到,保定府已经忙得不可开交。我们保定练军奉派担任'卡轮'的工作。所谓,'卡轮',就是护卫的意思。挑选的都是大个子,我自然也在被挑之列。我们身上都穿着蓝布开叉袍,手里拿着红漆柳条小播罗,净水泼街,黄土垫路。慈禧的行宫就设在总督衙门内。我在衙门口'卡轮',向里面一张看,只见灯笼、火把、旗锣、宝扇、斧钺、红毡等等,辉煌夺目,摆成行列,极尽富丽堂皇的能事。国家快要亡了,仍然这样穷奢极华,作威作福,百姓怎么不遭殃呢?我一面洒水泼街,一面心里这样的想着。"案卡伦为蒙古地方在要隘处设兵瞭望的称谓,汉语就是站道;净水泼街,黄土垫路,就是清道。从这一段记载里,就可以知道绿营在皇帝出巡时担任的站道、清道的差役的情况了。

② 据《雍正大清会典》卷一百四十《处分则例》。

③ 据《续纂兵部处分则例》卷三。

> 留民壮十名,遇有小盗,责成何人?一有微警,必调官兵,塘报哨探,文移往复,动延旬日,常失事机,且以官兵逐捕小盗,无功则有滋蔓难图之忧,有功亦有玉石俱焚之患。……思为万全之计,似难议革。①

王贞以为城守、库狱、逐捕盗贼、起解人犯、护送银鞘等项差役,都是民壮的专责,那些烦剧的州、县公务蝟集,还感到人手不够用的困难,哪里可以再议裁革,且以捕盗论,用营兵也不如用民壮的便利,所以他主张民壮不应裁革。到顺治十六年(一六五九年)十月户部左侍郎林起龙又上疏论道:

> 民壮番快等役,原以捕盗,近因节省工食,俱行裁减。今腹里州、县请照旧添设,但各处盗贼响马合伙行劫,非番快等役可以捕灭,无庸议设,仍应责成营将分汛设防。

林起龙此疏,奉旨交简亲王济度等会议,寻议复应如议。得旨:地方大伙劫盗,著营兵捕拿,其窜匿城市乡村盗贼仍设番快缉拿。②到雍正二年(一七二四年)定各省州、县拣选民间壮丁务足五十名数目,每名按年给工食银六两,不时操练,以应捕务。③但工食既少,不免老弱充数,州、县复奉行不力,于是额设民壮,不以守护仓库监狱、护送饷鞘人犯、缉捕盗贼为专责,只做持票传案的事④,从

① 见《皇清奏议》卷六,《酌弭盗源议》。
② 见王先谦:《顺治东华录》卷三十三。
③ 据《雍正大清会典》卷一百三十八。
④ 据《清史列传》卷四十三《常大淳传》。

而百役遂丛集于绿营，使弁兵供应差役，终日奔走不遑。康熙三十四年（一六九五年）正月，康熙帝谕兵部道："朕巡视京畿，见绿旗兵沿途奔走，无倾刻之暇，甚属劳苦，深为可悯。"[①] 乾隆十九年（一七五四年）闽浙总督喀尔吉善、浙江巡抚雅尔哈喜会奏杭州城绿营差役的情况道："驻扎省城内者仅副将一员，城守都司一员，把总、外委各一员，马、步、守兵四百十余名，省城内各衙门防守仓库、监狱以及护解饷犯、防守水陆城门皆城守专责，仅藉此四百余名官兵拨应差使，奔走不遑，何能按期操演？"[②] 乾隆二十九年（一七六四年）湖南巡抚乔光烈奏长沙协绿营如遇鞘靶接至，不敷差拨。[③] 道光末，云贵总督林则徐奏大理府绿营逐日解犯护饷等差，络绎不绝。[④] 因为绿营差役繁重如此，所以便不能不有误训练。乾隆时姚鼐曾论其弊道：

> 昔者管仲用齐，欲以兵服诸侯，管仲知先王兵民为一之制不可以决战，故参其国，伍其鄙，故野有五属，五属皆农夫而已。国则为军，鄙则为农，虽不尽若唐、宋以后之制，而兵民之分自是始。……呜呼，后之为兵者，何异于管子也！兵额多而不尽可战，又不欲养兵而逸之，使之不习战而习于百役，自明以来，运粮之丁，其始兵也，而卒不能持一梃以与怯夫为斗，然以代民转输之苦，尚有说也。今之营伍，有战兵，有守兵，不习知战守之事，顾使之杂为捕伺盗贼、诘私贩、娼妓、赌博之任无

① 见王先谦：《康熙东华录》卷五十五。

② 见《皇清奏议》卷四十九，《请裁拨官兵疏》。

③ 据《清史列传》卷二十《乔光烈传》。

④ 据《林文忠公政书》丙集《云贵奏稿》卷九，《迤西移改协营添设汛兵折》。

> 不与，是直有司事耳。使兵足任之，而有司不能，何以为有司？况兵籍是名，而恐喝取财扰地方为害者有之矣。夫兵农惟不欲兼也，故使之专于为兵。今之纷纷而呼于市，而谁何于道路者，夫岂非兼任也？则又不若使之为农之为愈也！①

案姚鼐所论“兵农唯不欲兼也，故使之专于为兵”的话，原是中国兵制里面所谓兵民有别的制度的理论的根据，也就是雍正、乾隆、嘉庆诸帝论绿营制度称为万古良法的地方。② 但是，当兵的农事还不可兼任，而反使杂应百役，不顾训练，那岂不是跟立制本意大相矛盾？所以姚鼐认为这种捕盗贼、诘私贩、娼妓、赌博诸项差役都是地方官的任务，不应使兵士负担，兵士的职责乃在于习战守。现在做兵的不习战守，反供百役，失了养兵的本意。姚鼐的议论，确实说出了绿营制度里面这一个最大的弊病。

① 《议兵》中语，见《皇朝经世文编》卷七十。

② 雍正七年（一七二九年）七月丙午谕内阁说：“孔子曰，以不教民战是谓弃之。无事耕种之农岂能娴于武备？有事征发之扰，岂能兼顾农桑？以此为制，不但弃其兵，并弃其民矣。古者六乡六遂之法远不可稽。后世民以养兵，兵以卫民，彼此相资，唐、宋以来法制渐详，军农实称两便。……无事则分处什伍，兵不扰民，有事则整旅出疆，兵以卫民。此万古之良法。今八十年来，太平无事，老耆以寿终，幼孤得遂长，孰非兵防卫守之力哉。”（王先谦：《雍正东华录》卷十五）乾隆帝撰《凯旋兵丁至京由驿各回本地营伍》一文中有说：“古之三时务农，一时讲武，为制兵善策，其不及者更役流民使之战戍，皆所谓敺犬羊以饲虎豹，殊可笑耳。”（王先谦：《乾隆东华录》卷一百十七）嘉庆帝也说：“古者寓兵于农，是以搜苗狝狩，皆于农隙以讲武事。今则兵与农分，入营充伍者月支粮饷，本无事于南亩，即勤加简校，并无妨碍。”（嘉庆十七年正月丙申谕，见王先谦：《嘉庆东华录》卷三十三）皆论兵农两途不能兼顾，故绿营特分兵农，使兵士得以专精训练也。

第三项　绿营的训练

绿营训练制度,沿自明代。清初建立绿营,未定新制。雍正五年(一七二七年)以各处绿营所习武艺,所用器械,操演队伍,各随将领好尚不同,谕令各省因地所宜,酌定规制,永远遵奉(请参看第十四章《军器》)。但其所定者为军器的编制,而不是训练的制度。乾隆三十九年(一七七四年)十一月癸亥定各省绿营兵丁鸟枪照健锐、火器二营演连环法式。① 这是清朝在建立绿营一百二十多年后,始以一种八旗鸟枪训练方法来训练绿营。但绿营兵器不只鸟枪一种,他种兵器的训练方法,清朝都未创有新制。且即这一种鸟枪连环法式,各省也不是一律遵行的。所以绿营自明代四百年以来相沿的训练旧制,却始终没有改变。

绿营训练制度,是一种阵势式的训练。"阵"就是"队形"。队形的作用,就是使多数人能够一致动作。譬如检查人数,要是一百个人,东一堆,西一堆,一时就数不清,如果排成两行,一看就明白。所以战斗要用横队,就是要使多数人能在同一时间使用武器。运动要用纵队,就是使多数人能容易变换方向,适合于道路的行进。这一个队形战术,在火器简陋火线力薄弱的时代,因为战斗的胜负,每决于体力的角逐,队伍整齐就力集,队伍疏散就力分,较那人自为战的"散兵战术"是适于当时的战斗条件的。所以宋岳飞说:"阵而后战,兵法之常",这乃是史国古代一贯的战斗方式,也就是当时一贯的训练方法。

① 见王先谦:《乾隆东华录》卷八十。

但是，这种营阵式的训练方法，很容易发生一种流弊，就是重虚文而忘实际。因为这种战术，在平时各色器技营阵的基本训练，却都是极质极朴的方法。如果训练时存着一种为求简阅时好看的目的，那么，所练的方式，便会流为一种“花法”，而与临阵的实际全不相干。这种流弊，在明代已经这样的了。明嘉靖时戚继光在《纪效新书》开端说道：

> 或问祖宗自设官军，至今操练二百年矣，比子之操一二年者，孰为习士，官军亦有阵法，场中演习，而皆不裨时用，何也？光曰……今所习所学，通是一个虚套，其临阵的真法真令真营真艺原无一字相合，及其临阵又出一番新令，却与平日耳目闻见无一相同。如此，就操一千年便有何用？临时还是生的。且如各色器技营阵杀人的勾当，岂是好看的？今之阅者，看武艺但要周旋左右，满片花草，看营阵但要周旋华彩，视为戏局套数，谁曾按图对士，一折一字考问操法以至于终也？此是花法胜而对手工夫渐迷，武艺之病也；张虚文而真营却废，制阵之病也。就其器技营阵之中间，一花法尚不可用，况异数耶？

简阅武艺但要周旋左右，满片花草，简阅营阵恒要周旋华彩，视为戏局套数，这就是只求好看，无裨实际的花法，而与本来极质极朴的营阵式的训练绝然相背。清代绿营的训练，衣钵相承，其流弊便跟明代一个样子。乾隆五十年（一七八五年）陕甘总督福康安奏陈绿营的训练道：

> 向来绿营阵势，止系两仪、四象、方圆各式，此皆传自前

朝，相沿旧样，平时较阅，虽属可观，临敌打仗，竟无实用。在各营演试之时，明知所习非所用，不免视同具文，饰观塞责。①

把福康安所述与戚继光的话对看起来，绿营训练的流弊，不正跟明代一样吗？嘉庆九年（一八〇四年）七月嘉庆帝复下谕论其弊道：

国家设立武备，所以训练营伍者惟枪箭最为利器，不独冲锋陷阵藉资敌忾，即行围肄武，所贵获禽，均当以弓力劲而有准，放枪捷而多中者为上，其马射亦须挽强命中，马上稳实，始堪制胜，原不在进退步伐间讲习虚文。我朝东三省之兵，所以素称劲旅，战则必克者，职是之故。今绿营积习，于一切技艺率以身法架式为先，弓力软弱取其拽满适观，而放枪时装药下子任意迟缓，中者十无一二，即阵式杂技亦不过炫耀观瞻，于讲武毫无实效。②

营阵的作用，在求战斗的一致，故其训练，即求队伍整齐一致为主要目的，而进退步伐便是这种训练的基本动作。乃绿营的训练，不从这种进退步伐的基本动作中做脚踏实地的工夫，以求达到暇整的境地，却从这个出发点就入了迷途，专讲习虚文，所以结果只训练成了一些好看的花法，完全不适实用。同治时，闽浙总督左宗棠更有深刻的批评，他说道：

---

① 《皇清奏议》卷六十五，《议陕甘兵储疏》。
② 《中枢政考》卷二十。

夫有兵不练与无兵同,练之不精与不练同。今之制兵,陆则不知击刺,不能乘骑,水则不习驾驶,不熟炮械,将领惟习趋跄应对,办名册,听差使。其练之也,演阵图,习架式,所教皆是花法,如演戏作剧,何裨实用。省标尚有大操小操之名,届时弁兵呼名应点,合队列阵,弓箭、籐牌、鸟枪、抬枪次第行走,既毕散归,不复相识。此外各标营则久不操练,并所习花法,所演阵式而亦忘之矣。①

要认识绿营这种花法训练的面目,可举同治十一年(一八七二年)两江总督沈葆桢在松江简阅江南水师的情形为例。当时《申报》对此事有一段生动的描写,兹节录其文如下:

沈制军查阅江苏弁兵,……月之二十五日一点钟按临,随即登台阅操,系与提督军门各设公案并坐。各营将领莫不顶盔贯甲,接见于演武厅,堂参之后,概免披甲。是日阅看江南新设之里河水师五营,尽行调于此处,共计舢板炮船六十四号。因太湖右营系新将统辖,即由太湖左营为首领请令开操。号炮声中,各营金鼓鸣动,两翼旗旛招扬,左右舢板朝上排定,只听号声,荡桨齐出,左向左转,右向右转,演出双龙一字等阵,炮声响处,金鼓齐鸣。迨至号声变动,呐喊冲锋,复成鸳鸯梁子阵式,或为一字长蛇,或作四方平稳,莫不左右顾盼,进退舒齐。嗣打得胜鼓。操毕,听收队号声,始各跟梢盘转,仍分两边收队,将领缴令,则已红日西沉矣。

① 《左恪靖奏稿初编》卷三十四,《谨拟减兵加饷就饷练兵疏》。

这种操演，真是五花八门，好象做把戏一样，《官场现形记》作者李宝嘉笑为“比要猴还要好看”①。可知戚继光所论“就操一千年便有何用”的批评是不错的。所以，在康、雍、乾三朝绿营盛时，兵士的真训练都是从战场上实际的战斗中得来的，全和这种花法训练不相干。到乾隆中叶以后，无事征战，于是兵士不能再从战斗中得到训练，绿营遂积弱不振了。

绿营这种不重实际的花法的训练，并没有随着绿营制度的废除而消灭，它的根苗到清末的陆军里面还重新滋长起来。冯玉祥记陆军二十镇的训练事说：

> 那时军中的恶习，……一切专讲派头，专讲样子，换言之，即是不重实际。此如操练的事，完全敷衍塞责，不是为的准备作战，而只是预备给人家看的。体操一课，不但官长不参加，连士兵也不注意，仅仅每连里派两个兵出来，集合到一起，练些“拿顶”、“飞腿”，以及各种的花骚拳法，准备着有人参观，就拿出来表演一番，以博称誉。打靶原是军队训练最重要的事，然而这里一年之中还练不到两次三次。……再比如做工事，无论是进攻，无论是防御，都是不可或少的。可是我们这里的军队，却从来不练习掘造阵地，预备作工事用的铁锹、铁镐、铁铲等家伙，全都油漆崭新，放置在军械房内，永远没看见拿出来使用过，只准备给人来点数而已。总而言之，这里一切

① 见《官场现形记》第六回。

全是摆样子的，全是假的，丝毫没有想到真正作战上面来。这些情形，……成为军队中积重难返的严重病根。①

清末仿照西洋军制编练的新式陆军里面，这种专讲派头、专摆样子的恶习，完全是绿营作风一模一样的复活。这种作风，正是从明代五百年来中国军队的完全脱离实际专求检阅时好看的花法训练一脉相传下来的。

第四项　绿营差操混淆之弊

由上所述，可见差操是两件迥不相同的事。差则解送、守护、缉捕、"察奸"、缉私、承催等事必须散处当差，各专责成；操则习技、练阵、听训等事，必须聚处营盘，同受约束。所以做差役的弁兵，不能再应操，应操的弁兵，则专任战守，不得兼任差役，各有专司，各不相淆，在绿营制度里面必须要这样的划分清楚，然后职掌方不至于混淆，而各得有所专注。倘绿营之制果能如此划分，那么它不过是分出一部分弁兵来任差役，不事战守，跟那督催漕运的漕标兵、治河的河营兵一样罢了，也未尝是不可行的。同治时曾国藩论改革绿营旧制有道：

向例营兵差操二字混在一处，……近来聚处扎营者如神机营、直隶练军及江宁、苏州之新兵，皆于额兵之中另挑立营，既须屯聚常练，即不能散处当差，而各项差使，势又不能尽废。

---

① 见冯玉祥著：《我的生活》第十二章。

将来经制之兵，似宜分差操为两起，差则宜散而少，官宜以分塘分汛为额，操则兵宜聚而多，官宜以分营分哨为额。此旧制之宜改者。①

曾国藩的改革办法，正是针对着这个弊病而发。但是清初建置绿营制度的时候，却看不到这一个要点。所以绿营之制，差，则自标以至协、营、汛都要担任②，操，则供应差役奔走不遑的弁兵，定制还须兼顾，于是在这种制度之下，便造成了以镇守与百役并肩，以差操二字混为一谈的结果。

差操混淆的流弊，最先起来的便是两者难于兼顾。但差役为日常政务所关，一有停滞，政务便无法推行，操练则可以虚文敷衍。所以绿营为应付政务起见，不得不用全力来供应差役，而置操练于不顾，在事实上差操两者就有偏重偏轻之弊。而且其最大的流弊还不在此，因为差操既形成为偏重偏轻的事实，就在弁兵的心理上先造成了一种只知有"差"，不知有"操"的观念，跟着就使他们渐渐的养成了一种与衙门差役一样的油滑取巧钻营偷惰的风气。可笑清代定制，绿营兵士除号衣外，都另有应差衣帽。③清朝统治者

① 《曾文正公奏稿》卷三十，《大阅事竣折》。

② 案《嘉庆大清会典》卷三十八营汛墩堡条下注说："各省督、抚、提、镇所辖标下兵曰训练兵。"据此标兵可以不做差役的事了，其实不是。乾隆二十九年（一七六四年）湖南巡抚乔光烈奏陈抚标兵须派防守省城库狱（《清史列传》卷二十《乔光烈传》），又乾隆五十年（一七八五年）陕甘总督福康安《议陕甘兵储疏》记督标五营兵三千名，其拨协应差者共需七百数十名（《皇清奏议》卷六十五）。可知标兵也须要供应差役的，不过比较协、营少些罢了。

③ 据《乾隆大清会典则例》卷一百二十二。

以为绿营兵去应差时穿上应差衣帽作为差役，到应差回来脱开应差衣帽，还是原来的绿营兵。不知一个人的外表虽可换，他的行为，积习成性，却不可更移，断没有只是穿上应差衣帽时才换上差役的行径，到了应差回来，把那些应差的衣帽脱了，再穿上号衣，还是一个军人的道理。清朝统治者既要绿营弁兵天天去干衙役一路的任务，他们那得不染上了那一流人的积习。所以曾国藩论绿营习气说：

> 兵则编籍入伍，伺应差使，讲求仪节，即有一种在官人役气象。及其出征，则行路须用官车，扎营须用民夫，油滑偷惰，积习使然。①

任何一种军队，都是需要质朴的坚强的性格的人，有了这种精神的和道德的实质，才会给它力量。而这个差操混淆的流弊，就首先腐蚀了绿营弁兵的本质，使战斗的军队变成为油滑偷惰的衙门差役。在第四章第一节《论绿营衰退的原因》指出的反革命大头子曾国藩、胡林翼、李鸿章等人所咒诅的"绿营习气"，便是从这个流弊酿造出来的。这是绿营崩溃的第一个大原因，这是清朝统治者在最初定制的时候所造成的大弊病。他们对这一个作为统治权力最主要的工具绿营，在自己的手里种下了毁灭的根源。

① 《曾文正公奏稿》卷二十八，《复议直隶练军事宜折》。

第二节　防汛

第一项　防汛的职务

绿营制度，凡城守分防各营，都分领汛地，遇沿边沿海沿江处所及大道旁，都按段置立墩堡，分驻弁兵，各守汛地，叫做防汛。①

绿营设立汛地，其作用有四种：一、缉捕要案，二、防守驿道，三、护卫行人，四、“稽察匪类”。所谓缉捕要案与防守驿道的作用是怎样呢？光绪五年（一八七九年）陕甘总督左宗棠奏说：

> 定制各州、县设有堆房，各站设有墩汛，有护解人犯，递送文报，及缉捕要案之责，功令至为严切。②

所谓缉捕要案，便是顺治时林起龙所谓责成营将分汛设防以捕“伙匪”的建议。这便是绿营防汛制度在缉捕要案上的作用。其护解人犯，递送文报，都经由驿道，凡防守驿道的职责也归绿营防汛担任。故同年贵州巡抚岑毓英奏说：

> 驿道旧章，向归绿营分设塘汛哨卡，拨派官兵驻守，……

① 据《嘉庆大清会典》卷三十八。
② 据中国社会科学院经济研究所整理档案。

棋布星罗，立法已极周密，经二百数十年未有更张。①

这便是绿营防汛制度在防守驿道上的作用。关于“护卫行人”、“稽查匪类”的作用，乾隆帝上谕曾说：

各省水陆孔道之旁，设立墩台，驻宿兵丁，所以护卫行人，稽查匪类。②

故乾隆二十二年（一七五七年）刑部左侍郎于敏中奏道：

村庄道路设汛分防，或以阻远偷安，或以偏隅生玩，请令防兵昼则了望稽查，夜则支更巡逻，往来络绎，击柝相闻，俾征途倚以无虞，奸宄望而敛迹。并责成汛弁按季轮巡，统辖之副、参、游、都等员分年巡查。③

疏上，下部议行。这便是责成汛兵护卫行旅的作用。乾隆三十八年（一七七三年）兵部议准两江总督高晋奏也说道：

江西宁州与新昌县交界之黄冈洞，周围百余里，前明寇盗盘踞，严行封禁，深险曲邃，难保不藏匿奸匪，应于新昌之老屋场、双港口、三峰、鹅公岭，宁州之糠糍山、老鸦山、正冈山、小

① 《岑襄勤公奏稿》卷十五，《更正下游新设碉屯折》。

② 《乾隆大清会典则例》卷一百十三。

③ 见《清史列传》卷二十一《于敏中传》。

西坑八处，各设卡房一座，巡兵五名，以资防守。①

这便是在深险的去处，设立汛地以“稽察匪类”的作用。在这里必须指出：清朝统治者所说的“匪类”、“伙匪”、“倡设邪教”、“拜盟结会”等等，都是指农民造反说的。所以综看上述绿营四种防汛的作用，实不外镇压农民起义和防护交通两项，其作用和后来民国的公安局派出所及防护交通的路警相同。这两项任务，都属内政范围，不是军队的任务，而清代却用绿营来担任。所以在绿营兵制上说，它把防汛任务包括在内，正同差操混为一起一样，把兵政与内政混淆不分，也是绿营兵制的一个缺点。

防汛制度最大的功能就是稽察缉捕。稽察缉捕必须处处防范周密，分段责成，绿营汛地的布置正是如此。所以在防汛的处所，遇到稍露形迹的人，一经盘诘，便被拿捕。例如光绪九年（一八八三年）山西巡抚张之洞奏黑龙关汛把总王标捕盗事道：

七年三月，不记日期，刘二杆旗纠合刚克荣、刘三黑、张虎、孙会、李鸣岐、姜凤鸣、张树德、张柱则、刘东拐（即刘二吉了）同伙十人，行劫山西不识县名村庄烟馆，用绳捆石块撞开铺门，一同进内，抢得烟土银钱布匹，分拿逃逸。是月初七日，行至蒲县黑龙关外，李鸣岐、张虎、孙会分携烟土，上街卖钱易银，经该汛把总王标看出，盘诘捉拿，张虎、孙会弃钱逃逸，李

① 见王先谦：《乾隆东华录》卷七十七。

鸣歧落后被获。[1]

黑龙关是山西蒲县一个小集，绿营在这里安设了一个汛，派一个把总带了几个兵丁住扎稽查。所以盗贼李鸣歧等三人在别处村庄抢劫了财物，到了这里来兜卖，给把总王标看出形迹，上前盘诘，就立刻把盗犯捉拿起来。又如同治十一年（一八七二年）河南巡抚钱鼎铭奏陈《地方营汛缉捕出力请予奖励折》[2]说：

> 豫省……荒僻之区，及各属沿边一带，匿匪藏奸，此拿彼窜，各州、县缉捕稍松，即虞窃发。盖以近年秦、陇用兵，时有溃逃游勇，往来豫境，勾结抢掠，实为地方行旅之患。臣到任以来，体察情形，严饬各州、县营汛认真搜缉，复派得力将弁会同地方官分头兜捕，陆续擒获著名要犯。

河南因当时陕、甘用兵，常有溃逃游勇，往来境内，勾结抢掠的事，办理缉捕，本是很棘手的。但由于绿营防汛制度周密，它所设置的星罗棋布般的网罗，一直深入到边僻的地区去，所以巡抚钱鼎铭依靠了这一个制度，便把这个不静的省分镇压下来。绿营防汛对稽察缉捕发挥了这种作用，所以在清代，难以数计的人民图谋革命活动都因此被破获。它曾经给清朝统治者尽了它作为镇压人民的工具的作用。

---

① 这年五月初三日《审明夺犯戕官纠伙叠劫多案要犯照章先行正法以昭炯戒折》，见中国社会科学院经济研究所藏《张中丞抚晋奏疏》钞本。

② 见《钱敏肃公奏疏》卷二。

第二项　汛地的布置

汛地由各营分领，派兵防守。岑毓英《更正下流新设碉屯折》记自贵阳至湖南晃州境各汛地分领情况说：

> 自省城至龙里县系贵阳营定广协分守汛地。自龙里至贵定县系定广协新添营分守汛地。自贵定至清平县系新添营、平越营分守汛地。自清平至黄平州系凯里营、黄平营分守汛地。自黄平至施秉县系黄平营、镇远镇右营分守汛地。自施秉至镇远府系镇远镇右营同中营分守汛地。由镇远至青谿县，由青谿至玉屏县，由玉屏至湖南晃州交界，俱系镇远镇中营及左营分守汛地。①

计自贵阳到湖南晃州境，经过龙里县、贵定县、清平县、黄平州、施秉县、镇远府、青谿县、玉屏县等八个府州县，其间汛地由贵阳营，定广协，新添营，平越营，凯里营，黄平营，镇远镇右营、中营、左营等九个协营分领。故汛地宽长，各该营驻防处所，相距邻营邻县，四至程途经常是一二百里至几百里不等。贵州汛地制度没有详细的记载，现从《鄂省营制驿传汇编》所载湖北各营所领汛地的布置情况引两例来说明。如记德安营所领汛地布置的情况说：

> 德安营参将管辖安陆、随州、应山、应城、云梦、孝感六州

① 见《岑襄勤公奏稿》卷十五。

县汛地，东距黄州营汛一百六十里，南距汉阳营汛一百三十里，西距襄阳营汛二百五十里，北距河南省信阳营汛三百一十里。分防安陆县汛把总一人，随州汛把总一人，小林店汛千总一人，贴防界牌外委一人，应山县汛外委一人，应城县汛外委一人，云梦县汛外委一人，孝感县汛把总一人，贴防三里城额外外委一人，共安塘六十六处，塘汛兵二百九十四名。

又如记荆门营所领汛地布置的情况说：

荆门营游击管辖荆门、潜江、天门、沔阳四州县汛地，东距汉阳营汛四百二十里，南距荆州营汛一百八十里，西南距远安营汛五十里，北距提标左营汛一百三十里。分防荆门州西北汛千总一人，沙洋汛把总一人，贴防外委一人，潜江县汛把总一人，贴防外委一人，天门县汛外委一人，沔阳州汛把总一人，贴防外委一人，新堤汛千总一人，共安塘七十四处，塘汛兵三百一十二名。

从上引德安营、荆门营汛地的布置，可看出三种情况：第一是汛地辽阔，如德安营管辖安陆、随州、应山、应城、云梦、孝感六州县汛地，东距黄州营汛一百六十里，南距汉阳营汛一百三十里，西距襄阳营汛二百五十里，北距河南省信阳营汛三百一十里。如荆门营管辖荆门、潜江、天门、沔阳四州县汛地，东距汉阳营汛四百二十里，南距荆州营汛一百八十里，西南距远安营汛五十里，北距提标左营汛一百三十里。第二是安"塘"周密，"塘"是汛兵设卡守望的地方。计德安营四至汛地八百五十里，共安塘六十六处，荆门营四至汛地七百八十里，共安塘七十四处，约十多里安“塘”一处。第三是防汛官员的官阶与兵丁的名数，计德安营防汛官有千总、把总、外委、额外外委等，荆门营有千总、把总、外委等，其汛官都是千总以下的武弁。其防汛兵数，计德安营共安塘六十六处，汛兵二九四名，荆门营共安塘七十四处，汛兵三一二名，每处汛兵，不过四人或五人。

这一个汛地的布置是很周密的，在约十多里当孔道的旁边，安“塘”一处。其汛与汛间互相联络，一二百里外，又有专营。汛兵各在本汛内上下汛轮番侦逻稽查，耳目既近，稽察易周，一有聚合，附近营汛，就可以立刻四面包围起来。所以绿营汛地虽辽阔，每汛兵数不过四五人，但是，其布置却是很周密的。同治时两广总督毛鸿宾论绿营制度有说：“今百里有营，十里有汛，在立设之初，原为耳目既近，稽察易周，一有啸聚，即可围捕。”①毛鸿宾这一句话，说明了绿营防汛的作用。

第三项　汛兵在绿营中所占的数目

汛兵确数今不可考。其在绿营中所占的数目，大概估计约三分之一。雍、乾间人孙嘉淦在《汛兵授田疏》②里说：

伏查各省兵制，督、抚、提、镇之标兵，备援剿而不防汛，其

① 见《毛尚书奏稿》卷十六，同治四年（一八六五年）二月二十七日《敬陈额兵流弊片》。

② 见《皇朝经世文编》卷七十二。

> 副、参、游、守之营兵，则在营者少而在路者多。通计天下守路防汛之兵，不下二十余万。

咸丰时，湖北巡抚胡林翼给他的幕客李香雪等书说：

> 去冗官，裁额兵，是节饷之大政，富国强兵之远谋，……林翼之愚，若去塘汛，专交地方官护解饷鞘人犯，亦可节去兵额十分之三。①

案雍、乾间绿营兵额约六十万，据孙嘉淦的估计，防汛的兵数不下二十余万，是汛兵占绿营兵额三分之一强。据胡林翼的估计，则为三分之一弱。两人的估计都在三分之一左右，折中来说，约为三分之一。这个估计是确实的。试举一两省的汛兵与各该省绿营兵额总数的比率来说明，例如咸丰三年（一八五三年）浙江实兵共三五，二五一名，其分防水陆各汛者共一七，二六一名②，浙江汛兵占本省绿营兵额三分之一强，差不多到了二分之一。又如光绪时，湖北省绿营兵额共一五，四二七名，其分派防汛兵共五，七八四名③，湖北省汛兵占本省绿营兵额三分之一强。守路防汛的布置，各省情况大致相同，所以裒多益寡，全国汛兵占绿营兵额约为三分之一。

根据这个估计来计算，绿营历朝兵数都在六十万左右，那么防

① 《胡文忠公遗集》卷七十三，《致李香雪丁果臣汪梅村蒋文若》。

② 据这年八月初十日浙江巡抚黄宗汉奏，见中国社会科学院经济研究所整理档案。

③ 据《鄂省营制驿传汇编》卷二。

汛兵便占了约二十万。这二十万汛兵,有防汛的职任,他们都不能离开汛地的。所以他们平时既不能团集训练,也不能做那奔走道路的和防守省会都邑城门仓库监狱的差役,遇有战役时,复不能应征调。这样看来,绿营兵额虽有六十万,实际上应该把这二十万汛兵除开,不能算数。这个数目,在绿营总额的比率上是庞大的。

第三节　巡防

第一项　巡防的职务

绿营有巡防之制,凡外海大江沿边深山的地方,都定期巡防,各镇在两界相交的地方,约期会哨,同时并集,联名申报总督、巡抚、提督察核。这个制度,叫做巡防。

巡防制度最先的是巡洋、巡江。到嘉庆七年(一八〇二年)白莲教起义失败后,又定川、楚、陕三省巡山例。嗣后甘肃复照三省例以巡防山地。计巡洋的省分有山东、江南(仅指江苏一省)、广东、福建、浙江五省,巡江的省分有四川、湖北、湖南、江西、江南(包括安徽、江苏二省)六省,巡山的省分有陕西、四川、湖北、甘肃四省。其制各有不同,分述于后。

第二项　巡洋

巡洋制度以水师出巡海上,故较巡江、巡山为尤密,其制度可分为出巡日期、会哨洋面及督巡将领三项来说明:

一、出巡日期　山东以登州镇水师担任巡哨，每年在三月内出洋，九月内回哨。江南、广东、福建、浙江官兵巡洋则都分班轮巡。江南以三月为一班。广东以六月为一班。福建自二月至五月为上班，六月至九月为下班，十月至第二年正月按双单月轮班。浙江二月至九月以两月为一班，十月至第二年正月以一月为一班。

二、会哨洋面　福建海坛镇与金门镇在涵头港会哨，又与浙江温州镇在镇下关会哨，金门镇又与南澳镇在铜山大澳会哨。浙江定海镇与江南苏松镇在大洋山会哨，又与黄岩镇在九龙港会哨，黄岩镇又与温州镇在沙角山会哨。广东洋面区分五路，各设上下两班，东上路上班澄海协副将、下班南澳镇总兵部到甲子洋面与东下路兵船会哨。东下路上班平海营参将、下班碣石镇总兵都到甲子洋面与东上路兵船会哨，碣石镇又到大鹏、佛堂门洋面与中路兵船会哨。中路上班香山协副将到黄茅洲洋面与西上路兵船会哨，下班大鹏营参将至佛堂门洋面与东下路兵船会哨，又至黄茅洲洋面与西上路兵船会哨。西上路上班阳江镇总兵、下班阳江镇中军游击都到黄茅洲洋面与中路兵船会哨，又到硇洲洋面与西下路兵船会哨。西下路上班海口协副将、下班琼州镇总兵都到涠洲洋面与龙门协兵船会哨，又到硇洲洋面与西上路兵船会哨。西上路东海地方，也分上下两路，令硇洲、吴川、东山三营官兵专巡东海、硇洲、广州湾一带洋面，不用随统巡官去他处会哨。西下路龙门协也分上下两班，都在涠洲洋面与西下路兵船会哨，又巡到白龙尾与越南洋面交界，不可能会哨，责成钦州文武官禀报，并令琼州镇不时稽查。各路兵船统归水师提督督巡，仍令春秋二季亲去东西两路分查。

三、督巡将领　各省沿海水师出洋巡哨，都以总兵为统巡，副将、参将、游击为总巡，都司、守备为分巡，千总、把总为协巡。总兵遇有事故，准以副将代，或副将也有事故，偶以参将代，不准以游击、都司代统巡，都司、守备代总巡，千总、把总代分巡。惟山东登州镇水师营员较少，不能按照总巡分巡名目轮派，南汛以千总、把总为专汛，以胶州游击为兼辖，北汛以千总、把总为专汛，以登州守备为兼辖，东汛以把总为专汛，以成山守备为兼辖，都以该总兵为统巡。凡巡洋官都由统巡总兵按季轮派，造册送兵部，并移送总督、巡抚、提督查核，如遇有事故，应行派员更换的，也随时报明。①

第三项　巡江

巡江以巡防长江为主要。长江自四川巫山而东，出三江口到湖广界，过岳州、武昌、兴国到江西界，下九江、南昌到江南界，经安庆、江宁、京口、狼山东流入海。

巡防长江制度，江南、江西沿江各营汛上下巡缉，每月彼此会哨二次，对换令箭为凭。又每月狼山镇派员东巡到廖角嘴，西巡到京口。京口官兵东巡到狼山，西巡到江宁。江南总督派员西巡到安庆。安徽巡抚派员东巡到江宁，西巡到江西交界。江西九江镇南昌协各派员巡到江南交界。九江营派员巡到湖广交界。湖广兴国、道士洑二营东巡到江西交界，西巡与武昌营会哨，武昌营与岳州营会哨，施州营东与岳州营会哨，西巡到四川交界。所到日期，俱报明总督、巡抚、提督、总兵查考。

至于广东内河水师，也按季轮派官兵游巡，并令水师提督在夏

① 据《嘉庆大清会典》卷三十八。

冬二季亲去游巡。其余各省巨川中流险要的地方，一律拨派官兵巡哨。①

第四项　巡山

巡山之制，陕西省每年十月固原提督巡查山内边界一次，每年二月陕安镇巡查一次。四川省每年十月令川北、重庆二镇轮年巡查一次，每年二月令绥定、夔州二协与陕安镇同时巡到交界处会哨。四川提督俟川北、重庆二镇各巡哨一次后，再依期亲去巡哨一次。② 湖北省巡防定例，《会典》不载，惟《中枢政考》录嘉庆十五年（一八一〇年）五月上谕道："嗣后川、楚、陕三省每年轮派一省提、镇，著于边界遍历周查。"③其详细办法已不可考了。

甘肃巡防定例，初定派甘州、凉州、西宁、肃州各提、镇，并副、参、游等员各带弁兵按月前去各要隘处所分别巡哨，统计每年巡哨十二次。到道光十四年（一八三四年）因沿边乂安，其扼要的扁都口外，又设有察汉俄卜营制，足资弹压巡防，经总督杨遇春奏准自这年为始，每年春季三月提、镇会哨一次，夏季六月，永安、洪水、镇番、镇夷、甘标各营游击会哨一次，秋季九月，镇海、永固、永昌、金塔、甘州城守各营副将、参将会哨一次，冬季十二月仍令永安、洪水、镇番、镇夷、甘标各营游击会哨一次，统计每年巡哨四次。④

---

① 据《嘉庆大清会典》卷三十八。
② 据同上。
③ 见卷十九。
④ 据《光绪大清会典事例》卷六百三十九。

第九章　战时的调遣附军令

第一节　征调

绿营兵无事在营伍差操，有事征调，事定凯旋归伍。征调属于军令行动，与兵政权分开，绿营兵政权操于兵部，军令权则直接操于皇帝。所以征调命令只有皇帝始得而颁发，但在直省却分寄于督、抚，与兵政权同，已述于第七章。现在再分别考其制度于下。

绿营兵马分隶于提督、总兵，定例提督、总兵只有管辖权，而没有调遣权，若武臣有擅调官军的，例禁至严，《康熙大清会典》律例八兵律二①载其定例说：

> 凡将帅部领军马，守御城池，及屯驻边镇，若所管地方，遇有报到草贼生发，即时差人体探缓急声息，须先申报本管上司，转达朝廷奏闻，给降圣旨（案原作“御宝圣旨”，雍正三年律例馆奏准，今颁发圣旨无概用御宝之例，应删去御宝二字），调遣官军征讨。若无警急，不先申上司，虽已申上司，不待回报，辄于所属擅调军马，及所属擅发与者，各杖一百，罢职，发边远

① 见卷一百十七。

充军。

这条律例载明，凡武臣镇守地方，若遇有事，须先申报本管上司（案即总督或巡抚），转达朝廷奏闻，给降圣旨，然后方才可以调遣兵马征讨。如果不照例行，就于所属擅调兵马，及所属擅发与的都有罪。但如遇那些不及等候圣旨并不及候上司回报的警急事变，若镇守武臣倘没有临时应变权，便只好坐待敌缚，所以定制为补救上例的缺陷，又定：

> 其暴兵卒至，欲来攻袭，及城镇屯聚军马之处，或有反叛，或贼有内应，事有警急，及路程遥远者，并听从便火速调拨军马，乘机剿捕。若贼寇滋蔓，应合会捕者，邻近官军（案原作"邻近卫所"，雍正三年律例馆奏准改为邻近官军）。虽非所属，亦得行文调发策应。并即申报本管上司，转达朝廷知会。若不即调遣会合，或不即申报上司，及邻近官军不即发兵策应者，并与擅调发罪同。其余上司及大臣将文书调遣将士，提拨军马者，非奉圣旨，不得擅离汛地。……违者，罪亦如之。

前面一条律例是防武臣的专擅，后面一条律例是应突然发生的警急，而在后一条律例里面仍定明除事有警急外，其余上司及大臣将文书调遣将士，提拨军马者，非奉圣旨，不得擅离汛地。制度上明确地严密地定明兵马征调权完全掌握在皇帝手，不是镇守武臣所得擅调，也不是其本管上司及大臣所得擅调的。

但是，上述两条律例，原是为防范武臣而设。监督武臣的总督、巡抚文臣，却不受上两例所限，在督、抚所辖境内，凡遇有事变，都有征调所辖兵马权。至上例所定，提、镇武臣虽接上司文书调遣，非奉圣旨者不得擅离汛地，乃因防疆臣无事擅兵以作非常而特定此例，却不是指境内有事变时的征调来说的，故凡境内有事，遇督、抚征调，所属提、镇不得以未奉谕旨，按兵不调，也不受上例所限。且事有警急，提、镇武臣于例还有临时应变权，而况督、抚原有军令之寄，所属提、镇自应听其调遣，而不是上例所限的。要明白这个督、抚征调的制度，试举两事来说明。乾隆六十年（一七九五年）湖广总督福宁得警报，闻镇箪镇总兵在永绥、鸦酉地方被围，立刻飞饬提督前调沅、靖各府兵速赴鸦酉地方应援，并檄调湖南巡抚标及岳州、长沙、常德等营兵，令该管将备带领前往会剿。① 又道光十二年（一八三一年）台湾嘉义县陈办起义，福建巡抚魏元烺得报（案：时台湾为福建所辖），即飞调漳州镇标各营兵一，〇〇〇名，又调水师提标兵三〇〇名，金门镇标兵二〇〇名，海坛镇标兵三〇〇名，闽安协兵二〇〇名，由蚶江对渡鹿港登岸，听候陆路提督马济胜调遣。跟着又续调兵二，〇〇〇名前往接应。② 他们一遇境内事变起来，都不要等候谕旨，就可以立刻一面征调所辖兵马以赴事机，一面飞章奏闻。而总督为全军区的统帅，不但可以征调提、镇，并可以檄调巡抚标兵；不但可以征调驻扎省分，并可以征调兼辖省分。故雍正七年（一七二九年）因贵州兵事，为征调便利起见，以广西归云贵总督兼辖。③ 乾隆三十五年（一七七〇年）缅甸之役，班师时须留兵防边，上谕云贵同一总督所辖，调拨最为便易，因令他

① 据这年二月戊午福宁奏，见王先谦：《乾隆东华录》卷一百二十。

② 据这年十月庚午谕军机大臣，见王先谦：《道光东华录》卷二十六。

③ 据《嘉庆大清会典事例》卷二十《官制》“各省督抚”。

省兵都归伍，特留贵州兵二，○○○名驻云南永昌等处协同防守。[①] 关于总督征调事权，在道光十年（一八三○年）廷臣会议两江总督应否兼辖江西一案后，道光帝曾经阐论过，这年七月丁巳谕说：[②]

前因两江总督兼辖江西，相距遥远，恐有鞭长莫及之势，降旨令大学士九卿会议具奏。兹据托津等奏不归总督兼辖，并无格碍，曹振镛等奏请将兼辖之处仍循其旧，松筠并于会议折外另折具奏。朕详加披阅，所议均属明晰，惟江西地方武备尤为紧要，曹据镛等查明两江总督兼辖三省，兵额几及七万，巡抚专任江西，合抚、镇标营兵额仅止一万二千数百名，除留防省城及各府州县仓库各标营防汛外，两镇可调官兵不过数千名，倘遇应行水陆分道并进，实虑兵力不敷。总督若不兼辖，该巡抚必须一面具奏，一面咨调邻省官兵，临事耽延，时日所关甚巨。两江总督兼辖，原为控制以期连络声势，征调官兵，呼应较灵，所有江西一省著仍循其旧，统归两江总督兼辖，毋庸另议更改。

江西所以归两江总督兼辖之故，就是因为江西兵力少，归两江总督兼辖，三省兵额就差不多七○，○○○，有事江苏、安徽的兵马可以由总督征调到江西去会剿。若江西不归两江总督兼辖，本省可调的兵力不过数千，遇有事而兵力不敷时，巡抚必须具奏请兵，邻省虽可咨调会剿，但邻省督、抚，非奉旨不能征调兵马出境，而文报淹

① 据这年正月乙未谕，见王先谦：《乾隆东华录》卷七十一。

② 见王先谦：《道光东华录》卷二十二。

滞,临事耽延,时日所关,实为重大,旧制所定,即因有见于此。曹振镛这一派主张仍循其旧的议论,是深明旧制的用意,所以道光帝也听从他们的主张。上面说过,督、抚的制度,原是为军事而设,一方用他们来监督提、镇武臣,以收用文制武之效,一方委他们以疆寄,以收镇守之功,要他们能够行使监督武臣的职权,平时就须得有兵政权,要他们能负镇守地方的职任,有事时就必须有征调权。所以督、抚得分寄行省绿营征调权,是跟他们得分寄兵政权同是一样的因由的。

以上所述,乃是属于地方性质的征调行动,督、抚有分寄地方军令权,所以他们对于此种性质的征调,得有职权可以行使。至于遇兴大兵役,命将出师,征调四发,这种征调乃属于国家的征调行动,不是地方性质,其权都握在皇帝一人手,就是钦命的督师大臣也不得有征调权。要明白这个国家性质的征调行动,可举对抗太平天国之役的征调来做说明。当太平天国金田起义时,钦差大臣为李星沅。关于当时清廷征调的情况,可举下列三个谕旨为例:

咸丰元年(一八五一年)正月谕军机大臣等:据李星沅等驰奏各折件,已分别明降谕旨,均依议矣。……所有前经添调之黔兵一千名,及所请调之广东潮州兵,均著该大臣迅即分咨飞调会剿。①

同年二月谕军机大臣等:李星沅等奏进剿金田大股贼匪,虽少有擒获,弁兵亦有伤亡,急宜厚集兵力,设法兜擒,庶不致劳师糜饷……倘兵力实有未敷,著李星沅等悉心商酌,应调若

① 见王先谦:《咸丰东华录》卷七。

干名，准其仍于湖南、广东各府属，一面飞咨调取，一面具奏，以期迅速蒇事。①

同月庚辰谕：广西见在军务未竣，倚须添兵协剿，著张亮基、乔用迁于云、贵两省各选精兵一千名，派定将弁管带，俟钦差大臣李星沅等咨调到日，即饬迅速驰赴广西听候调度。并著骆秉章于湖南省各营内预选精兵，咨询李星沅等应调若干名，即派将弁管带前往，将此由五百里各谕令知之。②

先看第一谕，此谕令钦差大臣李星沅调两处兵，一处是贵州兵，一处是广东潮州兵，贵州兵是早经下谕备调的，广东潮州兵是李星沅奏请调而经咸丰帝允准的。又看第二谕，因李星沅奏兵力不敷，为期迅速蒇事起见，著李星沅商酌应调若干，准其仍于湖南、广东各府属，一面飞咨调取，一面具奏。这是出自特旨，定例却必须皇帝下谕征调，或由钦差大臣奏请指调经皇帝答应，钦差大臣得旨方可以咨调到前方去。但此谕仍限定他在湖南、广东各府属续调，因为自军兴以来，湖南即屡奉征调谕旨，这时并同下备调的谕旨，湖南巡抚得李星沅咨调，可以不待再降谕旨，就可以调拨。其广东一省，与广西同属两广总督所辖，时广东虽也有兵事，而总督徐广缙屡奉兼顾广西的谕旨，派兵入广西会剿，原是责无旁贷，他得李星沅咨调，更无须候旨，所以李星沅才得有这个一面飞咨调取，一面具奏的便利。否则虽有特旨，而被调省分督、抚仍是要候旨方得调拨的。再看第三谕，这谕是因广西军务未竣还要添兵，特先谕令云

① 见王先谦：《咸丰东华录》卷七。

② 见同上。

南巡抚张亮基、贵州巡抚乔用迁调兵各一，〇〇〇，以备钦差大臣李星沅咨调到日，得以即时开拔，并令湖南巡抚骆秉章预选精兵咨询李星沅应调若干，即调遣前去，湖南方面，因上谕有令李星沅飞咨调取的谕旨，故令骆秉章预选精兵先行咨询，俾知征调多少，这都是预使征调省分的巡抚先得谕旨，而后钦差大臣方得一面飞咨调取，一面具奏的便利。综看上面三谕，可见在兴大兵役当中，督师大臣并没有征调权，其权都握在皇帝一人的手中。

征调权既明，次述征调的方法。征调的方法，可分两方面来说：第一，是如何传达征调的命令；第二，是采用何种征调的方式。绿营征调，其传达征调命令的方法很简捷，并没有何种特为征调而设的符信，如古代的“虎符”那类东西。在督、抚征调提、镇则用文书调遣，叫做“檄调”。在皇帝征调各省则用传谕，传知督、抚，叫做“寄信上谕”，或简称为“廷寄”。初制，皇帝传谕征调，都颁发而后交兵部行文，则已传播人口，且驿递迟缓，敌探可雇捷足飞报，军机泄漏多由于此。到雍正初，因对西北用兵，乃特设军机处，定廷寄例，凡征调谕旨，都用廷寄。这种廷寄，事关军机，与巡幸、上陵、经筵、蠲赈及内外官员黜陟、调补暨晓谕中外的“明发上谕”不同，都由军机处密封然后交兵部捷报处用马递。马递的迟速，经军机处写明在函外，写马上飞递的不过日行三百里，有紧急的另写明日行里数，或四五百里，或六百里，并有六百里加快的，于是征调传谕，始密且速了。至于征调方式，绿营制度，与后来军营不同。后来的军营每遇调遣，都按调遣的多少，而定派遣的军队为军、为师、为旅、为团或为营。绿营却不同，假如调兵千名，它即有千人兵数的营，也不将这一营全军征调出发，而却在各营各抽若干，凑合成数应征的。绿营这种征调方式，叫做“抽调”。乾隆五十四年（一七八九年）越南之役，乾隆帝谕广西巡抚孙永清严防边关，所谓“如续调兵丁不敷派拨，即于附近各营一面再为抽调，一面奏闻”①便是。试举对抗太平天国之役，贵州绿营征调情况为例，列为下表：

太平天国革命战争贵州绿营征调状况表

（据咸丰三年七月初四日贵州巡抚蒋霨远奏，见中国社会科学院经济研究所整理档案）

标、镇、协、营名	原营兵数	征调名数	撤回归伍名数	未撤出师在外名数
贵州抚标	1,420	403	403	无
贵州提标	1,283	300	3	297
古州镇	2,117	809	425	384
镇远镇	1,993	580	143	437
安义镇	2,258	687	387	300
咸宁镇	1,576	1,101	601	500
遵义协	873	300	10	290
大定协	719	401	105	296
上江协	1,277	512	145	367
铜仁协	1,732	551	384	203
松桃协	2,586	554	321	233
平远协	772	300	无	300
永安协	1,145	600	400	200
长寨营	699	100	无	100
归化营	506	100	无	100
贵阳营	880	200	无	200
安南营	406	200	100	100
毕赤营	513	300	197	103

① 据这年正月壬午谕，见王先谦：《乾隆东华录》卷一百九。

续表

标、镇、协、营名	原营兵数	征调名数	撤回归伍名数	未撤出师在外名数
水　城　营	386	202	100	102
平　越　营	513	200	无	200
新　添　营	314	10	无	10
黔　西　营	472	25	22	3
黄　平　营	355	21	5	16
普　安　营	502	400	200	200
荔　波　营	655	10	10	无
朗　洞　营	651	323	141	182
下　江　营	601	101	40	61
丹　江　营	775	104	67	37
台　拱　营	864	121	65	56
黎　平　营	845	103	50	53
天　柱　营	301	10	6	4
总　　计		9,628	4,294	5,334

上表贵州绿营征调，自道光三十年（一八五〇年）十月起到咸丰三年（一八五三年）六月止，历次调兵共九，六二八名，计共征调两标、四镇、七协、十八营。每处征调的人数自千多名到一二十名不等，全省没有一处是全军被征调的，都是各征调若干名，凑合成师，分起出发的。其各处所征人数，也并不一定按原营兵数的多少为比例，如荔波营兵数为六五五名，只征调十名，而普安营兵数为五〇二名，便征调四〇〇名。这种各处抽凑的征调方法，便是乾隆帝所谓“抽调”。考绿营所以采用这种抽调式的征调方法，原来是它的制度使它不得不如此的。因为绿营制度是兵事与内政不分的，所以绿营不得不顾全着它所担负的内政上的任务，要留一部分的兵不应征调以为弹压地方及应差之用。乾隆四十九年（一七八四年）陕甘总督福康安议在各营挑选一半壮兵，勤加训练，以备征

调，乾隆帝以云贵、两广、福建等省系沿边沿海重地，应照办理。时署两广总督孙士毅奉旨复奏：①

> 臣伏思法贵历久可遵，兵以制宜为用。各省形势不同，即一省中地方险易亦复悬殊，似宜略为变通以收实效。广东营制水陆参半，率系沿海要区，广西悉属陆营，多半沿边重地。督、抚、提、镇各标兵额本多，挑选易于足数。此外各协、营额兵较少，或有护饷守隘，派遣既多，存营自少，似未便概令对半抽拨，致于地方形势稍涉周章。查广东水陆各标营共实操兵六万二千六百二十五名，内水师兵一万四百零七名，共计水陆可备征调兵二万八千五百三十二名，缘广东是处海滨，训习最要，且水师兵额既多，又非如陆路兵之常有差遣，是以所挑之数，未便从减。广西各标营共实操兵二万二千六百八十五名，今挑备征调兵一万一千二百九十六名。

案这时广东兵额为六八，〇九四名，广西兵额为二三，五八八名②，据孙士毅奏报，广东共实操兵六二，六二五名，可挑备征调兵二八，五三二名，广西共实操兵二二，六八五名，可挑备征调兵一一，二九六名，部不及原额之半。两广的情况如此，他省大抵相同。从孙士毅所说的话，可见绿营征调所以不得不采用这种就各营地方的冲缓、差务的繁简，而定各抽调若干，凑合以出的抽调式的征调方法，实由于它的制度使然的。

① 见《清史列传》卷二十六《孙士毅传》。
② 据《乾隆皇朝文献通考》卷一百七十九。

第二节　战时的编制

绿营这样零星地抽调的军队到了战地去是怎样的运用呢？也就是要知道绿营战时的营制，是采取怎样的一个编制的制度呢？

关于这方面的制度，在清代的典章中可说是没有材料可考，所有典章中一切营制的记载都是平时的编制的制度，而不是战时的编制的制度。因为绿营战时的编制不曾明定在典章中，一旦间军事发生，做将帅的都不知道怎样去编制军队。所以王闿运在他写的《湘军志》里，有论对抗太平天国之役绿营将帅莫知营制之说[①]，便是因为这个缘故。

但是，绿营战时的制度虽不详，而其编制的原则，在清初经略大臣洪承畴的奏疏里面，却保留了一段简要的记载。当时洪承畴做五省经略，他征调各省兵进攻西南，为使清廷明白这些零星的兵如何运用的情况，所以他上奏说：

> 各标各镇各省各营有五百，有三百，数似零星，而本标与本镇可以相合，本省内有各营可以相合。临时各统以大将，偏裨马步各成营伍，分合团练，乃可成臂指相使之势。[②]

这是绿营战时营制的编制的原则。据此知道绿营兵征调到前方

① 见卷十五。

② 见《明清史料》第四本，《经略大学士洪承畴密疏稿》。

去，是要经过一番组织的：凡本标的与本镇的合并，本省内各营合并，使编制成为营伍，各派大将统率，然后方用去作战的。

第三节　运输及沿途供应

在战时官兵与军实的运输，及沿途供应事件是行军一件大事，绿营都定有则例。在运输方面，运输工具，水路用船，陆路用车、用马或用驼骡等，至遇山路陡仄车骑不能得力的地方，并用人夫肩挑。官兵及军装行李的运输，初定条例：①

> 一、派调各省绿营官兵，官员乘骑本营例马、外委、马、步兵丁，每二名给驮马一匹，官员之跟役每五名给驮马二匹。如马匹不敷，或山路崎岖马不得力之处，按每兵百名，给夫八十名，除去例带跟役余丁共三十名外，仍给夫五十名。跟役接应得马数，每马一匹，折夫二名。口内、口外安站处所均用站夫应付，未安站地方，雇夫应付。
>
> 一、各省应付官兵船只，无论船只大小，均按每员每百里给银三分，军装行李每百斤百里给银一分。逆水每五员名给纤夫二名，军装行李一千五百斤给纤夫一名，每名给银五分。

后来因官兵水陆行走应需夫马车船例内虽经定有专条，还有应行增议的地方，如外委、马兵系有官马的人，遇有征调，自应乘骑本身

① 见《户部军需则例》卷四《骑驮马驼》及卷五《运送脚价》。

官马。又无马的步、守兵，若遇长途路远，也应量给车辆，使得更替合坐，以省足力，每兵几名合给车一辆的地方，前定例内部未经议及，应定以专条，俾有遵循，因续议定两例：①

一、各省绿营外委、马兵出征，乘骑本身官马。如遇马匹疲乏，无马更换处所，每兵三名连军装给车一辆。不能行车处所，每车改给马骡四匹头。如山路陡仄，马不得力之处，外委、兵丁均令其步行，将骑马扣留不给外，其外委之跟役应得驮马，每匹折给夫二名，兵丁每百名给夫八十名，除去例带余丁三十名外仍给夫五十名，背运军装行李。

一、各省绿营步、守兵丁出征，并无官马，每兵四名，连军装给车一辆，不能行车处所，每车改给马骡四匹头。如山路陡仄，除兵丁令其步行外，步兵每百名给夫六十名，除去例带余丁二十名外，仍给夫四十名，守兵例无余丁，每百名给夫五十名，背运军装行李。

关于军粮军火等军实的运输，也分别各有定例：②

一、凡运送军粮，由陆路运送者，口内、口外以百里为一站。若车辆难行，则雇觅马骡驮运。若山路陡险，车马都难行，必须人夫背负者，均以每米一石用夫二名。若口内、外山路崎岖陡险，百里难行，应按若干里为一站之处，承办大臣临

① 见《钦定续纂户部军需则例》。
② 见《钦定户部军需则例》卷五《运送脚价》。

时酌量地方情形分别设站里数奏明办理。口内至减总以七十里，口外至减总以四十里为率，不得再为减少。其由水路运送者，顺水以一百里为一站，逆水以八十里为一站。

一、凡运送军装军火等项，沿途地方先尽额设所车所夫应付，如不敷用，始准雇用民车民夫。口内、口外均以一百里为一站。如山路陡险，车辆难行，雇用马骡驮运。如遇偏桥路仄车辆马骡难行，以五十斤用夫一名。若口内、外山路崎岖陡险，百里难行，应按若干里为一站之处，照运粮例办理。

一、大炮过重，车马难载，都用夫抬送。凡运送炮台，如道路平坦易于抬送者，均按五十斤用夫一名，如山路崎岖险仄处所，炮身千斤以内，仍按五十斤用夫一名，其重在千斤以上者，按十五斤用夫一名。

至于在沿途供应事件方面，则归所过州、县办理，叫做“兵差”。[①] 兵差应办的事件约有三种：第一是饭食，绿营出征，本有行粮，并加盐菜钱，原不应再责州、县供应，但官兵到境，州、县仍须备办米面等项。[②] 第二是住宿，定例凡出征官兵沿途住宿及到省守候进征，如暂行屯驻及偶然过往，为日不多，除有帐房可住的仍搭支居住外，如帐房不便，或屯驻日期较久的，就预租店房居住。如无店房

① 咸丰元年（一八五一年）六月辛未谕内阁：“户部奏遵拨银两解赴湖北一折，见在湖北办理过境兵差，需用较繁”（见王先谦：《咸丰东华录》卷九），二年（一八五二年）给事中金肇洛奏：“兵差骚扰过甚，请饬严查。”（见《光绪大清会典事例》卷五百八十二），都是指这种事件来说的。

② 同治三年（一八六四年）上谕命地方官应给过境征兵米面等项，先期送到城外，以免骚扰，见下文引，可知征兵过境，地方官须供应饭食的。

可租，就在空隙处所搭盖竹草房棚居住。[1] 其中租店房及搭盖竹草房两项都须州、县办理。第三是夫马车船，定例在沿途雇集，也都由州、县办理。征兵沿途供应事件，既由州、县办理，因此不免有兵差骚扰的事件发生，如道光七年（一八二七年）御史阿诚奏请禁凯撤官兵沿途骚扰事。[2] 咸丰二年（一八五二年）给事中金肇洛奏兵差骚扰过甚，请饬严查。[3] 同治三年（一八六四年）以征兵过境，骚扰太甚，谕嗣后各路征调官兵经过各州、县地方，都著住宿城外，不准擅自入城，应给米面等项，由地方官先期送至城外，以免征兵索扰商民。[4]

第四节　补充

征兵作战伤亡，便须补充。绿营兵员的补充，仍是由原调省分的军营照所缺的名数补足送到前方大营的。如白莲教起义之役，嘉庆四年（一七九九年）经略大臣勒保奏，兵丁从征三年，伤亡病死核对原调数目，日益减少。除陕、楚、豫三省现有堵剿事宜，缺额的请咨令补足留在各本省调遣外，其山东、云、贵、两广等省应令补派来川。[5] 时勒保在四川督师，故奏请令山东、云、贵、两广等省将缺额兵数补充送到四川大营来。又如咸丰七年（一八五七年）安徽巡

① 见《户部军需则例》卷九《杂支》。
② 据《光绪大清会典事例》卷五百八十二。
③ 见同上。
④ 见同上书卷六百二十五。
⑤ 据《清史列传·勒保传》。

抚福济奏，安徽原调陕甘提属营兵五〇〇名，今仅存一九〇余名，再汰老弱，所存不过一五〇名，请饬陕甘挑补三五〇名前来庐州，以符原调五〇〇名的数目。[①] 上举两事，都是奏请饬原省补送缺额兵数的事件。现在，再从王先谦《咸丰东华录》里，引两谕以明其制。咸丰七年九月庚辰谕：[②]

前因乐斌奏安徽军营咨调补缺兵丁请由本地募补一折，当交兵部议奏。兹据奏称军营空缺兵丁，就地招充，流弊多端，难期得力，并请饬严革积弊等语。所有安徽省咨调陕甘补额兵丁，仍著乐斌照数派往。嗣后军营调取各省兵丁如有空缺，查明系何营分，随时知照该省于原营照数挑补，俟积有一二百名之数，再由该军营大臣奏请调派，一面将原调兵数若干，应补空额若干，咨照原省选派，俟奉旨后即行饬令启程。

案乐斌为陕甘总督，所奏安徽军营咨调补额兵丁事，就是指上举安徽巡抚福济奏请的事。咸丰八年(一八五八年)十一月丁亥谕：[③]

袁甲三奏请饬各省挑选官兵马匹来营补额等语，袁甲三所统直隶、山东、河南各营官兵从征日久，缺额甚多，几至不能成队，其马匹亦多倒毙遗失。见在各营马兵有马者不及十分之一。当此攻剿吃紧之际，亟应挑补足额，以壮军威。据奏已

---

① 据这年四月戊子上谕，见王先谦：《咸丰东华录》卷七十。

② 见同上书卷七十五。

③ 见同上书卷八十四。

> 造册咨照补送。著庆祺(**案庆祺是直隶总督**)崇恩(**案崇恩是山东巡抚**)恒福(**案恒福是河南巡抚**)即按照袁甲三所送清册督饬各原营将应补兵丁马匹认真挑选,配齐器械,拣派得力之游击、都司等官管带,统限本年十二月内一律驰抵袁甲三军营以厚兵力,毋许藉词耽延,以及老弱充数,将此由五百里各谕令知之。

案袁甲三时以太仆寺卿出河南督师,所部军队征调有直隶、山东、河南三省绿营。把上面两次上谕参看,第一,可以看出补充征兵缺额兵员,必须由原营挑补送往,不得在前方军营就近募补。故陕甘总督乐斌奏请将安徽军营咨调补缺兵丁就地募补,经兵部议驳不许。但乐斌所以有此请,却不是他首先开例的。原来太平天国革命战争,战区广大,当时清朝前方军营或因道途阻隔,或因被太平天国克复的地方原营已散,缺额再由原营补送已不可得,而军营又急需补充,所以便有就地募补的权宜办法。[①] 这种办法,是违背定制的。绿营制度,兵都土著,兵所以土著,就是要使与地方相维系,而不致随将领为去留,然后中央方得握兵籍以集兵权。若缺额兵数由前方军营统帅就地以客籍补充,则所补充的兵都与原营地方没有联系,即可任意随所募的将领为去留,且战事长久,伤亡愈多,

① 关于太平天国之役征兵就地募补的事很多,如咸丰三年七月初四日贵州巡抚蒋霨远奏称贵州征兵到广西、湖南协剿,“内有战殁病故者,在粤、楚军营募充居多,间有移回本营挑补”。同年七月十五日云贵总督吴文镕等奏称:“滇省调赴粤、楚剿办匪徒,……其在军营打仗阵伤亡故及病故之兵,均经随时由军营募补,间有咨回原营募补。”同年九月初五日署陕甘总督易棠奏称陕西征调出征的兵,接军营咨报阵亡病故五二四名,已经军营拔补七六名(均见中国社会科学院经济研究所整理档案)。都是征兵缺额就地募补的例,可见乐斌的奏请,不是自开先例的。

募补愈众，兵士感统帅的选拔，若受私恩私德，则兵都为私兵。湘军所以造成兵为将有的局面，就是起源在这一种将帅自召的制度。绿营征兵补充制度的意义与它的选拔制度是一致的。第二，可以看出补送缺额征兵的手续是由前方军营大臣一面奏请旨饬原省挑选来营补额，一面将原调兵数若干，应补空额若干，造册咨照原省补送。原省督、抚即按该军营大臣所送清册督饬各原营将应补兵数挑补备调，等到奉旨后即饬令起程。这个补送手续，在军营大臣则要请旨，在原营督、抚则要奉旨，其军营大臣的咨照原省，只是一个通知，而不能调拨，其补充调拨权，仍全操在皇帝手。将这个制度来和湘军制度比较，行湘军之制，有交情则将帅督、抚间可以私相调拨，无关系，则谕旨可以不理会的情况绝不相同。在这点看来，又可知这个制度立法的严密。

第五节　归伍

绿营凯撤则归伍，但绿营归伍一词却不单指凯撤归营来说，凡征调出征的兵士，在前线抽撤回原营的也叫做归伍。所以对绿营归伍制度，可以下一个确当的界说：就是凡凯撤归营，以恢复战前旧制的，或从前方大营抽撤回原营的都叫做归伍。

先说凯撤归伍。凯撤归伍的命令，通常也发于皇帝。乾隆五十四年（一七八九年）四月以越南事定，下旨撤广东兵归伍。[1] 道

① 据王先谦：《乾隆东华录》卷一百九。

光十二年(一八三二年)正月甲寅以喀什噶尔善后大局已定,撤满、汉官兵归伍。① 至于在大战中,征调布防邻省及边界的兵,事定撤回归伍的,本管总督也须请旨,俟旨下方得撤归。如嘉庆六年(一八〇一年)九月两江总督费淳奏:"川、楚教匪,指日荡平,边界宁谧,所有寿春镇标驻防固始县二河道及六安州防御英山县金家寨之官兵请撤回归伍,以重差操。"得旨照准。② 惟督师大臣则得有酌量情况分别办理权,并有不必待旨下即一面处理撤留事宜,一面奏闻的。如乾隆三十四年(一七六九年)缅甸之役,经略傅恒凯撤时上奏称,除留驻守关隘外,所有征兵都班师,就中以成都、福建兵出征最久,即先令各回原省,余俟到永昌另筹具奏。③ 又如道光十二年(一八三二年)广东连州之役,征调湖南、贵州、广东、广西兵作战,这年秋兵事平后,督师大臣禧恩等由五百里驰奏全境肃清酌留撤官兵一折称,将湖南、贵州官兵三,四〇〇多名,先行撤回,广东、广西各兵分别遣令归伍。酌留广西兵一,〇〇〇名,广东兵二,〇〇〇名,分驻连山上下一带,以慎巡防,俟冬底春初再行察看情况撤回归伍。④ 因为督师大臣身在前方,得就地审察情况以定撤留并布置班师后一切善后的事宜,所以归伍的命令,皇帝往往不为遥定。且归伍乃所以复战前旧制,与征调集各省兵马到一处来的情况相反,所以征调权绝不假给督师,以防兵权的旁落,而归伍权,有时却不妨假给督师,以收处置适宜的功效。

① 据王先谦:《道光东华录》卷二十五。
② 据《清史列传》卷二十八《费淳传》。
③ 据这年十一月乙丑傅恒奏,见王先谦:《乾隆东华录》卷七十。
④ 据这年九月戊午谕,见王先谦:《道光东华录》卷二十六。

至于在大战当中，从前线抽撤归伍的，如太平天国战役贵州在道光三十年（一八五〇年）起征调绿营九，六二八名，到咸丰三年（一八五三年）七月陆续撤回归伍的共四，二九四名（请参看第一节《太平天国革命战争贵州绿营征调状况表》）。当时贵州绿营所以抽撤一部分归伍的原因，巡抚蒋霨远的奏报没有说到，据咸丰二年（一八五二年）五月初六日钦差大臣赛尚阿的奏报说黔兵多疲乏[1]，大概就是因为作战不得力所以抽撤归伍的。又有因出征最久的兵，难期得力，先分别抽撤归伍，以另换新兵的。[2]

第六节 附军令

清初军令条例，各朝规制不一，到雍正九年（一七三一年）雍正帝始命将从前行军规制酌定条例，颁刻通行，定《军令四十条》：[3]

一、战阵之际，听掌号击鼓鸣金为进止。如有闻声不进，闻声不止者斩。

一、临阵须奋勇前进，如有回顾畏缩交头接额私语者斩。

一、专司掌号击鼓鸣金之人，闻令即掌号击鼓鸣金，令止

① 据《剿平粤匪方略》卷十三。

② 如咸丰八年（一八五八年）十月江北大营钦差大臣德兴阿奏陈："征兵防剿数年，受伤患病，难期得力，请将随营最久之兵分别抽撤归伍，仍由原营换调精壮，补足原额，庶不致以疲弱充数。"（据这年十月谕，见王先谦：《咸丰东华录》卷八十四）

③ 见《皇朝文献通考》卷一百七十九。

即止，违者棍责三十①；如临阵违命者斩。

一、将军密传军令，如转传之人将其中要言私自增减，并将疑似之言添造者斩。

一、将军授紧密军令，如敢私告他人以致宣扬误事者斩。

一、将军、参赞大臣、领兵提督、总兵等官密议军情时，如敢私行窃听，即系泄漏军机之人，犯者斩。

一、差往探听敌人形势，如有畏缩不往，诡称已到彼处及以少报多，以多报少，探信不实贻误军机者斩。

一、官兵沿途欺压民"番"，恃强买卖，掠财物，毁房屋，淫污妇女者斩。

一、官兵杀伤良人冒功者斩。

一、官兵将他人战功冒为己功，及诡称有功，以虚作实，以轻报重者斩。

一、指称梦寐中见神，无故造言惑众者斩。

一、兵丁窃马潜逃者该管官即派头目追拿，如在扎营地方犯者，棍责八十，如系临阵时枭首示众。

一、遇有遗失马匹，其获马之人即禀明该管官查问给还，如有隐匿私乘者棍责四十，仍插箭游营；如私行屠宰，或偷卖与他人者俱斩。

一、扎营地方，兵丁轮班守卡，务宜严肃访察，夜遇警急，即密禀申报，设备以俟，如有扰动散走，惊怖喧哗以致乱营

① 案此项军令，是绿营与八旗共同的。惟遇加薄刑时，绿营与八旗所罚不同，绿营则用棍责，八旗则用鞭责，如本条违者八旗兵鞭四十，绿营兵棍责三十便是。本书专述绿营制度，故将八旗方面条文除开，特附注于此。以下各条遇有同样情况者不再注。

者斩。

一、夜传军令怠慢不遵，以及巡查坐卡偷安眠睡致误更旷班者棍责八十，该管队不行查报者棍责四十；如临阵时兵丁犯者斩。

一、兵丁面承该管官谕令，其辞色之间显形傲慢者棍责四十；如有意抗违致误军机者斩。

一、兵丁故意私语嗟怨，长吁短叹者棍责六十；责后复犯并临阵时故违者斩。

一、兵丁不守军令，无故声喊，并在营内混行走动，高声言语，白昼犯者棍责四十；如起更后惊呼妄动以致乱营者斩。

一、兵丁有黉夜梦魇者，其左右同账房之人即行唤醒，如有随声应和，以致扰乱合营者棍责六十，该管队插箭游营；如临敌营犯者斩。

一、疏防失火，烧毁草厂者棍责八十；如在对敌要地失火致烧草厂者斩。

一、兵丁失火烧毁衣服器械者棍责四十；如在存贮火药地方失火者棍责八十，该管队及千总、把总俱插箭游营；如临阵时营内失火致误大事者兵丁及该管队俱斩。

一、管守营门无故私纵人擅入者棍责六十，如对敌时犯者斩。

一、差役探信之人，如遇投诚敌人，先禀明领兵官，有不行禀报者棍责六十；如将投诚之人不即解送致复行逃散者棍责八十；因而泄漏军中虚实者，照泄漏军机律斩。

一、大兵进剿败敌后，如有遗弃马匹财物务须等候军令派拨官兵收取，如私行夺取者插箭游营；因而扰乱队伍者斩。

一、兵丁中途染病，该管队即与千总、把总一同验确禀明该管官令医调治，如不行验看调治，该管队棍责四十，千总、把总插箭；如兵丁诈病偷安者斩。

一、凡有倚强压弱，酗酒为非，不遵该管官约束者，分别轻重棍责插箭。

一、兵行各按队伍，依次而前，无论道路坦平窄狭，后队俱不得越过前队，违者棍责四十，仍插箭游营。

一、扎营之后，各帐房内派出一人，看蓝旗出营则取柴，看黑旗出营则取水，有便溺者守营官兵验明所带照牌，准其出入，起更后非系奉差一概不许出营，违者棍责三十，该管队不行约束者插箭。

一、兵丁在营，敢在该管官面前妄行动作骄慢无礼者插箭游营。

一、并无紧急事，私行跑马者棍责四十，仍将马匹撤回，令其步行。

一、兵丁支领口粮，如有肆行抛弃狼藉者，棍责八十，该管队不即呈报者插箭。

一、兵丁押运军粮，沿途如敢私盗升合，或窃盗同行兵丁口粮及损伤盛米布袋致多亏折者棍责八十。

一、各营马步兵所带枪炮火药，不加谨收贮，以致潮湿不能过火，及携带行走时任意靡费者棍责四十，该管队插箭游营；如不加谨，以致遗失者棍责八十，该管队插箭游营。

一、兵丁所带铅弹务按枪口大小如式制造，如铅弹不合枪口，系平日演放时查出棍责四十，仍插箭游营，该管队插箭游营，千总、把总插箭；如临阵时将不合枪口铅弹施放者斩，该管队棍责八十，千总、把总插箭游营，参将、守备记大过一次。

一、弓箭撒袋腰刀皮索一切军器不行收管，以致遗失，并应带鞭械不随身携带者棍责三十，千总、把总插箭。

一、路见他人遗失腰刀弓箭等物，即行拾取禀明该管官查问给还，如见物不拾，并拾物不禀明者棍责三十，仍插箭游营。

一、兵行遇有草地方，当陆续行走，如有不顾队伍混行，致践踏好草者棍责八十。扎营之时，牧放马驼牛羊，如敢离所指之地任意到处蹂躏者，棍责八十，仍插箭游营，该管官插箭。

一、兵行时马驼吊膘及牧放各项牲畜之处，俱有传檄，官兵各宜遵照，如不按法牧养者棍责八十，该管官插箭。

一、营内所控井泉，不许污秽，其饮马泉水务须另挖，违者棍责八十。

一、扎营地方所有泉水，饮马时务须挨次往饮，毋得争先以致壅塞，违者棍责八十。

乾隆十三年（一七四八年）增定《军令三条》以宣示将帅，其条文如下：[1]

一、统兵将帅苟图安逸，故意迁延，不将实在情形具奏，贻误军机者，拟斩立决。

一、将帅因私忿娼嫉推委牵制，以致糜饷老师贻误军机者，拟斩立决。

一、身为主帅，不能克敌，转布流言，摇惑众心，藉以倾陷

① 见《皇朝文献通考》卷一百七十九。

他人，贻误军机者，拟斩立决。

乾隆四十九年（一七八四年）复命军机大臣会同兵部择取行军纪律紧要的颁发各营定《行军简明军令十条》，以诫士卒，其内容不出雍正所颁《军令四十条》范围，不赘录。[①]

① 见《皇朝文献通考》卷一百七十九。

下卷　绿营兵政

第十章　铨选

绿营铨选制度，至为繁密。以出身说，则分世职、武科、荫生、行伍四类。以官缺说，则分满缺、汉缺两种。以授官办法说，则分开列、部推、题补、调补、轮缺、拣选六项。至于用题缺则有应升应补、预保、拣发、间题的分别。行月选则有分缺、分班、抵用、即用、间用、改用的不同。定升补则有资俸、功绩、技能、事故、年貌、籍贯的条例。考它立法的起因，或防维周密，或为满族人才特立出途，都具有深意。而其中升转的制度，回避的条例，实是清代用来做收集绿营兵权的工具，分别叙述于次。

第一节　出身

绿营武官出身分行伍、世职、武科、荫生四种。凡授职都根据不同的出身授以不同的职位，其制如次：

一、行伍　绿营兵丁准拔补把总、外委、额外外委，这种制度叫做行伍出身。

二、世职　世爵公以下，恩骑尉以上，都准按品补授武职，叫做世职。八旗世职遇拣选绿营，子、男授副将，轻车都尉授参将、游击，骑都尉授都司，云骑尉授守备。汉公、侯、伯、子、男在侍卫上行走年满，遇开列，授副将，其发标学习年满，轻车都尉、云骑尉授职与八旗用绿营同，恩骑尉授千总。

三、武科　武科分武进士、武举两项。武进士归班的授守备。武举拣选一、二等的授千总。武进士充提塘①的，年满授守备。武举充提塘的，年满分别等第，一等授守备。以卫②用的武进士及拣选一、二等的武举充差官的，年满分别等第，一等授守备。

四、荫生　武职官难荫，有四品、五品、六品、七品、八品荫生，无品级荫生，恩荫生改武等。③ 荫生发标学习年满，四品荫生授都司，五品荫生授守备，六品荫生授千总，七品、八品荫生授把总。

第二节　满缺与汉缺

绿营武官缺，分为满族缺与汉缺两种。直隶、山西沿边副将四缺，参将六缺，游击六缺，都司二十一缺，守备三十三缺，定为满族

① 提塘是各省驻京专司投递本省与在京衙门往来文报的武职，定额十六人。直隶一人，山东一人，山西一人，河南一人，江南一人，江西一人，福建一人，浙江一人，湖北一人，湖南一人，陕甘、新疆一人，四川一人，广东一人，广西一人，云南、贵州一人，漕河一人，都由督、抚将本省武进士及候补候选守备咨兵部充补，如无合例的人，已拣选的武举也准保送（据《光绪大清会典》卷五十一）。

② 卫，就是卫所。卫用，就是发往卫所用的武官。

③ 公、侯、伯文武官所荫为四品荫生，文武二品官除布政使、总兵、副将外，所荫亦为四品荫生。布政使、总兵及文三品官的副都御史、通政使、大理寺卿、按察使所荫为五品荫生。副将为从五品荫生。文武三品官，除副都御史、通政使、大理寺卿、按察使外，所荫为六品荫生。文武四品官所荫为七品荫生。汉子爵所荫照三品官，男爵所荫照四品官（据《嘉庆大清会典》卷三十七）。

缺。又直隶内地副将、参将于五缺内扣一缺，游击、都司、守备于十缺内扣三缺，陕西、甘肃及四川的松潘镇副将、参将于七缺内扣一缺，游击、都司于六缺内扣一缺，守备于五缺内扣一缺，为满族缺。余俱汉缺。凡蒙古得用满族缺。（应用满族缺出，于补用满族四缺之后，补用蒙古一缺。）满族、蒙古、汉军都得用汉缺。

这条定例满族、蒙古、汉军既都得用汉缺，则绿营官员不是专用汉人，满人同样可以选补，而还要在直隶、山西、陕、甘、四川的松潘镇等处沿边及直隶内地协营特定满缺以专用满族人，其原因何在呢？据《会典》的说明，是因为“边疆紧要，满洲人才众多，弓马素娴，以之分任，可以表率弁兵，整饬营伍，方于边疆有益”。①但是，这只是表面的话，并不是真正的原因，其实是因为直隶、山西沿边地位重要，虎视京师，陕、甘及川边松潘镇为全国重兵所在，所以特定为满缺用满族人做官员来钤辖绿营，这跟山、陕、甘总督、巡抚，山西、陕西、甘肃布政使司、按察使司定为满缺②同一用意。故直隶内地协营，并不是沿边，徒以屏藩畿辅，也定为满缺，其用意可知。

① 见《嘉庆大清会典事例》卷四百四十七。

② 康熙七年（一六六八年）定山、陕督、抚，山西、陕西、甘肃布政使司为满族缺，专用满员。至雍正元年（一七二三年）始定山、陕督、抚参用汉人之例。三年（一七二五年）授兵部尚书岳钟琪为川陕总督，元年授胡期恒为陕西布政使，高成龄山西按察使，二年（一七二四年）授高成龄山西布政使，授费金吾陕西按察使，张适甘肃按察使，三年，授孔毓璞甘肃布政使，山、陕、甘肃督、抚、布、按参用汉人自此始（据《清史稿·职官志三》）。因为到雍正时候，清朝的统治已巩固，对汉人的防备始稍疏，故始定山、陕督、抚参用汉人之例，但绿营满缺还是不改的。

第三节　授官之法

绿营授官之法，总兵而上，以开列。总兵而下，有题、有调、有轮、有拣选，余则推。千总而下以校拔。总兵而上，为专阃大员，故用开列请旨简放（后副将亦定为开列①）。题补则在沿边、沿海及省会重要的地方，令督、抚、提、镇简选才技优长谙练地方的人员题补。② 调补则凡少数民族及“棚民”错处，水土恶劣瘴疠的地方，各营将备，都令督、抚、提、镇简选熟悉风土，人地相宜的调补。③ 轮用与拣选两项，则专为补满缺而设。推缺则归兵部推升。校拔则归督、抚、提、镇拔补。其中关于题补、推缺、拔补三项定例最繁，须另项分述。兹先述开列、调补、轮用、拣选之法于次。

一、开列　凡提督非奉特旨补放的，由兵部开列。总兵除广西右江镇、云南普洱镇遇缺选拟正陪引见外，其余非奉特旨补放的，也由兵部开列。凡开列提督，由兵部以俸深副都统十人列名，并别列各镇总兵官附疏以进。开列总兵官，以汉军俸深参领十人列名，并别列各协副将，附疏以进。至开列副将，除部推副将缺出，如有在兵部投供的副将，即由兵部拟补引见外，其余无论部推、题补等

① 雍正四年（一七二六年）兵部复准：“副将员缺停其在部推升，将俸深参将十人并应补副将之人文到部者一并开列具题。”至乾隆五十年（一七八五年）上谕：“各省副将缺出，无论部推、题补等缺，将本省合例应升参将及各省俸深人员与记名及一等卓异者，概行开单进呈，候朕简放，以昭画一，著为令。”（均见《嘉庆大清会典事例》卷四百四十四）是至乾隆后，并题补的副将，也都用开列了。

② 据《乾隆大清会典》卷六十。

③ 据同上。

缺，均由兵部将本省合例应升参将及各省俸深人员与记名及一等卓异的概行开列。惟云南曲寻协副将缺专归开列，直隶沿边河屯协、山永协副将二缺，专归满洲开列。

二、调补　凡调补员缺，都以各该省现任熟习水土人地相宜衔缺相当的人员调补。①

三、轮用　陕西、甘肃及四川松潘一镇题补副将、参将缺出，第一缺补用旗员，二、三、四、五、六、七补用绿营。游击、都司缺出，第一缺补用旗员，二、三、四、五、六补用绿营。守备缺出，第一缺补用旗员，二、三、四、五补用绿营。凡轮用旗员的，以在京旗员内拣选二、三员补放，俟三缺后，将驻防记名人员补用一缺。直隶内地推缺，副将二缺，参将三缺，游击十缺，都司三十缺，守备十六缺，其副将、参将以第一缺调补现任旗员，二、三、四、五缺归兵部推选，游击、都司、守备以第一、第四、第七缺调补现任旗员，二、三、五、六、八、九、十缺归兵部推选。如遇轮调时，兵部行文该督在现任沿边旗员内简选调补，所遗边缺，将在京旗员拣选补放。

四、拣选　直隶、山西沿边副将三缺，参将六缺，游击六缺，都司十八缺，守备三十缺，凡遇有缺出，以在京旗员拣选二、三员补

---

①　如康熙五十二年（一七一三年）兵部复准："广西南、太、庆、思四府武职员缺，以桂、平、梧、浔、柳五府现任熟习水土人地相宜之员调补，三年无故，照例推升。"（《雍正大清会典》卷一百三十五）又如乾隆八年（一七四三年）兵部议准："湖广'苗疆'之沅州、辰州、施南、永绥、永顺、宝庆、靖州七协副将，临武、宜章、桂阳三营参将遇有员阙，该督、提于通省副将、参将内简选调补。"（《乾隆大清会典则例》卷一百六）皆将本省现任熟习水土人地相宜衔缺相当的调补。调补与题补不同，题补是升补，调补则仍调相当的衔缺，如现任副将仍调补副将，现任参将仍调补参将，雍正七年（一七二九年）上谕所谓"凡远省烟瘴地方文武官员阙，例将本省熟悉风土之人调补。朕思烟瘴地方，大半系边远简僻，若概行调补，不令升补，未免强干之员，转驻简僻之所，止图挨俸，无所表见"便是（见同上）。

放，俟三缺后，将驻防记名人员补用一缺。又四川夔州协副将，以头等侍卫拣选数员补放。巡捕营题缺副将，参将，游击，都司，守备及题缺的直隶马兰镇标中军游击、左营右营守备，泰宁镇标中军游击、中军右营守备，都在满洲、蒙古、汉军绿营官员内拣选正陪引见补放。

第四节　用题缺之法

凡用题缺，分为三项：一、预保，二、拣发，三、应升应补，兹分述于次：

一、预保　湖南、陕西、甘肃、四川、广东、广西、云南、贵州、福建九省参将、游击、都司、守备、千总，令督、抚、提、镇将堪膺升用者预为保题，由兵部引见注册。遇题缺副将、参将、游击、都司、守备缺出，按班掣补。

二、拣发　各省差委需员，准督、抚奏请拣发，副将、参将不得过两人，游击、都司不得过四人，由兵部将在部候补候选及巡捕营官、年满汉侍卫并到部的各项保举引见人员拣选。如人数不敷，再咨取八旗应用人员，一并拣选引见，候旨发往，遇题缺出，按班挨补。

三、应升应补　凡俸满应升应补人员，都属此项。

这三项人员的补缺，用一种轮补的制度：有预保省分，以一预保，一拣发，一应升应补轮；无拣发，以一预保，一应升应补轮。无预保省分，以一拣发，一应升应补轮；无拣发，专题应升应补。轮用应升应补人员时，预保人员也准一体题用。但有些省分，有的员缺是没有题缺的，或题缺少的，则各题以推缺。凡无题缺省分，拣发的副将、参将、游击、都司遇部推缺出，第一缺归部，第二缺留补拣发人员。题缺无多省分，除补题缺外，遇推缺出，第一、二缺归部，第三缺留补拣发人员。年满应升千总回任以题缺守备用的，如系无题缺省分，遇部推缺出，第一、二、三、四缺归部，第五缺留补候题人员。

此外，世职则间题，凡轻车都尉、云骑尉学习期满，奉旨发回候题人员，在轮题现任人员三缺后题补一缺。无题缺省分，在部推第五缺扣题一缺。题缺无多省分，除在轮题三缺后题补一缺外，再在部推第七缺扣题一缺。又军功人员也间题，凡军营得功人员，除军营所出缺尽归升用外，遇本省所出题缺，与存营人员相间轮补。水师预保的也相同，凡各省水师题缺，将谙练人员预行保举，俟应升缺出，将预保人员与应题人员相间轮补。（请改水师的，归应题人员内相间轮补。）

第五节　月选之法

第一项　月选手续

凡推缺，除副将以开列外，参将而下都属于月选。月选手续，凡在京候选的，在前月初一日到兵部投供①，初三日验到，本月二十日截缺，二十五日掣签，掣签后考骑射，引见补授。若人才庸劣的

① 投供，即候选者向兵部投递自己的履历。

奏退，掣签不到的罢职。

第二项　分缺与分班

凡月选的缺，大别有二：都司而上分以缺，守备而下分以班。其制各有不同，兹分述于次：

一、分缺　分缺之法，凡参将每年四月份用满族、蒙古二等侍卫、云麾使一人，八月份用汉军二等侍卫、云麾使与八旗汉军世职及应升章京一人。游击每年十月份用汉军二等侍卫、云麾使与八旗汉军世职及应升章京一人。都司每年十月份用满族、蒙古三等侍卫、治仪正一人，二月份、十二月份用汉军三等侍卫、治仪正与八旗汉军世职及应升章京二人。参将、游击每年二月份，合用汉一等二等侍卫一人。游击、都司每年四月、六月、八月份，合用汉三等侍卫三人。都司每年正月、三月、五月、七月、九月份，用蓝翎侍卫五人。各以每月所出的第一缺扣选，叫做“月缺”。其无题缺及题缺无多省分，应扣推缺作题的，遇有月缺都不扣。此外，所出的参将、游击、都司推缺，单月轮俸推升；双月用卓异二人，候补一人，荐举一人，四缺轮用。

二、分班　分班之法，凡守备分双单月选，单月选，遇正月、七月专用门卫千总以营缺用的升补①，余月分七班：一升班，二功班，三难荫班，四科班，五捐班，六分发班，七差班。升班，以现任千总、把总的捐升者与门卫千总的应升者为一班，二捐升，一应升轮用。

① 门千总是京师守城门的千总，归步军统领所辖，卫千总是卫所的千总，都不属于绿营。

功班,指现任功加千总。难荫班,指难荫应补守备者。科班,以蓝翎侍卫及以营用的武进士共为一班。捐班,指候补候推的营守备捐输议叙即用者。分发班,指发回各省题补年满千总,因系无题缺省分,或题缺无多省分,仍准造册归部铨选者。差班,指各省引见的千总,奉旨交巡捕营当差者。双月选分十二班:一还班,二、三科班,四、五、六候推班,七劳班,八效力班,九分发班,十差班,十一荫生班,十二卓荐班。还班,以开复、降调、捐复三项共为一班,挨次轮用。科班与单月同。候推班,指年满保送千总注册候推者。劳班,指差官。效力班,指提塘。分发班、差班与单月同。荫生班,为恩荫生的改武者。卓荐班,以卓异千总与荐举千总共为一班,二卓异,一荐举轮用。

第三项 选用

凡选有抵用,有即用,有间用,有改用,其制也各有不同,兹分述于次:

一、抵用 凡参将、游击、都司月缺,如其月无缺,准以下月所出的缺抵还。单月守备升班、难荫班、捐班无人,以候推班抵补。功班无人,以科班内武进士抵补。分发班无人,以劳班抵补。双月守备荫生班无人,以选班[①]内开复一项抵补。

二、即用 凡奉旨即用人员,及参将以下截缺候补的,无论双

---

① 案双月守备有"还班"无"选班",还班以开复、降调、捐复三项共为一班,此处说以选班内开复一项抵补,是选班就是还班。查嘉庆光绪两会典都作选班,疑有误。

单月遇缺即用。特用人员系指明省分的,遇该省缺出即用。选补推升各官引见奉旨后,督、抚、提、镇或将前官题准留任,或另行题补有人,其拟选扣除的人员,遇缺即用。如该员业已起程赴任,无任可到的,除留于该省候补外,遇该省出有选缺即用。回避另补人员,归双月遇缺即用。边缺俸满人员,除伊犁、右江、普洱三镇总兵或开列,或拟补,副将、参将各在开列本内声明及广东水师边缺俸满准即题升外,其游击、都司、守备俸满,俱归单月先行升用边俸之例。①

三、间用　凡守备以下奉旨补用,如无班可归的,在双月五缺后推用一人。终养人员服满,如奉旨不必坐补原官的,在单月五缺后推用一人。病痊人员,俱令坐补原缺。其旗员用绿营病痊、奉旨仍补原官的,除都司以上归候补班外,守备在双月五缺后推用一人。年满卫千总有应行拔置先用的,保送咨兵部,于单月四缺后推用一人。

四、改用　凡旗员用绿营人员,遇丁忧及患病回旗,养亲事毕,由兵部引见奉旨以旗员用的,咨送该旗奏补。旗员不宜外任的,也令回旗以相当的缺补用。难荫绿营等官,奉旨改为内用的,以对品旗员补用。旗员任绿营降调,仍改用旗员的,应用参将、游击的人员,改四品旗员,应用都司的,改五品旗员,应用守备的,改六品旗员,应用千总、把总者,令随旗当差。

---

①　边俸有五年边俸之缺,三年俸满之缺,二年俸满之缺的分别。计湖南、甘肃、四川、广东、广西、云南、贵州七省协营属于五年边俸之缺的共有二十协、九十三营。四川、广西、云南三省属于三年俸满之缺的共有二协、二十营。惟属于二年俸满之缺的仅广东崖州营。其五年边俸之缺及三年俸满之缺,各协营名太多,不能俱录,见《嘉庆大清会典》卷三十七。

此外,参将久不选则归题,凡在兵部候补参将逾五缺未经推用的,准发邻省题补。又水师缺无应选的,亦同样办理,凡内河水师参将、游击、都司推缺出,在现任内河水师人员内较俸升转,如无合例人员,行文该督、抚拣选题补。守备缺出,以第一缺用水师年满保送千总,第二缺用水师卓异千总,如两项俱无,令该督、抚拣选题补。

第六节　校拔之法

第一项　校拔制度

绿营制度,千总而下以校拔。其校拔制度,额外外委在经制马兵内选拔,外委在额外外委及经制马兵内选拔,把总在外委及额外外委选拔,千总在把总选拔。凡校拔,千总分别归总督、提督拔补,抚标千总归巡抚拔补,把总、外委、额外外委分别归督、抚、提、镇拔补,凡拔补千总、把总部由总督咨兵部请札①,拔补外委、额外外委则咨兵部注册②。若督、抚、提、镇将部册无名未食粮的人拔补把总的,照徇情例降三级调用,若该管官详报督、抚、提、镇拔补的,将该管官降三级调用,督、抚、提、镇罚俸一年。③

---

① 据康熙三十九年(一七〇〇年)复准,见《嘉庆大清会典事例》卷四百四十五。

② 据嘉庆五年(一八〇〇年)议准,见同上书卷四百四十六。

③ 据乾隆六年(一七四一年)奏准,见同上书卷四百四十五。

这个制度，立法周密，千总、把总是绿营基层干部，担负训练兵丁、稽查汛地的责任。千、把总得人，则戎政整饬，千、把总不得其人，则戎政废弛。要千总、把总得其人，就必须将帅在平日对外委、额外外委及兵丁留心察看其中年力精壮技勇可观的人，不时予以循级拔补，然后方收得人之效。故绿营定制，千总而下，都分别由督、抚、提、镇的校拔，不归兵部主政。但千总、把总校拔的权交给督、抚、提、镇，倘使没有制度以为防维，则督、抚、提、镇都将委用私人，军营的基层干部便落在他们手中。故定例外委、额外外委都在经制兵丁内拔补，把总在外委、额外外委内拔补，千总在把总内拔补，如果督、抚、提、镇有将兵部册籍无名未食粮的人拔补做把总的，处分极严。如是所选拔的都出于有兵籍的兵士，而不是将帅的私人，则军营的基层干部，便不会落到疆臣的手中了。

第二项　千总俸满

绿营武职，提督、总兵为上级军官，副将、参将、游击、都司、守备为中级军官，千总、把总为下级军官。在下级军官中，最高一阶的千总，其升阶便是守备，千总一升守备，便进上了中级军官的初阶。而守备一官，乃将帅的臂指，千、把的表率，所以千总俸满后，甄别的定例极严，兹分述于次：

一、俸满考验　各省千总以领受部札之日起，历俸六年为俸满。俸满后，该督、抚、提督详加考验。如人才弓马可观，年力精壮，熟谙营伍，堪膺保送的给咨送部。兵部复行考验，如人才弓马不堪，并无劳绩的，勒令原品休致。其应行引见之员，于随折内声明，将曾经出兵的，发回原任，俟本省题补缺出，与发回候补人员一同拣选题补。未经出兵的，发回原任，归于候推班内按引见年月日期挨次铨选。其年力未衰，弓马尚堪以造就的，该督、抚等出具考语，准其留任，咨部换给札付。庸劣衰迈的，勒令休致。于岁底将保送、留任、勒休员数分晰汇题。其保送千总引见时，将应否发交巡捕营当差之处，一并声明请旨钦定。如交巡捕营当差的，归于双单月差班内铨选。

二、三年鉴别　六年俸满回任候题候推及留原任各员，再历俸三年，照例考验甄别。其保送人员，若过三年后，人才弓马可观的，仍留候题候推，如系弓马中平的人员，候题降为候推[①]，候推降为留任；如年已六十三岁，精力就衰的休致；如精力尚健，仍可留任的，送部引见；如年虽未六十三岁，而技艺生疏，阘茸不堪的，俱着勒令出缺。其留任各员，有弓马练习较前奋勉的，保送引见，分别曾否出兵，照例录用。如候题、候推人员内实在行走勤奋弓马汉仗出众的，将候题人员改为即用，候推人员拔置题补，都出具考语，咨部注册，毋庸送部引见。其候题降为候推人员，即归入候推班内，按该员从前发回题补奉旨日期与本班候推各员较奉旨日期先后推用；如同日奉旨，较俸满日期先后推用。

三、二次鉴别　俸满千总保送引见回任候升转后，三年甄别一次。如届二次甄别，已历六年之期，仍行留任候升的，该督、抚出具

---

① 题补较部推缺较快，故将弓马中平的人员，候题降为候推。所以雍正五年（一七二七年）上谕说："各省武职内，俱有可用之人，因各省有题补及不题补之分，则各员升转遂有迟速之异。有题缺省分，谙练贤员，该督、抚、提、镇遇有缺出，拣选保题，升迁甚速。其无题缺及题缺无多省分，即有谙练贤员，亦必论俸升迁，格于成例，每多迟滞。"便是说明这种制度（《雍正大清会典》卷一百三十五）。

考语咨部注册升用。其留任千总至二次甄别仍系留任的，出具考语送部引见，可否准其留任之处，候旨钦定。

四、鉴别宽徇的处分　六年俸满及三年甄别千总，兵部于年终汇题时，按其省分额缺甄别多寡，督、抚、提督历任久暂，专就一年内核其去留之数，并将上两年甄别数目另缮简明清单随本进呈。如该督、抚、提督等有全未甄别及甄别过少宽徇沽名的，俱在本内声明请旨交该部照例察议。至遇各项千总应行甄别时，该督、抚、提、镇秉公查办，其应行勒休斥革之员，该管总兵不行认真办理，经提督调验勒休斥革的，将该管总兵议处。如提督不行认真考核，经总督调验勒休斥革的，即将该提督议处。①

这个年满甄别的制度，虽可杜倖进之门，而千总升阶困难，下级干部人才沉滞，亦实由于此。因为自兵丁拔补到千总须经过额外外委、外委、把总这几个阶级，经历了一段长时间才到千总，及为千总，历俸六年后，复须经过考验、保送、甄别种种关头之后，幸而得补一守备缺，则十九岁月已垂暮了。同、光时人批评绿营制度，沈葆桢说绿营升途沉滞，不如勇营人得尽其用。② 张之洞说："三四十岁以外，犹为厮养之贱卒，五十岁以外，始为循资之裨将，既已纯乎暮气，岂能建立奇功。"③ 正是针对这个甄别制度的弊病说的。

① 处分例载《兵部处分则例》考劾门。

② 见《沈文肃公政书》卷一，同治元年（一八六二年）闰八月十一日《请整顿额兵折》。

③ 见《张文襄公奏稿》卷三十，光绪二十四年（一八九八年）《酌拟变武科新章折》。

第七节　升补定例

凡官升者补者都叙其资俸，录其功绩，较其技能，核其事故，验其年貌，稽其籍贯，兹分述于次：

一、叙其资俸　凡左右翼总兵，八旗副都统及各省总兵开列提督，汉军参领及副将开列总兵，参将开列副将，各以俸为叙。一等、二等侍卫用参将、游击，三等侍卫用游击、都司及蓝翎侍卫用都司的，都以俸为叙；俸同，以科名为叙。蓝翎侍卫用守备的，与归班以营用[①]的武进士及分发邻省试用仍由原班铨选的武进士，统以科名为叙。游击推升参将，都司推升游击，守备推升都司，都以俸为叙。巡捕营游击、都司、守备为京俸，每一日作一日半，各省游击、都司、守备得有功加的，其计俸也每一日作一日半。门千总、卫千总推升守备，都以俸为叙。营千总六年俸满引见候推、候题的，都以引见之日为叙；同日，以俸为叙。其引见发巡捕营当差的，以步军统领咨送名次为叙。难荫生及恩荫生改武的，俱以奉旨之日为叙；同日，难荫生以题荫先后为叙，恩荫生以改武先后为叙。武进士充提塘差官的，以期满之日为叙；同日，以科名为叙。武举充提塘差官用守备的，以奉旨之日为叙；同日，以期满之日为叙；又同日，以科名为叙。卓异人员荐举人员升用的，都以俸为叙。裁缺、回避、终养、服阕候补人员，以人文到兵部之日为叙；同日，以离任之日为叙。开复人员，以奉旨之日为叙；同日，则掣分先后。捐升、捐复人

① 武进士归绿营用的叫做营用。

员，以捐输之日为叙；同日，则掣分先后。论俸推升人员，都计本任之俸，惟到任之日同者，以前任之俸为叙，初任无前俸的，以原题名次为叙。

二、录其功绩　凡出征得有功牌的，副将以上，遇开列夹单请旨。其出征员弁，遇军营所出的缺，尽归军营量功升用，遇本省应题的缺，与存营人员相间补用，遇由兵部掣升的缺，一体升用。守备以上得有功加的，自奉旨日起，照京营官计俸推升。千总有功加的，归功班选用。把总以千总拔补。无职任人以把总拔补。军营升用之员，本任未经俸满奏请升署的，以前任领札之日扣算，年满实授。升署尚未实授，又递行升署的，以现任领札之日起扣算，年满实授。

三、较其技能　武进士除用侍卫外，其分发绿营的，都在御试后钦定。武举在会试之年，由兵部奏请钦派大臣会同拣选，将会试原挑双好、单好的列为一、二等，次将未经挑入双好、单好的，择其人才弓马较优列入二等，才技平常者列入三等，分别注册；其弓马生疏的列为四等，俟下次再行拣选；弓马甚劣，人衰老不堪的列为五等，奏请革退。绿营满洲缺人员，由兵部奏请钦派大臣拣选，其各省奏请拣发人员，也由兵部奏请钦派大臣会向拣选，都验其弓马，陆路弓马平常的，不识汉字的，不准保送绿营。陆路题缺，由督、抚、提、镇预保堪胜人员送兵部引见的，缺出掣签升补；如已满三年，未经掣补，总督、提督再行考验，如弓马技艺不及，即咨兵部注销。在兵部候选各官，在掣签后考验弓马。论俸推升各官，令该督、抚给咨送兵部考验，带领引见，平常的扣缺另选。各省考拔千总、把总、外委，都将才技优长弓马娴熟的拔取。水师将备千总、把总、外委等官，遇有升迁，考验各项技艺，如无长足录，即停升转，限一年演习,期满仍不能熟习的,分别降革。在兵部候补、候选江南、浙江、福建、广东人员内,有素习水性愿改水师的,发该省试验,如果谙习,三年后准其题补。广东陆路将备内,有愿效力水师的,在每年出洋巡哨时,随同演习,果能熟习水性,准以水师员缺升补。昆明湖委署千总五年期满,善操舟的,咨兵部发回福建以千总用。巡洋兵或能缉匪擒贼,或曾遭风涉险,俱记档先尽拔补。江南外海缯船舵工,如果熟悉海洋驾驶事宜,准给与舟师外委牌,遇外委缺出,一体拔补。福建、广东二省武进士、武举人、生、监、民人有熟谙水性,愿随出洋巡哨的,预由督、抚列名咨兵部,如能擒贼立功,准保题引见叙用。河营将备以熟习河工人员题补,如有弓马优娴,也准以河标题补。

四、核其事故　督、抚、提、镇特疏纠参及地方疏防各官,以揭帖或科抄到兵部停升。提问的,不候事结,先行停升。因公诖误案件,议复未结也停升。其科道纠参及被人讦告的,议复未结,不停升。题升各官,在未引见之前,遇有降革留任处分的扣除。部议降革,奉旨送部引见人员,在引见时,照议降革,再行开缺;如奉旨仍发往本省以原官补用的,也即开缺,发往本省候补。其降调的,提督、总兵以下依次归补,应补总兵、副将的,一体开列,参将、游击、都司归双月选用,守备归班选用,千总、把总发回本籍拔补。巡捕营官降调的,仍以巡捕营官按级补用。外海水师人员降调的,留在该省补用。湖北、湖南、江西内河水师人员降调应补都司、守备的,发往江南、浙江、广东补用。旗员用绿营降调的,提督、总兵请旨赏给差使,副将以下,或用绿营,或用旗员,也声明请旨。捐复人员,原任有应追银两逾限未完的,遇选扣除。月选官掣签后告病的,附下月引见,至期未痊,开缺另选,如遇巡幸行围,例由留京王大臣验放之官，在前两月告病的，即扣除开缺，俟病痊，仍以原缺用。副将以上丁忧的，回籍守制二十七月，参将以下，准其给假，近的不得过六月，远的不得过十月，其军务调遣的，不准给假。为人后的于本生父母，副将以上回籍治丧一年，参将以下，也准给假，俱于一年内停升。凡给假的，离任月日不计俸。其亲丧未经报部适遇升补的，如原缺尚未补人，仍留原任，俟服阕升补；若已补人，即令赴新任；如升补在前，亲丧在后，概令赴新任。在部候补、候选的，掣签后遇有亲丧，已给札的，照现任官例给假，满日仍令赴任；未给札的，回籍俟服阕赴补。分发人员，遇有亲丧，一例准其委署，服阕再行题补、拔补。旗员任绿营丁忧回京的，百日后由该旗送兵部引见，或用原官，或用旗员，声明请旨。武职各官，除现办紧要军务，不准终养外，其余副将以上，亲年逾八十及独子年逾七十的，概令终养；参将以下，愿终养的，并准回籍终养。升选各官，或因亲老愿改近省的，俱如文职官例。

五、验其年貌　在部投供人员，据赴选年貌文结查验。副将以下，守备以上，年六十三岁精力衰的休致。千总堪留任的，展到六十六岁，概令休致。旗员年五十五岁以上的，不准保送绿营。

六、稽其籍贯　武职官更名、复姓、归宗、改籍之制，并同文职。游击以上，由督、抚、提、镇具题，都司、守备咨兵部汇题，千总以下，咨兵部注册。武职官不准在任所置产。其罢任后，原籍无产业宗族可归，愿在任所入籍的，副将以上，由督、抚具题请旨，参将以下，报兵部准其入籍。月选各官，都回避本籍、寄籍。陆路题补官副将、参将避本省，游击、都司先尽他省人员题补，无则准以本籍五百里外人员题补，守备以隔府别营人员题补。水师副将避本省，参将先尽他省人员题补，无则准以隔府别营人员题补，游击、都司、守备，都准以隔府别营人员题补。河营将备都不避本省。千总、把总不避本省，惟本营兵丁不准拔补本营千总、把总，如左右前后营，即准其互拨，其独营地方，在本营左哨右哨内调拨。

第八节　绿营铨选制度的功能

第一项　“将皆升转”为绿营铨选制度的核心和回避丁忧等制的作用

绿营铨选制度细密，条例繁多，已备述于上。但此制度的核心，一句话说完，实只“将皆升转”四字。什么叫做“将皆升转”呢？就是除千总以下的下级军官以外，自中级军官的守备而上，授官选用的制度虽各有不同，而都用一种经制的法度，使之升迁调转却是一样的。行将皆升转的目的，是使中级以上的军官不得久掌一地的兵政，而后中央方得收集其权。顺治六年(一六四九年)南赣巡抚刘武元向清廷陈安攘十计[1]，其第七条大计便说：

夫将者，三军之所恃以动也。将非赏罚无以将其兵，君非赏罚无以将其将。果能摧坚克敌屡著功绩者，即当加以优赏，别为升擢，使其功名常在人先。然将可升，而兵不可调也。今之将官，素养悍卒，自备壮马，凡有不测，一呼即起，其应如响。且三年五年久居一方，升转无期，此功臣所以灰心，战将为之

① 见《皇清奏议》卷二，《谨陈安攘十计》。

> 丧气也。臣以为有功者亟当升调。然升一将,即补一将充其缺而统其兵,一转移间,则耳目新而骄悍驯,得免召衅之虞矣。

刘武元所谓将可升而兵不可调,是他的收集兵权的原则。所谓升一将,即补一将充其缺而统其兵,是他的收集兵权的方法。清初建置绿营,便完全接受了他的建议,在绿营制度里,定立了一个“兵皆土著,将皆升转”的制度。兵皆土著,故兵丁不得随将领为去留,将皆升转,故将帅不得久掌一地的兵政,于是升一将即补一将充其缺而统其兵,皇帝才得安坐殿陛以收全国兵权。这是绿营收集兵权根本的法度,清初强将跋扈的局面,便是给这个法度铲除了根苗的。而其机括,实起于使兵为土著,而成于使将皆升转这一个铨选制度(请与第六章《土著的世业的兵制》参看)。所以将皆升转为绿营铨选制度的核心。

此外,回避的制度,也是为防范武官跋扈而设。回避之制,本起于汉代的三互法。东汉桓帝时,朝议以州郡相阿,人情比周,乃制婚姻之家及两州之人,不得交互为官。及隋代革选,尽用他郡人。唐、宋以后,四遐之乡,相易而往。到明代复为南北互选之法,回避定例愈严。清代就用这一个制度来防范武官利用乡里关系造成私人势力,从下面所举的一个例子便可以看出来。同治年间,杜文秀在云南起义,巡抚岑毓英用云南人马如龙、杨玉科、张保和等兵力对抗革命,这几个人都恃自己的势力很骄横,而马如龙尤为跋扈,甚至不遵岑毓英的节制。到杜文秀失败后,岑毓英就密陈清廷,用回避制度,将马如龙调为湖南提督,不久又请将杨玉科、张保和调缺离开云南。岑毓英在《总兵杨玉科张保和请调缺离滇片》①里论前事说：

> 定例武职自参将以上，均应回避本省，前经臣于同治十二年全省肃清之时，曾将滇省应回避各员专折密陈，仰蒙穆宗毅皇帝敕部将该员等调取晋京陛见，并将马如龙调补湖南提督，潜移默化，官民同深感激。

接着他便论杨、张两人在本省统兵的弊端，请清廷赶快把他们调缺离滇，他说：

> 州、县难于供事，地方易于流言，若任其久在云南，恐非保全之道。

清廷听了岑毓英的话，又把杨玉科调为广西右江镇，张保和调为湖南永州镇。他们被调任到别省后，由于没有本地的势力可恃，就不敢再骄横跋扈了。② 这就可见这一条回避制度的作用。

回避之外，还有丁忧的制度。定例武职副将以上丁忧，须回籍守丧二十七月，表面上是使人子得尽孝思，实在还是使武将不致久典一地兵政的一种办法。康熙帝明白的谕大学士等说道：

---

① 见《岑襄勤公奏稿》卷十四。

② 杨玉科后官至广东署陆路提督，在中法之役阵亡，张保和在光绪三年（一八七七年）在永州镇任病死（都见《清史稿》列传二百四十三本传）。

> 孝者，治天下之本，理应丁忧。且武官久任非善事，在昔唐朝藩镇骄蹇跋扈，皆由久典兵权之故耳。丁忧之例既定，自不致久任矣。①

据此看来，所谓终养制度，也正同丁忧制度一样都是使武官不得久任一地兵政的一种办法。

总之，综看绿营的铨选制度，无论从将皆升转的制度，以至从回避、丁忧、终养等制度，都是一串的防范武官的制度。由此可知，绿营兵权所以得收集于中央，原来是从这种种繁密的制度而来的。

第二项　当时行题补与调补制度的条件

在绿营铨选制度里面，还应该提出来说的是题补与调补两种制度。

题补与调补，是在沿边沿海及省会重要的地方为地择人起见，凡副将以下，守备以上各缺，令督、抚、提、镇简选才技优长谙练地方人员题调。故题调缺简选人才权在疆臣。清初有人不同意这一个制度，以为将出公选，则兵归国家，将为私党，则兵落私门。故主张将领应尽归部推，以遏乱源。顺治十年（一六五三年）广西道试监察御史李敬上《请停补将领疏》②便是这一个主张的有力的说

① 康熙二十四年（一六八五年）十二月上谕，见王先谦：《康熙东华录》卷三十六。

② 见《皇清奏议》卷六。

明。他说：

> 夫兵权乃有国之大柄，选将乃统兵之要领，其中倘若姜瓖、李成栋、金声桓、海时行之辈①，首恶一呼，反侧四应，岂其麾下独无稍知法度，不从叛逆者哉？良由平日专恣威福，部署官僚，营伍化为腹心，爵赏惟其命令，积习既久，行止自如。使其参、游、守、把等官尽由部选，则指臂不顺，调度无人，即有叛形，必然败露，自当消阻。是则题补委用，一出朝廷，皆为公选，一出外镇，多系私人，利害是非，班班可见。且臣稽之史册，汉之刺史，唐之藩镇，其初不过官于一方，特以兵权由己，遂成积重难返之势，溃决不治之忧。今将领重任，外用之数增，则内推之数减，人才既苦壅滞，履历更难稽查。况以本人而官本地，易逞咆哮，以旧弁而管旧兵，竟成党类。在他日深谋远虑，长此安穷？而今日剋军剥民，从滋而起。

因此，李敬主张不但副将以下至守备以上的中级军官要全归部推，即下级军官的千总、把总也要听部推。但是，中国幅员广大，实际上不但千总、把总不能归部推，须由督、抚、提、镇校拔，已详上述，即守备以上，官缺有繁简的分别，而沿海沿边以及烟瘴的区域，其情形复与内地不同，倘各处员缺都归部推，也必致妨碍难行。所以清初创立绿营制度虽明知部推与题调的利弊，然而却为适应环境为地择人起见，在沿海沿边省会冲要以及烟瘴的地方，却不得不

① 姜瓖，大同镇总兵官；李成栋，广东提督；金声桓，江西总兵官。都是明降将复反清者。

特立题缺与调缺，分简选的权于疆臣，以收得人的功效。关于各省绿营题调缺数在各省副将以下守备以上的缺数总额中占若干成分，以嘉庆朝为代表，列如下表：

嘉庆朝各省绿营题调缺数在副将以下守备以上缺数总额中的百分比

（本表据《嘉庆大清会典》卷三十五至三十七编成）

省　分	题调缺数	副将以下守备以上缺数总额	题调缺数占副将以下守备以上缺数总额的百分比
直　隶	30	166	18.0%
山　东	30	62	48.4%
山　西	1	77	1.3%
河　南	9	40	22.5%
江　南	120	173	69.3%
江　西	8	53	15.0%
福　建	113	149	75.8%
浙　江	87	114	76.3%
湖　北	20	74	27.0%
湖　南	59	88	67.0%
陕　西	96	157	61.1%
甘　肃	163	169	96.4%
四　川	74	120	61.6%
广　东	103	174	59.2%
广　西	31	73	42.4%
云　南	90	100	90.0%
贵　州	73	117	62.4%
总　计	1,107	1,906	58.0%

观上表各省题调缺数在各该省副将以下守备以上缺数总额中的百分比，最高的为甘肃、云南两省，甘肃题调缺数占该省该项缺数总额96.4%，云南占90%。次为浙江、福建两省，浙江占76.3%，福建占75.8%。又次为江南、湖南、贵州、四川、陕西、广东六省，都在50%以上。其百分率最低的为山西省，仅占1.3%。次为江西、直隶两省，江西占15%，直隶占18%。又次为河南、湖北、广西、山东四省，都在50%以下。可见题调缺数多的省分，都在沿边沿海等地，题调缺数少的省分，则大抵在腹里（惟山西、直隶两省，据囊括京师的形势，故虽地处沿边，而题调缺数反居少数，实有所防范而然为例外）。合计全国题调缺数占该项全国缺数总额58%，至于其余42%，还要除开少数的轮缺与拣选缺，然后方是归兵部推选的推缺。由此可见全国题调缺总数是较推缺的总数多得多的。

总括上述，绿营题调缺是有限制的，第一副将以上提镇大员不设题调缺的，第二题调缺是只限于沿边沿海及省会冲要的地方，而不是普遍的行于各地的。这两点与后来湘军之制，统领（略等于绿营的提、镇）营官都由帅选，且并无地域的限制的本有不同。但是，疆臣简选的题调缺竟多于兵部推选缺，有的省分如甘肃、云南等省几乎全是题调缺，绿营副将以下，简选权既多操于疆臣的手里，为什么绿营兵权却得不旁落于疆臣而仍归于中央呢？这是一个值得探讨的问题。

兵权旁落，乃由种种错综的原因所造成。将由帅选，不归部推，固然是造成兵归私门的一个因子，但它必须与其他因子相合，始会造成那种局面。如果只有这个因子，而没有其他的因子，而他方面的制度，却把这个可以造成兵归私门的因子处处防范着，牵掣着，兵权也仍然不会旁落的。这两种不同的结果，从湘军的情况与绿营的情况对看起来，便可以很清楚地看出来。湘军所以造成兵归私门的结果，除了将由帅选这个因子外，至少还有下面这几个因子：第一，湘军的兵士都由将领自召，兵籍不归于兵部。第二，湘军兵随将转，将帅调到什么地方，其兵士就跟着到什么地方去，故其将存则其军完，其将亡则其军散，兵士与将帅的关系是胶结在一起的。第三，湘军兵饷由将帅就地筹措，不是从中央拨给，故兵士领饷，如受将帅私恩一样。因为这三个因子，都是使兵权从中央分离的，所以再加上了将由帅选这一个因子，便造成了兵归私门的局面。绿营的情况刚好相反：第一，绿营的兵士都是经制的，只有当事故缺额的时候，由督、抚、提、镇拔补，这个数目是极微小的，而其兵籍则一掌于兵部。第二，绿营制度将皆升转，兵皆土著，升转的将，则随铨选而调动，土著的兵，却永远的固定不移。第三，绿营兵饷，是由中央拨给的，故兵士当兵吃粮，他们都知道吃的是皇帝的粮，而不是受将帅的私恩。因为这三个因子，他们自己不但是向着中央集权的路上走，他们并且防范着、牵掣着这个将由帅选的制度，使它无法从中央分离，所以绿营兵权便仍然得集于中央，而不致如后来的湘军那样造成为兵归将有的结果，其原因就在这里。

第十一章 “军政”[①]与简阅

第一节 “军政”

第一项 “军政”的目的及其功能

绿营军政，五年举行一次。“军政”是一个甄别武职的制度，与文职“大计”“京察”同属国家的大政，也是沿袭明代旧制。军政目的，在于黜陟将弁，整饬纲纪。清朝初入关的时候，利用绿营为前驱，对武职不得不事宽容，故军政十年尚未举行，遂浸至武员骄蹇，不守法纪。顺治十年（一六五三年）有鉴别督、抚谕旨，礼科给事中季开生上疏论此事道：

> 题为谨因考核督、抚之上传，敬陈军政考选之成例，以永固封疆，大彰激劝事。臣伏读考核督、抚以示劝惩之圣谕，仰

① 案在绿营制度中，所谓“军政”，乃指一种在一定时期举行的甄别大典而言，与今日作军事行政的解释不同。故当时人奏疏及记载凡关于军事行政意义的辞句多用“兵政”二字，以别于作甄别制度解的“军政”二字。如宣统三年湖广总督瑞澂奏说：“兵政何能遥制？”《皇朝续文献通考》说：“旧制将军、督、抚分任各省兵政”都是。

见皇上留心军国，加意封圻，治益求治，安益求安，甚盛举也，而臣因之窃有请焉。盖我皇上励精图治，既大计群吏以澄外治，复甄厘京职以修内政，兹复举督、抚而甄别之，事有不治，民有不安哉。而臣以为或镇一省，或镇一路，与督、抚相表里者镇臣也。镇臣而得人，则能固国而安民，镇臣而非人，则必至纵兵以害民，或养贼以毒民，倘止贪黩剥军弥缝恋位，犹其小也。今乃跋扈如海时行，衰庸不任调遣如孔希贵，老病几至失贼如高第，比比而见。至于偏裨中贪暴不法者屡入弹章，疾病不堪者频为请代，若是者岂一日之积乎？夫俟其恶已稔，病已笃，而后请黜请代，不已晚乎。则军政考选之举，有万万不可缓者矣。盖会典旧例外官三年一计，京官六年一察，军政则合内外五年一考选，其黜陟一如大计例。今大计已行三次，京察亦有定期，武臣则十年来未闻甄别，不几漏网而无所劝惩哉！伏乞敕下该部查照会典军政考选旧例，请旨酌定速行，庶贪悍衰庸皆得先为收除，不至贻祸封疆，贻患生民，而督、抚益得收臂指之用矣。①

清初武员跋扈贪悍，是当时一个大问题，而季开生此疏所陈军政旧典，正是整饬纲纪使武员知所劝惩的最好的对策。所以此疏既上，清廷依议，乃根据明代旧典，酌定新条例，遂在顺治十二年(一六五五年)正月第一次举行军政大典。②

但是，当时武员骄蹇已经不是一朝一夕的事了，在首次举行军

---

① 见《皇清奏议》卷六。
② 据《皇朝通志》卷七十四。

政时，主政的督、抚却不免心存顾忌，有赏重罚轻点缀了事的，于是又有兵部职方清吏司员外郎叶舟上疏论道：

> 举劾之典，赏善罚恶，二者不可偏废。若赏重罚轻，武夫悍卒，益骄横不可制。臣近见军政一典，本朝十年以来方始举行。及查督、抚开报各册，八法处分大小武职几三百四十余员，内止总兵二员，副将二员，参将、游击亦不过三十员，其他皆都、守、千总而已。即此三十余员镇将，又大半系裁缺缘事升任之人。其观任谪处者寥寥数员，点缀了事，不尽皆大贪大恶也。岂其余镇将、参、游等官，类皆竞竞守法贤良素著者呼？此无他，见任则弥缝之术工，官大则应援之途广也。臣以为宜通饬各督、抚以后每岁严加甄别，举则宁刻毋滥，劾则宁严毋宽，其有恶迹显著者，不时举实纠参。更当法行自贵，无仅以官卑职小塞责。倘或容情徇庇，养虎贻害，听科道官查访纠举，该督、抚即以溺职论，庶举劾严而武臣知所畏惮矣。①

叶舟主张举则宁刻毋滥，劾则宁严毋宽，倘督、抚容情徇庇，以溺职论。自季开生疏上，清廷始举行军政大典，自叶舟疏上，主政者始有所畏惧，视大典若虚文。此后历朝遵例举行，以迄于清末。故康熙后绿营武员不闻有跋扈骄蹇的事，这自然是由于整个绿营制度的严密，而自行军政后，武职甄别有定期，贪悍者不复得养痈于平日，国家纲纪方得肃清，也是有关系的。

① 案此段议论为叶舟《敬抒管见五条疏》中的一条，见《皇清奏议》卷九。

第二项　甄核之例

绿营武职官员,遇军政之年,虽同属被甄核,但提、镇大员与副将以下将弁不同。兹分述于次:

一、提、镇甄核办法　提督与总兵官甄核办法,初令总督开报贤否,康熙六年(一六六七年)改为自陈。七年(一六六八年)提督仍令自陈,总兵官令总督、提督会同考核,若无总督省分,令提督会同巡抚考核。十一年(一六七二年)题准提督与总兵官俱令自陈。① 到乾隆初,以提督及总兵官援例自陈,具文相沿,无裨实政,降旨停罢。二十四年(一六八五年)复下谕论提、镇等洊陟崇阶,其人贤否优劣虽已都在洞鉴,但其间也不乏旅进旅退苟图持禄恋栈的人,若以平时既无大过足干吏议,又不按例甄核,任其回翔日久,必致职守不扬,甚非澄叙官联之道。因令嗣后军政时将各省提督及总兵官列本缮具简明清单进呈候裁,以重考绩大典,著为令。②此后遂不复改。

二、副将以下甄核办法　凡副将以下,千总以上③,遇军政之年,以次听察于其长。其甄核办法,初令各布、按及守、巡两道博采贤否实迹,各官履历,清造五花文册,照文职大计例填注考语,拟定

---

① 据《康熙大清会典》卷九十七。

② 据《皇朝通典》卷七十六。

③ 案初制,营千总不与军政(据《康熙大清会典》卷九十七)。到乾隆二十七年(一七六二年)奏准嗣后绿营千总一体归于军政,将历俸三年堪膺保荐者填注考语,送兵部引见(据《嘉庆大清会典事例》卷四百四十四)。

去留，送督、抚严加考核，确定官评，另注考语，造册密送兵部。其贤不肖之尤者，开具事实，另揭密送。[1] 至康熙十一年（一六七二年）改令兼辖将领注考，呈总兵官，不属总兵官管辖者，令各兼辖副将清造五花文册，填注考语，送提督注考后转送总督严加考核，确定去留，造册送兵部。其贤不肖之尤者，仍照例另揭。[2] 至于京营则由步军统领核实达兵部。凡督、抚造册并具题限十月内到兵部。其册定以四格，一、才技，二、年力，三、驭兵，四、给饷；纠以八法，一、贪，二、酷，三、罢软无为，四、不谨，五、年老，六、有疾，七、浮躁，八、才力不及。由兵部会都察院、兵科、京畿道核议，汇疏以闻。[3]

从上所述，可见提、镇人员与副将以下将备两者甄核的例是不同的，提、镇则无论为自陈，或由兵部列本候旨钦裁，都直接由皇帝考核，副将以下将备，则各听察于其长。因提、镇有专阃之寄，与偏裨不同，故直接由皇帝考核，若副将以下，职任较轻，且为其长者在军政时得有考核的事权，平时始可使其属畏威守法，有事始可使之出生入死，故副将以下都须以次听察于其长。其立法都有用意的。至于在顺治年间，初行军政时，提、镇都须听核于总督，其副将以下，则由布、按及守、巡两道等文职考核，至康熙时，提、镇始改自陈，副将以下始改由本管兼辖将领注考，这是因为顺治时武员骄蹇，故特别加密的厉行以文制武的政制，使就法纪。到康熙时，武员已渐知畏法，故对提、镇始加以礼遇，而副将以下考核权，也从司道文吏移归本管将领。其间因时制宜的改变，都是从当时的具体

① 据《康熙大清会典》卷九十七。
② 据同上。
③ 据《乾隆大清会典》卷六十四。

情况出发的。

第三项　荐举纠劾与不入举劾

凡举行军政后，提、镇大员其贤的优叙，劣的罢黜都候旨决定，定例简单。惟副将以下将备，则分荐举、纠劾与不入举劾三项劝惩办法，其定例各有不同，兹分述于次：

一、荐举　凡副将以下，军政注上考的荐举卓异。荐举卓异人员，必以才技优长，年力强壮，驭兵有术，给饷无虚，又核其阅俸三年，任内并无参罚，乃为合格。若因公降罚，而廉能过人的，除盗案处分外，也准卓异。合格的游击以上引见。未满三年的，具奏请旨。已满三年，及都司以下，都檄令送兵部引见，奉旨准卓异，注册候升。凡荐举各限以额。各省名额如下表：

绿营各省荐举卓异名额表*

（据《嘉庆大清会典》卷三十八编成）

地　域	名　额	
	守备以上	千　总
直　隶	8	4
山　东	3	1
山　西	4	2
河　南	2	1
江　南	9**	4

续表

地域	名额	
	守备以上	千总
江西	3	1
福建	7	4
浙江	6	3
湖北	3	1
湖南	4	2
陕西	7	2
甘肃	9	3
四川	6	3
广东	9	4
广西	5	2
云南	5	2
贵州	6	3
附京师巡捕营	2	1

* 除本表所列外，其西北两路各处驻扎屯田官员亦各准举一人。

** 《嘉庆大清会典》将江南河标及漕标与江南分列，四川省之成都军标亦与四川分列，本表均合并计算。

二、纠劾 凡副将以下，军政注下考的纠劾。被纠劾官准八法处分，其贪酷的革职提问，不谨、罢软的革职，年老、患病的勒令休致，才力不及的降二级调用，浮躁的降一级调用。① 如被纠劾官曾出征受伤著有劳绩的，除犯贪酷外，应革职的仍给原品，应休致的，

① 据《康熙大清会典》卷九十七。

或酌调简任、不堪录用的，或予守兵粮，或令子弟入伍，以养余年；若愿引见，由督、抚、提、镇给咨送兵部。①

三、不入举劾　凡副将以下，军政以中平注考的不入举劾。其不入举劾人员，仍须注明其散给兵饷有无克扣，训练营伍果否勤惰，骑射若何，年力若何，缉盗安民若何，该管各上司出具印结，造册送兵部，以凭核其优劣。②

第四项　附二年半甄别的制度

绿营甄别制度，除军政为国家考绩大典，五年一次，无分在京在外，不论八旗绿营一律举行的外，其专用以甄别绿营将备的，还有二年半甄别的制度。

定制，凡甄别绿营将备，在军政后二年半举劾一次。由督、抚、提、镇简副将至守备贤能合格的陕西举五人（甘肃在内），直隶、江南、福建、浙江、湖广、四川、广东各四人，山东、山西、广西、云南、贵州各三人，河南二人，及应纠劾的将备都具疏奏闻。部复得旨，被荐举的予纪录，被纠劾的准军政八法例分别议处。③

① 据《乾隆大清会典》卷六十四。
② 据《雍正大清会典》卷一百三十六及参《皇朝通典》卷七十六。
③ 据《乾隆大清会典》卷六十四。

第二节 简阅

第一项 简阅的目的

绿营简阅的制度有二：一为总督、提、镇的简阅制度，一为钦差大臣的简阅制度。

总督、提、镇简阅的目的，因他们所属营伍广众，驻地距离辽远、平时难以稽察，必须有一个定期的简阅，得以亲身巡察，使知所属技勇是否优娴，军装器械是否整齐，然后将弁方不敢怠惰废弛。

特派钦差大臣简阅底目的，是要验各省绿营器械的坚脆，技勇的生熟，兵数的虚实，粮马的盈亏，以观该督、抚、提、镇平时训练整饬的实政。

故总督、提、镇的简阅，乃所以督饬所属将弁，而钦差人臣的简阅，则又所以督饬督、抚、提、镇等疆圻大员。因此，绿营的简阅制度，实在是一种双重督察的制度。

第二项 简阅的缘起

绿营简阅制度，清初无定制。康熙五十二年（一七一三年）钦命大臣分往直省赏兵，会同督、抚、提、镇操演骑射，以数军实。[①] 这乃是出于一时的特旨，并非定制。雍正十一年（一七三三年）谕各

① 据《皇朝文献通考》卷一百九十二。

省营伍,必须武职大员平日亲行巡察,俾得整饬。提督一官,节制全省,统辖地方甚广,难以亲身遍历。至于总兵官,分辖地方道里不甚辽阔,巡察尚易周遍,嗣后各镇臣有应行巡察的,著先期奏闻请旨,候示遵行,不必拘定期限。[①] 但这时候简阅仍无定期,总兵官以上也无简阅定例。

到了乾隆元年(一七三六年),谕各省营伍,离提、镇辽远,不能亲身稽察,该督、抚酌量地方营制如何令提、镇等隔数年一次亲身察阅,详议具奏。[②] 寻经兵部遵旨议准定例,于是各省总督、提、镇简阅始有定制。

至于钦差大臣简阅的制度,也始于乾隆初年。乾隆六年(一七四一年)以直省营伍整饬的少,废弛的多,下谕通饬各省督、抚、提、镇务当恪尽职守,以励戎行。如一二年后,命公正大臣前往验其优劣,如骑射果否娴熟,军容果否改观,都显而易见,难于掩藏的,倘仍前废弛,必将该管大员严加处分。九年(一七四四年)先命钦差大臣简阅山东、河南、江南等省,其余各省限以三年差官察阅。[③] 至十一年(一七四六年)遂下谕道:

> 国家设立营制,所以严拱卫而固苞桑,务在选精锐以储干城,勤训练以资捍卫,所谓兵可百年不用,不可一日无备也。从前因各标营日渐废弛,朕命大臣前往山东、河南、江南等省先行阅看,并降旨申饬,复于督、抚、提、镇奏折中时加批谕,令

---

① 据《皇朝文献通考》卷一百九十二。

② 据《乾隆大清会典则例》卷一百十三。

③ 据同上。

其实力整顿。今各省操演之法,大抵旗纛戈甲,期以饰观,步伐阵图,似为练习,其实在技勇精强弓马娴熟者甚少。在水师营汛,亦不过演就水阵,聊以塞责而已。即军政荐举,未能尽属公当,徒为具文,以是整饬戎行,岂能使壁垒一新,士气日奋?即如西北称劲旅,而江、浙多柔脆,不知既已为兵,自应鼓其锐气,使弱者日近于强,岂可任其委靡,不加振作。盖营伍之中,兵马钱粮,甲胄器械,皆宜事事留心。向来虚冒兵粮,私扣朋马,汇缘拔补,挪借军装等弊,犹未尽除,而教训演习,惟事粉饰,因循怠忽,尚沿旧习,殊非设兵卫民之意。是必立定年限,专差大臣阅看,庶将弁知有责成,不能怠废,而各兵亦知有考验,时时儆惕,技艺不致生疏,于戎行自有裨益。朕前旨与以三年之限,着兵部请旨,并未定有分省察阅之年分。今已阅者则已过二年,其余则未命前往也。其如何分年分省差大臣往阅,著该部定议,俟临时酌量或自京命大臣前往,或即命本省督、抚察阅。①

兵部遵旨议准定例,以乾隆十二年(一七四七年)为始施行。于是绿营简阅制度,在总督、提、镇简阅所属营伍制度之外,复定有钦差大臣简阅各省的制度。

第三项 总督提镇简阅制度

凡直省简阅营伍,分为总督简阅、提督简阅、总兵官简阅三种。

① 据《乾隆大清会典则例》卷一百十三。

凡提、镇都须简阅所属营伍，惟总督则有简阅的也有不简阅的。简阅定期，有一年二次的，有一年一次的，有二年一次的，有三年一次的，有五年一次的，也有酌量几年一次的。有一年而遍的，有二年而遍的，也有三年而遍的，各省都看其地方营制情况而各有不同。

直隶提督分所属为三路，每年阅一路，三年而遍。马兰、宣化、正定三镇，每年各阅一次。泰宁、天津二镇，二年各阅一次。山东兖州镇每年于催漕事竣阅临清等处，沂州等处则委官往阅，二年通阅一次。登州镇一年阅东南各处，西南各处委官往阅，一年阅西南各处，东南各处委官往阅，二年通阅一次。山西太原、大同二镇，每年各阅一次。河南南阳、河北二镇，每年各阅一次。江南提督一年阅一次。狼山、寿春二镇，每年各阅一次（惟苏松镇所属营汛系驻扎同城，无庸察阅）。江西南昌、南赣二镇，每年各阅一半，以二年而遍。福建总督到任往阅一次。水师提督一年阅海坛、闽安、烽火门等处，一年阅金门、南澳、铜山等处，以二年而遍。陆路提督一年阅兴化、福州、福宁、建宁、延平等处，一年阅泉州、漳州、龙岩、汀州、邵武、永春等处，以二年而遍。海坛、金门、南澳、台湾四镇水师，每年阅一次。福宁、汀州、建宁、漳州四镇陆路，每年阅一次。浙江提督每三年阅一次。定海、黄岩、温州三镇，每年阅一次。衢州、处州二镇，每年阅二次。湖广总督到任后阅一次。提督每年巡阅一次，湖北、湖南以三年而遍（案这时湖广提督辖湖北、湖南两省，未分立两提督）。襄阳、宜昌、永州、镇筸四镇，每年各阅一次。陕西总督五年阅一次。提督三年阅一次。延绥、兴汉、河州、凉州、宁夏、西宁、肃州七镇，每年各阅一次。四川川北、重庆、建昌、松潘四镇，每三年各阅一次。广东左翼、右翼、高州、琼州、碣石、潮州、南澳七镇，每年各阅一次。广西提督三年阅一次。左江、右江二镇，每年各阅一次。云南、贵州提、镇所属营汛，酌量数年内阅一次。①

凡总督、提督，总兵官简阅所属，各将出巡回任日期及各营汛官兵技勇是否纯熟，军装器械是否齐全，具本题报，以待兵部察核。②

第四项 钦差大臣简阅制度

凡钦差大臣简阅，首阅直隶、山西、陕西、甘肃、四川五省，次阅湖北、湖南、云南、贵州四省，次阅福建、浙江、广东、广西四省，次阅山东、河南、江南、江西四省，四年而遍，周而复始。

但每年应阅的地方，有四、五省，其间地方遥远，营汛辽阔，若钦差大臣仅为一人，交通不便，势难周遍。至甘肃一省，安西提标驻扎安西卫，若令察阅川、陕大臣并阅，则幅员广远，尤难周遍。因定应阅直隶等省之年，直隶、山西差往一人，陕西、四川一人，甘肃一人。应阅湖北等省之年，湖北、湖南差往一人，云南、贵州一人，应阅福建等省之年，福建、浙江差往一人，广东、广西一人。应阅山东等省之年，山东、河南差往一人，江南、江西一人。

至于钦差大臣人选，由兵部在每年开印后，将应阅的省分具奏请旨，并将领侍卫内大臣、满大学士、都统、尚书、侍郎各职名开列

① 据《乾隆大清会典则例》卷一百十三。

② 据同上。

进呈，或钦点大臣前往，或即令该省督、抚就近察阅[①]，候旨钦定。惟其后因特派在京大臣简阅，钦差外出，各省酬应纷繁，不免纷扰，故大都即令督、抚就近简阅。[②]

又各省总督、提、镇，原有分年简阅营伍的制度，凡遇钦差大臣简阅的年份，该省总督、提、镇停简阅。[③]

① 案关于此例，至乾隆二十八年（一七六三年）因甘肃巡抚常钧与总督同省径行简阅本省营伍，乃下谕阐明定例道："前经降旨遇各省应行查阅营伍之年，由兵部奏请，或特派大臣，或即著该督、抚就近巡阅，所以并及巡抚者，原指山东、山西、河南三省巡抚兼提督者而言，若其余有总督省分，巡抚所辖仅抚标数营，此外通省武弁皆非其正属，巡抚本不得操其举也。著通谕各督、抚，嗣后除山东等省仍听巡抚查阅外，其现有总督之省，著总督办理，总督不能与巡抚同驻一城，如广西等省相距寫远，一时难以遍历者，亦著酌量会商具奏请旨，不得仍前径行，徒滋纷扰。"（《嘉庆大清会典事例》卷五百十六）

② 乾隆三十四年（一七六九年）谕："各省营务，从前特派大臣巡阅，后因钦差外出，徒令各省酬应纷繁，于简核究无实济，遇兵部奏请时，即令该督、抚就近查阅。"（见《乾隆大清会典则例》卷一百十三）

③ 据同上。

第十二章　议叙与惩戒处分

第一节　议叙

绿营官兵有军功则议叙。掌绿营议叙的机关为兵部。凡议叙军功,行间将帅著有劳绩有特旨优叙的,由兵部复议奏请随时酌定。其由统兵将帅列序功绩等次造册送兵部的,兵部核其实,给予"功加"。其不及功加一等的给"军功纪录",各以其等。凡出众效力的,准功加一等,纪录五次。立一等功的,准功加一等,纪录二次。二等,加一级,纪录一次。三等,纪录三次。四等,纪录二次。五等,纪录一次。立功多的积算,授以世职。凡提督有功加十等,总兵有功加十二等,副将有功加十四等,参将有功加十六等,游击有功加十八等,都司有功加二十等,守备有功加二十二等,千总有功加二十四等俱授一云骑尉。

至于攻城、破阵、夺舟、招降四项,则都有专条议叙。其条例如下:

一、攻城　凡用云梯攻城,分别等次授职。克府城的分五等,一等叙五人,第一人授参将,次授游击,次授都司,次授守备,次授千总。二等叙四人,授职自游击以下。三等叙三人,授职自都司以下。四等叙二人,授职自守备以下。五等叙一人,授千总。克州城的分四等，一等议叙视克府城二等，以次递降授职。克县城的分三等，克卫城、所城的分二等，递降授职亦如之。议叙五人四人的，领战官功加四等，指示官[1]功加二等。议叙三人二人的，领战官功加二等，指示官功加一等。议叙一人的，领战官功加一等，指示官不叙。若城被炮击及凿毁，兵丁因而乘势先登的，叙一人，授千总，领战官功加一等。

二、破阵　凡强敌在前，阵坚垒固能倡众战胜的，叙三人，第一人授守备，次授千总，次授把总，该省缺出，即准先用。若势均力敌，有于本营中冲锋前进的，叙二人，第一人授千总，次授把总，该营缺出，即准先用。

三、夺舟　凡遇水战时，能超登敌舟杀贼有获的，分为三等。一等舟叙四人，第一人授都司，次授守备，次授千总，次授把总，在舟督战官加三级，同战官加二级。二等舟叙三人，授职自守备以下，以次递降。三等舟叙二人，授职自千总以下递降，督战官及同战官以次分别加级纪录。炮手夺舟者叙功与兵丁同。以炮击沉舟者，二舟授把总，三舟授千总，多者以次递加。

四、招降　凡招抚敌人五百名以上，或一等大舟五艘，难民五千人以上，计其多寡大小，纪录加级及功加等次各有差。二等中舟十艘，三等小舟二十艘以上，或难民二千名以上的纪录一次。招抚人至二千名，大舟至十艘，中舟至二十艘，小舟至四十艘，难民至五千名的功加一等，数多的以次递加。

上述四项议叙，除分别授参将、游击、都司、守备，千总、把总等职或纪录加级及功加等次外，其得授职的并赏赉银两，另详于下章

---

① 案指示官《皇朝文献通考》作指路官，此处从《嘉庆大清会典》。

俸饷中。[1]

第二节　惩戒处分

第一项　惩戒处分的方式

绿营武官犯过则行惩戒处分。其方式有三种：

一、罚俸　罚其应得之俸，以年月为差，分为七等，有罚俸一月、罚俸二月、罚俸三月、罚俸六月、罚俸九月、罚俸一年、罚俸二年的分别。

三、降级　降级分两种，一为降级留任，就其现任级递降，即照所降级食俸，仍留现任，以级为差，分为三等，有降一级留任、降二级留任、降三级留任的分别。一为降级调用，就现任级实降离任，以级为差，分为五等，有降一级调用、降二级调用、降三级调用、降四级调用、降五级调用的分别。

三、革职　革职分为革职与革职留任两种。革职之等，在降三级调用之上。革职留任，其等在降三级留任之上，与降一级调用同等。

凡降调而级不足的则议革。例如应议降二级、降三级调用的千总，应议降调的把总都无级可降，则议革职。惟若系因公降调的，行查居官如何，由该管官以居官好声明到部，则议以革职留任，

---

① 本节据《皇朝文献通考》卷一百七十九、《嘉庆大清会典》卷三十八及《中枢政考》卷二十一。

三年无过开复，否则议以革职。如初任未定贤否，则议以暂行革职留任，试看一年，好的也三年无过开复，否则参革。其私罪降调及降级过三级的都议革任。

凡处分有展参的，则变其法。定例承缉督缉处分，都有展参，故缉捕官有停升降俸降职处分，与寻常处分异制。

凡处分至革职则止，其甚者为永不叙用（凡犯赃汙等罪者都永不叙用）。革职有余罪，则交刑部。

凡官老疾的则休致，其年老有疾告退的不在处分之列，若年老有疾恋职不去而被议的，则勒令休致，罢其职而存其衔。

第二项　惩戒处分的事由

绿营惩戒处分的方式，已如上述。至其惩戒处分的事由，计分为选举、考劾、限期、给假、休致、封荫、营私、仓库、俸饷、户口、关禁、海禁、恤赏、承催、漕运、解支、田宅、本章、仪式、印信、考试、议功、邮政、马政、营伍、禁卫、军政、军器、火禁、缉捕、杂犯、缉逃、刑狱、提解、缉私、巡洋、营造、河工等三十八项。[1] 从其条目看来，可知其条例的繁多。但是，绿营惩戒之制，却就惩戒事由的行为的实际表现，复为概括的规定，分为"公罪"与"私罪"两项。《嘉庆大清会典》说：

> 凡官罪有二：曰公罪，有处分以励官职。曰私罪，有处分

① 案绿营各项惩戒处分则例列于《兵部处分则例》一书中。

以儆官邪。[1]

"公罪"的界说是怎么样呢？《会典》注说：

谓因公事获罪，及虽私事而出于无心者如失察家人之类。

关于这一个界说，可以举两条则例来说明，如《解送军营马匹倒毙》[2]条定：

武职官员解送军营马匹，每一百匹准其倒毙三匹。如倒毙至四、五匹者罚俸六个月（公罪），六、七匹者罚俸一年（公罪），八、九匹者降一级留任（公罪），十匹、十一匹者降一级调用（公罪），十二匹、十三匹者降二级调用（公罪），十四匹、十五匹者降三级调用（公罪），十六匹至二十匹者革职（公罪），二十匹以上者革职（公罪），分别治罪。

解送军营马匹是公事，官员解送军营马匹在准倒定例外倒毙致干惩戒处分，这是"因公诖误"，所以就其行为的实际表现来说，是属于公罪。如《家人犯法》[3]条定：

武职官员失察家人招摇弄法，及倚势逞凶者，降一级调用（公

① 卷八。
② 见《兵部处分则例》卷二十五《马政》。
③ 见《兵部处分则例》卷三十二《杂犯》。

罪),致酿人命者,降二级调用(**公罪**),若酗酒宿娼,及斗殴毙命衅起仓猝者,罚俸一年(**公罪**)。

官员失察家人受惩戒,固然是因私事获罪,但其失察事项如上条所举各款都是犯法者的个人行动,而非该官员的"知情故纵",所以就其行为的实际来说,也还是属于公罪的。

至于私罪的界说又是怎么样呢?《会典》注说:

谓因私事获罪,及虽公事获罪而出于有心者如徇庇属员之类。

关于这一个界说,也可以举两条则例来说明,如《馈送礼物》[①]条定:

属员因事夤缘,馈送礼物,发觉之日,与者受者俱革职提问(**私罪**)。如馈送虽未收受,彼时不将馈送之人出首,后经发觉者,将不出首之官罚俸一年。

属员馈送礼物,大抵是因事夤缘而起,与者受者的行为都出于营私,故属于私罪。如《迟报事故官员》[②]条定:

现任官员潜逃,失察之该管官隐讳不行申报者降二级调

① 见《兵部处分则例》卷八《营私》。
② 见同上书卷一《公式》。

用(私罪)。

迟报事故官员受惩戒,本是因公事获罪,但做上司的隐讳不报,便是出于有心徇庇属员,事属营私,这便是私罪了。

公罪与私罪的性质不同,其惩戒处分的轻重也就不同。公罪惩戒较轻,私罪惩戒较重,故公罪准检举减议,私罪不准检举减议;公罪准以级纪抵销,私罪不准抵销;其引律当罪的,凡公罪都减私罪一等。乾隆三十三年(一七六八年)因兵部议处古州镇总兵德兴一案对公罪私罪未能明晰分别,特下谕吏部兵部详论道:

兵部议处古州总兵德兴一案,前经降旨俟德兴来京再降谕旨。今德兴到京,核其被劾情节,乃系嘱令属员买物发价迟延,又将随带使令之人拔补名粮,皆系自犯私罪,非因公诖误可比。该部议以降调,准将加级抵销,所办非是,著将原本发还,另行定议题核。内外文武各官遇有承办事务,如失察迟延之类其错误本属因公,自应将加级纪录准其抵销。若意涉营私,于政事官箴皆有关系,而该员得藉加级纪录为护符,吏议不能持其后,殊非黜陟公明本义。况内阁票拟,现以公罪、私罪分别夹签,独吏兵二部所定准抵条例,未能明晰周备,岂独书吏得以为撞骗之媒,苟非朕留心察查,即堂司官亦得以高下其手。且因公者事虽重大,其情实轻,因私者事虽细微,其情实重,自来宥过无大,刑故无小,真古今不易之论。嗣后吏部兵部议处文武各官,一以公罪、私罪为断。其被议之事,本属因公者仍照例准抵外,其因犯私罪交部议处者一概不准抵销,庶办公者得邀宽典,而营私者不致长奸,于澄叙官方之道更为允协，著为令。①

嘉庆间，复下谕命议处官员分别公罪、私罪，将处分则例于各条下者注明公罪、私罪字样。其公罪有至降调革职非事关重大的酌改从宽。其公罪处分，除盗案及正项钱粮停升外，余都不挂推升。至题调要缺，则一切因公处分都不计。嘉庆二十五年（一八二〇年）上谕军机大臣道：

六部议复整饬部务条陈一折，所议甚是。六部律令务在持其大纲，则政清而易理，外省庶务原皆责成于地方官，此在督、抚分别贤能庸劣，举错公明，自收得人之效，其或不效，则督、抚岂能辞咎？部中多立科条，州、县无日不奉行具文，转荒其教养本务，于事何益，而公罪繁多，贤吏或因此废黜，不肖者巧于规避，部书得以舞文纳贿，皆由于此。嘉庆十八年曾敕吏兵二部删减例条，该部未能实力遵行，又谕题调要缺不计因公处分，而该部续议章程仍多牵混。殊不知公罪从严，则中才以下之官益多巧避，严其经征处分则多垫欠，而挪新掩旧即成亏空；严其承缉处分，则多讳盗而纵恶养奸，转贻大患。故曰徒法不能以自行，著吏兵二部各将处分则例悉心确核，于各条下皆注明公罪、私罪字样。其公罪有至降调革职非事关重大者酌改从宽，各部烦苛无当处分例文互商裁汰，务归简明。其公罪处分除盗案及正项钱粮停升外，余皆不挂推升。至题调要

① 见《中枢政考》卷九。

缺则一切因公处分皆毋庸计算，各纂成例。[1]

从上引两谕看起来，这个制度立法的本意有二：第一，取古人宥过无大，刑故无小之义，故惩戒事由因公的事虽重大，其情实轻，因私的事虽细微，其情实重，情轻的则处分从宽，情重的则处分从严。第二，从行政效率上说，若公罪繁多而处分从严，则贤的或因此废黜，不肖的巧于规避，部中书吏得以舞文弄弊，故为求增进行政效率起见，公罪条例则删归简明，处分则从宽减。这一个惩戒制度，将惩戒事由析分为公罪与私罪两项，公罪则处分从宽，私罪则处分从严，公罪条例则删归简明，私罪条例则不改旧贯，其中准情立法与乎为求行政效率起见之处，是值得研究政制史的人注意的。

第三项　惩戒处分的定例

第一目　议处之例

凡处分，一事之内有两罪名的不便重科，惟按罪名大的议处。虽系二事而作弊总属一人，失察官处分，也从其重的定议。

若案异的则分议，如盗案疏防，一日数起，虽同在一日，共属一事，而案犯既殊，起数亦别。又如一案内所参数款，罪名不相因，款件不相涉的都分条定议，不得援罪不重科之例，致有遗漏。

至一官而兼数任的，一案而彼此任内都有处分，止就一任内议处。

① 见《兵部处分则例》卷一《公式》。

第二目　世职兼任等官处分之例

凡处分,世职兼任官、借补官、出师官、候补官、休致官各有不同,兹分述于下:

一、世职兼任官之例　世职官兼任武职的,以贪污及行止不端革职,则世职与职任并革。以溺职革职,则革其职任,世职应否存留,具题请旨。至因公诖误革职,则止革其本职。其降调的,在何任议处,则由何任降调。革职留任的在何任议处,即停何任的俸。

二、借补官之例　大衔借补小缺的官,有降调处分,如系照原衔升转的仍照原衔降调。如不照原衔升转的,即照现缺降调。原有虚衔,准其随带降调的任。倘现缺无级可降,即革任,仍给与所余职衔。

三、出师官之例　派往出兵的官,议处应罚俸的,准注册于事竣日补罚。应降调的带所降级仍留军营效力,准食原俸,至事竣日引见请旨。应革职的,议处时声明请旨,如仍留军营的,事竣日引见请旨,凡停开缺的及革职留营效力的,都准食半俸。派往新疆驻扎屯防各官同此例。

四、候补官之例　凡罚俸处分,候补官于得官日罚俸。调任官原任内处分罚俸的,在新任罚俸。降革留任的在新任降俸停俸。降调的在新任降调。

五、休致官之例　凡老病休致官议处,应降调的按级降去顶戴。应革职的革去职衔。其应议罚俸降俸住俸降职及降革留任的俱免议。

第三目　引律当罪例

凡引律以当罪的，笞五等，杖五等，论如律，都别其公罪、私罪而以处分准之。

公罪处分十：笞一十的罚俸一月，笞二十的罚俸二月，笞三十的罚俸三月，笞四十的罚俸六月，笞五十的罚俸九月，杖六十的罚俸一年，杖七十的降一级留任，杖八十的降二级留任，杖九十的降三级留任，杖一百的降四级调用。

私罪处分十：笞一十的罚俸二月，笞二十的罚俸三月，笞三十的罚俸六月，笞四十的罚俸九月，笞五十的罚俸一年，杖六十的降一级调用，杖七十的降二级调用，杖八十的降三级调用，杖九十的降四级调用，杖一百的革职。

凡公罪，都减私罪一等。私罪至满杖则革职。

第四目　检举的制度

凡事已行得更正的，则准其检举。检举的制度，是对官员过失作宽大的处理。定例提督、总兵大员办理事件，如初失于觉察，后及自行查出检举的，兵部将照例减等处分及宽免之处两议请旨。其副将以下无心错误，自行检举的，各按应得处分议减，如应革职的即革职留任，应革职留任的即降三级留任，应降级调用的即降一级留任，应降级留任及罚俸二年的即罚俸一年，应罚俸一年及九个月的即罚俸六个月，应罚俸六个月的即罚俸三个月，应罚俸三个月的即行免议。本员既经检举减等，其失察的该管上司，兵部仍将照例减等处分及宽免之处两议请旨。

惟所犯的事系有意营私的，及更正不及已经发觉的，都不准作检举论。

第五目　以级纪抵处分例

凡公罪准以加级纪录抵销。私罪及特旨降罚的,"军政"劾参的则不准抵销。

定例凡因公诖误议处官员,有军功加一级准其抵销降二级。如系降一级的案件,将军功加一级抵免,仍给还军功纪录二次。有军功纪录二次,准其抵销降一级。有军功纪录一次,准其抵销罚俸一年。如遇有罚俸六个月的案件,销军功纪录一次抵免,仍给还寻常纪录一次。其余寻常加一级寻常纪录四次,俱准其抵销降一级,寻常纪录二次准抵销罚俸一年,寻常纪录一次,准抵销罚俸六个月。

凡议处官员,任内有军功等项并随带加级纪录及寻常加级纪录例准抵销的,兵部在议处时将该员任内所有的加级纪录抵销,再将军功随带等项加级纪录议抵。如同日到部的案件,核其犯事先后议抵。若系同日犯事,先尽处分重者议抵。其事涉营私及例有专条不准抵销的,在议处本内将不准抵销之处声明。若例无专条比照议处,查明实系因公的,虽所比的例原有不准抵销字样,也准其抵销。如任内遇有因公降级调用的案件,因级纪不敷抵销的,或任内有卓异荐举保举、堪胜保列一等边俸、俸满预行保举、俸满甄别保送回任候升,并漕粮全完议叙升用,孳生马匹、承筑土坝、办理工程保题升用,及拿获各项案犯以应升的缺升用,并引见奉旨记名升用人员,也应照吏部奏定章程,俱准其销去升用一次,抵降一级调用。

第六目　开复

凡受降级留任、革职留任与戴罪图功三项惩戒处分的，都定有开复的制度。

凡降级留任的，三年无过则开复，革职留任的四年无过则开复。有过则以续案计之。如降级留任的，仍接扣三年无过开复，革职留任的，仍接扣四年无过开复，以后案降革之日为始。至后案满日一并开复。如前案、后案都系特旨留任的，则俟前案年限满后，方接扣后案年限，至满日一并开复。如罚俸则俟所罚的俸年月日已尽，或如数缴完，方准开复。

凡官员戴罪图功的，得功则开复。定例戴罪图功人员因公降革留在地方效力或留缉人员，如续有功绩，或案犯全获，或获犯过半的，千总以上引见开复，把总以下题请开复。其余或按年，或计案，或遇恩赦，或完缴俸银，或本案审虚，或带于新任开复的，都分别案例开复。

第四项　惩戒机关与处分定议的程序

第一目　交部处分

掌管绿营惩戒处分的机关，即为兵部，不另专设惩戒机关。故惩戒武职官员都交兵部处分。

凡交部处分，有特旨，有参奏，有陈请。其惩戒的等第共分三等，轻的叫做“察议”，重的叫做“议处”，又重的叫做“严加议处”。凡得旨严加议处的则加议。若参奏，若陈请，以议处而得旨改为察议的则减议。加议分三种：

一、罚俸加议　罚俸的由罚俸一月递加至罚俸二年，止于降一级留任，凡八等。

二、降留加议　降留的自降一级留任递加至降三级留任，止于革职留任，凡四等。

三、降调加议　降调的自降一级调用，至降五级调用而止。

凡加议，都加于其等而不相越，降留的不加至于降调，降调的不加至于革职。至于减议，则革职而下通为九等而递减之，一、革职，二、降三级调用，三、降二级调用，四、降一级调用与革职留任，五、降一级留任，六、罚俸一年，七、罚俸九月，八、罚俸六月，九、罚俸三月。

凡议处，情与例不相比，也得引例而加减。凡参奏，不得辄参严加，如原参有严加议处字样，部议上时，仍照常例定议，并以违例参劾的大员，随案声明参奏。议处也不得辄议加倍，违者以故入人罪论。

第二目　处分定议的程序

凡武官交兵部处分的，都按条以定议。例无正条则引律，律无正条则比议，无可比则酌议。兹分述于下：

一、按条定议　凡议处事例，如有正条不行引用，故将别条割裂增删，援引比照，以致应议的人员或免议，或减议，系有意营私的治罪，系失察书吏舞弊的议处。如加重，以致被议的人员革职降调离任的，事觉，除将处分更正外，承办的人员有意的，即照所议降革议处，系失察书吏舞弊，仍照本例议处，如未经发觉之先，自行查出的，准其更正免议。

二、引律　凡例无正条，则按《大清律》文定议。

三、比议　凡律文无可引，则取情事相近者援引比照，必以律例全条载入。如全条不便引用，即将律例内一段或数语载入，不得徒取字面，以滋高下之弊。

四、酌议　凡无律例正条又无可比照，由兵部职方清吏司将案情详细察核，酌定处分，呈本部尚书、侍郎定议，附闻于疏，请以著于例。①

① 本节据《兵部处分则例》卷一《公式》，《嘉庆大清会典》卷八《吏部》、卷三十八《兵部·叙述》。案"公式"即惩戒处分的通例，据此卷叙述即可见惩戒处分的原则。又《嘉庆大清会典》卷三十八《兵部》述绿营处分例每注说"并如文职"，其例文详载于文职例中。案文职例载于吏部，故此节并以《会典》吏部例为据，特附志于此。

第十三章　俸饷

第一节　平时俸饷

第一项　官员俸薪养廉附赏银

绿营武职官员俸薪，分俸银、薪银、蔬菜烛炭银、心红纸张银四种。[①] 俸银为正禄，薪银、蔬菜烛炭银为生活费，心红纸张银略等于办公费。支给俸薪的办法，初定照衔食俸，照缺支薪（蔬菜烛炭银、心红纸张银跟薪银关支）。[②] 到乾隆十八年（一七五三年）将武职大小衔删除后，改为照品支俸，随俸关支薪银、蔬菜烛炭银、心红纸

① 案康熙时绿营官员岁支俸薪杂费尚有案衣家伙银一项（见《康熙大清会典》卷三十六），至乾隆后裁。

② 乾隆元年（一七三六年）兵部奏称："查武职官员照衔食俸，照缺支薪，定例昭然。"（见《嘉庆大清会典事例》卷五百二十五）考康熙三十九年（一七〇〇年）五月二十四日安徽巡抚李钢《督操两标中左安游奇瓜等营官兵马匹支过俸饷银米豆草数目文册》说："左都督管游击事每员大建应支左都督俸、游击薪等银二十三两九钱八分四厘。"（中国社会科学院经济研究所整理档案）其左都督俸，即照衔食俸，其游击薪，即照缺支薪。

张银。① 兹将绿营各级官员岁支俸薪等银数列表于下：

绿营官员岁支俸薪等银数表

（本表据《中枢政考》卷十四《俸饷》编）

官阶	品级	俸银（两）	薪银（两）	蔬菜烛炭银（两）	心红纸张银（两）	共计（两）
提督	从一品	81.693	144	180	200	605.693
总兵官	正二品	67.575	144	140	160	511.575
副将	从二品	53.457	144	72	108	377.457
参将	正三品	39.339	120	48	36	243.339
游击	从三品	39.339	120	36	36	231.339
都司	正四品	27.393	72	18	24	141.393
守备	正五品	18.705	48	12	12	90.705
千总	从六品	14.964	33.035			47.999
把总	正七品	12.471	23.529			36.000

说明一：巡捕营员弁自副将至把总照品支俸银外，每员每月加给米一石，遇闰照支。

说明二：提督初定支正一品俸，岁支银95.812两（顺治五年题准，见《康熙大清会典》卷三十六）。至乾隆十八年将武职大小衔删除，因改定提督为从一品俸。

说明三：总兵官初定支一、二品俸薪（顺治五年题准，见《康熙大清会典》卷三十六），至乾隆十八年将武职大小衔删除，因改定总兵为正二品，食正二品俸。

看上表，绿营俸银定额很低，如提督为从一品武职大员，是绿营最

---

① 乾隆十八年（一七五三年）兵部复准："绿营武职，向系照衔食俸，今既将大小衔删除，则自提督以至守备，所食俸银，自当一例更定，……按品定俸。"（《嘉庆大清会典事例》卷二百）自此以后，遂改照衔食俸向例为按品定俸。其薪蔬等银则改为随俸关支，《嘉庆大清会典》卷十四《绿营武职官之俸下》注说："其随俸关支者有薪银、蔬菜烛炭银、心红纸张银"便是。

高的武官，他的俸银全年只八十一两余，每月不过得银六两八钱有奇。这个数目，是不够做到提督官阶的人员的家庭的用度的。提督如此，总兵官以下的情况也莫不如此。所以于俸饷外，自提督以至把总都按品另加薪银，守备以上，又加蔬菜烛炭银，做生活的津贴。心红纸张银一项，自提督至守备都按品关支，名目虽是作办公费用，但绿营营中，已另有公费银两，在正项开销，故此项银两，实际上可说是官员个人所得的特别津贴，依上表计算，以上四项合计，提督每月得银五十两有奇，总兵官每月得银四十二两有奇，副将每月得银三十一两有奇，参将每月得银二十两有奇，游击每月得银十九两有奇，都司每月得银十一两有奇，守备每月得银七两有奇。千总、把总两级，都只有俸银和薪银，千总每月得银不到四两，把总每月得银三两。

各官员的俸薪总额依然是低薄的。因此，定制在正俸之外另加一种"养廉"银两。加给养廉银两的目的，就是使官员得以维持与其地位相当的生活，不致流于贪污，以培养他们廉洁的心志。清初，绿营武职未定有养廉制度，惟自提督以至外委千总、把总都按其品级各定亲丁名粮数目，分扣名粮以为得项。至乾隆四十六年（一七八一年）始下谕将裁扣名粮例革除，改照文职例议给养廉，于是武职始定养廉制度（事详第三章第四节"历朝兵数"）。绿营武职岁支养廉银数目，直省官员与京师巡捕营官员及边疆官员各有不同，兹列表于下：

绿营官员岁支养廉银数表

（本表据《中枢政考》卷十四编）

官阶	直省官员岁支养廉银数(两)	京师巡捕营官员岁支养廉银数*(两)	边疆官员岁支养廉银数(两)		
			乌鲁木齐提督及伊犁镇巴里坤镇**	云南腾越镇龙陵协	四川崇化等五营
提督	2,000	880	2,800		
总兵官	1,500	800	2,100	1,600	
副将	800	900	1,200	900	
参将	500	600	800		
游击	400	500	600	450	520
都司	260	300	380	300	340
守备	200	240	320	220	260
千总	120	140	180	140	160
把总	90	100	120	100	120
经制外委千把总	18	20	28	22	28

*案京师巡捕营步军统领提督及左右翼总兵系部旗大臣兼理，共养廉亦系兼支，故其数目均较直省及边疆的提督总兵酌减。

**案乌鲁木齐提督及伊犁镇、巴里坤镇一栏副将，仅指玛纳斯、哈密两协副将说，不是全指乌鲁木齐及伊犁、巴里坤等提、镇所有各协副将说。

看上表，同属于一个官阶的绿营官员，其养廉银数以边疆官员中的乌鲁木齐提督及伊犁镇、巴里坤镇、四川崇化等五营为最高，京师巡捕营官员次之，边疆官员中的云南腾越镇龙陵协又次之，而行省官员为最低。因为边疆官员为边缺，边缺较腹缺任重而苦，京师巡捕营为京缺，京缺则例较外官为优，所以绿营边疆官员及京师巡捕营官员岁支养廉银数都较行省官员所得为高。惟属于关支边缺养廉的绿营官员不多，京师巡捕营官员数额也少，行省官员实占大多数。至于养廉与俸薪的比较，则除游击、都司两级官员养廉银数多于俸薪等费银数不及两倍，其他各级官员养廉银数多于俸薪等费银数，都在两倍至三倍以上。所以绿营官员俸薪虽薄，其养廉银两却是优厚的。

绿营官员在常俸外的廪禄，除养廉外，还有所谓“赏银”一项。但此项赏银，仅限于云南提督、总兵及福建台湾总兵，因云南、台湾两处，或地当烟瘴，或远隔海洋，都与腹地不同，故在养廉外，每年云南提督加赏银五百两，云南总兵及福建台湾总兵各加赏银二百两。① 他省提、镇则无此例。

第二项　兵丁粮饷附马匹草料

绿营兵丁粮饷，马兵、步兵与守兵各有不同。顺治元年（一六四四年）定各镇马兵月给饷银一两五钱，步兵月给饷银一两。四年（一六四七年）改定各镇马兵月给饷银二两，步兵月给银一两五钱，守兵月给银一两。同年又定各镇兵丁无论主客战、守、马、步，每名月给米五斗。五年（一六四八年）改定兵丁月给米三斗。此后遂成定制，不复更改。马匹则定冬春月支豆九斗，夏秋月六斗，草均三十束（每束重七斤）。②

绿营兵丁的月给粮饷，正如官员正俸一样的低薄的。但是，官

---

① 据《中枢政考》卷十四及《嘉庆大清会典事例》卷二百十。

② 据《乾隆大清会典》卷十八及《嘉庆大清会典事例》卷二百三载顺治四年（一六四七年）题准。考康熙五十九年（一七二〇年）《江南苏松镇标中左右奇》《四营官兵马匹实支俸饷银米豆草文册》、乾隆十一年（一七四六年）《江南督操两标中左安游奇瓜青七营官兵岁支钱奏销文册》均作草六十束（小建月五十八束），而《会典》则作三十束，难道是江南一地有例外吗？抑《会典》所载为最初定制（案顺治四年定马每匹月给草三十束，每束重七斤），而未考后来的改定吗？（案顺治五年议准各旗兵马每匹日给草二束，惟只指八旗而言，而未言及绿营耳。）姑志于此以待考。

员在正俸外,还有薪蔬等银两,又有养廉银两,正俸虽薄,而外加的银两却厚,所以他们不患维持不了生活,而且,官阶愈高的,待遇愈高,过的生活愈加宽裕。兵丁则在额定粮饷外,并无外加的银两,他们便只靠这份低薄的粮饷来维持一家的生活。绿营为世兵制度,兵丁都以当兵吃粮为世业,因此他们全家的生活就倚靠在他们各人的身上。姑以兵丁每家三口计①,马兵月饷二两,内扣朋扣银一钱,实得银一两九钱,步兵月饷一两五钱,内扣朋扣银五分,实得银一两四钱五分,守兵一两,内扣朋扣银三分,实得银九钱七分,以三口来分,马兵家每日每口仅得银二分一厘,步兵家每日每口仅得银一分六厘余,守兵家每日每口所得仅银一分一厘弱。绿营兵种除西北诸镇外,腹地大抵是马二步八,马兵最少,步兵次之,而守兵最多,所以全国绿营兵丁大半是过每天一分一厘弱银的生活。这一分一厘弱银子,除兵丁本人每月有米三斗不用籴米外,其余两人还要籴米,包括了全部的生活费。绿营饷章,定于顺治初年。这分薄饷,在当时是勉强可以维持兵家最低的生活的。② 兵家生活简

① 案清代每户平均人数今不可考。据王士达《最近中国人口的新估计》,每户平均为五六人之间(见《社会科学杂志》第六卷第二期)。以今推昔,情况或不尽同,而大致当相差不远。兹仍假定当时绿营兵家每户平均为五人至六人。此每户五人至六人中,应该指出,固然有全家只有一人入伍的,但也有父子或兄弟都得补缺入伍的,且已成年而未得补缺的余丁每月亦有五钱饷银可领,所以平均计算当时绿营兵每人维持家人生活约在三人至四人之间。雍、乾时陈黄中《养兵论》也说:"一卒之家,约以三口计",都是以其最低限度为计算的。

② 案顺治间司农林起龙条奏说:"出饷养兵,原以备战守之用,今则加以克扣,兵丁所得,仅能存活,又不按月支发,贫乏之兵,何以自支?"(见《竹叶亭杂记》)据此是当时兵丁所得粮饷,尚可勉强维持生活的。

单，以米粮为首要。考清代米粮的价格①，康熙时石米尚不过四五钱，雍正时米价渐涨，有的地方已增至一两以外。所以雍正初（一

① 清代米价自康熙后渐渐的增加，康熙时稻谷登场时节，米价每石不过三四钱（据杨锡绂《陈明米贵之由疏》，见《皇朝经世文编》卷三十九）。到雍正年间，广东、福建等地米价已增至一两以外（据雍正十一年广东总督鄂弥达《请官开米局疏》及雍正四年浙闽总督高其倬《仓谷平粜疏》，均见《皇朝经世文编》卷四十）。乾隆中，米每石价一两四五钱已成为常价，乾隆二十九年（一七六四年）十月二十五日刑部尚书舒赫德等题广东省龙门县李二复殴伤梁亚裕身死一案有说："买谷二石，用钱一千四百文。"又同年十二月三日刑部尚书舒赫德等题湖南省文泉县蒋国先戮伤胡克明一案有说："借米五斗，算该价银七钱五分。"案谷两石作米一石，钱千文法定价格当银一两，石米一千四百文，即值银一两四钱。又米五斗价银七钱五分，即石米该银一两五钱（都见中国社会科学院经济研究所整理档案）。乾隆末，又增至二两以外，乾隆五十三年（一七八八年）九月一日福建省漳州府海澄县钟葵殴伤苏尚身死一案（题本者名衔均缺）有说："钟葵向苏尚买米六升，议明价钱一百五十文。"又乾隆五十七年（一七九二年）十二月十五日管理兵部刑部户部三库阿桂等题河南省汝宁府新蔡县阎常桂砍伤马大身死一案有说："赊米一斗五升，该钱三百文。"按米六升价一百五十文，是石米约值银二两五钱也。米一斗五升价三百文，是米一石约值银二两也（都见中国社会科学院经济研究所整理档案）。及到嘉庆年间，再增至三两外，嘉庆九年（一八〇四年）五月二十一日管理刑部事务董诰等题，四川省顺庆府大竹县夏盛才踢伤罗泳亮身死一案有说："买米四升，当交钱一百文，下欠三十文未偿。"。按米四升价值钱一百三十文，即石米约值银三两二三钱（见中国社会科学院经济研究所整理档案）。道光以后，石米三两，遂为常价（据《曾文正公奏稿》卷一，《备陈民间疾苦疏》）。以上所引，为各地的记载。若以一地的记载来看，如乾隆时浙江萧山汪辉祖《病榻梦痕录》叙乾隆五十七年（一七九二年）其家乡物价说："是年食米一斗，制钱二百八九十至三百十余文不等。忆十余岁时米价斗九十或一百文间至一百二十文，即共讶其贵。乾隆十三年（一七四八年）价至一百六十文，草根树皮俱尽。地中产土如粉，人掘以资生，名曰观音粉，有食之至死者。十余年来，此为常价。或斗二百钱则以为贱矣。"又叙乾隆五十九年（一七九四年）萧山物价道："夏间米一斗钱三百三四十文。往时米价至一百五六十文，即有饿殍，今米常贵而人尚乐生，盖往年专贵在米，今则鱼虾蔬果无一不贵，故小贩村农俱可糊口。"按汪辉祖乾隆五十七年六十三岁，他十余岁时即乾隆初年。就他记载乾隆朝五六十年间萧山一地物价的增高与上引各地记载参较，虽不尽一一相符，而乾隆末年物价较乾隆初以前激增，则各地的趋势都同。以上所考，固嫌材料残缺不全，但自康熙以后米价与时俱增，至嘉庆后石米三两成为各地常价的趋势则已可看出。

七二六年）绿营兵丁便不得不另寻副业，或做小贩，或做手艺，以为生活的帮补。雍正帝谕川陕总督岳钟琪论绿营饷薄于八旗的话有说："绿旗兵丁系土著之人，经营度日，稍觉容易。"[①] 可知那时候兵丁因饷薄艰难，兼以小贩营生，手艺糊口的情况，已成为公开的普遍的现象。到乾隆末年物价更贵，有较康熙间增至八九倍的，即较乾隆初年也有增至三四倍的。[②] 所以绿营兵丁到乾隆末年以后，因为物价日高，而额定粮饷，却永不加增，他们生活愈艰，愈不能不兼营他业的了。绿营的制度，是使军队成为专业，然后得精训练，习战守。乃因饷薄使兵不得不兼习他业，以致差操的时候，要顾着经营生意，经营生意的时候，又要顾着差操，于是只好一面去应差操，一面又忙着去做生意。结果，差操方面只做了差役的事，因为出差是有差费的，兵丁也乐得去做，而操练一事便顾不到了，家庭也终不得饱暖。养兵而不得兵之用，是绿营制度上一个大缺点。故雍、乾间人陈黄中论道：

> 夫重赏始得勇夫，而薄饷必无强卒。故今之名隶伍符者，皆市井游惰，不克自存，计无复之，苟延岁月，始肯入伍，……若其人稍有谋生之策，必不肯为。其中更有挂名册籍，规避差徭，别营他业以自给，而其技艺之不堪，又不待言矣。[③]

---

① 见王先谦：《雍正东华录》卷八，雍正四年（一七二六年）五月壬辰上谕。

② 案康熙时米每石三四钱，至乾隆末年米每斗钱三百三四十文，即三两三四钱一石，是此时米价较康熙时贵至八九倍。乾隆初年米价七八钱一石，是乾隆末年较初年贵至四倍，又木棉花在乾隆初年三四十文一斤，至乾隆末年八十余文一斤，亦贵两倍以上（据汪辉祖：《病榻梦痕录》，并请参看上文清代米价注）。

③ 见《养兵论》，《经世文编》卷七十。

同治初左宗棠也论道：

> 夫以额饷之薄如此，又从而减折之，不能赡兵之身家，并不能赡兵之口体，不听其别营生理必不可得。兵既别营生理，不能按日演操，散居市廛，不能一呼即集，训练有所不能施，禁令有所不及，心志因之而纷，精力因之而懈，技艺因之而生，汰革则无精壮应募，激劝则无骁锐可拔，如是谓兵之冗杂怯弱不可为兵，兵不任受，如是谓将之疏慵颓废不可为将，将亦不任受也。[①]

这种情况，清廷是知道的。补救此弊，惟有两法。第一，是加厚粮饷，但清代在道光前岁入岁出有定额，加饷则岁出必骤增，难以为继。第二，是减兵加饷，就饷练兵，这个政策，在咸丰前与同治年间勇营既兴后的情况不同，一减兵额，镇守便不够分布。顺治时，户部左侍郎林起龙奏陈减兵四十万厚饷以练精兵之议，卒不获通过，便是因为这个缘故。[②] 所以这两个方法都是不能实行的。而此外又无他策。这个弊病，不但绿营是这样，历代募兵制度无不是这样，而绿营的情况尤为严重而已。

第三项　公费附差费

绿营有公费银两，为营中公用的款项。凡军装、教场、公署等

---

① 见《左恪靖奏稿初编》卷三十四，《谨拟减兵加饷就饷练兵折》。

② 据顺治十六年（一六五九年）十月乙卯简亲王济度等议复，见王先谦：《顺治东华录》卷三十三。

事的修缮，领饷、报销等使用都取给于此。

此项银两，在雍正前未有规定。其时军营或在兵丁粮饷内摊扣[①]，或扣存名粮以为应用，称为“公费名粮”，或不设营中公费，不立公费名粮名目的，办法因人而异。雍正五年（一七二七年）三月浙江提督石云倬论其弊道：

> 浙省营伍当积废后，军装损坏，教场公署已废，揆其致此之由，一则惜公费而润私囊，病在侵蚀，一则务虚名而忘实效，病在矫情。前任提臣如王世臣、吴都隐空粮数百名，一切营制置之度外，此侵蚀之尤者。及吴升接任，粮饷稍轻，尚存公费粮一百五十名，造鸟枪千杆，营伍稍为整顿。王安国署事，督臣满保檄将公费名粮俱裁，虽矫情一时，实贻误营伍。杨长春到任，因公费无出，于五营内存粮五十分，凡遇领饷季报稍资涓滴。张溥署事尽行裁去，此又矫情而贻误者也。臣请各营按计百名内存留三名，以备公用，庶营务不致废弛。[②]

营中公费乃势在必需，摊扣兵丁粮饷以为应用，苦累兵丁，是行不得的。至于不理营中实际的需要，不立公费名粮，以致营伍废弛，也是不对的。故至雍正十年（一七三二年）遂明定公费银两，嗣后于额兵每百名扣出二名，以作营中公费之例。[③] 乾隆十五年（一七五〇年）以所定公费名粮不敷，营官每借支存公银，给兵领饷时按

① 据《嘉庆大清会典事例》卷五百七十七。
② 见《清史列传》卷十五《石云倬传》。
③ 见《嘉庆大清会典事例》卷五百七十七。

名坐扣，余饷不敷养赡，复经兵部尚书舒赫德奏请于旧例每百名扣出二分之外，加增数分以备公用，廷议允行。[①] 自此以后，公费款项，遂定为有定例的“公费名粮”，使营伍得有遵循。但是，扣出名粮，即须减少兵额，以每兵百名扣出二名计，乾隆二十三年（一七五八年）全国兵额为六四〇，〇〇〇余名，即须扣出兵额一二，〇〇〇余名，这绝不是一个好办法。所以到乾隆四十六年（一七八一年）裁革养廉名粮案内，一并将公费名粮裁革，另于正项支给，于是绿营公费银两始作正项开销[②]，这可以说是合理的改革。自乾隆以后，绿营公费除于正项支给外，通常都置有“营产”，招佃收租，以为营中公用，惟其详已不可考了。[③]

在绿营经费里面，还有“差费”一项，专为兵丁出差时需用而设。乾隆四十二年（一七七七年）奏准山东省兖州镇所辖的十一营汛及抚标二营，凡护解饷鞘、人犯、铜铅、木植及缉盗等差，无论马、守兵丁除应得本饷外，每名日给银三分，若本日可以交替回营的不准支给。河南省河北、南阳两镇属各营差费马兵日给银六分，守兵日给银四分。江南省督、抚、提、镇各标营，每兵日给银三分，其漕标并安徽抚标及水师各营，设有差使一体支给。江西省抚、镇标及

---

① 据《清史列传》卷二十《舒赫德传》。案此次奏准增扣名粮以为公费，各省办法不一律，有增扣一分的，有增扣二分的，也有不增扣的。见《嘉庆大清会典事例》卷五百七十七。

② 据《皇朝文献通考》卷一百七十九。

③ 关于绿营“营产”一项，《会典》中不载，其详已不可考。案嘉庆十一年（一八〇六年）西安将军德楞泰偕陕西巡抚方维甸疏陈宁陕镇营事宜中有说：“宁陕、陕安、汉中各营，新置营地，应一体招佃收租。”（《清史列传》卷二十九《德楞泰传》）又宣统三年（一九一一年）六月辛卯，湖广总督瑞澂奏：“前准陆军部电各处绿营所属田产各项，应变价以扩充新军，不得挪作他用等因。”（《宣统政纪》卷三十六）可见绿营是置有“营产”的。

水师营，每兵日给银三分。湖北、湖南各镇、协、营每兵日给银三分，陕西省提标所属每兵每百里给盘费银五分，回给盘费银三分，延绥镇属每兵无论往回每百里给银四分。甘肃省安西、沙州、靖逆等营派赴木垒牧马兵丁，除每名日给鞋脚银一分之外，增给盐菜银二分。① 其余各省定例不详。

第四项　支发俸饷的定例附军营领饷及发饷的手续

绿营支发俸饷都有定例。小建月则有扣建的定例，事故未补缺额则有截旷的定例，预贮购马银两则有朋扣的定例。放兵饷则有搭钱的定例，发月粮豆草则有本色折色的定例。兹分述于下：

一、扣建　凡小建月官兵俸饷月粮及马匹豆草俱扣除一日，叫做“扣建”。扣建的原因，是为要抵补闰月经费之用。② 凡小建银米豆草奏报，在兵马钱粮奏销案内造报入拨。③

二、截旷　截是截止，旷是空缺，将空缺的官兵马匹俸饷草料截止支给，叫做“截旷”。定例凡事故离任官员及引见升调他缺，自离任日起住支俸廉，署任官支食养廉，照例核给，而任内银数有余的，都归截旷项下。④ 兵丁事故，在新兵未募补前，应扣截旷粮饷照

---

① 据《嘉庆大清会典事例》卷二百四。

② 《康熙大清会典》卷三十七说：“各省饷银既扣小建以抵闰月，嗣后月粮应一例扣除抵闰。”《嘉庆大清会典》卷十二说：“兵饷扣存小建银两，留抵闰月银两。”

③ 据《嘉庆大清会典》卷十二。

④ 据同上。

例造入截旷项下。[1] 马匹截旷也照例办理。[2] 凡截旷银米，都贮存仓库，年终由总督奏报，以充兵饷。[3]

三、朋扣　绿营买马经费例在官兵俸饷银内扣存，叫做“朋扣”。凡朋扣，副将以下，把总以上，每月各扣二钱，马兵扣一钱，步兵扣五分，守兵扣三分，存贮营中，以备买补马匹之用。[4] 其余剩款项，在岁底报兵部核明，送户部充饷。经总督等奏明拨给修整船只篷索军装器械并赏号军务用的，照题奏成案核销。至于朋椿文册，巡捕五营由步军统领衙门核明咨兵部，外省由总督奏销，无总督省分由巡抚奏销，都限次年五月内具题，甘肃限次年十月内具题。[5]

四、放饷搭钱　兵饷以银为本位，但民间交易，在在需钱，故定有搭放制钱的例，以利兵丁日用。搭钱成数各省不一律，有搭放半成的，如广东顺德等营是。[6] 有搭放一成的，如江南、江西等省

① 据《嘉庆大清会典》卷四十。

② 案《康熙大清会典》卷三十七说：“各省官兵马匹截旷银米，年终总督奏报”，据此马匹截旷也照例办理的。

③ 顺治十三年（一六五六年）核准：“各省官兵马匹截旷银米，年终总督奏报，贮存仓库，以抵下年兵饷。”（《康熙大清会典》卷三十七）案这时定例绿营兵马连闰岁需俸饷米粮草料等项拨给九分五厘，以小建截旷等银凑足，故以截旷银米留抵下年兵饷之用。至康熙二十八年（一六八九年）改定直省兵饷都全拨十分，其应扣建旷银，别行扣出，报户部充饷（据《雍正大清会典》卷五十五）。此后截旷银米遂不专为留抵下年兵饷之用，他项军需用途也在这里拨取了。如雍正五年（一七二七年）户部复准南坪官兵所需米石折色银两在雍正四年（一七二六年）兵饷截旷银内动支（同书卷五十五），如乾隆二年（一七三七年）户部题准京口水师营战船出洋巡哨，其舵工行粮于建旷银内拨给（《嘉庆大清会典事例》卷二百四）。

④ 据《嘉庆大清会典事例》卷五百二十五。

⑤ 据《嘉庆大清会典》卷三十九。

⑥ 乾隆二十三年（一七五八年）奏准：“广东顺德等营每银百两，搭钱五千文”（见《嘉庆大清会典事例》卷二百四），这就是搭放钱文半成。

是。[①] 有搭放二成的，如湖南省是。[②] 有搭放三成的，如山西全省及云南东川镇东川、镇雄、寻沾三营是。[③] 有搭放五成的，如云南督、抚两标暨城守、武定、奇兵等营是。[④] 至于以钱搭饷，对银价的比率，为银一两，给钱千文。[⑤] 但在乾隆初年前，因银常贱而钱常贵，故搭放制钱间有折扣。乾隆八年（一七四三年）户部议复江南搭放兵饷暂照八八折发（即钱八百八十文，作银一两搭放），俟将来钱价渐平再酌增。乾隆帝下谕论道："朕思兵丁所得月饷，仅足以敷食用。若搭放制钱，又行除扣，则所得减少，著自乾隆九年（一七四四年）为始，仍照定例每银一两给钱千文。至于钱局公费，运钱水脚，准动公项，稍有不敷成本，照例准其销算。至现在鼓铸各省，如有折扣搭放的，也一例加恩照江南的定例给放。"[⑥] 自是以后，兵饷搭钱遂一依法定比率给发，不随市价涨落而增减。乾隆帝此令，原是为加惠兵丁起见，使兵丁在银贱钱贵的时候，得沾格外的恩惠，但遇到银贵钱贱的时候，却有亏兵丁的生计。所以道光中年以后，钱价大跌，各省疆臣有体恤兵艰的，乃奏请暂停鼓铸，兵饷全放银两，

---

① 据乾隆九年（一七四四年）上谕，见《嘉庆大清会典事例》卷二百四。

② 道光二十六年（一八四六年）湖南巡抚陆费瑔奏陈湖南兵饷搭钱事说："从前饷银一两，搭放钱二成。"（见《清史列传》卷四十三《陆费瑔传》）

③ 据乾隆八年（一七四三年）题准，见同上。

④ 据乾隆三十年（一七六五年）奏准，见《嘉庆大清会典事例》卷二百四。

⑤ 全国各地皆同，例外的惟有云南东川镇东川、镇雄、寻沾三营以钱一千二百文作银一两搭放。

⑥ 见《嘉庆大清会典事例》卷二百四。

以救此弊。①

五、本色与折色　凡兵丁月粮及马匹豆草支给本物的叫做“本色”，以银折给由各兵自行采买的叫做“折色”。马匹豆草折色又有一个特别名称叫做“马乾”。兵米或支本色，或支折色，都以军营所在地产米与不产米为准则，产米的地方，则支本色，不产米的地方，则折给。② 马匹豆草则大抵都支马乾，不支本色。折色价银定例，各省不同，雍正元年（一七二三年）经吏户兵三部遵旨议定广东、河南、江宁、安徽、浙江、山东、湖北、湖南、江西、广西、云南、贵州等十二处折给米豆草束价值，米每石价银自五钱至一两，豆每石价银自五钱至九钱七分，草每束价银三厘至九厘二毫不等折给。在直隶、山西、福建、西安、甘肃、四川等六处，米每石价银自三钱四分至一两一钱二分，豆每石价银自二钱八分至一两，草每束价银自五厘至三分不等折给。③ 月粮支折色，原因当地不产米，为节省从他处运解经费，所以折价由兵丁自行采买。但不产米的地方，须靠商人转贩，米价必贵，虽所定折色较高，而兵丁自买，却不免受商人的剥

---

①　如道光十八年（一八三八年）广西巡抚梁章钜奏：“广西宝桂局设立鼓铸，旧以钱一千作银一两搭放兵饷，今银七钱易钱一千，每两亏银三钱，养赡备操之用不免支绌。若钱价愈贱，不但兵食有妨，即民间完纳钱粮，以钱易银亏折不少。请暂停鼓铸以裕民食，平市价。”奏入，从之（见《清史列传》卷三十八《梁章钜传》）。又如道光二十六年（一八四六年）湖南巡抚陆费瑔奏陈钱价愈贱，湖南不应开铸，以恤兵艰，下部议行（见《清史列传》卷四十三《陆费瑔传》）。

②　顺治五年（一六四八年）题准“各镇兵有米处支米，无米处照时价折给。”（见《嘉庆大清会典事例》卷二百三）又康熙二十六年（一六八七年）复准“甘、凉、西、肃等处兵多粮少，每年动帑折给，各兵自行采买”。（见同上）可见兵米或支本色，或支折色，都以军营所在地产米与不产米为准则。

③　据《雍正大清会典》卷五十五。

削，倘一遇荒年，米贩成本愈高，米价愈贵，兵丁愈难维持生活。月粮折色的情况如此，豆草折色也同一样。雍正十一年（一七三三年）陕西总督刘于义奏陈陕西边兵的痛苦说：

> 甘州提督所统及凉、肃、安西三镇之兵，甚觉贫苦，盖缘兵丁粮饷俱有定额，往时粮一二两一石者今价至十数两，是一日而食数日之粮矣。往时料两许一石，草一二分一束者，今价增数倍，是一马而食数马料草矣。即如肃州镇守兵每名月饷九钱，计日得银才有三分耳。今肃州之米至十三四两一石，是其数日所得止可籴米二三合，方且自给不赡，而尚能养父母妻子乎？所以肃州之兵，有严寒而衣履破烂者，丰岁而面带饥色者，此臣之所目睹。近又得署甘提臣刘世明与臣书，有马匹则疲瘦残瘸，兵丁则鸠形鹄面之语。以此而推，则凉州、安西亦可想见矣。①

刘于义所述，自然是米豆价格高涨时的情况，平常不会到这个地步。不过，一遇灾荒，即不免如此。而且，石米三两，乾隆末以后，已成为常价，豆草的价值，也跟着米价上涨。但折色价银还是雍正初年的定例，与乾隆末时价相差动在两倍以上，则兵丁月米三斗，折价自买实不过得米斗余，而马匹便要一马而吃数马的豆料了。此事对兵丁的生活影响还不算大，其折色较本色所差不过一两

① 见《皇清奏议》卷三十一，《请加惠边兵疏》。

斗米，兵丁生活的痛苦，归根仍在于饷薄，而对马匹的影响则至为重大，因为物价日昂，马乾不敷，有马的马兵，自顾不遑，无力赔补，初则听马匹疲瘦残瘸，及到道、咸以后，法纪废弛，兵丁就渐渐地暗中将官马变卖，却坐收马乾之利，造成册上有马，营中无马的情况。马乾的流弊，竟到了这个地步（事详见第十五章《马政》第五节“绿营马政的废弛”）。

至于军营领饷及发饷都有一定的手续，凡领饷，先由标营册送布政司，申督、抚、咨户部拨给。[1] 及发饷，则会同文员监放，在省令布政司、粮道，在府、州、县令正印官会同该营弁封固散给，提、镇各标兵饷令同城道员监放，将每兵名下借给接济应扣之项，于三日前出示晓谕，届期核对流单数目，按名发给，以杜营弁克扣的弊端。[2]

第五项 各省绿营俸饷公廉额数

绿营俸饷有定额，其公费、养廉及兵丁红白事例等银两[3]，自乾隆四十七年（一七八二年）作正项开销后，也定有额数。但官兵俸饷等项是就员缺兵额而定的，历朝绿营员缺兵额略有损益，所以俸饷也略有出入。各朝绿营俸饷额数，除嘉庆一朝外，都与八旗驻防合计，难考其确数。现在，将嘉庆朝绿营俸饷等项额数列表于下：

---

① 据《乾隆大清会典》卷十八。
② 据《嘉庆大清会典》卷四十。
③ 兵丁红白事例请参看下面第三节第四目。

绿营各省每岁俸饷公廉额数表附兵丁红白事例银

（据《嘉庆大清会典》卷十二编）

地域	俸饷			公费银（两）	养廉银（两）	兵丁红白事例银*（两）
	银（两）	米（米豆或粮料）（石）	草（束）			
直隶	895,904			15,121（遇闰加银1,260两）	114,162	37,092
山东	330,985	17,157		12,000	42,296	10,471
山西	460,604	67,578		9,544（遇闰加银274两）	50,754	16,000
河南	272,194	29,993		2,000	26,060	6,388
江苏	636,178	85,671		江苏绿营公费岁无定额，每年核实报销	89,648	27,546
安徽	168,861	26,618		1,723	20,958	4,000
江西	238,624	50,144		江西绿营公费岁无定额，每年核实报销	31,936	4,800
福建	1,281,379	91,498		23,869	114,162	42,000
浙江	625,617	138,913		19,500	85,823	10,000
湖北	398,703	80,897		9,323	52,634	17,240
湖南	493,483	103,514		12,198	65,322	7,000
陕西	668,467	52,440	1,035,621	13,118	67,074	12,800
甘肃	1,772,563	311,208	3,000,731	48,273	149,594	25,000
伊犁	125,888				11,352	8,000
四川	780,529	13,536		33,000	85,508	25,000
广东	1,115,777	244,350		26,177	126,246	36,599
广西	401,999	84,916		8,544	51,758	8,000
云南	765,184	148,004		26,959	80,592	17,243
贵州	656,211	127,400		12,050	87,718	12,846
合计	12,089,150	1,673,837	4,036,352	273,399	1,353,597	328,025

*兵丁红白事例银一项，系包括各省驻防八旗数在内。但此项银两总数仅328,025两，各省驻防八旗远少于绿营，虽红白赏银驻防八旗会厚于绿营，充其量所占最多也不过半数，即约160,000两，而上表京师巡捕营俸饷公廉等数额及江苏、江西两省公费都未列入。就中以京师巡捕营俸饷一项来计，其确数虽不可考，而以其兵数来推算，不下二十余万，即可以抵补八旗驻防所占红白事例银的数目而有余。所以上表兵丁红白事例一项虽无法把驻防八旗数目除开，而以未计入数内的巡捕营俸饷公廉等费及江苏、江西两省公费来抵补，是有多的。

上表，总计名省绿营每年俸饷公廉及红白事例等项额数，其中米两项姑且不计，即以银一项来计算，共银一四，〇四四，一七一两。考嘉庆十七年（一八一二年）岁入银四〇，一三〇，〇〇〇两，岁出银三五，一〇〇，〇〇〇两[①]，绿营兵饷的银数实占当时岁入银数三分之一有奇，岁出银数二分之一弱，在岁出各款中居第一位。这个数目，在当时财政状况之下是庞大无可再加的。所以雍正以后，清廷虽知绿营饷薄，兵丁不敷衣食，但是却始终不敢向加饷方面设想，便是由于这个缘故。

第二节　战时俸饷

第一项　绿营加给战时俸饷的原因

绿营遇有战事，征调出境，除仍照支平时俸饷之外，复定有加

① 据《清史稿·食货志》。

给战时俸饷的制度。

绿营战时加给的俸饷有两种：一为俸赏行装，一为盐菜口粮。在乾隆中叶以前，战时加饷无一定章程，各处用兵，事例不一。至乾隆四十一年（一七七六年）山东巡抚徐绩因镇压王伦起义一役，妄照军需事例，办理错误，因降旨令军机大臣会同户部将以前各省军需事例核定条规，妥定章程，俾得永远遵行。军机大臣户部遵旨议定条例，于是军需奏销始有定例可遵，而绿营战时加给的俸饷，也始有一定的制度。

俸赏行装是使将士当奉到征调的命令后，得以迅速整装成行。盐菜口粮是使将士出征，军行粮随。兵丁饷薄，平时在营在籍，可以兼作副业营生，以弥补不足。及遇征调出征，如果不于"坐粮"（平时的粮饷）之外，另加"行粮"（战时加给的粮饷），他们不但不能从事副业以赡养家庭，并且还要分出一部分的粮饷以为出征之用。如是则兵丁既有内顾的忧虑，又安能责他们效命疆场？清初定例本省主兵不给行粮，常有往返数千里外，经历数月，因随地借支米粮，而在本营扣其应得的粮饷，以致兵家嗷嗷泣苦的事情。顺治十二年（一六五五年）山西巡抚陈应泰亲见其事，因上疏论其弊道：

> 夫出征于数千里之外，势不能裹粮以相从，而兵又不可枵腹以战，故每于出兵之处，暂给支客兵仓米，而至回兵之日，算其支过之米，扣其应得月饷以抵还，此皆因不设行粮之故也。惟是各营战兵，月饷不过一两五钱，即给本兵一人，当此米珠薪桂犹虑不足以自供，况有父母妻子俯仰待爨者乎？是各

> 兵在平时之赡养固难矣，及至出征，不设行粮，借支食米，事完除饷，则各兵冒锋镝于战阵之间，效奔命于霜露之地，辛苦万状，归师之日，见父母妻子不能获半菽之饱，其何以鼓战士之气也哉。①

所以定例绿营兵丁征调作战，在二百里内的食用自行办理，在三百里以外的都按例加给粮饷，以免兵丁内顾的忧虑。雍正帝谕兵部所谓："年来出征兵丁在外支给口粮，而仍给与坐粮以养赡其家口，盖因其荷戈持戟效力戎行，不忍令其有内顾之虑也。"②便是说明这个原因。

第二项　俸赏行装

绿营官兵出征，例得俸赏行装银两。定例自提督至千总、把总定有俸银的都赏给俸银，自外委至马、步、守兵及新募兵则各赏给银两，其效力武举，或赏给俸银，或赏给银两，则案其有无职衔而异，叫做俸赏银。除俸赏银外，恐官兵整装竭蹶，复酌借银两，叫做行装银。借支行装银待凯旋后案年扣还。绿营的俸赏行装银两，案官员的品级与兵丁的等次而不同，兹列表于下：

---

① 见《整顿边圉疏》，《皇清奏议》卷九。

② 雍正八年（一七三〇年）十月谕，见《雍正东华录》卷八。

绿营官兵俸赏及借支行装银数表

（本表据《钦定户部军需则例》卷一编成）

官　　阶	俸赏银数	借支行装银数(两)
提督	赏给俸银二年	500
总兵	同	400
副将	同	300
参将	同	250
游击	同	200
都司	同	150
守备	同	100
千把总	同	50
外委	赏银 15 两	30
马兵	10 两	10
步守兵及新募兵	6 两	6
效力武举*	15 两	无

*效力武举若系候补千把总职衔者照千把总应得俸银例赏给二年俸银。借支行装银无,则与无职衔者同。

第三项　盐菜口粮附派调附近剿捕口粮

绿营官兵出征,每月支盐菜银,每日支口粮米,叫做盐菜口粮。定例官兵出征,定有跟役余丁名数,故除官兵本身外,官员的跟役,兵丁的余丁跟役也都须支给日食。其数额各有不同,兹列表于下:

绿营官兵支给盐菜口粮及跟役名数表

（本表据《钦定户部军需则例》卷二及卷三编成）

<table>
<tr><th rowspan="3">官阶</th><th rowspan="3">每月支盐菜银数(两)</th><th rowspan="3">每日支口粮数(石)</th><th colspan="3">官兵跟役余丁</th></tr>
<tr><th rowspan="2">名数</th><th colspan="2">每名支给盐菜口粮数</th></tr>
<tr><th>每月支盐菜银数(两)</th><th>每日支口粮数(石)</th></tr>
<tr><td>提督</td><td>12.0</td><td>支米 0.0083
(或面一斤)</td><td>24</td><td>不支</td><td>支米 0.0083</td></tr>
<tr><td>总兵</td><td>9.0</td><td>同上</td><td>16</td><td>同上</td><td>同上</td></tr>
<tr><td>副将</td><td>7.2</td><td>同上</td><td>12</td><td>同上</td><td>同上</td></tr>
<tr><td>参将</td><td>4.2</td><td>同上</td><td>10</td><td>同上</td><td>同上</td></tr>
<tr><td>游击</td><td>同上</td><td>同上</td><td>8</td><td>同上</td><td>同上</td></tr>
<tr><td>都司</td><td>3.0</td><td>同上</td><td>6</td><td>同上</td><td>同上</td></tr>
<tr><td>守备</td><td>2.4</td><td>同上</td><td>同上</td><td>同上</td><td>同上</td></tr>
<tr><td>千总</td><td>2.0</td><td>同上</td><td>3</td><td>同上</td><td>同上</td></tr>
<tr><td>把总</td><td>1.5</td><td>同上</td><td>同上</td><td>同上</td><td>同上</td></tr>
<tr><td>外委</td><td>同上</td><td>同上</td><td>2</td><td>同上</td><td>同上</td></tr>
<tr><td>兵丁</td><td>0.9
(出边口日加给 0.4)</td><td>同上</td><td>每十名合给余丁跟役共 3 名</td><td>0.5</td><td>同上</td></tr>
<tr><td>效力武举*</td><td>1.2</td><td>同上</td><td>3</td><td>不支</td><td></td></tr>
</table>

＊效力武举如系候补千总者照千总例支给。

看上表，盐菜银两一项，官员最高的为提督，月支十二两，最低的为把总，月支一两五钱，兵丁则一律月支九钱，效力武举，或照千总例，或照外委例，则看其有无职衔而定。口粮一项，则无论官兵，都一律支米八合三勺，或面一斤。官兵跟役一项，提督一员定跟役二十四名为最多，以次递减，下至兵丁每十名也合给余丁跟役三名。跟役的口粮，官员的跟役，则不给盐菜银，惟每日支米八合三勺，兵丁的跟役余丁，则月支盐菜银五钱，每日也支米八合三勺。这个定例,盐菜银两则就官兵地位的高低各有不同,口粮则无论官兵跟役余丁一律同等待遇,官员盐菜银两宽裕,兵丁则微薄,故官员的跟役盐菜银两则由官员自支,兵丁的跟役余丁盐菜银两则由公款支给。

至于官兵出征,何时起支口粮,何时起支盐菜,以及兵丁何时加支盐菜银,何时停止,都有规定。定例凡官兵本身及官员的跟役,兵丁的余丁跟役,本省的自离营日到未出口以前,别省的自离营日到未出本省交界以前,只支口粮,不支盐菜。出口及离本省交界以后,盐菜口粮一体照例支给。至兵丁加给盐菜银四钱,无论本省别省统在出边口日加给,凯旋进边口日停止,仍照旧例支给盐菜银九钱。①

上述盐菜口粮章程,乃为出征而定。若派调附近不是出征境外,则不能照这个章程支给。但官兵派调附近,道路远近,时日久暂,情况各有不同,故口粮或令自行备办,或由本省自行供应,或由中央拨给,定例即不能一律,因复专定条例,以为遵循。其条例有三项规定如次:②

一、凡调拨本省官兵剿捕在二百里内外道路较近的,一切食用等项都令其自行备办,毋庸官为支给。或因事值紧迫,兵丁等必须裹带鞋脚等项的,该督、抚一面奏明于营中公项内量予借给裹带鞋脚的费用,事竣再于各本营粮饷内扣还。

二、若在三百里以外,所调本省及邻省协剿官兵去各本营籍较远及荒僻地方无从买食,官兵力不能自给的,准承办的督、抚审度

---

① 据《户部军需则例》卷三。
② 见同上书卷二。

情况，一面具奏，一面应付，每名日给口粮八合三勺，或面一斤，并量给柴薪以资食用。内除兵丁及兵丁跟役余丁免其扣还外，其官员并官员跟役所支各项，该省自行通融办理，概不许报销。

三、倘事在不能骤竣，为日较迟，调派官兵多至数千，应需款项浩繁，该省不能自备供应的，该督、抚等查照例案，分别调派官员多寡，道路远近，将应需款项据实核明，临时专折具奏请旨定夺。

第四项　绿营出征时俸饷的巨大

绿营战时的俸饷，俸赏行装一项，系在初征调时一次赏借的，盐菜口粮一项，乃是按月按日在军前支给的，而同时官兵在原营仍照支平日俸饷。所以绿营这个战时俸饷制度，实在是一种俸外加俸、饷外加饷的制度。

这个制度，不待说是使国家战时的军费增加巨大的负担的，据曾国藩的计算，在对抗太平天国之役，绿营兵出征省外，用兵一千名，加以管带员弁大小三十余员，盐粮等项连原省坐粮在内，每月约需银七千两，以与同时的湘军饷需比较，还多用一千三百余两。曾国藩对绿营这个制度批评道："平日有粮少之名，临事无省费之实，百年受养兵之累，应急无破寇之功。"[①] 所以他编练的反革命军队湘军，厚给饷项，便是针对绿营这种弊病而发的。

① 关于湘军饷章与绿营饷章的比较，请参看拙著《湘军兵志》第七章《饷章与饷源》。

第三节　恤赏及退休俸饷

第一项　恤赏

第一目　军功赏赉

绿营恤赏，分为军功赏赉、出征阵亡病故恤赏、阵伤恤赏、红白事例恤赏四种。前三种是对出征有功或殉难的兵丁的恤赏，或议赏本身，或恤及家口，用厚赏的制度鼓励战士，以收疆场之功。后一种是对兵丁本身及其直系家口的婚嫁葬丧事件的恤赏，用国家的资助，使兵丁得办理他们的人生大事。

军功赏赉，是对出征有功的战士授以应得的职衔，复给以赏银。其规定有四项：①

一、攻城　凡攻城议叙五人的，第一名赏银二百五十两，以下依次每名递减赏银五十两。议叙四人的，第一名赏银二百两，以下依次每名递减赏银五十两。议叙三人的，第一名赏银一百五十两，以下依次每名递减赏银五十两。

二、破阵　凡对敌获胜议叙三人的，为首人赏银五十两，第二人赏银四十两，第三人赏银三十两。议叙两人的，为首人赏银三十两，第二人赏银二十两。

① 据《中枢政考》卷二十一及《皇朝文献通考》卷一百七十九。

三、夺舟　凡水战议叙四人的，为首人赏银一百两，第二人赏银八十两，第三人赏银六十两，第四人赏银四十两。议叙三人的，为首人赏银八十两，第二人赏银六十两，第三人赏银四十两。议叙二人的，为首人赏银六十两，第二人赏银四十两。其以炮击沉舟的，一舟赏银二十两，二舟赏银四十两，三舟赏银六十两，以次递加。

四、军功　凡立功战士，除分别攻城、破阵、夺舟三项例载有授职赏银的仍照例遵行外，其余军前所立功绩，将列为出众者赏银六两，一等军功的赏银五两，二等军功的赏银三两，三等军功的赏银一两。若奉旨从优议赏的，则于应得例赏之外，各按所列等第应得银数再加赏三分之一。

第二目　出征阵亡病故恤赏

绿营官兵出征阵亡病故恤赏，分为本身恤赏及眷口恤赏两种，其规定如次：[1]

（甲）本身恤赏

一、殉难阵亡官兵恤赏　提督给银八百两，总兵给银七百两，副将给银六百两，参将给银五百两，游击给银四百两，都司给银三百五十两，守备给银三百两，千总给银一百五十两，把总、经制外委给银一百两，应得祭葬行文礼工二部议奏。额外外委、马兵给银七十两，步兵给银五十两，余丁给银二十五两，奏准召募新兵阵亡照步兵例议恤。若阵亡及伤发亡故兵丁应给的银并无妻子亲属承受的，给银二两，该总督、巡抚、提督、总兵官委官致祭。至于官兵打

① 据《中枢政考》卷十四、卷二十一及《户部军需则例》卷三、卷五。

仗时失足滚崖落水等项，以及未出官兵①，后经查明实系殒命无疑的，俱照阵亡例议恤。因公差遣遇贼被掠的减半恤赏。因放马割草等项私出被遮的，在阵亡例减半之中再行减半恤赏。

二、出征病故恤赏　提督、总兵给恤银二百两（其奉特旨格外加恩赏赉的由兵部遵旨办理，不在此例），副将及三、四品官给恤银五十两，五、六品官给恤银四十两，七品以下官给恤银三十两。如行至五百里以内病故的都照此例减半恤赏，其止行一、二站病故的，毋庸给与。至于兵丁立功后病故的给恤银十六两，未立功病故的无明文规定。

（乙）眷口恤赏

一、出征阵亡病故官兵眷口给饷　凡出征阵亡病故兵丁，其本兵名粮，若子弟内有可以训养成才的，即令顶补以资养赡，如并无子弟，眷口无倚，及子弟幼小不能食粮的，每月给与半饷银五钱，米三斗，不扣小建、朋银，遇闰加增。有子弟幼小的，俟年至十六岁以上，堪以顶补食粮，即行截支。无子弟的俟该故兵现存的祖父母眷属亡故之日截支。至军营病故官员所遗眷属无可倚靠的，也准给与半饷。打仗未出及迷失冲失弁兵照阵亡例减半议恤的，所遗眷属照此例再行减半给与。

二、出征亡故官兵子弟成丁后残废仍留半饷　凡官员出征病故及兵丁阵亡病故，其所遗眷口，如并无子弟或子弟幼小无可倚靠的给与半饷后，其子弟年至十六岁以上，堪以入伍食粮，并有别项营运可以谋生的，仍照旧例截支。若子弟已经成丁，有身患残废笃

① 案"未出官兵"，即作战时为敌人围困未及退出的官兵，故当时是否殒命不能确定，须待查明。

疾不能顶食名粮，又无别项营运可以谋生的，该总督、巡抚切实查明，取具营、县文武员弁印结送部，准其仍留半饷以资养赡。若子弟成丁顶食名粮后，又经病故，如尚有遗存眷口，也准报明取结咨部，仍给半饷以资养赡。有次子次弟的，仍照旧例俟年至十六岁以上截支。至打仗未出迷失冲失弁兵减半议给半饷的，也都照此例核办。

第三目　阵伤恤赏

绿营官兵出征阵伤恤赏，有两项规定：

一、恤赏等第　凡阵伤兵丁，分别给赏，头等伤赏银三十两，二等伤赏银二十五两，三等伤赏银二十两，未分等第的俱照三等伤例给与。随征官兵跟役，系本身子弟打仗受伤的，头等伤给银二十五两，二等伤二十两，三等伤十五两，未分等第的照三等伤给与。若奴仆跟役随征打仗受伤的，头等伤给银十二两五钱，二等伤十两，三等伤七两五钱，未分等第的照三等伤给与。[1] 官员阵伤恤赏无明文规定。

二、准恤定限　凡出征打仗受伤，续经伤发亡故官兵，如受头等伤的予限六个月，二等伤的予限五个月，三等伤的予限四个月，限内实系本伤身故的照阵亡例议恤。若因病亡故的不准请恤。至伤亡官兵，从前给过受伤银两，应于所得恤赏银内照数扣除。前因打仗受伤，续又打仗阵亡的，从前应得受伤银两仍行议给，毋庸扣除。至限外亡故官兵，头等伤再予限六个月，二等伤再予限五个

---

① 据乾隆三十九年（一七七四年）奏准、四十六年（一七八一年）议准及嘉庆六年（一八〇一年）奏准，都见《嘉庆大清会典事例》卷五百十八。

月，三等伤再予限四个月，如在余限内伤发亡故的，官员则按品荫子弟，兵丁则照原伤等第再行赏给受伤银两。其余限外亡故的，为期既久，应毋庸置议。①

第四目　红白事例恤赏

绿营兵丁，遇有婚嫁丧葬等事件，国家给恤赏银，叫做红白事例恤赏。白事，指本身及祖父母、父母、妻子的丧葬。红事，指娶妻、嫁女、娶媳。凡祖父母、父母白事，如子孙多人同在营食粮俱在领赏之例的，但视一人给与。娶妻、嫁女红事，无论长子、次子、长女、次女都准给赏。②

红白事例恤赏银数，各省定例不详。③ 惟京师巡捕营兵丁，红事，本身娶妻、子女娶嫁赏银二两，白事，父母及本身妻室赏银四两，则载于《会典事例》。④

---

① 据《户部军需则例》卷四。

② 据乾隆二十四年（一七五九年）奏准，见《嘉庆大清会典事例》卷二百六。

③ 案乾隆四十六年（一七八一年）复准："四川省新设五营，额驻兵丁红白赏项照内地各营之例一体赏给。"未述明其定例。又嘉庆四年（一七九九年），议准各省招募新兵红白事例有"各照本省应支定例核给"的话，各省定例显有不同。又考嘉庆三年（一七九八年）议准："贵州铜仁协新设兵丁，红白赏恤银内照贵州各营之例，每名给银三钱二分零，遇闰加增，随同兵饷估拨。"（都见《嘉庆大清会典事例》卷二百七）据此，贵州定例似为按月支给与额饷无异，非待有事时始行支领。此当为特殊的例，各省未必如是。案《中枢政考》记直省标营恤赏兵丁红白银两例说："直省标营赏赉兵丁红白银两该总督、巡抚、提督、总兵每年将动用过数目造册咨送户部查核，倘有冒领等弊，将经管员弁并加结上司与提督、总兵各照例分别议处。"（卷十四）若如贵州与饷同给，随饷估拨，则有一定的额数，兵丁何得有冒领的流弊？只有因兵丁遇有红白事时始领赏恤，故不免有冒领，而户部始据册查核以防流弊罢了。

④ 见《嘉庆大清会典事例》卷二百七，载乾隆五十一年（一七八六年）议准。

第二项　退休俸饷

绿营官兵，以终身在伍为本职，故所定退休俸饷，不以在伍年分为重，而以曾否出征效力为准。若曾出征效力的，到年老退休时便可领退休俸饷，否则虽服务到年老，退休时也没有退休俸饷可领。至于出征打仗受伤在三处以上的官员，及受伤致成残废的兵丁，无论年限，也得领退休俸饷。兹分述其规定于次：①

（甲）官员退休俸饷

一、提督总兵　凡提督、总兵因老病奏请休致，奉旨准令原品休致的，该总督、巡抚将其年岁及出兵打仗受伤事迹报部查核。兵部将或给全俸或给半俸之处具奏请旨。若不是自行呈请及督、抚题奏奉特旨令其原品休致的，不给俸禄。

二、副将至守备　凡副将以下，守备以上官员，因老病告休，准其原品休致，其曾经出征打仗受伤的，无论有无杀贼捉生，年至六十以上，可否赏给全俸请旨，五十以上，可否赏给半俸请旨。如出征打仗杀贼捉生受伤各项功绩俱全的，年至五十以上，以可否赏给全俸请旨。若不是自请告休，经该管上司勒令休致的，不准给俸。如该员打仗受伤在三处以上的，不论年岁及告休、勒休都以可否赏给半俸请旨。若受伤不及三处，并因贪私劣迹纠参者，仍毋庸给与俸禄。

三、绿营世职　凡绿营武职曾经出征打仗受伤奉旨赏给全俸半俸的，如本身兼有世职仍留本身，毋庸开缺另袭。

---

① 据《中枢政考》卷十四《俸饷》。

四、旗员世职　凡旗员身任绿营兼有世职的，在外呈请休致，应俟回旗后，由该旗查验，如尚能当差，将世职仍留本身，赏给俸禄。若不能任事，并不请休，经上司勒令休致的，虽有世职，亦毋庸给俸。

五、督抚造册　凡告休应行请俸人员，该督、抚查明年岁及打仗受伤立功事迹，详细造册咨送兵部查核办理。

六、千把外委　凡千总、把总、外委曾经出师打仗受伤，续经辞退告休，年在五十以上的，给与步粮一分，以资养赡。如该弁曾经出征打仗，因伤疾举发，或年老力衰，以致弓马生疏，不能差操，经督、抚咨革勒休的，给与守粮一分，以资养赡。如该弁打仗受伤有在三处以上，毋庸论其年岁，系辞退告休的，给与步粮一分，若因弓马生疏咨革勒休的，给与守粮一分，以资养赡。休革各弁，如有产业可倚，及有子嗣在营食粮及因贪私劣迹斥革的，都毋庸给与。

（乙）兵丁退休粮饷

一、出征效力　凡曾经出征打仗效力兵丁，年届五十以上，年老不能差操，解退名粮，该督、抚查明如有子弟在营食粮的，月给饷米三斗，并无子弟在营食粮的，给与守粮一分，以资养赡，以离营那一天起支。

二、出征残废　凡兵丁出征受伤患病致成残废，解退名粮，无论年在五十以下，该督、抚查明如有子弟在营食粮的，月给饷米三斗，并无子弟在营食粮的，给与守粮一分，也以离营那一天起支。

第四节　俸饷的拨协及奏销

第一项　拨协

绿营官兵俸饷，归户部专管。京师巡捕五营官兵俸饷由户部陕西司核给。直省绿营官员应支俸、薪、马乾、心红纸张、蔬菜、米、豆、草折等银，兵丁饷银，及官兵本色米豆，每年各巡抚确估咨户部，由户部拨协。

清制，直省在春秋二季将实在存库帑银，造具清册，春季限在二月，秋季限在八月间到户部，由户部据各省所报现存实数酌定数目，奏明拨解。除仅敷本省需用的福建、广东、广西等省及不敷本省需用的陕西、甘肃、四川、云南、贵州等省存留本省，不解至京，余省春秋二季册报实存银数酌量存留本省以备协济邻省兵饷并别有所需请拨用外，其余银悉令解户部。每年各省巡抚在冬季将明年应需俸饷等项数目，豫为会计，造具估饷册四本，督、抚、提、镇标协官弁兵马应支俸饷册一本，各项实在贮库银册一本，额征地丁民赋册一本，额征杂税册一本，汇同咨送户部，由户部将各省额征起运等项银内，按款照数拨给。如本省银敷用，即将本省存库银按数拨给动用。如有不敷，则酌计附近盈余省分协济。如仅敷本省俸饷的，福建、广东、广西尚间有须用协济的，即在邻近省分拨解。陕甘、四川、云南、贵州等省所需不敷本省俸饷银，在邻省拨解。凡拨协，先尽邻近，再尽次近。

凡邻省协饷，由户部按巡抚所报实存册，以应协的数目移文拨饷受饷二省巡抚、布政使司。拨饷布政使司钤封部定权衡，付解吏赍往。受饷布政使司验印封核收，如银数阙少，权衡不符的，委运、承运官都论如法。凡运解协饷，定限四月解半，九月全解，如逾时未到的核参。①

清代兵饷拨协权，完全握在中央政府的户部，现引康熙三十二年（一六九三年）五月四川巡抚于养志奏报康熙三十一年（一六九二年）四川省各标、镇、协、营官兵马匹支过俸饷粮米数目开销册内转叙四川布政使高起龙详这年户部拨协四川省兵饷的情况作为说明。②

（上略）据四川布政使高起龙详……本司查看得蜀省各标、镇、协、营官兵马匹应需康熙三十一年分俸饷银米乾银，本司先经照例造册于头年详请咨题拨给外协，以便供支在案。至旧管康熙三十年十二月终止，存支饷银遵奉部文停其造入新收。查案奉前任巡抚四川噶副都御史牌开为酌拨康熙三十一年兵饷事，康熙三十一年正月十四日准户部咨四川清吏司③案呈奉本部送户科抄出该本部题前事，该臣等查得康熙三十一年直隶各省驻防满洲汉军并各镇营官兵马匹岁需俸饷米粮料草等项，共银粮一千三百四十六万四千七百八十六两七钱

① 本项所述拨饷定例，系据《乾隆大清会典》卷十、《嘉庆大清会典》卷十二、《嘉庆大清会典事例》卷一百四十九。

② 见中国社会科学院经济研究所整理档案。

③ 案四川清吏司为户部十四司之一，掌核四川布政司之钱粮与其关税，稽草厂之出纳，纸硃核其奏销，掌入官之款，凡天下收成之数汇而奏焉。

零，当及时派拨以济军需。臣等会集各司官员公同酌议将直隶各省已征现银拨给各一月，又将三十一年所征地丁杂项钱粮并上年扣存建旷下剩等银凑拨。查先经陕抚萨弼图等题请预拨该省康熙三十一年春夏二季兵饷，臣部题核奉旨，已将臣部库银解送过五十万两，又西安驻防兵丁派出四千名驻防宁夏，其下剩西安驻防官兵马匹所支料草亦行减去一半支给，并宁夏运送西安米石除抵脚价外，共应扣银二万六千六百三十两外，今直隶各省合拨银共一千二百九十三万八千一百五十六两七钱零。所拨兵饷，务将钱粮随收随解，毋误军需。其协解兵饷钱粮定限四月内完一半，九月内完一半。如起解迟延，于部拨钱粮之外，擅行动用别项钱粮，将动用官员该督、抚一并照例议处。凡解送协饷，如有骚扰驿递及苦累小民者，该督、抚指名题参，从重治罪。如督、抚瞻狥不行纠参，或被受苦之人首告，或被科道纠参，将瞻狥不参之督、抚一并议处。其各该省镇营本年截旷、小建下剩等银扣存司库，照例奏报，候部文拨充下年兵饷。所有拨过各省钱粮数目开列于后等因。康熙三十年十二月十八日题，本月二十二日奉旨依议，钦此，钦遵抄部送司，奉此，相应移咨呈到部，粘单移咨到院，准此，除咨山西抚院暨河东盐院将协川饷银照依部拨起解外，拟合就行，为此仰司官吏查照部题奉旨并粘单内事，理即便遵照所拨各项银内动支三十一年制营兵饷，不得迟误，亦不得擅动别项钱粮，致干未便。计粘单一纸，内开：四川省实在绿旗官兵俸饷米折马匹料草等项，据该抚噶尔图册报岁需银六十八万九千一百二十两四分零，查已拨过山西省三十年地丁银一十

> 万两，河东运司三十年盐课银五万两，预备三十一年春季兵饷，合再拨本省康熙三十年地丁银一万两，杂税银一万两，各案存库银一万两，三十一年地丁银五千八百四十五两一钱三分零，杂税银一万两，盐课银一万两，二十九年兵马钱粮奏销案内建、旷下剩等银三千二百七十四两九钱一分零，山西省三十一年地丁银四十八万两，以上共拨银六十八万九千一百二十两四分零等因，粘单备行到司。……（下略）

从上面这一大段详文看来，康熙三十一年四川兵饷拨协的经过，先由四川布政司于头年将本省各标、镇、协、营官兵马匹应需次年分俸饷银米乾银估计造册详请本省巡抚咨户部拨协。户部接了四川省及各省预估兵饷咨册后，会集各司官酌议，核计是年直隶各省共需银粮总数，经过通盘计算后，分别拨协。其中四川一省，这年估需俸饷银六八九，〇〇〇余两，四川是个须协济的省分，故除拨本省地丁等项银五九，〇〇〇余两应用外，再拨山西省地丁等项银六三〇，〇〇〇两来协济。户部将各省拨协饷数议定后，在康熙三十年十二月十八日具题，并将协解迟延及在部拨之外擅行动用别项钱粮等处分，照例声明。这月二十二日奉旨依议，然后由户部移咨各省巡抚，由各巡抚行各布政司办理。这一个拨协制度，最要注意的是各省布政司与户部的关系。各省兵饷是由布政司每年估计详巡抚咨户部核办，经户部议定拨协数目奉旨后，咨巡抚行布政司办理的。故各省兵饷的权柄，在中央则操于户部，在外省则寄于布政司。布政司在理财的职权一方面论，可说是户部派驻各省的财政官，实掌一省的财政，至于巡抚不过居督察的地位，并无财政的实权。[①] 康熙初，户部左侍郎魏象枢说："藩司[②]一官，为一省钱谷之总汇，又与臣部相为表里。……一省之钱粮，掌之者藩司也，察之者巡抚也"[③]，便是对布政司与户部的关系的最好的说明。由此看来，各省兵饷，须经过户部通盘审核，分别拨协，奉旨咨行后，始准动用，否则虽丝毫不得擅用，而各省专司估饷及办理发饷及协饷的又为户部驻地方代表的布政司，故饷权遂集中于中央政府。

以上所述，为平刚拨协的制度。遇兴大兵役的时候，军需紧急，随时由户部在邻近省分拨解藩库银。如不敷用，或动盐课，或请内帑，或开捐输，统由户部筹划，随时奏闻办理。至于军前经略大臣，唯事征伐，不与饷事，筹饷的权，全操于户部。

第二项　奏销

兵饷支发后，必须奏销，以慎重财赋均出入，而杜浮滥。奏销分为平时俸饷的奏销，叫做兵马钱粮奏销，与战时兵饷的奏销，叫

① 雍正时图理琛为广东布政使，广东绿营原有岁暮预支两月钱粮的定例，图理琛固执不行，以致兵丁度岁艰窘，怨谤繁兴，巡抚年希尧一定要他发给，他才发给。图理琛在发饷后，随具折密奏不准官兵预支俸饷。雍正帝得奏，见图理琛为人固执，恐在广东与巡抚不能相安，因把他调职到西安（据雍正四年四月乙亥旨，见王先谦：《雍正东华录》卷八）。从这个故事看来，图理琛为广东布政使不依定例给发兵丁岁暮预支两月钱粮原是不对的。但是，他却可以利用他的职权以行他的固执的成见。后来年希尧能够来勉强他发给，不过是因为他违反定例，所以才得用巡抚监督的地位来督率他而已。据此，便可看出巡抚不过有监督财政权，而直省财政的实权却在布政司的手中。

② 藩司就是布政使司。

③ 见《寒松堂全集·奏稿筹饷之三在慎用藩司疏》。

做军需奏销，定例各有不同。兹分述于下：

一、兵马钱粮奏销　兵马钱粮奏销，每年一次，由布政司在岁终会计，以所属计簿申巡抚奏销，与地丁钱粮各为一疏，同时具题。及本下，户部十四司①各按其所隶来复核，与定例相符的始准销。凡奏销定限，量地远近，直隶、山东、山西、河南、陕西、甘肃以四月到部，江苏、安徽、江西、浙江、湖北、湖南以五月，福建、广东、广西、四川、云南、贵州以六月。有事故，疏闻展限。若申册迟延一月至一年以上的，册籍遗漏舛错及数不符的，巡抚以下，都论如法。②

二、军需奏销　军需奏销为兴大兵役时的特别支出，与经常的兵马钱粮奏销不同，它的性质是临时的，它的范围，是跟着战事的进展随时随地而不同的。所以办理军需奏销，必须先将安设台站地名里数及大营处所何日改移，台站何日裁并，何地为总汇，何地为旁通绕径，逐一绘图造册送户部，以备奏销时核对。报销之始，则先将原拨银两数目作为初案新收，次列开除若干，实存若干，以初案的实存，作为次案的旧管。支用数目，逐案层递滚算，分门别类，挨次题销。至支用米石，应随本案尽收尽除，毋庸开列旧管实存以免牵混。如各案中有长支借支并部驳核减追赔等项，各照本

---

① 清制各省钱粮出纳的审核，隶于户部十四司。十四司是：江南清吏司掌核江南三布政司的钱粮，浙江清吏司掌核浙江布政司的钱粮，江西清吏司掌核江西布政司的钱粮，福建清吏司掌核直隶、福建两布政司的钱粮，湖广清吏司掌核湖北、湖南两布政司的钱粮，山东清吏司掌核山东布政司的钱粮，山西清吏司掌核山西布政司的钱粮，河南清吏司掌核河南布政司的钱粮，陕西清吏司掌核陕、甘两布政司的钱粮，四川清吏司掌核四川布政司的钱粮，广东清吏司掌核广东布政司的钱粮，广西清吏司掌核广西布政司的钱粮，云南清吏司掌核云南布政司的钱粮，贵州清吏司掌核贵州布政司的钱粮（见《嘉庆大清会典》卷十二至卷十六）。

② 据《乾隆大清会典》卷十及《嘉庆大清会典》卷十二。

案催追完项，声明收还原款字样，毋庸另行造拨，统俟完竣的时候，在汇总收支银粮册内分晰准销删减追赔及收归银粮各数，并尾案的存剩银数造报查核。①

第三项　绿营饷权握于中央对于收集兵权的关系

在中国封建王朝的历史上，强藩跋扈必专擅一方财政以为养兵的根本，而国家欲收集兵权，也必须统一财政以握饷权。唐末藩镇自其上供之外，中央政府管理财政的莫得窥其底蕴，终酿成跋扈的局面。宋初太祖开国，削诸镇权，出纳自上，以三司使综国计，遂收一统的大功。所以南宋时叶适《应诏条奏财总论》说："唐末藩镇自擅，财赋散失，更五代而不能收，加以非常之变屡作，排门空肆以受科敛之害，而财之用甚矣。故太祖之制诸镇，以执其财用之权为最急。既而僭伪次第平一，诸节度伸缩惟命，遂强主威，以去其尾大不掉之患者，财在上也。"②叶适的话，不但是说出了唐、宋之际一百多年间治乱转移的原因，也指出了我国历史上一切成为地方割据局面的关键。

清代绿营制度，以督、抚监督武臣，节制一方兵马。督、抚直接隶属于皇帝，分寄一方，其权极重，极易演成前代藩镇。这一副国家机器既不得已分寄兵权于督、抚以收用文制武之效，于是便集中饷权以制之。饷权内则掌于户部，外则掌于布政司，两者相为表里。督、抚对中央的户部，地位虽平行，而户部则有准驳之权，对本

① 据《户部军需则例》卷九《办理报销章程》。

② 见马端临：《文献通考》卷二十四。

省的布政司虽居监督的地位，而不能分其实权。于是饷权遂全归于中央。国家既操饷权，便不啻握了兵权的命脉，疆臣虽欲擅兵，也不可得的了。

财政的统一，包括了饷权集中于中央。但是在清初统一财政与集中饷权，并不是一下子就做得到的。清初军事时期，财政制度未上正轨，故各省岁赋听存留司库支发，户部难于考核。至康熙八年（一六六九年）户部尚书米思翰疏言其弊，请通饬各省自俸饷诸经费所余悉解户部，由是勾稽出纳，了如指掌。[1] 自此以后，清代统一财政的基础始可谓建立。及三藩平定以后，国家财政饷权遂悉归中央。当是时，兵饷都由国家统筹统拨，疆臣不但不得擅动，并不得擅自筹划。如嘉庆十八年（一八一三年）两江总督百龄等奏请将新添海州、扬州官兵俸饷等项由商人捐办一事，就被皇帝申饬，并受交部议处的处分。这年二月己亥下谕论其事道：[2]

> 百龄等奏请将新添海州、扬州官兵俸饷等项暨由商人捐办，无庸移改漕标左营一折，所奏断不可行。国家设兵卫民，一切廉俸饷糈悉皆支用正帑，直省营伍皆然，从无令民间捐办之事。兹该督等以江南海州地方私贩充斥，时有械斗拒捕之案，扬州存城额兵亦不敷巡缉，议于该二处增设官兵。夫缉私禁暴，皆保卫民生之事，商亦民也，亦复何所区别？若谓商人等自顾纲引，出资雇巡丁屏御枭贩，原例所不禁，听其自办。今既定制建营，名为额设官兵，而令商人等捐给俸饷，朝廷岂有此政体乎？百龄、阮

① 据《清史列传》卷六《米思翰传》。
② 见王先谦：《嘉庆东华录》卷三十五。

元、阿克当阿[1]何陋见若此！均著传旨申饬，仍交部议处！

这一次事件，看似无关大体，其实它的意义却是重大的。因为营伍是国家的军队，自有国帑给养，不得归任何人所供给。若由疆臣就地筹饷，势将驯至为一部分人的私兵，国家必须禁止。咸、同后督、抚就地筹饷养兵的流弊，即由此而起。嘉庆帝的指斥，正是严厉地维护他的专制君主政治的中央集权的政权。由此可见，清代在咸丰前，国家对于统一饷权是怎样严厉的执行了。因此，遂得饷无私饷，兵无私兵，饷是国家的，兵也是国家的，故当时兵权的集中于中央，与饷权是至有关系的。

到了太平天国革命，清廷部库空虚，军饷无出，不得不给督、抚以就地筹饷的权柄，那时候，握兵符的必以居督、抚的地位始得有为，就是因为督、抚得有筹饷的事权。故以曾国藩手握湘军武力，而未为总督时不免崎岖于江西，仰鼻息于巡抚，到了做两江总督得操饷权，就能够大大地扩张他的反革命的势力。自后湘军将帅多为督、抚，积重难返，便开了晚清督、抚专政的局面。追溯其由来，自以湘军制度使兵为将有以种其基，而督、抚得专饷权实有以使其成。[2]

我们将绿营时代与湘军时代的转变比较，越加看出饷权与兵权的关系。绿营兵权集中于中央，因为在其制度的本身上，原有种种严密的制度范围它，然而使兵权集中得以巩固，尤在于饷权的握于中央。

① 阮元为漕运总督，阿克当阿事迹待考，大约是江南提督。

② 关于湘军以后就地筹饷的流弊，请参看拙著《湘军兵志》第七章第三节“就地筹饷的影响”及第十三章第三节“督抚专政的形成”。

第十四章　军器

第一节　军器的种类与编制

绿营军器承袭中国古代的大成，有自古代以来逐渐改良的甲胄、弓矢、刀斧、矛戟、椎梃、蒙盾、梯冲这一类的军器，有自中世纪发明火药以后用于火攻的火箭、火球一类的火器，有自十五世纪以后陆续由海外传来的前膛式的枪炮一类的火器。其种类繁多，现约为十大类分述于下：①

一、甲胄之属　胄，有总督、巡抚、提督胄，总兵胄，副将胄，参将以下胄，兵盔等种。甲，有督、抚、提、镇甲，副将以下甲，兵甲等种。

二、弓矢之属　弓干用榆木，或椴木，或削竹制造，弓的强弱，看其干面厚薄，筋胶轻重为定。矢，有战阵用的铤箭（又叫做梅铖箭），教阅用的骲箭（又叫做响箭），围猎用的哨箭等种。官员在羽间写衔名，兵丁写名。撒袋，有一、二品官撒袋，三品至五品官撒袋，六品以下官撒袋，兵丁撒袋等种。

① 下述绿营十大类军器，系以《嘉庆大清会典》卷四十为主，并参以《乾隆大清会典》卷六十七。案绿营各种军器的制法，各有定制，详载于《嘉庆大清会典》中。

三、枪炮之属　火器之属大的为鸟枪和大炮。在道光前，绿营常用的大炮为威远炮及子母炮两种。到道光时，除鸟枪仍利用外，威远炮、子母炮已少应用，而代之以抬炮、抬枪两种，当时称为制胜利器。① 这两种火器，都是前膛旧式，因其体长而重，用时须人扛抬以行，按于架上施放，所以叫做抬炮、抬枪。至于火器小的有铳、火砖、火球、火箭、喷筩、火罐等种。

四、刀斧之属　刀，有云梯刀、偃月刀、朴刀、斩马刀、长刃大刀、宽刃大刀、宽刃、劏刀、双手带刀、背刀、片刀、虎牙刀、窝刀、船尾刀、割刀、缭风刀、滚被双刀等种。斧，有长柄斧、双斧、钺等种。

五、矛戟之属　有矛、戟、虎枪、长枪、火焰枪、钩镰枪，双钩镰枪、虎牙枪、蛇镰枪、雁翎枪、十字镰枪、火镰枪、梨花枪、手枪、钉枪、马叉、凤翅挡、五齿挡、三须钩、挽等种。

六、椎梃之属　有椎、锏（椎与锏左右双持）、月牙钯、通天钯、犁头镳、铁斗镳、棍、虎头棍等种。

① 光绪二十二年（一八九六年）湖北巡抚谭继洵请在湖北设厂改造后膛枪炮疏论抬炮、抬枪说："湖北向有军火所制造抬枪、线枪、抬炮、劈山炮等项，均系前膛，不及后膛之灵捷。"又说："抬枪、抬炮本中国制胜之具"（见朱寿朋:《光绪东华续录》卷一百三十二）。案绿营应用抬枪、抬炮在道光时已普遍应用。道光十二年（一八三二年）两广总督卢坤奏请由楚派员弁赴粤教演抬炮（见《清史列传》卷三十五《卢坤传》）。道光二十年（一八四〇年）两江总督裕谦奏请在江宁制造盘螺蛳抬炮一千杆，分发水陆各营应用（见《清史列传》卷三十七《裕谦传》）。道光二十二年（一八四二年）贵州巡抚贺长龄奏请以贵州省城所贮辟山、威远、子母等炮，将其多年锈坏者改铸抬炮以资利用（见《清史列传》卷三十八《贺长龄传》）。道光末林则徐在云贵总督任内奉旨检阅云贵营伍事竣上奏有说："施放抬炮、抬枪、鸟枪亦皆猛捷有准。"（见《林文忠公政书》丙集，《云贵奏稿顺途校阅营伍并酌改营制折》）从上所引，可知道光时绿营已普遍的应用抬炮、抬枪了。抬枪一种，至太平天国战役，尚为一种主要武器，湘军营制中有抬枪队之设，而英人呤唎（A. F. Lindley）曾参加太平天国忠王李秀成军，在所著《太平天国革命亲历记》一书中，插有一幅太平军作战图，图中即有施放抬枪动作，尚可使吾人得见使用此枪的情况。

七、蒙盾之属　有盾、藤牌、虎头牌、燕尾牌、挨牌、圆木牌、战被、滚被、鹿角等种。

八、梯冲之属　即攻城的云梯是。

九、金鼓之属　有金、鼓、海螺等种。

十、旗纛之属(附帐房)　有标营纛,督、抚、提、镇大帅旗,门旗,督阵旗,先锋旗,禀事旗等种。帐房则有将领帐房、兵丁帐房的分别。

上述十大类军器,名目共九十多种。论其功用,可分为三方面:第一、是施号令的,如旗纛、金鼓两类。第二、是进攻的,如弓矢、枪炮、刀斧、矛戟、椎梃、梯冲六类。第三、是防护的,如甲胄、蒙盾两类。这些军器,都由来已久,有本土的,有外来的,以质料说,有木做的,有藤做的,有革做的,有铜做的,有铁做的,有火药做的。绿营以后,这些军器,不但弓、箭、矛、戟废弃不用,而自十九世纪中叶后膛式新枪炮传入后,即前膛式枪炮,也都成为古物了。

绿营军器的编制,与兵种没有什么连带的关系。绿营兵种分马、步、守三种,其军器的编制却不是随这个兵种的分别而定。绿营军器编制的原则,仍是跟营制一样以地域为标准的。因为军器的利用,常随地势的险夷不同,水陆的情况各别而异其用,所以绿营军器的编制,便采取了这个原则,因地制宜,而各异其制的。

先是在雍正前,各省绿营所用军器,原无一定制度。① 到雍正五年(一七二七年)始下谕通令各省,应各因地制宜,酌定规制,永远遵奉,除骑射最为紧要,天下通行学习外,其余各种演习,应用何军器,悉着各该省督、抚、提、镇会同通省官弁细心斟酌,详悉定议

① 见《乾隆大清会典则例》卷一百二十二。

奏闻，令各营永远遵行，倘将来有应行变通之处，著具题请旨。[1] 自此谕既下，各省乃遵旨先后定议具题，经兵部议准遵行。

这一次兵部议准各省军器编制的原案，载在《乾隆大清会典则例》。[2] 雍正五年首先议准官兵所用军器内，鸟枪一项，能冲锐折坚，最为便利，如腹内省分，地势平坦，利用弓矢，至沿边沿海省分，山深林密，利用鸟枪，应将腹内省分，每兵千名设鸟枪三百杆，沿边沿海省分，每兵千名设鸟枪四百杆。又议准山东省各镇、协、营应用军器，如大炮、鸟枪、弓箭、藤牌、大刀都系各营通设的器械，每兵百名分作十分，鸟枪五分，弓箭三分，藤牌一分，长枪一分，此外别设炮手，专演发炮。又议准河南省各营军器，总督标左右两营设有马、步弓箭手，鸟枪手，藤牌手，炮手，大刀手，河北镇标九营各设有马、步弓箭手，鸟枪手，炮手，护炮片刀手，南阳镇七营，各设有马、步弓箭手，鸟枪手，炮手，护炮片刀手，藤牌手，各营军器虽有无不同，而紧要通行的，已无不备，仍令照旧例设立，不得更换。六年（一七二八年）议准，直隶省各营器械，向设有弓箭、炮位、鸟枪及三眼枪、大刀、长枪、藤牌诸种，但地势的险夷不同，军器的利用各别，除弓箭、鸟枪、炮位永远画一设立外，至藤牌在宣化镇平阳的地方最利，应以该镇向设的三眼枪、大刀、长枪改换藤牌，紫荆关鸟枪甚少，应以该镇向设的大刀改换鸟枪，其余仍照旧设兵器训练。又议准山西省多崇岗峻岭，每兵百名分做十分，以四分演习鸟枪，六分演习弓箭，别设炮手，专演大炮，惟杀虎协旧有藤牌手三百名，仍令演习，其余劚刀、长枪之类，悉令改为鸟枪、弓箭，永远画一演习。

---

① 见《乾隆大清会典则例》卷一百二十二。

② 见同上。

又议准江南、江西水师各营所用军器，枪炮、弓箭之外，如大刀、藤牌、钩镰枪、过船枪、钺、斧、标、铁弹之类，都是水师营利用的军器，毋庸议改，其陆路各营，有设三眼铳、长枪而无藤牌的，按三眼铳不能致远，长枪遇险狭的地方，不能旋转任意，应将三眼铳改为鸟枪，长枪改为藤牌，俾器械画一，永远遵奉。又议准福建省陆路各营，每兵千名分为二十队，马上弓箭手四队，步下弓箭手二队，鸟枪十队，炮手一队，藤牌一队，大刀一队，长枪一队，各营兵数多寡不齐，照此递为增减，水师战船，大赶缯船设兵八十名，设排枪四十二杆，中赶缯船设兵六十名，设排枪三十杆，小赶缯船设兵五十名，设排枪二十五杆，大艍船设兵三十五名，设排枪十六杆，中艍船设兵三十名，设排枪十四杆，小艍船设兵二十名，设排枪十杆，仍各备火药、弹子、火罐、火箭之类，以资利用。又议准浙江省各营，每兵千名分为二十队，炮位一队，长枪五十为一队，鸟枪四百为八队，弓箭三百副为六队，藤牌一百为二队，片刀一百为二队，永远遵奉编制操演。七年（一七二九年）议准陕西、四川二省各营兵丁，除炮位、鸟枪、弓箭通行设立演习外，其马兵、弓箭手兼习枪棒，守兵兼习刷刀，藤牌令提标守兵二百名专习。又议准广东省各协营，每兵百名设弓箭手二十名，各佩腰刀，兼习双刀长枪，鸟枪手五十名，各佩腰刀，藤牌手十名执牌刀，挑刀手十名，炮手十名，永远画一编制演习。又议准滇、黔、粤（即广西）三省各营，每兵千名内，以百名操演大炮，兼习排刀，以六百名习鸟枪，以二百名习弓箭，以百名习藤牌，其不足千名营分，亦照此数递减分派编制。十年（一七三二年）议准闽省水路则海面辽阔，陆路则山深箐密，鸟枪一项，最为利用，于定例每兵千名设鸟枪四百之外，再增鸟枪百杆。

这一次兵部议准各省军器的编制，有一个重要的改变，就是各省一律定鸟枪、弓箭、大炮、藤牌为主要的军器，其他各种军器都列为次要的、兼习的。主要的军器，全国各营都普遍的设立，那些次要的、兼习的军器，或设或否，则随水陆险夷而异。自经这一次改变，于是绿营军器始一改从前那种纷歧无定的编制，各省方才有一定的制度。而其中尤可注意的是鸟枪一种的应用。鸟枪能冲锐折坚，无论地势平坦，或山深林密，都一样的利用，在这时期的军器中，自是首要的利器。清朝本以骑射为家法，谕令全国通行学习，有意的以满变汉。但是这次定议增设鸟枪，在山东、福建、浙江、广东各省每兵千名设鸟枪三百杆至五百杆不等，鸟枪在各省营伍军器编制中所占的比率在弓箭之上（只有直隶[①]、山西两省每兵百名，分作十分，四分为鸟枪，六分为弓箭为例外）。而且，其他从前练习长枪、劘刀、三眼铳、大刀的营分，也一律改换鸟枪。这一种改变，就是表现出火器凌驾弓箭的大趋势。

本来这种趋势，自明以来，便如此的了。明代防边，多得力于火器。清朝以骑射为专长，与明为敌，侥幸入关，弓箭不敌枪炮，是久已深知的。而绿营乃以明代旧兵改建的军队，承明代训练之旧，对于火器的使用，世代专精，但骑射本领却不如游牧为生的满人。[②]在营制中说过，清朝虽建立绿营，但对绿营是不放心的。现在，军器的使用，既从弓箭进步到了枪炮，人力断不能使应用火器的时代返于弓箭的时代。而八旗的专长为弓箭，绿营的专长为火器，如果

---

① 直隶省鸟枪兵与弓箭兵的比率，据《清史列传》卷四十《琦善传》。

② 绿营兵专长火器而短于用弓箭，此种情况直到乾隆时还如此，乾隆三十四年（一七六九年）四月傅恒、阿里衮、阿桂在缅甸之役的会奏中有说："弓箭非绿营所长，此次毋庸带箭枝，转可匀给索伦备用，绿营兵饬令多带鸟枪、藤牌、刀、矛。"（见王先谦：《乾隆东华录》卷六十九）

在这个时代里面，绿营的火器与八旗是同一的利器，则绿营自不是八旗所能控制。如果在绿营制度里面，对其世代专精火器的兵士，再定有特别奖拔的制度，使得藉此专长以立功发迹，则绿营中优秀的分子都趋学火器，绿营火器的专精，将一代胜于一代，愈不是八旗所能敌。所以在这种情况之下，清初统治者便想出两条对策来对付绿营：第一条对策是将精利的火器都集于八旗而不给与绿营。八旗专有火器营之设，而绿营却没有这一种编制。[①] 要明白清朝对八旗绿营设立火器制度的不一律，可以从下列雍正帝的上谕看出来。雍正五年（一七二七年）上谕[②]道：

自雍正三、四年（一七二五年——一七二六年）以来，外省将军、督、抚、提、镇等共有十数处奏请于该地方设立子母炮位，经议政王大臣及兵部议准添设，朕已允行。昨阅看圣祖仁皇帝康熙五十四年（一七一五年）实录，内载山西总兵官金国正疏称臣标下向无子母炮，今愿捐造二十二位分给各营操演。上谕大学士等曰：子母炮系八旗火器，各省概造，断乎不可。前师懿德、马见伯曾经奏请，朕俱不许。此乃皇考当日所降谕旨，必另有圣意。朕因不知曾有此旨，故因外臣之请，廷臣之议，遂尔准行。其议政王大臣中新任事者自不知从前之例，其年久者，或因日远遗忘，或知有旧事而不肯直言，均未可定。

① 据乾隆元年（一七三六年）十月丁卯，川陕总督查郎阿等奏督标火器营额兵一千名（案是时陕甘总督兼辖四川故曰川陕总督），绿营皆无火器营之设，此为例外。盖陕甘军区兼辖新疆，非设火器营不足以防边，且陕甘总督定为满缺，故清朝始放心在川陕总督标设立火器营（见王先谦：《乾隆东华录》卷四）。

② 见《嘉庆大清会典事例》卷五百二十四。

今既已错误，应如何办理之处，著议政王大臣定议具奏。

据《嘉庆大清会典事例》所记，当时廷臣遵旨议定：各省每兵千名，原设立威远炮四位，子母炮六位，今除盛京、吉林、黑龙江三处子母炮百位，照旧设立外，其余直省子母炮尽行解部，别制他炮，总以兵千名，设立炮十位之数为准。再沿海沿边及水师战船并直省守护城池紧要隘口之炮，仍旧存留，至小口戍兵无多，炮应撤回存贮督、抚、提、镇驻扎地方库内，遇有需用临时酌发。[1] 先看雍正帝上谕，此谕述康熙帝以子母炮为八旗火器，不准各省绿营概造，后来雍正帝不知他父亲曾有此旨，致有允准各省制造设立之误，因下谕令廷臣会议补救的办法。再看廷臣会议的结果，八旗驻防的东三省，自然是例外，其他各直省绿营的子母炮位，则一律解交兵部。这当是最初的定议。后来大约因为事实不可能，故将初议酌改，凡沿海沿边及水师战船并直省守护城池紧要隘口的炮位，仍旧存留，惟将小口戍地炮位撤回，存贮于督、抚、提、镇驻扎地方库内，有事时始临时酌发。《嘉庆大清会典事例》所记是把两次定议合起来记载的。从这一次事件看来，便可知清朝统治者对绿营军器的歧视了。故八旗则专有火器营之设，而绿营却没有这一种编制。因为清初帝王的用意，特以精良的火器集于八旗而后八旗方才可以控制绿营。这是第一条对策。

至于第二条对策，是奖拔弓箭兵而压抑枪炮兵。定制绿营考拔人材，例由弓箭步兵挑拔马兵，由马兵拔官，而鸟枪步兵及炮手步兵，则不得预其选，所以习弓箭的步兵，可以循级而升，由兵而

① 见卷五百二十四。

官，他们都有前途，而习鸟枪的及习炮手的步兵，则终身一饷，不得预选拔，即有战功，也上进无阶。这个对策的用意，是要使绿营优秀的分子都弃火器而趋弓箭，其目的则使精于火器的汉人军队终为专长骑射的八旗所制。因为清朝以游牧民族起家，以骑射为家法，自信以为无论如何的奖拔绿营的弓箭，终是不会赶上八旗的。而绿营优秀的分子既都弃火器而趋弓箭，则绿营中习火器的只是一些庸陋的人，日子久了，绿营的专长，自然退步，八旗遂可以凌驾于绿营之上。乾隆三十年（一七六五年）河南巡抚阿思哈奏道：[①]

> 绿营例由步兵挑马兵，荐拔外委、把总。步兵内有弓箭、鸟枪、藤牌、炮手等项。向例马兵缺出，止于弓箭步兵内拔补，而鸟枪兵不与。是以兵皆弓箭，鸟枪兵多庸陋。

乾隆十六年（一七五一年）云南开化镇总兵莽阿纳《筹戎政事宜疏》[②]也说：

> 考拔人才，首重弓马。凡习弓箭者得由步拔马，由马拔官，循级而升。至鸟枪演习纯熟，原属军中利器，而平时不能弓箭，挑拔马粮，例不入选。每见枪手中有汉仗壮健，出师功苦者，终身一饷，上进无阶。即或怜惜人才难得，拔为弓箭步粮，令其加意学习，望可造就，无如年岁过大，骨硬腰直，项强肩堆，骤难如法，仍未便拔补马粮，殊为可惜。

① 见《清史列传》卷二十二《阿思哈传》。
② 见《皇清奏议》卷二十七。

阿思哈等不明旧制立法的本意，看见绿营火器兵终身没有上进的路，营兵都习弓箭，而鸟枪兵都是庸陋的分子的情况，以为这是制度的缺点，上奏请更改。他们却不知道这种情况正是清初帝王为了要控制那精长火器的汉人组织的军队——绿营，而特设此制，以收控制的作用。一直到嘉庆后，因为绿营鸟枪兵确实越来越庸劣了，经过疆臣历次奏请改制，始改定为“把总、外委于弓马弁兵考补二缺后，将精于鸟枪者拔补一人”①的一个条例。但是，鸟枪兵升拔的机会跟弓箭兵比较起来，还是不平等的。

第二节　军器的制造给发与管理的制度

清代军器制造的制度，分由中央制造及就地制造两种。清初定军器由兵部定式，移文工部制造。② 所以《康熙大清会典》说：“军器造作，职隶工部。”③这是中央制造军器的制度。由直省督、抚题请就地制造的，则需具题经兵部核准，始得制造。顺治十年（一六五三年）议准，各省军器，或遇缺额，或新增，该督、抚照兵部经制额数具题，由兵部核准成造，仍将动支钱粮奏请开销。④ 嘉庆

---

① 据《嘉庆大清会典》卷三十七。案此为当时改定通行的条例。惟贵州省则定为“贵州弓箭鸟枪兵丁，相间轮拔”。大概是因为贵州当时属“苗疆”要地，鸟枪的应用广，故鸟枪兵的拔补机会得与弓箭兵等与各省不同罢了。

② 据《嘉庆大清会典事例》卷五百七十五。

③ 见卷一百六。

④ 据《乾隆大清会典则例》一百三十。

十二年(一八〇七年)定直省各标营,遇有应行修制军装器械,需用银数在一千两以上,督、抚造册具题,一千两以下,造册兵部,兵部均按例核明,俟核准之后,方准动项修制请销(如同一标营,同时修制军装器械需用银数在一千两以上的,不准分案咨报,仍照例具题)。如不候部文,擅自动项修制报销的,将承办、转详、出咨各官照添建营房率行请销例议处。[①] 因为地方制造军器,经过了兵部、工部的依例核准,然后军营方不致任意制造,或妄改制度,而其制造的权柄才得操于中央。这是地方制造军器的制度。

绿营军器很少由中央制造的,普通差不多都是就地制造。所以在绿营制度上,关于地方修造军器的条例很严。其定例约有五条:[②]

一、限年修制　凡修制军械,都就地气的燥湿,操演多或少,并分别器物,以定修制年限的远近。各营守御器械,都限年修理。至行军携带器械,应用时归于军需款内制备核销。那些不是常用的停修存储。

二、动修办法　凡军器一有缺损,该管官即详报上司动项修整,务期齐全足用。如有盈余,择其堪用的存营,以备增补,朽坏的酌量销毁,以免窃卖的流弊。各省州、县库存铜铁器械,督、抚饬查有堪用的,拨归营汛抵用,不堪用的,销熔变价归制造军器项下应用,五年查办一次,造册报部。

三、冒修处分及未届年限的赔补　凡军械已逾应修年限,尚属

① 据《嘉庆大清会典事例》卷五百七十五。

② 见同上书卷四十。

完固整齐的毋庸依限修理。倘因期限已届，冒混请修，将该员及查验不实的上司议处。若承办人员，草率偷减，以致未届年限，已不堪使用，查明不到年限的一半的，责令全赔，到一半以上的，按其未满的年限，将原价作为分数，勒令赔补。

四、估价及查验　凡修理一应军械，该管官估定价值，呈报提、镇，查明准其动项修补，完日委员查验，出结申送提、镇，移会布政使，并详督、抚存案。该营于年终将存营公费及开除现存的数目，分晰造册，移司核对。如有浮冒，驳减更正，仍详督，抚参处。

五、迟误处分　凡制造紧急军器，不能依限完竣，以致迟误的革职。迟误预备军器的降调。修制未竣，捏报已竣的查参。匠役造弓箭擅改式样，及造作草率的治罪。

以上五条绿营就地修制军器的定例，凡修制有一定的年限，动修有一定的办法，冒修则议处，未届年限则须赔补，未修须估价呈报，完日须查验存案，迟误则有处分。其定例分明，使办理修制人员，不敢冒滥草率，查验的上司不致敷衍了事，而遇有紧急军用时，也不致有迟误的事。

绿营军器发给的制度，凡将帅员弁自督、抚、提、镇以下，各备甲一、胄一、弓二、撒袋一、佩刀一，矢则各视其品秩，一品矢四百，二品矢三百五十，三品矢二百五十，四品矢二百，五品矢一百五十，六品以下矢都一百。①兵士应用军器，按名给发，马兵每名，各给铁盔甲一付，弓一张，箭四十枝，腰刀一口。步兵均作三分，一分弓箭

① 据《嘉庆大清会典》卷四十。

手,各给弓一张,箭三十枝,一分长枪手,各给长枪一杆,一分鸟枪手,各给鸟枪一杆,三分各给棉甲一付,腰刀一口。① 至遇出师时,官兵则都有锅帐的发给,一品官给四顶副,二、三品官三顶副,四、五品官二顶副,六品以下官一顶副,俱连跟役。兵四名,长夫十名,各合给一顶副。②

至于军器要管理,所以简核军实。若管理制度不严,就会发生侵冒与盗卖的流弊,侵冒则军实亏缺,盗卖则利器流于外间,都为兵政的大弊。所以军器的管理制度,必须严密。绿营军器管理的制度有三:③

第一,专责成　凡各营军装器械,以都司、守备为专管官,副将、参将、游击为兼辖官。若无故缺少,经督、抚、提、镇题参,将专管官罚俸一年,兼管官罚俸六月,照数分赔,系兼管官察出揭报者免议,止令专管官独赔,都限六个月赔完。如逾期不完,将专管官住俸,兼管官停升,俟赔完日开复。若系兵丁阙少,经该管官察出揭报,追补足额者免议。至病故官弁缺少军装器械的,系兼管官病故,著落专管官独赔,专管官病故,著落兼管官独赔;倘专管兼管官一时病故,著落从前未经察出的专兼各管官分赔。其缺少各数,果系年久朽坏,出师阙损,及因公动用的,准动公费制备,免其议处分赔;倘有藉端科累兵弁制备的,照因公科敛例议处。

第二,严盘察　凡各营军装器械,属督、抚所辖的,由督、抚委

① 据《康熙大清会典》卷一百六。
② 据《乾隆大清会典则例》卷一百二十二。
③ 据同上。

官盘察，提督所辖的，提督委官盘察，都取本营无缺少，及委官并无捏饰印甘各结存案，各在年终保题一次。至于各镇，有属督、提统辖的，由该镇委官盘察，取印甘各结，并加具保结，送督、提察核，在年终保题；若无督、提统辖，各该镇委官盘察，也在年终保题，保题的时候，各将所属军装器械数目，分晰标营造册，并保结送兵部察核。如保题后，仍有缺少，将从前盘察官罚俸六月，督、抚、提、镇罚俸三月，倘委官明知缺少，扶同捏结报称并无缺少的，降三级调用。

第三，清交代　凡新旧各官，将军装器械限一月交代，如无缺少，新官造册出结，详报督、抚、提、镇，年终报兵部。若交代时，旧官推卸不交，新官勒索不受，都照迟延例分别议处。

第三节　战船[①]

绿营战船种类繁多，分外海、内河两大类。直隶、山东船都属外海，江西、湖广船都属内河，江南、福建、浙江、广东船分属外海、内河。清代历朝船制颇有变迁，载在《通考》、《会典》各书；惟乾隆朝以前，只有种类的记载，到嘉庆后始并记其只数。兹将清代历朝各省绿营战船分为乾隆以前及嘉庆后列为两表于下：

① 案《皇朝文献通考》、《嘉庆大清会典事例》各书都将战船归入军器门内，故本书也依此例将战船列在本章内。

表一　清代乾隆朝以前各省战船种类表

（此表据《皇朝文献通考》卷一百九十四编）

外海						内河				
战船种类	应用省分					战船种类	应用省分			
赶缯船	山东	江南	福建	浙江	广东	唬　船	江南	江西	浙江	湖广
大赶缯船	直隶	浙江				快唬船	浙江			
小赶缯船	直隶	浙江				吧唬船	江南			
艍　船	广东					哨　船	江西	浙江		
水艍船	江南	浙江				快哨船	江南	广东		
双篷艍船	山东	福建	浙江			中哨船	江南			
艍犁船	江南					小哨船	江南			
哨　船	江南	福建	广东			八桨哨船	福建			
快哨船	江南	浙江				八桨船	福建			
平底哨船	福建					大八桨船	福建			
白艕哨船	福建					中八桨船	福建			
双篷哨船	福建					小八桨船	福建			
双篷⿰舟古船	福建					桨　船	广东			
白艕⿰舟古船	福建					快桨船	广东			
圆底双篷⿰舟古船	福建					急跳桨船	广东			
唬　船	江南					两橹桨船	广东			
大唬船	浙江					四橹桨船	广东			
巡　船	江南	浙江				六橹桨船	广东			
六桨巡船	浙江					八橹桨船	广东			
八桨巡船	浙江					一橹船	广东			
沙　船	江南					两橹船	广东			
犁缯船	江南					四橹船	广东			
平底船	福建					六橹船	广东			
水底⿰舟责船	福建					八橹船	广东			
钓　船	浙江					快　船	浙江	广东		
拖风船	广东					小快船	江南			
⿰舟彭仔船	广东					巡　船	江南	浙江		
乌⿰舟皮船	广东					快巡船	江南			
						中巡船	浙江			
						小巡船	浙江			
						六桨平底小巡船	福建			
						花驾座船	福建			
						花官座船	福建			
						艟艚船	广东			
						⿰舟古艚船	广东			
						大马船	江南			
						中马船	江南			
						哨艍船	福建			
						急跳船	广东			
						五板战船	湖广			
						刷子船	湖广			

表二　清代嘉庆朝以后各省战船种类只数表

（据《嘉庆大清会典事例》卷五百七十五及《光绪大清会典事例》卷七百十二编成）

朝代	外海									内河								
	战船种类	总数	各省只数						应用省数	战船种类	总数	各省只数						应用省数
			直隶	山东	江南	福建	浙江	广东				江南	江西	福建	浙江	湖广	广东	
	同安船	365			4	222	139		3	唬船	91	52	39					2
	赶缯船	26		4	2	10	10		4	大唬船	2	2						1
	缯　船	18						18	1	小唬船	53	53						1
	艍　船	63						63	1	快唬船	18				18			1
	双篷艍船	4		2		2			2	哨　船	41	27			14			2
嘉	沙　船	17			17				1	快哨船	11			1①			10	2
	方梢沙船	6		6					1	桨橹快哨船	22	22						1
	大舶船	38			38				1	海哨船	16	16						1
	双篷舶船	3			2	1			2	二橹哨船	4	4						1
庆	哨　船	34			31			3	2	四橹哨船	10	10						1
	快哨船	49					49		1	小哨船	12	10		2				2
	小哨船	37			37				1	沙　船	20	14			6			2
	唬　船	20			16		4		2	巡　船	251	218			15	18		3
朝	巡　船	21			5		16		2	中巡船	40				40			1
	快哨巡船	2			2				1	小巡船	57				57			1
	海哨巡船	4			4				1	八桨巡船	2				2			1
	六桨巡船	1					1		1	快　船	54	20			18		16	3
	八桨巡船	7					7		1	大快船	6	6						1
	米艇船	60				30	30		2	小快船	20	20						1
	横洋船	1				1			1	桨　船	55	11					44	2
	洋泊船	1					1		1	四桨船	5			5				1
	杉板船	1				1			1	六桨船	8			8				1

续表

朝代	外海									内河								
	战船种类	总数	各省只数						应用省数	战船种类	总数	各省只数						应用省数
			直隶	山东	江南	福建	浙江	广东				江南	江西	福建	浙江	湖广	广东	
嘉庆朝	钓　船	56					56		1	八桨船	8			8				1
	艍快船	2					2		1	快桨船	12						12	1
	艍仔船	17						17	1	橹桨船	178						178	1
	小舸船	1					1		1	橹　船	6						6	1
	拖风船	35						35	1	大舢船	10	10						1
	乌艚船	1						1	1	艍　船	2			2				1
										花座船	1			1				1
										战船（不列名目）	118					118		1
										急跳船	48						48	1
										舦艚船	4						4	1
										艟艚船	3						3	1
										快马船	9						9	1
光绪中以前	轮　船	26			4②			22	2	长龙船	47	20③	8		5④	16		4
	长　龙	4	2			1		1	3	舢板船	710	364	106			240		3
	舢板船	48	29			19			2	督阵大舢板船	32	14	6			12		3
	先锋舢板船	1	1						1	中舢板船	1				1			1

① 案福建省内河快哨船共十一，内水师提标一，侯官县十，其侯官县船乃地方州县船，非绿营所辖，故此处计算将州县船除开。本表凡遇此种情形，均照此例，特于此处声明，不再一一加注。

② 案同治朝以后，江苏战船分外海、内洋、内河三种，与他省异，但外海、内洋都属海面，本表仍将该省内洋各船归并入外海计算。

③ 案《光绪大清会典事例》所记江南战船，将江苏、安徽两省分记，本表为求与以前各朝一律起见，仍合并计算。又同治后湘、鄂、江、皖、苏五省内河水师都属长江水师内，《光绪会典事例》分系于各该省，本表也从此例，不另立长江一项。

④ 案《光绪大清会典事例》所载浙江战船，仅太湖营内舢板船一、长龙船五属于绿营，其他各种战船都属非经制的勇营，故本表不载。

续表

朝代	外海									内河								
	战船种类	总数	各省只数						应用省数	战船种类	总数	各省只数						应用省数
			直隶	山东	江南	福建	浙江	广东				江南	江西	福建	浙江	湖广	广东	
光绪中以前	八团舢板船	60			60				1	八团舢板船	4	4						1
	挖罾船	15		14		1			2	炮　船	30			30				1
	艇　船	20			8		12		2	战船（不列名目）	385	385						1
	小艇船	14				14			1	艇　船	4	4						1
	龙槽船	19				2	17		2	桨　船	40						40	1
	哨　船	16				14	2		2	平底桨船	2						2	1
	钓　船	27					27		1	快桨船	7						7	1
	拖　船	10						10	1	两橹桨船	10						10	1
	扒　船	1						1	1	橹　船	1						1	1
	巡　船	14						14	1	两橹船	2						2	1
										四橹船	2						2	1
										快　船	14						14	1
										快哨船	2						2	1
										舿艚船	4						4	1
										巡　船	196						196	1
										急跳船	15						15	1

据上两表，可以将清代历朝战船制度的变迁，大概划分为三个时期。第一个时期是乾隆末年以前（约一六四四——一七九五年），这时期外海战船共二十八种，以赶缯船及艍船为主要，内河战船共四十一种，以唬船及哨船为主要。这时期船制，以庞大为务，船长有至十一丈，阔至二丈五寸的。① 因为船身过于笨重，驾驶不灵，所以到了乾隆、嘉庆间，蔡牵在东南海上起义之役，每遇追捕，水师辄雇商船作战②，额设战船，无裨实用。第二个时期是嘉庆初年到道光末年（约一七九六——一八五〇年），这时期外海战船共二十八种，内河战船共三十四种。内河战船仍以唬船及哨船为主要，与上期情况大致相同。但外海战船的情况却改变了。因为经过海上战斗的经验，知道上期外海战船的笨重无用，乃决意变更旧制，在乾、嘉之交，叠次下谕令沿海各省一律把船身收小，仿照商船式样改造。③ 这时期外海最主要的战船为同安船，便是全仿福建同安县的商船制造的。其特色是料实工坚，身小驶捷，与上期徒重观瞻、不求坚固灵捷不同。④ 第三个时期是咸丰以后，光绪中以前（约一八

① 据《皇朝文献通考》卷一百九十四《兵考》十六。

② 据嘉庆二年（一七九七年）上谕，见《嘉庆大清会典事例》卷五百七十五。

③ 乾隆六十年（一七九五年）谕："沿海一带设立战船，原为海洋缉捕盗匪之用，全在船身便捷，若过于笨重，岂能追捕贼匪，可见此项战船，于外洋追匪捕盗，不能得力。每届修造，需费尤多，徒为承办之员开销沾润地步。节经降旨令沿海各督、抚将现有官船照依商船式样一律改造，以为外洋缉捕之需。著通饬沿海各该督、抚遵将此项战船轮届拆造之年，俱照商船式样一律改造。"嘉庆二年（一七九七年）又谕："各省战船，向因船身笨重，遇有追捕盗匪之事，驾驶不灵，动须添雇民船。浙省战船，仿照民船改造一事，已照所请行，东省战船，亦经奏准。其余沿海省分船只，自当于应行拆造之年，俱应一律收小，仿民船式样改造，以便操防而收实效。著传谕沿海省分各督、抚，详查陆续改造。"（均见同上）

④ 据嘉庆十一年（一八〇六年）五月福建巡抚温承惠奏，见王先谦：《嘉庆东华录》卷二十一。

五一——一八九〇年)，绿营内河战船大改革的时代。这个改革，是从湘军水师来的。湘军水师主要的用长龙、舢板两种船制，在太平天国失败后，这支新兴水师改为经制的绿营长江水师，通辖湘、鄂、江、皖、苏五省江面，于是长江流域内河战船遂以长龙、舢板的船制，改革了从前纷纭不定的制度，其影响并及于外海船制。计这时期内河战船，如果将广东除开，只有八种，而以长龙、舢板为主要，即连广东在内，也只有二十种，广东一省便有十二种船制。其外海战船，到这时候只有十四种，也趋于简单化，而长龙、舢板两种都应用于外海，舢板并成为一种重要的战船。此外，这时候外海战船，尤值得注意的是江南、广东两省都应用了轮船，共有二十六只，在这时期，各省外海战船只数比较居第四位。自从轮船的应用加入绿营的壁垒后，绿营旧式战船便被淘汰了。到海军既兴，绿营外海战船便全无所用。但是，内河方面，对于守卡、缉私等项任务，直到清末，还以长江水师战船担任。

第十五章　马政

第一节　绿营马数

中国马政制度，自汉、唐以来，代有利弊。至于清代，其牧场制度，中央马匹则隶于太仆寺，皇帝内厩马则领于上驷院，八旗、绿营也各有牧场，以事蕃息，而营马的保管，无论八旗与绿营，又都以时损益，严定科条。关于太仆寺、上驷院以及八旗的马政制度，不在本书范围之内，本书专述绿营马政，以见清代各省军队的马政制度。

先说绿营马数。绿营马有官例马①，有马兵骑操马。官例马准以官缺，骑操马则照马兵的名额。所以各朝绿营马数，多寡略有不同，其数目如下表：

---

① 绿营自提督以下，官员骑坐马都自备，名曰“例马”（据《皇朝文献通考》卷一百九十三）。凡官员例马各有一定数目，提督二十匹，总兵官十六匹，副将十二匹，参将八匹，游击六匹，都司、守备各四匹，千总、把总各二匹（据《乾隆大清会典》卷六十六）。

清代各朝绿营马数表

（本表据《康熙大清会典》卷九十四、《雍正大清会典》卷一百三十、《皇朝文献通考》卷一百九十三、《嘉庆大清会典》卷三十九、《道光中枢政考》卷二十六、《光绪大清会典》卷五十等书编成）

军　区	康熙朝	雍正朝	乾隆朝	嘉庆朝	道光朝	光绪朝
直　隶	7,467	8,472	9,307	10,944	11,218	11,160
山　西	3,221	4,753	4,939	5,723	4,956	4,198
山　东	4,493	4,488	3,783	4,423	5,043	2,417
河　南	2,332	2,179	2,099	2,459	3,097	3,420
两　江	8,348	7,865	6,276	8,169	7,888	6,184
闽　浙	13,296	12,384	9,181	9,785	5,072	3,519
湖　广	5,297	5,566	4,420	6,980	6,805	5,155
陕　甘	41,755	47,286	44,216	38,930	36,683	24,460
四　川	7,166	6,746	5,542	5,255	5,248	4,267
两　广	10,017	9,533	6,713	9,019	6,674	4,077
云　贵	10,416	10,109	9,277	8,304	8,308	3,813
新　疆					1,680	8,102
附京师巡捕营	1,200	1,622	1,440	4,442	2,450	1,899
各朝马匹总计	115,008	121,003	107,193	114,433	105,122	82,671

看上表清代各朝绿营马数以雍正朝为最多，在一二〇，〇〇〇匹以上，次为康熙朝共一一五，〇〇八匹，乾隆朝、嘉庆朝、道光朝都在一〇〇，〇〇〇匹以上，到了光绪朝仅有八二，〇〇〇余匹为最少。康熙、雍正两朝绿营马数所以最多，是因为用兵西北用马兵多于步兵的缘故，光绪朝所以最少，则因绿营此时正在裁汰的缘故。光绪朝除开不算外，各朝绿营经制马数，都在一〇〇，〇〇〇匹以上。

这个数目是指经制额设数目说的。至于战时供替换及运输的马匹，还需另外解拨，不能在此数内征调。绿营征调，其兵员与马匹的比率，历次战役都没有详明的记载，惟乾隆二十一年（一七五六年）准噶尔之役，绿营征调兵员与马匹的比率则为一与二点四。[①] 不过，战役用军需马的多少，须视战地而定，战地在西北边地，则用马较多，战地在腹部，则用马较少，所以这个比率，只能应用来估计西北边地的战役，而不能用来估计腹部的战役。但是，清代用兵，以西北为多，照这个比率来估计西北战役用军需马匹的数目，则绿营征调兵员万人，便须用军需马二万四千匹。这种战时在额设营马之外应用的军需马，都是要临时解拨的。

绿营马数，平时经制数目为十万匹以上，而战时军需马又须于额设经制马外临时解拨，可见绿营需用马匹数目是巨大的。这样一个巨额马数，在清代盛时，康、雍、乾三朝，用兵西北，连年征调，马匹膘壮，不闻有缺乏的事。那么绿营马政，自有其善美的地方。这些地方，是值得注意的。

第二节　绿营牧场

一、清代各种牧场　清初牧场，有陕西省的苑马寺七监，有大库口外的种马场，都隶属于兵部。至康熙四年（一六六五年）裁革寺监，九年（一六七〇年）令大库种马场事务，改属太仆寺，设察哈尔左右两翼牧场，均齐赏罚，由太仆寺主持，三岁兵部稽其马数。

① 据这年十二月大学士管陕甘总督董廷桂奏："安西绿营二千，前往巴里坤共需马四千七八百匹。"（见王先谦：《乾隆东华录》卷四十四）

至于盛京的大凌河、察哈尔的商都以及达布逊诺尔、达里冈爱等地各设牧场，为皇帝内厩马匹，则隶于上驷院。[①] 以上所述，都是中央的牧场，以备全国军马调拨之用。除中央牧场之外，八旗与绿营也都各有牧场，专为八旗、绿营而设，使各该军营各有牧场生产马匹以补营马的缺额，不必专恃中央牧场拨给，而后中央牧场马匹始可专供征伐时征调之用。

二、绿营设立牧场的动机　绿营牧场设立于乾隆元年（一七三六年）。先是雍正十二年（一七三四年）用兵西北，吏部尚书刘于义出署理陕甘总督兼办军需事务，见连年西路军需，调解马匹，陕、甘两省购觅甚难，俱从北路归化城等处解送，不但糜费钱粮，而长途远涉，难免疲乏瘦损之弊，且陕、甘为重兵要区，宜多为畜养，以备应用，因奏请于西宁、甘州、凉州等处设立牧场，以裕边防。[②] 到这年议准在甘州提标凉州、西宁、肃州三镇标各设牧场一处。[③] 这是绿营设立牧场的起始。

三、绿营牧场所在地　乾隆元年初设绿营牧场四处，一在甘州大草滩，一在凉州黄羊川，一在西宁摆羊戎，一在肃州花海子湃带湖。十年（一七四五年）又于安西提标所属牧地设牧场一处。二十五年（一七六〇年）复在乌鲁木齐设牧场一处，二十六年（一七六一年）于巴里坤设牧场一处。至三十三年（一七六八年）以巴里坤牧场孳生马仍归一场，水草不敷，改分为东西二场，四十年（一七七

① 据《康熙大清会典》卷一百四及《嘉庆大清会典事例》卷五百二十四。

② 据这年刘于义《请设马厂以裕边防疏》，见《皇清奏议》卷三十三。

③ 据《乾隆大清会典则例》卷一百十九。

五年）又分为三场。巴里坤三牧场，初在穆垒，嗣以马多场窄，渐移至阜康济木萨地方。[①] 上述各处牧场中，甘州、凉州、肃州、安西等处在今甘肃省，西宁在今青海省，乌鲁木齐、巴里坤等处在今新疆省。这些地方，水草丰美，气候干爽，从古为著名产马的区域，其中尤以西宁、巴里坤两处为最佳。绿营牧场所以得生息繁庶，自以其牧场选择优良为首要条件。

四、牧场制度　绿营牧场制度有四：一曰牧场马数及经牧人员制度，此制度以乾隆元年所定的甘、凉、西、肃四场例为准则。甘、凉、西、肃四场定例，每场牝牡马千二百匹，以游击一人为总统，每场分为五群，每群牝马二百匹，牡马四十匹[②]，以千总、把总一人为牧长，外委千总、把总一人为牧副，兵十名为牧人。其经牧人员的饷俸，游击、千总、把总、外委都不另给，惟兵丁每月给银三钱，叫做“鞦鞋银”，在司库扣贮提，镇建、旷下动支，报明户部，至需用锅帐，则在存营项下拨给。这个定例，有两个重要的原则，第一是马匹配合的原则，此例定每群牝马二百匹，牡马四十匹，其牝牡的比率为五与一之比，此后牧场马数，虽各就其所在地的广狭而有多少的不同，但一牡五牝的配合原则，却成为定例。[③] 第二是经牧人员组织

① 据《嘉庆大清会典事例》卷五百二十四。

② 案《乾隆大清会典则例》卷一百十九作“每群牡马二百匹，牝马四十匹”误。《嘉庆大清会典事例》及《光绪大清会典事例》都作“每群牝马二百匹，牡马四十匹”，《嘉庆大清会典事例》所谓“向例儿马一匹，随骒马五匹”是其明证。此处依嘉庆、光绪两《会典事例》改正。

③ 嘉庆六年（一八〇一年）兵部复准甘州提标挑变场马事有说：“向例儿马一匹，随骒马五匹。”（见《嘉庆大清会典事例》卷五百二十四）案儿马即牡马，骒马即牝马，郝懿行《尔雅义疏》说：“今东齐人以牡为儿马，牝为骒马。”可见一牡五牝的配合原则，已成为定例。

的原则，此例定每一个牧场设一总统经理全场牧务，以游击一人担任，每场分为五群，群有牧长，有牧副，以千总、把总一人为牧长，外委千总、把总一人为牧副，兵十名为牧人。游击是从三品武官，千总、把总是管兵的武弁，绿营牧场以游击为场长，以千总、把总为牧长，外委为牧副，其视牧马殆如管兵，可见绿营对牧场经牧的重视。此后牧场马群虽因马数的多少而有不同，牧兵也因牧场所在地的情况而有增到十五人的，但从场分群，场有游击为总统以为全场之长，群有千总、把总为牧长，有外委为牧副，以主持一群的牧务，有兵士为牧人，以管理本群马匹的牧放，这个用军事的管理制度来牧放马匹的原则，却是一点都不变的。二曰均齐制度，所谓均齐制度，就是在一定的期间内举行的平均划一的赏罚制度。乾隆元年定甘、凉、西、肃四场例，凡三年均齐一次，届期由总督委官逐场察验，叙明赏罚具题，仍将各场官兵姓名详造一册，咨兵部复核。所牧马匹，不论牝牡，每三匹取孳生马一匹为定额。若三年内一群的马，在此定额外，多孳生一匹以上的为三等赏，千总、把总加一级，外委纪录二次，兵每名赏银一两。多孳生八十匹以上的为二等赏，千总、把总加二级，外委加一级，兵每名赏银二两。多孳生一百六十匹以上的为一等赏，千总、把总外委都以应升的官即用，兵每名赏银三两。所赏银在建旷项下动支，呈报户部。如在此定额内，少孳生二十匹以下的为三等罚，千总、把总罚马五匹，外委及兵各责四十。少孳生四十匹以下的为二等罚，千总、把总罚马七匹，外委及兵各责五十。少孳生八十匹以下的为一等罚，千总、把总罚马九匹，外委及兵各责六十。如于原牧数内缺少的，千总、把总革职，罚马十八匹,外委革去顶戴,仍各责八十,兵责八十。① 所罚的马归入马群核算。其提、镇、游击统计五群以为赏罚:五群得赏的游击加二级,提、镇加一级。四群得赏,一群得罚的游击加一级,提、镇纪录二次。三群得赏,二群得罚的游击、提、镇无庸议赏议罚。三群得罚,二群得赏的游击、降一级留任,提、镇罚俸六月。四群得罚,一群得赏的游击,降一级调用,提、镇罚俸一年。五群全罚的游击革职,提、镇降一级调用。(以后凡提、镇所经营的牧场在五群以上者,其赏罚均照此例推算。)若在原牧数内缺少的,除将千总、把总罚出马数补入外,余著落游击、提、镇各半分赔。② 这个均齐考成制度的定例是很严厉的。当时绿营牧场马匹的蕃息,是靠着这一个制度来推动的。至了咸丰后,均齐之制停,马政遂致废弛不可收拾,便可知其制所关的重大。三曰出群制度,凡孳生儿马(牡马叫做儿马)堪以骟割者(去势叫做骟割),俟齿足骟割出群备用。其骟割时期,在两岁时。③ 凡儿马于骟割后仍留场经牧,俟长成至八岁,遇有营马缺出,始拨补出群。④ 凡出群的骟马,在拨补营缺的时候,

---

① 关于在原牧数内缺少一条,乾隆六年(一七四一年)另定一例以补此条的未备。其例文曰:"牧场马匹,无论原牧及孳生儿骒马驹,如有倒毙,将续得孳生之马抵补,其余算入孳生,以定功过。至骟过儿马,乃备用之项,不应仍入孳生儿骒马数内,应另立牧群,如有倒毙,照牧放军需马例,每年每百匹准倒六匹。"(《嘉庆大清会典事例》卷五百二十四)

② 据《乾隆大清会典则例》卷一百十九。

③ 嘉庆六年(一八〇一年)兵部复准甘州提标牧场有说:"现存已骟马一,三一〇匹,又挑出嘉庆四年五年六年孳生马驹堪以骟割者三,〇九五匹,按岁骟割,扣至嘉庆八年即可全数出群。"案嘉庆四年产生的马驹至嘉庆六年尚未骟割,其六年产生者至八年即可骟割,可见其骟割时期在两岁。

④ 乾隆九年(一七四四年)兵部题准:"甘、凉、西、肃孳生马匹,日渐蕃息,请将七岁以下之骟马留场经牧,八岁以上之骟马遇有营马缺出拨补。"(见《嘉庆大清会典事例》卷五百二十四)

应将领骑的兵丁姓名，并原领月日，马匹毛齿分晰造册报兵部查核。[①] 四曰挑变制度，凡牧场中口老的骒马（牝马叫做骒马）及儿马，不能配合生产的，或矮小的儿骒马不堪作种马的，都须挑变。定例凡挑变场马，准在六年两次均齐考成后挑变一次。每次在该场实存马数内，每百匹不得挑变过六匹。[②] 其挑变马匹，交地方官变价，由总督确加查核，分别定拟，出具并无挑变不实印结，并造具儿骒马匹数目，以及变价等次银数清册，送兵部核办。[③]

五、牧场的成绩　绿营牧场在乾隆元年（一七三六年）先设甘、凉、西、肃四场，设场后，马匹孳生，日渐蕃息。至九年（一七四四年）即有八岁骟马出群拨补营马缺额。[④] 自是以后，孳生更多，其中略有数字可考的，如西宁牧场原牧马一，二〇〇匹，嗣因孳生过多，在乾隆三十四年（一七六九年）分拨甘、凉、肃各场牧放，仍存马二，三〇〇余匹，到乾隆四十五年（一七八〇年），在这十一年间，除拨补营缺暨口老变价外，尚余马三，五〇〇余匹。[⑤] 又如甘州牧场在乾隆元年（一七三六年）原牧马也是一，二〇〇匹，到嘉庆六年（一八〇一年）前后六十五年间，除拨补营缺暨口老变价外，存场马共增至一八，〇〇〇余匹。[⑥] 而巴里坤牧场增加尤多，巴里坤牧场在乾隆二十六年（一七六一年）设立，原牧马为一，五一八匹，到三

---

① 据嘉庆六年（一八〇一年）兵部复准，见《嘉庆大清会典事例》卷五百二十四。

② 据嘉庆十年（一八〇五年）兵部复准，见同上。

③ 据嘉庆六年（一八〇一年）兵部复准及嘉庆十年（一八〇五年）兵部复准两案，都见同上。

④ 据这年兵部题，见同上。

⑤ 据乾隆四十五年（一七八〇年）兵部奏，见同上。

⑥ 据嘉庆六年（一八〇一年）兵部复文，见同上。

十三年(一七六八年)便增为五,二八〇余匹,因马多场窄,便改分为两场。到四十年(一七七五年)两场马共增至八,四〇〇余匹,复分为三场牧放。到嘉庆十年(一八〇五年)三场马又增至三一,三五九匹。[1] 计乾隆四十年至嘉庆十年前后不过二十六年间,便从八,四〇〇余匹增至三一,三五九匹,实增二二,九〇〇余匹,其中随时出群补营缺及挑变的数目还不在内。这个增加的数目是可观的。

第三节　营马的保管

一、赔椿之制　营马保管,首重赔椿的制度。凡营马未及年限倒毙的,分别责令赔项,叫做"赔椿"。[2] 每马赔椿的年限,直隶、山东、山西、河南、陕西、甘肃等六省为五年赔椿省分,凡在五年以内倒毙的按年限赔项:一年以内赔项七两,二年以内赔项六两,三年以内赔项五两,四年以内赔项四两,五年以内赔项三两,过五年的免赔。江南(江苏、安徽)、江西、福建、浙江、湖北、湖南、云南、贵州、四川、广东、广西等十二省为三年赔椿省分,凡在三年以内倒毙的按年限赔项:其中四川一省,一年以内赔七两,二年以内赔六两,三年以内赔五两,广东、广西两省,一年以内赔五两,二年以内赔四两五钱,三年以内赔四两,余九省一年以内赔十两,二年以内赔九两,三年以内赔八两,过三年的均免赔。[3] 凡马匹已满赔椿年限的

① 据是年兵部复文,见《嘉庆大清会典事例》卷五百二十四。
② 据《嘉庆大清会典》卷三十九。
③ 据同上。

各定有准倒额数：广东省每百匹准倒十五匹，广西省每百匹准倒十七匹，福建省每年准倒九百三十五匹，其余省分不得过十分之三，过此数的不准开销。[①] 凡营马倒毙，该管官验明耳尾，将倒毙日期出结详报督、抚、提、镇，毋许隐匿不报、照常支领草料。[②] 其营马倒毙合例的，每匹仍分别缴回银两，叫做"皮脏"。皮脏银江南督标一两五钱，提、镇标八钱，江苏抚标九钱二分有奇，安徽抚标一两二钱，湖北、湖南一两，余省都五钱，即于买马给价时照数扣除。[③] 这个在一定年限内，马匹倒毙，须按年限的长短以定赔项多少的赔椿制度，立法本意，是使乘骑的兵士不敢不加意爱护所骑的马匹。赔椿时间有五年三年的不同，乃是就各地气候而定的。马匹生活宜干爽，而忌潮湿，气候干爽则马匹寿命较长，气候潮湿则马匹易于倒毙。[④] 所以定例在气候干爽的黄河流域各省，则定为五年赔椿省分，赔椿年限较长；在气候潮湿的长江流域，珠江流域各省，则定为三年赔椿省分，赔椿年限较短。至于赔椿年限已满的马匹，每年报倒仍定有一定的额数，不准过多，所以防限满未倒而冒报倒毙以图开销的流弊。倒马须由该管官验明耳尾，出结详报督、抚、提、镇的，一则以免虚报不实，一则以免匿报照支马乾。若马倒算及皮脏，则兵士必须出卖死马，倘卖价不敷缴皮脏银，则必须赔补，这条

① 据《嘉庆大清会典》卷三十九。

② 据同上。

③ 据同上。

④ 案康熙四年(一六六五年)兵部题准："广东地方潮湿，马易倒毙，赔桩照十两减半，一年倒毙赔银五两，二年倒毙赔银四两五钱，三年倒毙赔银四两，三年以后，免其赔椿。"五年(一六六六年)题准："广西地方瘴湿，马易倒毙，赔椿照广东之例。"(均见《乾隆大清会典则例》卷一百十九)可见各省赔椿年限长短，是以气候为标准的。

定例真可以表明封建国家立法的苛细了。

二、克减马乾之律　营马饲养，国家发给马乾。凡剋减马乾的有罪。清初定例："凡把总等官，剋减官马草料者，计赃满，例发边卫立功，满日就彼带俸。盗卖者发瞭哨；卖至料豆十石以上者充军。管领纵容盗卖，发边卫立功，满日就彼带俸。买者问罪。"[①]至雍正三年（一七二五年）删此条，改为"官员剋减草料者，以监守自盗论。"[②]

三、放场及朋槽之制　绿营营马设场牧放的有两处：一为陕、甘，一为江南。陕、甘是一个水草丰美的地方，其放场的目的是使营马牧放以节省马乾银两。定例陕、甘两省除延绥镇标兴汉镇属无场地不放场外，其余各标营马匹都于夏秋草长时出场，冬春始收曹。[③] 江南放场的原因则不同，乾隆四年（一七三九年）议准，江南地方潮湿，马匹易于疲瘦，须有闲空地方以饲水草，因令各标营凡骑操马四十匹以上的都择地设场，依界植柳编篱，使夏秋酷暑的时候，马匹得以安闲散适。[④] 朋槽之制，行于陕、甘。定例马兵的马匹，应自行喂养，但马兵所领马乾，遇草料昂贵时即属不敷，而马兵所养，虽只一马，其棚槽铡刀笼缰灯油各物，都不可缺，需费较多，也不无赔垫，且因房屋窄小，寄在他处喂养，尤不能随时照料，马匹难免疲瘦。若令棚槽喂养，则数匹可共一槽，数十匹可供一棚，铡刀灯油笼缰费用减省不少，如在秋收后，草料价贱时，预买存贮，所省尤多，专派弁兵经管喂养，随时稽查，马匹也易膘壮。所以求管

① 见《康熙大清会典》卷一百十八。
② 见《雍正大清会典》卷一百六十八。
③ 据《嘉庆大清会典事例》卷五百二十五。
④ 据《皇朝文献通考》卷一百九十三。

理严而为费较省，棚槽喂养之制自较马兵自行喂养为佳。嘉庆十二年（一八〇七年）以陕、甘兵赔累不能自行喂养，经固原提督薛大烈奏请改令官弁棚槽喂养，经议准施行。[①]

第四节　营马的补充及军需马的解送

一、买补拨给之制　营马缺额，或动朋扣银买补[②]，或在各群拨给。此制分别来说，约有四端。一曰购买营马的地域，乾隆前定例各省标营买补马匹，俱令出长城西北口外采买，叫做“口马”。因为口马种良，善于驰骤，于军用为宜，所以定例军马买补须出口采买口马。但口马虽优良，而南方土地卑湿，天气炎蒸，且饲喂草豆各殊，口马性不相习，每致倒毙，即有存留，也不能经久。到乾隆初，湖广请于本省及附近购买“土马”，得旨准行，这是南方标营购买土马之始。乾隆十八年（一七五三年）遂下谕通令嗣后除直隶等北五省仍照旧例出口采买外，江、浙各省营马，都改就近在本省及邻省买补土马，将从前出口购买口马的定例停止。[③] 但是，遇军兴时，还是要用口马的，而口马却往往不免于倒毙，终不得口马之用。如乾隆中叶出师缅甸之役，驱口马入滇供军用，道死过半，及抵军前，马死将尽。[④] 上述乾隆四年（一七三九年）以江南潮湿，口马易病，特令江南标营辟场牧放，使口马在蒸热的天气里，得以安闲舒

① 据《嘉庆大清会典事例》卷五百二十五。
② 朋扣银定例详见第十三章《俸饷》。
③ 据《嘉庆大清会典事例》卷五百二十六。
④ 据师范《滇马》，见《皇朝经世文编》卷七十三。

适便是关于这问题的一种对策。此事特载于《会典》,可见其重要,然而结果口马仍难存留,而不得不改用土马。口马种良,产于水草丰美的产马区域。土马产于川、黔、滇,地处山国,牧场难辟,种劣而产量少。所以清代马政对如何使口马适宜于内地水土,然后大量的口马方得应用于内地军营,成为一个大问题。二曰购买营马的手续,凡直省购买营马至口外的咨兵部,至邻省的咨该地督、抚,都按数印烙给照,令所过地方官弁察验。若在照外多买,及将私马附入照内的论罪。① 清代定例,马匹与军器同属禁品,马匹的买卖,归国家统制,不但民间不许私买私卖,即军营买补,也须经过兵部或邻省督、抚的统制。三曰拨马的处所,绿营拨马的处所有二:一为以换获马匹拨给,一为以各牧场孳生马匹拨给。以换获马匹方面,初沿明代旧制,行招中茶马的办法,康熙二十四年(一六八五年)定山西、河南、湖北、湖南、西安(案即陕西)、四川等省营马缺额开数报兵部,移咨甘肃省巡抚将招中茶马拨给,毋庸动支朋扣银。至四十四年(一七〇五年)停此例。② 但这时候沿边仍有以货物与各部落交换马匹的事。乾隆三十二年(一七六七年)兵部以伊犁换获哈萨克马匹每年源源而至,日益增加,经奏准所换获马匹,除拨给新疆各该处敷用外,尽数送往甘肃内地应用,如甘肃补额有余,即由近及远,递次拨往山西、河南、山东等省补额。③ 此为以换获马

① 据《乾隆大清会典》卷六十六。

② 按招中茶马,清初在甘肃设洮岷、河州、西宁、庄浪、甘州五茶马司,及开城、安定、广宁、黑水、清平、万安、武安七监,岁遣御史一人经理,这是沿明代旧制。明时设御史一人专理马政茶法二事。康熙七年(一六六八年)始归甘肃巡抚兼理,但尚行招中茶马的办法,至四十四年乃始停此例(据《皇朝文献通考》卷一百九十三)。

③ 据《嘉庆大清会典事例》卷五百二十六。

匹拨给的制度。至于从牧场拨给方面，顺治三年（一六四六年）定各省营马缺额，开数报兵部，在各群拨给。[①] 乾隆二十八年（一七六三年）定直隶各标营缺马在商都、达布逊诺尔、达里冈爱三牧场拨给。[②] 五十一年（一七八六年）定巴里坤牧场内骟马除拨补巴里坤镇属各营及哈密厅差马，与屯田台站留用外，多余马匹尽数拨送内地各营以备补额。[③] 嘉庆十六年（一八一一年）定以甘州等各牧场骟马拨给附近各营缺额。[④] 此为以牧场孳生马匹拨给的制度。绿营拨马的处所，原无一定，其或以换获马匹拨给，或以各场马匹拨给，要都视换获的来源及各场孳生的情形而定。四曰收马入营的手续，凡收马入营，为牧场拨给的，其手续即在出群时由原牧场办理，收营时无须再行呈报，其办法已具述于上节牧场制度中（其由茶马拨给的，入营手续不详）。至于买补的马匹则不同，必须由本营将所买的马匹验明膘壮，方准收营，并将新马毛齿及领骑兵丁姓名造册报兵部察核。[⑤]

二、军需马的解送　战时军前应用的马匹，叫做军需马。凡官员解送军需马，沿途应加谨喂养，不许漫不经心，以致疲瘦，若疲瘦三匹以下的免议，十匹以下的罚俸三月，二十匹以下的罚俸六月，三十匹以下的罚俸九月，四十匹以下的罚俸一年，五十匹以下的降一级留任，六十匹以下的降一级调用，六十匹以上的革职。[⑥] 其军

---

① 据《皇朝文献通考》卷一百九十三。
② 据《嘉庆大清会典事例》卷五百二十六。
③ 据同上。
④ 据同上。
⑤ 据《嘉庆大清会典》卷三十九。
⑥ 案此例为康熙三年（一六六四年）兵部复准，见《嘉庆大清会典事例》卷五百二十五。

需马有交与州县官喂养的,若有疲瘦,照解送军前马匹例,计数议处。①

第五节　绿营马政的废弛

清代马政废弛,起于嘉庆,而成于咸丰,咸丰以后,遂无马政可言。兹将绿营方面的牧场及营马废弛的情况,分述于下。

绿营牧场的废弛,有两个主要的原因:第一是不守马多分场的定例。乾隆二十四年(一七五九年)谕,嗣后官群牧畜,如有增益,另编牧群,添设人员牧放。② 这是一个很重要的定例。因为一个牧场是就其周围所生的水草情况来开辟的,这个牧场能牧马多少是有一定的限度的,到了马匹孳生繁多,过了这个限度,马多场窄,水草不敷,就会发生疲瘦伤残的事,所以必须分场牧放。这个定例,在乾隆时是遵守的,如乾隆三十三年(一七六八年)分巴里坤牧场为东西二场,三十四年(一七六九年)以西宁牧场生息繁庶,在甘州的大草滩、凉州的上方塞石门寺、肃州的黑山湖等处另辟新牧场牧放,四十年(一七七五年)又分巴里坤牧场为三场,都是照这个定例办理的。所以在这个时期,各场因遵守这个定例,马匹遂得以孳生不绝,日益蕃息。到了嘉庆年间便不同了,官僚主义严重地侵蚀了绿营,总督则遇事因循,不思振作,提、镇则因分场愈多,责成愈重,而不欲增辟新场,他们每到了马多场窄的时候,都不遵守旧例分场

---

① 同年兵部题准,见《嘉庆大清会典事例》卷五百二十五。

② 同上书卷五百二十四。

另牧，仅仅把过剩的场马挑变，以求维持原状。如嘉庆六年（一八〇一年）挑变甘州牧场马三，三七二匹，十年（一八〇五年）挑变巴里坤牧场马三，一九〇匹，十三年（一八〇八年）陕甘总督长龄奏请挑变古城、济木萨二场马一一，〇〇〇匹，十六年（一八一一年）陕甘总督那彦成奏请挑变甘州牧场马三，九七〇余匹，道光九年（一八二九年）陕甘总督杨遇春奏请将西宁牧场马五，〇〇〇余匹挑变，并将经牧兵丁裁撤归伍，都是马多场窄，水草不敷，故行这个办法的。这个办法，目的在求维持原状，但结果往往只能维持原状的形式，对原状的实质却维持不了。定例牧畜增益，可以立刻另编牧群，年终始将数目报军机处[①]，而挑变场马则须具题经兵部核准，始得办理。他们挑变马匹，本是因为马多场窄急于疏通起见，乃文报往返，经年累月，到了接部文复准挑变时，不但那些打算要挑变出场的次等马早已伤残疲瘦，就是要留牧生产的种马也连累得疲瘦不堪了。绿营牧场的衰落，这是主因。第二个原因是均齐的制度不行。不守分场定例，牧场虽然衰落了，但三年均齐考成的制度尚行，则董率经牧人员，因畏惧处分，仍不敢苟且从事。均齐制度，使这个衰落了的牧场从嘉庆初直到道光末，维持了五十多年。到了咸丰四年（一八五四年），经太仆寺奏准展缓举行均齐考成例案后，各场仅于年终咨报兵部一次。均齐定制不行，董率经牧人员不患再受处分，对孳生马匹往往以多报少，隐匿大半，上下通同一气，牧场生息，遂不可问。[②] 故绿营牧场的废弛，实起于嘉庆初以来不守

① 据乾隆二十四年（一七五九年）谕，见《嘉庆大清会典事例》卷五百二十四。

② 据同治元年（一八六二年）上谕（见《光绪大清会典事例》卷六百四十九），及咸丰六年（一八五六年）詹事府少詹事翁同书《条陈清厘马政以重帑项疏》（见《清史列传》卷四十九《翁同书传》）。

分场定制，而成于咸丰初不行均齐制度。到同治初，陕、甘回民起义，各处绿营牧场被扫荡一空[①]，便连牧场也不存了。

至于绿营营马的废弛原因有二：一则由于将弁的贪污，吞没马乾。这种情况，在嘉庆初其弊已著。如嘉庆四年（一七九九年）署理直隶提督阿迪斯查出直隶提标额马亏缺至三百匹之多，其马乾均为劣弁所吞没。[②] 至咸丰时愈甚。据咸丰六年（一八五六年）詹事府少詹事翁同书《条陈清厘马政疏》所说，这时候各省标营额设马匹，只存册籍，并无马匹，其马乾多入于营员的手，徒饱私囊。[③] 一则由于额定马乾不敷，兵士无力赔补。草料昂贵，马乾不敷的事，嘉庆以前也是有的，但那大都是一时的情况。嘉庆以后，物价日昂，马乾不敷，成为常事，于是马兵因喂养不易，无力赔补，遂竟至将骑马变卖，坐收草料马乾，或遇操练始临时雇备。据光绪初，陕甘总督左宗棠奏称甘肃各标营额设马兵骑马二〇，八三一匹，而所有马匹，悉都有名无实，兵丁尽将变卖。[④] 于是营马既一方为将弁所吞没，另一方又因马乾不足，为士兵所变卖，营马且不存，则管

① 据光绪十六年（一八九〇年）六月陕甘总督杨昌濬奏（见朱寿朋编：《光绪东华续录》卷九十九）。案甘肃、新疆各牧场自同治时经战事被扫荡一空后，马政久废，迨光绪十二年（一八八六年）经总督谭钟麟筹款购马四八〇匹，分为两群，甘州设马一群，凉州设马一群试办。至十五年（一八八九年），届三年均齐之期，甘州牧场共获孳生儿骡马驹一二一匹，凉州牧场共获孳生儿骡马驹一二三匹，内除依额各应孳生儿骡马驹八〇匹外，计甘州牧场多孳生儿骡马驹四一匹，凉州牧场多孳生儿骡马驹四三匹，均著成效。然其规模与前相较，已不可同日而语，且从前牧场为兵部所办，条例著于《会典》，是时则为总督所办，人存政举，人亡政废，故此后甘肃各牧场，自杨昌濬此奏后，遂不可问。

② 据是年上谕，见《嘉庆大清会典事例》卷五百二十七。

③ 见《清史列传》卷四十九《翁同书传》。

④ 据左宗棠《变通甘省兵制疏》，见中国社会科学院经济研究所整理档案。

理制度从何说起。其废弛是不待说的了。

从上述两方面情况看来，牧场废坏，则马匹无生产，军马来源绝，营马虚缺，则军马有名无实，马乾徒入私囊。这种废弛情况，不但绿营如此，其他八旗的以及太仆寺的也无不如此。所以武昌起义，清军甚至发生因缺乏军马不能运大炮赴前敌的事。[①] 清代马政，到了末期已经不可问了。

① 据宣统三年（一九一一年）九月东三省总督赵尔巽奏，见《宣统政纪》卷四十。

罗尔纲先生学术年表*

1901 年（清光绪二十七年）

1 月 29 日生于广西贵县（今贵港市）。

1908—1914 年

入私塾读书，同时自学家藏所有约五千册文史书籍，为日后从事文史工作打下基础。

1915 年

入贵县高等小学堂。

1921 年

考入贵县旧制中学，接受“五四”运动新风气、新思想的熏陶。

1925 年

到上海，入浦东中学高中附设特别科补习。春，与在沪的桂籍学生参加陈培仁组织的新广西期成会上海分会。不久发生“五卅”惨案，他连日参加示威游行，反对帝国主义。

夏，在南京东南大学暑期班学习，患大热症，不能继续上学，回老家休养。

1926 年

秋，考取上海大学社会学系三年级，受到马克思主义的启蒙教育。在校期间，每天课后，到附近的东方图书馆去博览群书。入学

---

* 本年表由罗文起撰写。

不久,他便在《民国日报》副刊《觉悟》上连续发表文章和诗歌。其中一篇《石达开故居》是他研究太平天国史的处女作。

1927 年

寒假到澳门与陈婉芬女士结婚。

是年至 1928 年秋,撰《妈港集》(分小说、散文、考据三部分),未刊,已佚。

1928 年

转入上海中国公学文学系。选修胡适的文化课。

1929 年

以全校成绩最优的前五名,获中国公学首次颁发的奖学金。

对中国上古史进行探索,写就《春秋战国民族考》。

在《述学社月报》发表《六朝文学的真精神》。

1930 年

5 月,编辑《中国公学大学部文理学院庚午级毕业纪念刊》(写有编辑后话),在其上发表《读春秋左传杂记六则》。

任中国公学大学部旭日社发行之文学月刊《旭日》编辑。在创刊号上发表《梅雨杂记三则》。

自传体小说《老鸟征途》在《中国文学季刊》上发表。

夏,毕业于中国公学。随即到胡适家当学徒,并辅导胡适两个儿子的功课。

11 月,随胡适全家离开上海到北平。

1931 年

在北平胡适家抄录整理胡适之父《胡铁花遗集》。并协助胡适做考证《醒世姻缘传》的工作。胡适亲自指导他把清华大学和马立勋收藏的《聊斋全集》的两种抄本来和上海中华图书馆的石印本对照，列出一个《三种聊斋全集目录的对照表》。胡适据此结果，写了一篇《辨伪举例》，并编成了一部二百一十九篇的《聊斋全集》。通过这一工作，他对胡适的考证方法有了深刻认识，并从中获得启示。

9月中旬，因嗣母生病，回故乡探视。是年开始在《李秀成供》上作注。

1932—1933年

因贵县中学校长、族兄罗尔棻坚留，在贵中教书两年。1932年秋，他偶然从《光绪贵县志》上看到一篇《张嘉祥传》，发现与薛福成所记《张忠武公逸事》相悖，遂引起他对太平天国史料的怀疑，于是便从考证该传入手，走上研究太平天国史的道路。他利用兼任贵县修志局特约编纂的机会，遍读广西各县方志和采访册，同时参以官书、私乘，用了两年工夫，写了一部《太平天国起义史》和十几篇辨伪札记。

1934年

春，再至北平从胡适学做考证。是年发表了《〈贼情汇纂〉订误》和《读〈太平天国诗文钞〉》两篇辨伪文章，这也是太平天国研究史上最早的两篇辨伪文章。前者提出太平天国无天德王洪大全其人其事，遂在史坛上引起了长达四十多年的争论。又发表了两篇专题考证。其中《〈水浒传〉与天地会》一文引起学术界的注意，当时陈望道主编的《太白》特予转载。几十年来，为研究天地会和《水浒传》的学者所引用。

5月，参加吴晗、汤象龙、梁方仲发起的“史学研究会”。

10月，经胡适介绍到北京大学北大研究院文科研究所考古室做整理缪荃孙艺风堂金石拓本的工作。在此整整工作了三年，受到乾嘉学派治学方法的锻炼。今北大金石室仍保存有他整理的从周、秦至宋代拓本的工作表格三千三百张。又,著有《〈金石萃编〉校补》一稿,因抗日战争爆发,未及印行。

编成《中国自传文选》未刊,已佚。

1935 年

9 月 3 日,在《益世报》发表《淮军的兴起》一文。

1936 年

在清华大学《社会科学》上发表《洪大泉考》。此前俞大纲引故宫文献馆所藏《洪大泉供》为证,不同意无天德王其人其事,发表了一篇《读罗尔纲〈贼情汇纂订误〉后论洪大全事迹》。当读了《洪大泉考》后,他则表示完全赞同罗尔纲的看法。

3 月,在《国学季刊》第六卷第一号发表《〈艺风堂金石文字目〉讹误举例》。

《〈金石萃编〉唐碑补订偶记》,5 月 24 日在《益世报·史学》第二十九期发表。

集 1936 年前自己所写的太平天国史考证文章,编写《太平天国史丛考》。吴晗为该书作序,形象地介绍他的考证方法为“剥笋”法。

1937 年

《太平天国史纲》在上海商务印书馆出版。这是最早系统介绍太平天国革命的专书,并揭示出太平天国的革命性质是贫农革命。当时,《书人杂志》将该书评为中国最新十部佳著之一。

6 月,在《中国社会经济史集刊》发表《清季兵为将有的起源》文章。

10 月,赴长沙入陶孟和主持的中央研究院社会科学研究所研究清代兵制。

1938 年

6 月,在阳朔写成《湘军新志》后,对湘淮军与捻军斗争的战略有些见解。恰巧其时毛泽东《论持久战》一书传来,读后受到启示,遂决定研究捻军所采取的运动战居然能以弱制强、以劣势胜优势取得成功之道,以坚定我们抗战必胜的信心。

10 月,写成《捻军的运动战》。

1939 年

《湘军新志》和《捻军的运动战》在商务印书馆出版。是年升为副研究员。

社会科学研究所迁云南昆明。

1940 年

夏,社会科学研究所寄存于贵阳花溪的图书遭日机轰炸,陶孟和派罗尔纲前往处理。在处理过程中发现了《光绪政要》未刊原稿本。

是年,在昆明落索坡村写成《绿营兵志》初稿。交商务印书馆,不幸书稿遗失。旋重撰,至 1945 年方在重庆出版。

1941 年

春,社会科学研究所再迁四川宜宾李庄,开始撰写《晚清兵志》。

冬,在宜宾旅馆候船,巧遇甲骨学家董作宾,即向其请教天历,学习历法的基本知识。此后与董作宾在《读书通讯》上讨论天历问题长达三年。

1942 年

春,提出研究太平天国史的计划。因昔年在北平汇集的史料均存贵县家中，陶孟和乃命回桂工作，并实地考查金田各地遗迹。

11 月，应简又文之邀，由贵县同往桂平金田村考查。其后简又文著有《金田之游》，罗尔纲著有《金田采访记》记其事。

1943 年

鉴于天地会在中国民族革命史上的作用，遂将贵县修志局发现之天地会文献，并收《守先阁藏天地会文件》及有关研究文章编成《天地会文献录》印行。被会党史专家评为“对于保存天地会文献，促进天地会研究，其功实不可泯”。

撰《师门辱教记》，记述 1930—1936 年间跟胡适做学问的故事。次年由桂林建设书店出版。1958 年胡适在台湾改书名为《师门五年记》，出资重印，作赠送朋友之用。1962 年，胡适曾将该书送给从国外到台湾参加院士会议的吴大猷、吴健雄、袁家骝、刘大中四位科学家。

冬，应广西之约为李秀成自述事留桂。

是年，《金田起义前洪秀全年谱》和《太平天国史丛考》在重庆正中书局出版。

1944 年

4 月，广西通志馆向社会科学研究所借调他至该馆兼任编纂，研究《李秀成自述原稿》和撰写《太平天国广西英雄传》。9 月，日军侵入广西，他入川返社会所。

10 月，撰《太平天国广西英雄传》。此后他以此为基础陆续增添，用纪传史体裁写成《太平天国史稿》。

秋，从《诗经》上发现了《水浒》书名的辞源，从而认为《水浒传》的主题思想是“替天行道救生民”和“替天行道公平”，原本只有七十回。

《洪秀全》一书在重庆胜利出版社出版。

1945 年

夏，开始撰写《太平天国革命的背景》。

1946 年

撰成《太平天国革命的背景》一稿，约 30 万字，将清初迄道光 200 年来的人口、经济、政治、社会、民族各方面的背景详加分析。其后将前三章合成《太平天国革命前的人口压迫问题》一文，发表于《中国社会经济史集刊》第八卷第一期。

又，据社会研究所整理的清代户部每年汇造各省民数谷数黄册编成《清代乾嘉道咸同光六朝人口统计表》。该表发表于《中国近代经济史统计资料选辑》，后续有发现，增补入内，又加撰说明，使应用者对清代造报人口的变迁和清代历朝各时期人口发展的状况，有个扼要的概念。收入《困学丛书》。

9 月，因患疟疾经年不愈，并引发眩晕诸旧症，遂请长假回家乡治疗。

是年，在《太平天国史稿》上添加表、志两部分。

1947 年

写成《彭玉麟画梅本事考》，他认为本文是运用本证方法进行考证的最好例证。后改题为《本证举例》在《文史》第八辑发表。

是年，晋升为研究员。

1948 年

4 月，返南京治病。秋，兼任中央大学历史系教授，讲授太平天国史考证方法。

是年，《太平天国广西首义志》在六艺书局出版，《太平天国金石录》在正中书局出版，《太平天国史考证集》在独立出版社出版。

1949 年

12 月，广西贵县县城解放。当选第一届县人大代表。

1950 年

8 月，返南京社会研究所。

12 月 1 日，南京市成立太平天国起义百周年纪念筹委会，他被推选为筹备委员。

是年，《太平天国的理想国》和《太平天国史料辨伪集》在商务印书馆出版。《捻军的运动战》在商务印书馆再版。

1951 年

1 月 11 日，《人民日报》发表其撰写的《太平天国起义百周年纪念日期考证》。

1 月，开明书店出版其撰著的《太平天国史稿》和《忠王李秀成自传原稿笺证》两书。在《原稿笺证》一书中，他首次对外公布李秀成系伪降曾国藩的看法。

8 月，参加南京市太平天国起义百年纪念史料编纂委员会。主持编纂太平天国史料工作。同时在南京市文管会领导下进行太平天国文物、史迹的调查，文献史料的发掘，为筹建太平天国纪念馆准备物质基础。

1952 年

1 月 11 日，太平天国起义百年纪念碑在南京天朝宫殿遗址前揭幕。碑阴所刻碑记是罗尔纲起草。

2 月，苏联文化工作代表团成员、《中国近代史》著者叶菲莫夫教授来宁访问，与他讨论太平天国史四个问题。

12 月，他会同南京博物院曾昭燏等鉴定南京堂子街七十二号和七十四号房子为太平天国某王府遗址，室内壁画为太平天国壁画。

1953 年

中央人民政府文化部社会事业管理局请他负责太平天国纪念馆筹建事宜。

6 月，苏南区文物保管委员会在苏州举办太平天国攻克苏州九十三年展览，请他前往鉴定太平天国文物资料和调查忠王府。重要的未刊稿，如赵烈文《能静居士日记》、倦圃野老《庚癸纪略》、沧浪钓徒《劫馀灰录》等均在此发现。其所著《忠王李秀成传》即在苏州旅次写成。

9 月，前往扬州筹办展览并进行搜访。

11 月，参加华东文物工作队浙江组赴绍兴调查太平天国壁画。

《关于南京堂子街太平天国某王府壁画考》在《文物参考资料》第三期发表。

1954 年

他应北京三联书店之约，改写新中国成立前所撰考据论文并加上新撰的论文，共编成《太平天国史论文集》七集。他在第七集《太平天国史迹调查集》上撰写跋文，总结两年多来在运用马克思主义的立场、观点、方法从事考据工作上得到的收获。这套论文集1955 年后陆续出版。不久，日本《骏台史学》即刊出学者专评，认为他没有一般考证家犯的局限于局部史料考证的通病，而是经常站在全局的史观上来论述问题。

3 月，由中国科学院经济史研究所调任近代史研究所研究员。

4 月 1 日，在南京图书馆颐和路分馆和龙蟠里书库进行太平天国史料摸底工作。

6 月，《忠王李秀成自传原稿笺证》（修订本）在中华书局出版。

《忠王李秀成传》由江苏人民出版社出版。

秋，兼任南京大学教授，讲授《太平天国史》。

1955 年

董必武倡议全国政协举办中国近代史讲座。3 月 18 日，他讲授《太平天国史报告提纲》。

被邀请至人民出版社作学术报告，内容是关于考证工作。

与南京市文管会历时五年，经过多次反复考证，最后结合深入群众调查、使用人证的方法，彻底否定南京市民魏伯和等保护所谓洪秀全元妃在普度庵为尼的史迹的要求。

《太平天国史稿》（改写本）在中华书局出版。

《捻军的运动战》修订版，更名为《太平天国新军的运动战》，在商务印书馆出版。

是年，三联书店出版他的《太平天国史论文集》（第一至四集），即《太平天国史记载订谬集》、《太平天国史事考》、《太平天国史料辨伪集》、《天历考及天历与夏阳历日对照表》。

1956 年

《华东师范大学学报》发表了年子敏《评罗著〈忠王李秀成自传原稿笺证〉》。该文以司法部法医研究所对李秀成笔迹鉴定为据，作出《李秀成自传原稿》为曾国藩伪造的结论，遂引起史学界对《原稿》真伪的一次争论。他经过几个月艰苦的探索，终于找到以“书家八法”的理论去解决这一问题的途径，写了《〈忠王李秀成谕李昭寿书〉笔迹的鉴定》，再次确定为李秀成真迹，取得书法专家和史学家的赞同。

10 月 1 日，南京太平天国纪念馆正式成立，他坚辞馆长一职，仍协助该馆业务工作。

《太平天国文选》在上海人民出版社出版，后被蔡尚思推为最能代表中国文化的二十种书之一。

三联书店出版他的《太平天国史论文集》（第五至六集），即《太平天国史料考释集》、《太平天国文物图释》。

《太平天国史画》在江苏人民出版社出版，该书由他亲自设计和指导。

是年，被评为一级研究员。

1957 年

12 月，《太平天国史稿》（增订本）在中华书局出版。此版在卷端加了一卷《叙论》，为针对旧纪传体“大纲要领，观者茫然”的缺点而作，这是他变通旧式正史体裁最主要的一个地方。范文澜对他的做法，给予鼓励，使他增强了信心，对这种体裁继续向前探索。

《忠王李秀成自传原稿笺证》（增订本）在中华书局出版。

1958 年

开始重新撰著《太平天国史》、《李秀成自述注》等书。

《忠王自传原稿考证与论考据》在科学出版社出版。

《太平天国史论文集》（第七集）即《太平天国史迹调查集》由三联书店出版。

1959 年

编成影印本《太平天国印书》、《太平天国艺术》、《太平天国文书》和《太平天国文物》，是为集太平天国正面文献大成之作。《艺术》、《印书》先后于 1959、1961 年在江苏人民出版社出版。

精装本《太平天国印书》作为国家重点图书参加民主德国莱比锡国际图书博览会。《文书》和《文物》经补充后于 1991 和 1992 年出版。《艺术》1994 年又出版了增补本。

1960 年

《太平天国诗文选》在中华书局上海编辑所出版。

1961 年

《太平天国史料丛编简辑》在中华书局上海编辑所出版。该辑系从已编成的八百万字的《太平天国资料汇编》中选出那些未刊的和少见的重要资料编成。他撰写的序言以《太平天国资料的发掘、编纂与出版》为题在《人民日报》发表。其中总结在南京图书馆发掘太平天国史料的经验,学者赞称之为“摸底经验”。

1963 年

撰成《太平天国革命陈列草案》供太平天国历史博物馆陈列用。

与周邨合撰《洪秀全论》在《江海学刊》第四期发表。

《历史研究》第四期发表戚本禹《评李秀成自述》,与罗尔纲等商榷。同时发表罗文《关于我写李秀成自述考证的几点说明》,阐述他提出伪降假设的根据,表明他与戚文的分歧。接着他又根据历年来补充入《李秀成自述笺证》的材料,写了《李秀成苦肉缓兵计》,准备参加讨论。

1964 年

审阅中央档案馆寄去选出的七百万字太平天国资料,并与《剿平粤匪方略》及时人集子对勘,指出编辑出版这部档案资料的必要性和重要性,写了《编纂中央档案馆太平天国史料的一些意见》,供该馆整理之参考。

《忠王李秀成苦肉缓兵计考》发表于《历史研究》1964 年第四期。

4 月,结束在南京的工作,返北京近代史研究所。

7月27日，《忠王李秀成的苦肉缓兵计》在《人民日报》发表。8月，全国报刊即开展对他的李秀成研究大批判。

1971年

2月起，到中华书局参加《清史稿》校点工作。负责本纪、表和兵志三部分，至1976年冬工作结束。

从1964年至1975年断断续续对《太平天国史》进行过两次修改。

1976年

重核并扩编《太平天国资料汇编》旧稿为一千万字。又编成《太平天国文书汇编》，该书于1979年在中华书局出版。

1977年

2月，太平天国历史博物馆与中华书局商定，决定出版《太平天国资料汇编》，他为该书写了长篇序言，叙述十年来太平天国资料搜集与编纂的情况。

开始撰《水浒真义考》。

1978年

开始作《太平天国政体考》，其后经多次修改，至1981年第四次撰写，定名为《太平天国的军师负责制》。这是太平天国政体研究中的创见。

被聘为北京太平天国历史研究会顾问。

1979年

编撰成《太平天国史丛考》甲集，其后又编了乙集和丙集。此为继1955—1958年三联书店出版的《太平天国史论文集》七集后的续集，共成十集。

《太平天国资料汇编》，1979—1980年由中华书局刊出三册。

1980 年

《学术月刊》第四期发表他多年前所撰的《杜文秀"卖国"说辟谬》一文。4 月 25 日,《人民日报》刊出介绍文章。

5 月 8 日,编注完《李秀成自述原稿注》。本书比《笺证》版更完善。采训诂与事实考证并重的体例,版本调整为 1962 年曾家后人在台湾世界书局影印的《李秀成亲供手迹》。此书从开始作注,一版再版,不断修订、补充,长达半个世纪。他说:"回首初注时,已四十九年。古人说,皓首穷经。我注《李秀成自述》,也从青春注到白首了。"

秋,撰成《李秀成伪降考》。此文是他受大批判后仍持原看法的再研究,又作为考证工作运用假设的例证。

11 月 1 日,改写《绿营兵志》和《湘军兵志》。作《清代兵志题记》,叙其研究清代兵制的来龙去脉,以及研究的主旨和方法的异同。上两书 1984 年中华书局出版。学者论其"主要结论,已为近代军制史的研究者普遍接受"①。

被聘为广西太平天国史研究会、广西历史学会顾问。

1981 年

3 月 2 日,《一条关于李秀成学姜维的曾国藩后人的口碑》在《广西日报》发表。《人民日报》以《李秀成伪降新证》为题作了报道。

3 月 13 日,撰成《水浒真义考》。此文用发现问题、提出问题,试图解决问题的考据方法进行研究,所有断案证据主要为"内证",

---

① 沈渭滨、夏林根、朱学成:《中国近代军事史研究述评》,《历史研究》1987 年第二期。

作出结论《水浒传》原本为七十回,其主题思想为建立与宋皇朝对立的新政权。其后二十九回,乃明朝宣德、正统后人为发泄对朱元璋诛杀功臣的不平而续加的,并非罗贯中原本。

为老朋友谷霁光《史林漫拾》文集作序。

6月10日,发现夏正寅《哀牢彝雄列传》可疑,特将《太平天国史》稿中据此资料写成的李文学、王泰阶、杞绍兴、李学东四人的传记共两万六千字全部删除。

11月,《我对纪传体的批判与继承》在中华书局《中华学术论文集》发表。

《太平天国史丛考甲集》(《太平天国史论文集》第八集)在三联书店出版。

1982年

三联书店决定重印《太平天国史论文集》(第一至八集)。他以几个月时间,补充新发现的史料,并论述有关问题的进展,置于每集的题记中。

5月22日,送广西博物馆《幼赞王蒙时雍致叔上国等家书》原件照片。题记大略如下:这张照片是1944年3月29日我去桂平参加太平天国纪念堂揭幕典礼时,由该堂赠送给我的。这封家书,叙金田起义的经过,扼要而确凿,为今天唯一有关金田起义文献,原件今尚未寻到。此份照片应作为原件保藏,即他日寻到原件,而这张照片上纪念堂落成典礼委员会的题字,亦可为曾经陈列的证明。故特送归广西,使太平天国重要文献得以保存不失。

冬,国务院古籍规划小组委任他和王庆成主编《太平天国资料丛刊续编》。

《水浒真义考》在《文史》第十五辑发表。

《李秀成自述原稿注》在中华书局出版。

1983 年

《水浒真义考》在《文史》发表。他请周扬指教。周扬复函说："您经过考证，认定罗贯中《水浒传》原本和百回本《忠义水浒传》有原则意义上的不同，以及这种不同的原因何在，借以恢复罗著的真面目，这是一大功劳，我读后感到高兴。当然，这是学术问题，希望您的观点得到重视，并引起进一步的研究和讨论。"

任北京太平国史研究会会刊《太平天国学刊》顾问。

编成《困学集》。

《吴煦档案选编》由江苏人民出版社出版。该档案经他全部审阅，定出编辑纲目和编选凡例。

1984 年

在《安徽史学》第四期发表《对旧著〈太平天国史稿·科举志〉举行考试始自永安州时说法订误》。

被聘为南京太平天国学会名誉会长。

是年，《湘军兵志》（改写本）、《绿营兵志》（修改本）由中华书局出版。

1985 年

《太平天国史》书稿，经过二十年来五次修改，是年从头核阅一遍后交中华书局。

《关于太平天国不准绘人物的问题》在《文物》1985 年第七期刊出。该文为回答根本否定太平天国有不准绘人物规定的意见而作。

1986 年

《困学集》在中华书局出版。他编选的目的是要人知道他是怎样做考据工作的。

《太平天国学刊》第五辑刊出庆祝他从事学术活动六十年专辑。海内外学者出版《罗尔纲与太平天国史》志庆。广西和南京也举行了庆祝会。

被聘为《广西通志》顾问。

1987 年

1934 年所撰《〈水浒传〉与天地会》一文,据近年海内外学者研究的新成果重撰,在《会党史研究》上发表。

1988 年

为祝贺《文史》复刊十周年撰写的《庆祝的感想》,在《书品》上发表。

1989 年

《困学丛书》在广西人民出版社出版,作为向广西壮族自治区成立三十年的献礼,所得稿酬送家乡图书馆。本书收入几种旧著,前加题记,交代新的研究成果。还收入《治学篇》、《记序文存》等,是他治学经验的总结。

《水浒传原本》由贵州人民出版社出版。该书是他据近十年来,在《文史》、《学术月刊》等刊物上发表考证《水浒传》有关问题的结论整理考订而成。中央人民广播电台广播了出版短讯。

1990 年

修改《淮军志》毕。撰《晚清兵志叙例》述其大旨有二:一则欲保存晚清兵制的章制;一则欲述其制度的运用和演变的踪迹,起到通典、通考一类著作的作用,而又补其体例的缺陷。

任贵州人民出版社《古代名著全译》丛书编委。

《太平天国资料丛刊续编》已编成约三百余万字。

1991 年

1 月，中国史学会、北京史学会、北京太平天国史研究会和中国社会科学院近代史所联合举办纪念太平天国起义一百四十周年暨罗尔纲九十华诞学术座谈会。《座谈纪要》发表于《近代史研究》1991 年第三期。

《太平天国史》在中华书局出版。该书共一百五十余万言，历时四十载，不仅是他个人毕生心血的结晶，也是新中国太平天国史研究的总结。1999 年荣获首届郭沫若中国历史学一等奖。

《生涯六记》在贵州人民出版社出版。这是他对自己的生平从六个方面进行的总结。

《四季诗》在贵州人民出版社出版。该书采南宋文学家谢枋得《千家诗》以四季编排的优点，又另辟蹊径，故取名《四季诗》，其主要目的为少年读者编选。

1992 年

修改《海军志》成，1 月 10 日写前言，该书 1997 年由中华书局出版。

1 月 16 日，为郭毅生、史式主编的《太平天国大辞典》题词。

《水浒传原本和著者研究》在江苏古籍出版社出版。本书汇编他《水浒传》考证论文七篇，是他六十年来研究《水浒传》的结晶。

为老朋友汤象龙所著《中国近代海关税收和分配统计》一书作序。

1993 年

修改《陆军志》成，5 月 21 日写前言。

为《贵港市志》写序。

应江苏人民出版社之约，将《〈金石萃编〉校补》旧稿重行校对，并亲将1934年的原校本和《金石萃编》的原刻本校对了一遍交出版社,后因经济原因未予付印。直至他逝世后六年,方由中华书局于2003年出版。

修改《甲癸练兵志》成,5月21日写前言。

9月4日,为自著增补本《李秀成自述原稿注》写《增补题记》,《李秀成自述原稿注》于1980年8月撰成,1982年7月在中华书局出版,增补本《李秀成自述原稿注》于1995年3月在中国社会科学出版社出版。

《太平天国散佚文献勾沉录》在贵州人民出版社出版。此书系积累数十年来见到的有关记载太平天国文献的片言只语辑录而成,共有三百七十余条。

1994年

修改《陆军志》成,6月29日写题记。7月17日修改《军事教育志》成,写题记。

《师门五年记》与新撰的《胡适琐记》合成一册,由(香港)三联书店出版。

1995年

《太平天国史丛考》乙集和丙集在三联书店出版。他在丙集序中指出:《太平天国的土地政策》、《太平天国是个什么性质的政权?》、《〈资政新篇〉在太平天国史上的地位和意义》、《太平天国兴亡管窥》和《太平天国的军师负责制》是他对太平天国革命的总的看法。

《师门五年记　胡适琐记》由三联书店(北京)出版第一版(文字较前稍有增加)。

1996 年

审核完毕《晚清兵志》各卷。《兵工厂志》为最后一卷，7 月 20 日写后记。

1997 年

继续撰写和编选《胡适琐记续编》，书稿未及完成，被送进医院。

5 月 25 日，病逝于北京协和医院。

《绿营兵志》导读

茅家琦

一

《绿营兵志》是著名史学家罗尔纲先生在晚清军事史研究方面的一部力作。关于该书的写作和出版，罗尔纲先生自己曾回忆道："说起来是1936年的事了。那年夏，前社会科学研究所约我兼任该所研究工作。我初提出研究太平天国史。该所认为不属于它的研究范围，不同意。我当时业余研究太平天国史，涉及清代兵制，因另提研究清代兵制。该所同意了，但将八旗除外，因八旗兵制已由前历史语言研究所专约孟森研究"；"当是我还在北京大学文科研究所考古室工作，清代兵制的研究只是兼任。1937年7月，抗日战争起，北京沦陷，我离开北大，前社会科学研究所从南京迁长沙"。1939年的春天，社会科学研究所又迁到昆明附近的一个名叫落索坡的小村子里。落索坡没有电、没有自来水，甚至没有桌子和板凳。大白天的时候，老鼠公然跑来窜去，苍蝇满天飞。更让罗尔纲不能安心研究的是日本飞机三天两头地飞来轰炸。一听到防空警报拉响，罗尔纲夫妇就带着书稿、拉着孩子跑进防空洞。就在这样艰苦困难的条件下，1940年夏，罗尔纲完成了《绿营兵志》，并交给商务印书馆出版。但是，事情发生了变化。由于战乱，书稿竟遗失了。罗尔纲闻讯后，欲哭无泪，心痛之余，决心重新撰写。1945年再次完成。当年由商务印书馆在重庆出版。罗尔纲先生对这部书十分满意。他说：在他所写的书里，“只有《绿营兵志》写得不错”，论证了“湘军以前兵为国有；湘军以后，兵为将有”。

《绿营兵志》自商务印书馆1945年初版后，又于1984年由中华书局出版了作者修改本。1996年上海书店又根据商务版影印，将《绿营兵志》收入《民国丛书》。

二

罗尔纲先生的《绿营兵志》对清朝的绿营制度进行了全面的考察，其中对绿营兵制的形成及其历史背景进行了重点论述。

清朝在入关以前，实行的兵制是“八旗制”。最早，在努尔哈赤统治时代，他将满族人组织起来，武装起来，创建了“满洲八旗”。这是清朝兵制之始。到皇太极统治时代，又将在满族军队入关以前投降过来的明朝军人和在东北地区的蒙古族人武装起来，分别编为八旗，称为“蒙古八旗”和“汉军八旗”。正是依靠这支兵力，清朝统治者打败了明朝军队，攻破山海关。入关之初，满洲八旗一共有320佐领，96000人；蒙古八旗一共有131佐领，39300人；汉军八旗一共171佐领，51300人。满洲八旗、蒙古八旗、汉军八旗合在一起总共有186600人。顺治以后，略有扩充，也不过350000左右。当年由于依靠吴三桂的带领，才得以攻入北京。清朝统治集团十分清楚：入关以后，八旗兵力只能够保卫京师和若干重要的大城市和战略据点；要西出追击李自成起义军、南下打击仍然存在的明朝军事势力、镇压各处纷纷出现的抗清起义军，必须另建军队。顺治十二年(1655年)顺治皇帝的叔父和硕郑亲王济尔哈朗病危，顺治帝去看他，济尔哈朗就以“满洲兵甚少”为忧。

在这种战略考虑下，清王朝决定建立“绿营”兵，与“八旗”兵并存。“绿营兵”完全由汉族人组成，有清一代，绿营兵额常在600000左右，比八旗兵额多过两三倍。这就大大增加了清王朝的统治力量。

八旗军是满族的亲军，绿营军是满族统治者“以汉制汉”的产物。两支军队负担任务的分工明显地表现出这种区别。

“八旗”分隶八都统。它的主要任务是拱卫京师和驻防其他重要城市和形势险要之地，因此它分为“京营”与“驻防”两大部分。很明显，它是用来保卫已经取得的胜利果实。

京营设有都统、副都统统帅八旗军队。

驻防之地大体上分为三等：一为最重要之地，多为各省省会所在，设将军一人，统全省驻防之八旗兵，其下设有都统或副都统。这些地方包括：盛京、吉林、黑龙江、绥远、江宁、杭州、福州、广州、荆州、成都、西安、宁夏；二为次要之地，设有都统或副都统。这些地方包括：熊岳、锦州、宁古塔、伯都纳、三姓、阿勒楚喀、拉林、黑龙江城、墨尔根、呼伦贝尔、山海关、察哈尔、热河、密云、青州、归化、京口、乍浦、凉州；三为又次要之地，多为各省要害之地，设有城守尉。这些地方包括：兴京、抚顺、凤凰城、辽阳、开原、铁岭、牛庄、广宁、复州、金州、岫岩、盖州、宁远、中前所、中后所、小凌河、义州、珲春、伊通、额木赫索啰、呼兰河、良乡、宝坻、固安、采育里、保定、雄县、沧州、永平、玉田、三河、顺义、喜峰口、罗文峪、冷口、张家口、独石口、昌平、喀喇河屯、桦榆沟、古北口、开封、庄浪。

“绿营”与“八旗”的组成人员不同。“绿营”是清王朝“以汉制汉”政策的产物。它的主要任务是清剿明王朝的残余势力和随时可能爆发的各地各族人民群众的抗清斗争。

绿营的建制分京师、行省、边区三部分。清代京师警卫主要依靠八旗，但是，也在京师设立绿营巡捕营以巡缉京师地方。绿营主力设在各省与边区。总督、巡抚是一个绿营军区名义上的统帅；提督、总兵则是带兵的长官。遇有出征事件，则由皇帝调动，并委派满族大臣统领指挥。

罗尔纲先生在《绿营兵志》第一章第一节中写道：

> 清朝建立绿营是用以汉人制汉人的政策来统治中国。因为清朝八旗不但兵数过少，而且所长只在骑射，在东北平原野战是可以打胜明朝的，但到了关内，西南有崎岖巉岩的山岭，东南有风涛险恶的海洋，就不是骑射用武之地。所以清朝要进攻云、贵山地，只好先建立川、陕、湖广、粤、桂的绿营；要控制闽、浙海洋，也只好利用当地的军队。后来三藩之役，康熙帝谕将军张勇、王进宝，提督赵良栋、孙思克等说：“若用绿营步兵之力，于灭贼殊为有济。”又谕张勇等说：“自古汉人逆乱，亦惟以汉兵剿平，彼时岂有满兵助战哉！”从康熙帝这几句诡辩的话看来，愈可见清初建立绿营以汉人制汉人的用意。

罗尔纲先生还追溯了绿营兵制的历史来源。他写道：

> 清朝建立绿营制度，是要用有定的镇守的兵力，以镇压随时爆发的无定的事变。清朝入关之初，汉人到处反抗。当时

各地起义军在清朝占领区内用游击战来疲敝清军。清军来则退，撤则出，或俟清军到西南则攻东北，到东北又攻西南。所以清军往往远涉数千里，长征一二年，不但疲于奔命，而且对它所占领地方无法施行统治。于是明代这一个对镇戍最具功能的在关山要隘设镇戍守的制度便为清朝所接受，并且发展为普遍设立于内地十八省的绿营制度。

罗尔纲先生在《绿营兵志》第二章第二节里又论述了，清朝并不仅仅是照抄明朝的镇戍制度，而是在明朝制度之上有所发展和改变。主要有三点：第一，明代镇戍制度是“非经制的”。“因用兵而设，兵事完了即撤，虽然其中十九因边患未停，始终不曾罢撤，事实上成为固定的，但是在国家的定制里面，却不曾承认它是一个经制的制度。故以将领官制说，是没有品级，没有定员。以兵数说，是没有定额。在兵事紧急的时候，便扩充到很大的数目，到边防平静后，却缩减成很小的数目。这完全是一个非经制的性质。绿营则把明代非经制的镇戍制度首先变成了经制的制度，将领官制有品级、有定员，兵数有定额。在国家的制度里面，它的地位是一个经制的制度。这是绿营制度对明代镇戍制度的第一个发展。”第二，“明代镇戍制度只建立在若干作为屯重兵镇守的地方，到了绿营制度才普遍地在内地十八省建立起来。”第三，“明代镇戍制度是不划一的。这种情况，在将领名目上最可以看得出来。明代镇戍将领只有总兵官、副总兵、参将、守备、把总等项为各镇通有，职掌同而名目也同。其他各项，有仅设于一两地的，如提调官仅设于蓟州、昌平两镇，备御仅设于辽东镇。……绿营制度对此则一律加以整齐化，划一化。”罗尔纲先生说：“绿营制度对明代镇戍制度从非经制的变成为经制的，从建立于一部分的变成为普遍的，从参差不齐的变成为划一的，这都是朝着发展的道路上走的。可见清代的绿营制度实在是从明代的镇戍制度成长起来的，它是在中国封建统治的中央集权的国家机器向高度发展的时期产生的，它是随着中国封建统治的中央集权的国家机器高度发展而发展的。”

三

罗尔纲先生在《绿营兵志》中还对绿营兵制在清朝历史上所起的重大作用作了详细的论述。

在第一章第二节中，罗先生说：“清朝建立绿营制度，最初是为的要镇压汉族人民的反抗，作为它统治汉人的工具。到了统一中国，与汉族地主阶级共同建立起封建皇帝的统治以后，就把绿营作为镇压人民的工具。此外，绿营还担负西北用兵、东南海防和边防、屯戍、差役以至河工、漕运、守陵等任务。”

罗尔纲在《绿营兵志》第一章第三节中具体地论述了绿营在清朝统治前期的功绩，他写道：

> 清朝统治者虽然把绿营的地位压低于八旗，而绿营却在清朝的统治工具里发挥了最主要的作用。
>
> 先说兵数。以全国兵数来说，清代历朝绿营兵额常在600000左右，八旗初入关时仅186600人，顺治以后，虽有增加，就其佐领员数以推兵数，最高兵额的时候，不过350000人。而论者或称八旗兵额实数仅200000人。绿营兵额比八旗

兵额多过两倍至三倍。以驻屯重兵的陕、甘兵数来说，就雍正时兵额计，陕、甘绿营共93134名，而陕、甘八旗驻防仅12460名，绿营兵数几乎八倍于八旗。以战时征调来说，如乾隆三十二年（1767年）缅甸之役，用兵25000名，内绿营兵占22000名，八旗兵仅3000名，绿营兵数多于八旗六倍有余。如乾隆五十二年（1787年）镇压林爽文起义之役，用绿营兵10000名，八旗赴前敌的仅100名。又如对抗太平天国战役，在咸丰三年（1853年）夏秋，各省征调兵数，据档案可考的统计，绿营出征兵数为53436名，八旗出征兵数为4999名。八旗出征兵数占绿营出征兵数百分比为9%，即这时绿营出征兵数多于八旗出征兵数九倍有奇。……

再次，战斗能力。八旗武力入关后还没有占领全中国，就开始腐化。顺治十四年（1657年）正月甲子谕："我国家之兴，治兵有法。今八旗人民怠于武事，遂至军旅廪敝，不及曩时。"此事居然见于谕旨，当然是昭彰的事实。故顺治十六年（1659年）郑成功攻南京之役，镇守江宁总管喀喀穆统八旗不敢战，乃以绿营出击郑成功军于仪凤门、钟阜门外，总兵梁化凤出仪凤门，提督管效忠出钟阜门，卒击退郑成功。这一役关系于明朝的复兴运动颇大，郑成功自此役失败，再无力进攻，退守台湾，永历帝不久也败亡，明朝始绝复兴望，而为清朝统治者建立这一场大功劳乃出于绿营。至康熙初，三藩起事时，八旗弱点越加暴露出来。大将军多罗顺承郡王勒尔锦奉命讨伐，驻兵荆州，划江为界，日索督、抚、司、道馈送，老师数载，不敢进取。其贝勒尚善、察尼、鄂鼐等进攻岳州，奉命以舟师断敌饷道，动以舟楫未具、风涛不测来推诿。……凡各路八旗都

> 无功。据时人亲见八旗进攻岳州的情况,是老师糜饷,按兵不敢一战,闻退,则“三军欢声如雷”。八旗既不可用,于是乃不得不依靠绿营。故当时作战,都以绿营当先陷阵,八旗安然后进。……八旗以骑射为长技,在西北作战,本是他们用武之地,但当时对准噶尔与回部用兵,如年羹尧、岳锺琪等都以陕、甘(或川、陕)总督为督师大臣,他们都用绿营为主力以建功勋,可见绿营在西北用兵中的地位。至于乾隆时金川用兵之役,尤以绿营独当其任。

罗尔纲在书中作出小结说:“八旗与绿营虽同为清代国家的正规军,而保卫国家的武力,除京师的禁卫外,实际上主要是由绿营来担负的。”

四

绿营建立起来以后,经过一百多年,到乾隆中叶以后,开始衰败,失去了战斗力。罗尔纲先生在《绿营兵志》第四章第一节中论述了这个问题。他认为绿营制度衰退的原因有二:第一本身发生了腐化,第二是作为统驭的上层机构发生了瘫痪。他写道:

> 乾、嘉以后,绿营的情况,在本身的腐化方面说,是:钻营、奉迎、取巧、油滑、偷惰、克扣、冒饷、窝娼、庇盗、开赌场、吸鸦片,等等。在督、抚统驭方面的情况说,问兵政,则营伍废弛,甚至皇帝亲临检阅的军队,在万目睽睽之下,还有“射箭,箭虚

发;驰马,人堕地"的笑话。问战绩,则"望风奔溃"。所以到嘉庆初,白莲教起义,绿营便不可用,乃不得不广行招募川、陕、楚三省的乡勇以作战……在嘉庆以前,征战都是征调绿营额兵应战,从未有雇募乡勇的事。到了这时候,绿营衰朽,不得不募民充勇以供调拨,于是勇营的制度从此萌芽,而绿营制度便开始动摇起来了。

罗尔纲先生在《绿营兵志》第四章第二节中又写道:

白莲教起义失败后四十多年里面,绿营没有遇到大兵役,中间虽经过鸦片战争,而为时既暂,战区也小,故绿营制度虽已动摇,但还不曾崩溃。到了道光三十年十二月(1851年)太平天国起义,革命战争经过十九年,战区遍十八省,绿营以衰老的腐化的军队,当然无法抗拒那革命斗志昂扬的太平军。战事一开始,那些征调到前方去的绿营就陆续的溃败。……绿营制度遇到了这个空前的革命大扫荡,就告总崩溃。

绿营军总崩溃以后,代替它的则是湘军、淮军。太平天国起义失败以后,清朝政府曾多次设法重建绿营兵制,但都没有成功。

绿营制度是一种兵权属于中央,不是将帅所得而私的制度;相反,湘军、淮军制度则是一种"兵为将有"的制度。这一制度的变动不仅仅是军事的变动,而且牵涉到国家政治的变动。罗尔纲先生在《绿营兵志》中说得不多,但是在他的另一本著作《湘军兵志》中,则对这个问题作了深入的阐述。在这部书的第十三章中,他写道:

> 由于湘军将帅得有总督、巡抚的地位，因为他们既擅兵权，又握有地方上的财政、民政等权柄，于是他们便上分中央的权力，下专一方的大政，便造成了咸、同以后总督、巡抚专政的局面。

“督抚专政”对晚清政局的发展变化，起了很大的作用。本书读者如果对这个问题有兴趣，我建议再读一读罗先生的《湘军兵志》。

总之，罗尔纲先生这部《绿营兵志》不仅从纵的方面分析了绿营兵制的来龙去脉、历史作用，而且还在横的方面，包括营制、兵制、统御、平时任务、战时调遣、铨选、军政、议叙与惩戒处分、俸饷、军器以及马政等有关问题，根据丰富的资料作了全方位的、深刻的、“百科全书”式的分析和论述。我个人认为，读者一定能够从这部书中得到丰富的教益。